사회복지학개론

김윤나 심선경 이서영 공저

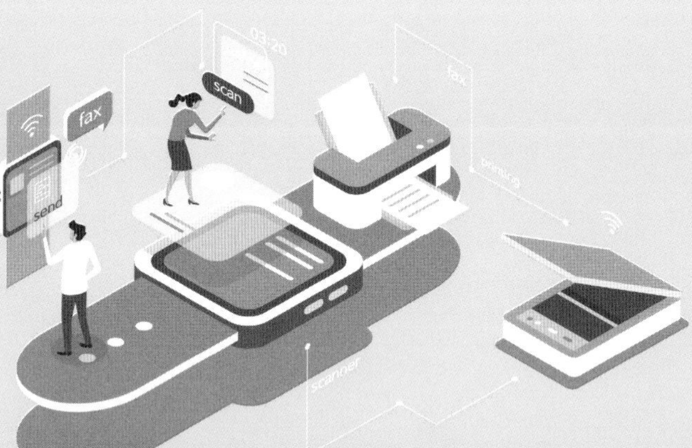

Introduction to
Social Welfare

신정

■ 머리말

사회복지학의 역사는 사회문제와 그 맥을 같이한다고 할 수 있다. 저출산, 고령화, 양극화, 고실업과 고용 불안정, 4차 산업혁명, 펜데믹과 같은 전 세계적 위기, 불안한 사회에서 사회복지에 대한 욕구와 필요가 더욱 강조되고 있고 이에 대한 배움의 욕구도 더욱 강해지고 있다.

이 책은 사회복지 학문을 배우고 실천하고자 하는 다양한 학생들에게 어떻게 하면 사회복지 학문을 좀 더 쉽게 알려줄 수 있을까 하는 저자들의 고민과 논의 속에서 탄생하게 되었다. 사회복지학 입문서로서 학생들이 처음 접하는 사회복지학을 체계적으로 그리고 학습내용과 현장과의 연결점을 찾을 수 있도록 하는 데 집필의 강조점을 두었다. 또한 사회복지사 필수 10과목을 중심으로 각 장이 무엇을 학습하는지에 대한 목적을 명확히 하고자 각 장의 제목을 설명식으로 제시하였다. 뿐만 아니라 한 학기 수업분량에 맞추어 총 13개장으로 구성하였다.

본서의 내용은 사회복지학도로서 가장 먼저 알아야 하는 사회복지의 개념에서부터 어떠한 관점과 자세로 임해야 할지에 관한 가치, 전문성 그리고 현재에 이르기까지의 역사와 정책 발전을 우선으로 다루고 있다. 이어 현장에 기반하여 행정과 서비스 전달체계, 지역사회복지 등에 최신의 흐름을 담아내려 노력하였다. 사회복지실천 측면에서는 통합적인 시각을 가질 수 있도록 종합하여 일목요연하게 내용들을 기술하려 하였으며 프로그램 개발과 평가, 사회복지조사에서 가장 기본적으로 알아야 하는 개념 위주로 내용을 정리하였다. 따라서 총 13장이 다음과 같이 구성되었다.

제1장 사회복지는 무엇이고 왜 배워야 하나요? _ 심선경
제2장 사회복지에서 추구해야 할 가치는 무엇인가요? _ 심선경
제3장 사회복지직의 전문성은 무엇인가요? _ 이서영
제4장 사회복지는 어떻게 발전되어 왔나요? _ 이서영
제5장 사회복지정책은 무엇이고 어떻게 형성되나요? _ 심선경
제6장 사회복지정책은 어떻게 전달되나요? _ 이서영
제7장 사회복지행정은 무엇이고 왜 필요한가요? _ 심선경
제8장 지역사회복지는 무엇인가요? _ 이서영
제9장 사회복지실천이론은 무엇인가요? _ 김윤나
제10장 실천현장에서 활용되는 사회복지실천기술에는 무엇이 있나요? _ 김윤나
제11장 사례관리는 어떻게 실천해야 하나요? _ 이서영, 김윤나
제12장 사회복지 프로그램은 어떠한 과정과 절차로 개발되고 평가되나요? _ 김윤나
제13장 사회복지조사는 어떻게 실시해야 하나요? _ 김윤나

"얼마만큼 많이 알고 있느냐는 것은 대난한 일이 못된다. 아는 것을 어떻게 살리고 있느냐가 중요하다. 여러 가지 지식에서 추출된 진리에 대한 신념이 일상화되지 않고서는 지식 본래의 기능을 다할 수 없다. 책임을 질 줄 아는 것은 인간뿐이다. 이 시대의 실상을 모른 체 하려는 무관심은 비겁한 회피요, 일종의 범죄다. 사랑한다는 것은 함께 나누어 짊어진다는 뜻이다. 우리에게는 우리 이웃의 기쁨과 아픔에 대해 나누어 가질 책임이 있다. 우리는 신념을 가지고 당당하게 살아야 할 인간이다."

법정스님이 '무소유'에서 다룬 내용이다. 여기에 바로 사회복지를 배워야 하는 이유와 저자들이 본서를 발간한 의미가 있다. 똑같은 제목의 교과서라 할지라도 모든 학생이 알아야 하는 보편적 지식 외 그 학자만이 가지고 있는 고유한 관점

혹은 강조점이 투영된 교과서들이 존재하는 이유이다. 본서가 사회복지를 어렵게만 느끼는 학생들에게 사회복지에 대한 큰 밑그림을 그리고 향후 사회복지를 실천해 나가는 데 방향성을 제시해 주는 길잡이가 되길 희망해 본다.

이해하기 쉽게 집필하고자 노력하였으나 집필진의 역량과 시간 부족으로 많은 아쉬움을 남기며 마무리하게 되었다. 본서가 출판되기까지 기다려주고 노력해 주신 신정출판사 여러분과 이 책을 읽어줄 독자분들께 감사드린다.

2022년 가을의 문턱에서 겨울로 넘어가는 시기에

저자 일동

■ 차 례

CHAPTER 05 | 사회복지정책은 무엇이고 어떻게 형성되나요?

CHAPTER 06 사회복지정책은 어떻게 전달되나요?

CHAPTER 07 사회복지행정은 무엇이고 왜 필요한가요?

CHAPTER 08 | 지역사회복지는 무엇인가요?

CHAPTER 09 | 사회복지실천이론은 무엇인가요?

introduction to social welfare

CHAPTER

01

사회복지는 무엇이고 왜 배워야 하나요?

1. 사회복지의 등장
2. 사회복지의 개념
3. 사회복지의 유사용어
4. 사회복지의 필요성 및 목적
5. 사회복지의 방법: 정책과 실천

CHAPTER 01

사회복지는 무엇이고 왜 배워야 하나요?

1 사회복지의 등장

인간은 누구나 태어나 살아가면서 생존과 안전, 소속과 존중 등의 욕구를 가진다. 또한 국가에는 이러한 욕구들이 해결되도록 다양한 사회제도가 존재한다. 사회제도란 인간이 살면서 반드시 해야 하는 주요한 사회적 기능인 출산과 양육, 사회화, 생산 · 분배 · 소비, 사회통제와 통합, 상부상조 등이 기능하도록 한 사회에서 오랫동안 지지되고 조직화된 행위양식을 의미한다. 이 중에서 사회복지는 인간이면 누구나 경험하게 되는 보편적 욕구를 충족시키고, 산업화로 인해 발생하는 여러 가지 사회위험에 대비하기 위한 사회제도이다.

제도적 측면에서 사회복지의 등장은 유럽 절대왕정시대 국가정책의 하나인 '구빈법'에서 찾는다(원석조, 2008: 17-20). 그러나 '엘리자베스 구빈법'으로 대표되는 구빈제도는 절대주의국가 성립을 위해 농촌 부랑자들을 통제하는 사회통제책으로서의 성격이 강하였고, 근대적 의미의 전형적 사회복지제도는 1880년대 독일의 '비스마르크 사회보험'을 꼽는다. 사회보험은 자본주의 출현과 함께 산업화 · 도시화로 인한 산업재해, 실업, 질병, 노령화와 같은 사회적 위험에 대응하기 위한 것으로 전형적인 복지정책의 시작이라 할 수 있다. 사회복지의 개념이 더 명확하고 일반화된 것은 제2차 세계대전 직후 영국에서 시작된 복지국가시대부터이다. 복지국가는 소득뿐 아니라 주택, 교육, 보건의료 등 전 국민을 대상으로 하는 권리로서의 사회복지를 이루었고(원석조, 2008: 17-20), 이는 사회복지의 필요와 국가적 책임을 명확히 한 의미를 가진다. 1952년 국제노동기구(ILO)는 의료, 질병, 실업, 노령, 산업재해, 자녀양육, 직업능력의 상실, 임신과 분만, 부양자 사망 등의 사회 위험에 대해 국가가 사회보장 급여를 통해 보장하도록 권고하였다(조흥식 외, 2015: 30).

이같이 사회복지는 시대적 환경변화에 따라 인간의 욕구충족을 저해하는 사회위험에 대비하기 위한 사회제도이다. 사회복지가 하나의 제도로 인정되는 것은 인간의 욕구와 문제에 대응하는 사회복지의 기능이 사회적으로 필요하며, 그 책임이 국가 사회에 있다는 것을 의미한다.

2 사회복지의 개념

사회복지의 개념을 정리하는 것은 사회복지가 무엇인가에 대한 정확한 이해를 돕기 위해서이다.

1) 사회복지의 언어적 의미

먼저 언어적 의미를 살펴보면, 사회복지에 해당하는 영어는 social welfare이다. social welfare에서 welfare는 well과 fare의 복합명사로서, 'well'은 '만족스러운', '적절한' 그리고 'fare'는 '지내다', '살아가다'를 뜻하는 용어로, 'welfare'는 '평안히 잘 지내는 상태', '만족스럽게 지내는 상태'를 의미한다.

다음으로 social welfare의 'social'의 사회적이라는 용어가 사회복지의 이해에 주는 의미는 크다. '사회적'이라는 형용사는 사회복지에 세 가지의 특징을 부여한다. 첫째, 서비스가 집합적인 행동(collective action)에 의해 제공되고, 둘째, 서비스의 목적이 사회적 욕구의 충족이며, 셋째, 서비스의 제공 동기가 이윤추구가 아닌 상부상조나 이타주의와 같은 사회적 동기에 의한 것이라는 점이다(남세진, 1992: 114; 박경일, 2004: 16).

즉, 사회복지의 의미는 '인간이 평안한 삶을 유지 · 영위하기 위한 사회적 욕구 충족을 위해 사회적 차원에서 제공되는 비영리적이고 이타적인 사회적 노력'이라고 할 수 있다.

2) 사회복지의 학술적 개념

사회복지에 대한 보다 정확한 개념 정의를 위해 학술적 정의를 살펴보면 다음과 같다.

Friedlander와 Apte(1980)은 사회복지를 "국민의 복지와 사회적 기능수행에 기본이 되는 사회적 욕구를 충족시킬 수 있는 급여를 강화하고 확고히 하는 제반 법률, 프로그램, 급여 및 서비스의 체계"로 정의하였다. Zastrow(2000)는 "사회복지는 모든 사회구성원의 사회적, 재정적, 건강과 여가에 대한 욕구를 충족시키고 그들의 사회적 기능을 향상시키기 위한 노력"으로 규정하고 있다(권중돈 외, 2011: 26에서 재인용).

Wilensky는 저서 「산업사회와 사회복지」(Indurtrial Social and Social Welfare, 1958)에서 사회복지의 개념을 잔여적 개념과 제도적 개념으로 구분하여 설명하고 있다. 사회복지는 가족제도, 경제제도, 정치제도, 종교제도와 함께 현대사회의 주요한 사회제도로 작동하고 있다. 그런데 사회복지제도의 주요기능인 상부상조가 다른 사회적 기능들과 보충적 관계를 가지는가 아니면 독자적 위치를 가지는가에 따라 사회복지의 개념은 크게 잔여적 개념, 제도적 개념으로 구분되며, 이에 따라 사회복지의 범주에 속하는 분야 설정이 달라진다(김상균 외, 2004: 48).

(1) 잔여적 개념

사회복지는 가족과 시장경제 등과 같은 기존의 제도를 통해 개인이 필요한 것을 충족하지 못하는 경우에 이를 보완하기 위한 제도로 본다.

잔여적 사회복지의 개념에서는 인간이 살면서 요구되는 욕구나 당면하는 여러 문제들에 대한 책임이 기본적으로 그 가족과 당사자 개인에게 있다고 본다. 가장이 실직하여 소득이 중단되거나, 부모의 이혼으로 가족이 제기능을 못하는 경우 가족을 대신하여 사회복지제도의 도움을 받을 수 있다.

그래서 사회복지는 가족제도의 기능을 일시적으로 보충하는 것이며, 사회복지를 필수적 제도이기보다는 보완적 제도로 생각한다. [그림 1-1]에서 보듯이 사회복지의 기능이 완전한 정체성을 가지기에 부족하다고 보기 때문에 다른 제도들 사이에 점선으로 표시되어 있다.

잔여적 개념에서 사회복지는 권리가 아닌 시혜로 간주되고, 자선, 구제, 사후치료적 서비스로 접근하는 경향이 강하다. 그리고 사회복지는 빈곤 등에 대한 보충적 역할에 한정하며, 대표적 사회복지 프로그램은 공공부조라 할 수 있다. 또한 잔여적 개념에서는 사회복지 대상자들을 병리적인 사람, 비정상적인 사람으로 무능력, 나태함, 부적응, 역기능적인 사람으로 낙인하는 우려가 있다(권중돈 외, 2011: 28).

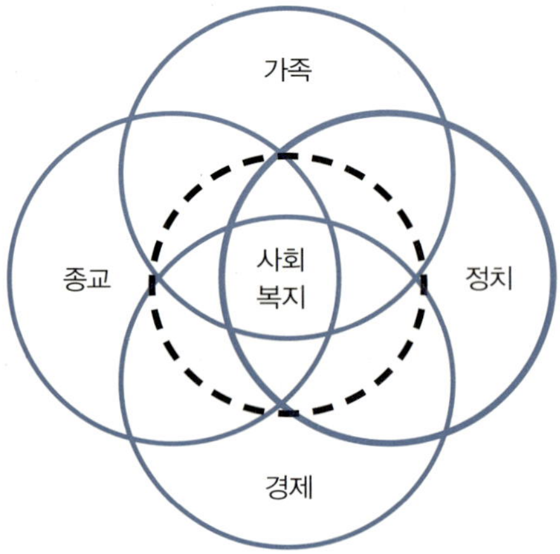

그림 1-1 잔여적 개념

출처: 조흥식 외(2015). p. 34.

(2) 제도적 개념

사회복지를 현대 산업사회에서 가족, 시장, 종교, 국가 등의 다른 사회제도들과 구별되는 상부상조의 기능을 수행하는 필수적 사회제도로 인식한다(김상균 외, 2004: 49).

가족제도, 시장제도 등이 제 기능을 하지 못하여 발생하는 실업, 고용 불안정의 문제, 핵가족화로 인한 아동 양육, 노인 돌봄 등 개인과 가족의 능력으로 해결하기 어려운 문제들이 발생하게 되고, 그 원인을 개인의 잘못이 아닌 사회구조에서 찾는다.

그래서 제도적 개념하에서 각 개인은 자신의 힘만으로 모든 욕구충족과 다양한 문제들에 대응하기 어렵기 때문에 가족 등을 통해서 모든 필요를 충족할 수 없는 것을 정상적인 상태로 간주한다(박경일 외, 2004: 22).

Gilbert와 Specht(1974: 6-8)는 Wilenski의 사회복지 개념을 다른 사회제도와 관련하여 설명하였다. 사회제도란 한 사회에서 오랫동안 지지되고 있는 조직화된 행위양식을 의미하며, 사회가 발전하면서 사회의 여러 가지 기능을 담당하는 사회제도들이 발전하기 시작하였는데 대표적인 제도로 가족, 종교, 경제, 정치, 사회복지를 꼽는다(김기태 외, 2004: 6).

가족제도는 이 사회가 유지 존속하는 데 필요한 사회화 기능을 담당한다. 가족은 출산, 양육을 통해 재생산의 기능과 한 개인이 사회에 잘 적응할 수 있는 토대를 마련해 준다. 경제제도는 자본주의 사회에서 재화와 서비스를 생산하고, 일자리를 제공하고 임금을 통해 분배하며, 시장을 통해 소비를 담당한다. 자본주의 사회에서는 시장에서 1차적 분배가 이루어지나 사회복지 역시 세금으로 회수된 재원으로 재분배 기능을 담당한다. 종교제도는 사회통합의 기능을 담당하며, 정치제도는 법을 비롯한 사회규범의 제정을 통해 질서를 유지하며 다양한 의사를 통합하는 사회통제의 기능을 수행한다. 사회복지는 상부상조의 기능을 담당한다. 산업화 · 도시화로 더 이상 가족, 경제제도가 한 개인의 욕구와 문제 해결을 해결하지 못하기 때문에 상부상조의 기능을 담당하는 사회복지제도가 필요한 것이다.

제도		일차적 기능
가족	→	사회화
경제	→	생산 · 분배 · 소비
정치	→	사회통제
종교	→	사회통합
사회복지	→	상부상조

그림 1-2 사회제도와 일차적 기능

제도적 개념의 사회복지는 다른 사회제도들과 상호작용하면서 사회의 중요한 위치를 확보하고, 다른 수단이 소진되고 난 다음 돕는 사회안전망이 아니라 현대사회의 필수적이고 '정상적인 제일선의 기능'으로 본다(김기태 외, 2004: 7). 그래서 사회복지제도로부터의 지원은 권리로 인식된다. [그림 1-3]처럼 사회복지는 다른 사회제도들과 중복되는 기능도 있으나 다른 제도들과 구별되는 독자적 기능을 가진다(김상균 외, 2004: 49).

제도적 개념하에서 사회복지는 다음을 전제로 한다(김기태 외, 2004: 8).

① 사회복지는 사회구성원 모두에게 제공된다.
② 사회보장이나 학교서비스 같은 경우에는 시작되는 시기가 있지만 일반적으로 서비스 제공에 대한 시기에는 제한이 없다.
③ 사회복지서비스를 받는 것에 대한 낙인이 없다.
④ 사회복지서비스 대상자가 되는 것에 대한 사회적 압력이 없다.

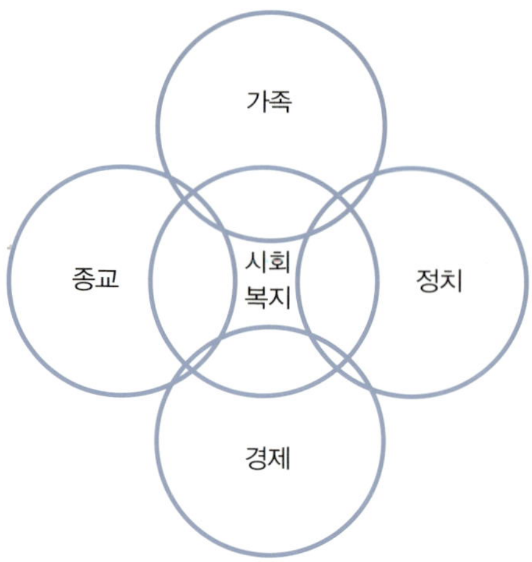

그림 1-3 제도적 개념(일차적 기능)

출처: 조흥식 외(2015). p. 34.

사회복지의 잔여적 개념과 제도적 개념은 급여 수급의 자격기준을 개인의 욕구나 자산조사에 의거한 선별주의, 모든 사람에게 권리로 급여가 제공되면 보편주의와 연결된 개념이다. 또한 사회복지서비스 대상자를 선정하는 기준에서도 적용되는데 이에 대한 자세한 설명은 6장 사회복지정책에서 더 다루기로 한다.

3) 사회복지의 협의 · 광의의 개념

사회복지의 실체 개념은 협의의 개념과 광의의 개념으로 구분할 볼 수 있다.

협의 개념으로의 사회복지는 생활보호사업, 노인 · 아동 · 장애인 등 사회적 약자를 대상으로 하는 사회복지사업을 의미한다. 다소 사회복지의 대상과 영역을 협소하게 규정하는 경향이 있다.

광의의 사회복지는 사회적인 제반서비스(사회복지서비스, 보건의료, 교육, 여가, 소득, 주택, 안전, 거주, 환경문제 등)를 체계적으로 조직화하고 이것을 총칭하는 개념이다(박경일 외, 2004: 23). 광의의 개념에 의하면 교육제도, 고용정책, 주택정책, 환경정책 등 인간 삶의 안녕과 관련된 대부분의 사회제도는 사회복지에 속한다고 할 수 있다. 그래서 사회복지를 사회정책으로 표현하는 나라도 있다.

복지국가 위기 이후 사회복지는 광의의 개념으로 확대되고 있다. 국가의 재정 부족, 다양한 욕구와 문제의 출현으로 다양한 사회정책이 복지정책과 연계되거나 사회복지의 영역이 확대되고 있다. 고실업의 문제가 심화되면서 고용정책과 연계된 복지제도, 주거복지, 케어 서비스, 사회서비스 등 다양한 사회정책들이 복지정책과 연계되거나 새로운 복지 영역으로 인식되고 있다.

3 사회복지의 유사용어

1) 사회사업

사회사업은 "개인, 집단, 지역사회가 사회적 또는 개인적 만족과 독립을 성취할 수 있도록 원조하는 인간관계에 관한 과학적 지식과 기술을 바탕으로 한 전문서비스"로 정의(Friendlader & Apte, 1980: 4-5)된다.

사회사업이란 과학적 지식과 기술을 바탕으로 하는 전문적 서비스라는 점에서 이전의 자선사업과 구분되며, 자원봉사활동보다 조직적이고 체계적이며 의도적 활동이다(김상균 외, 2004: 52). 사회복지는 상부상조라는 사회적 기능을 수행하는 사회제도라면, 사회사업은 사회복지제도에 속해 있는 가장 중심적인 역할을 수행하는 전문직을 의미한다(조흥식 외, 2015: 40).

이같이 사회사업은 사회복지와 비교할 때 실천적 측면이 강조되고 실천을 위한 전문지식과 기술의 활용이 핵심 방법이다. 또한 실천 중심이기 때문에 대상적 측면에서 개별 개인에게 이루어진다.

표 1-1 사회복지와 사회사업의 개념비교

구분	사회복지	사회사업
의미	이상, 이념적 측면 강조	실천적 측면 강조
목적	바람직한 사회환경	바람직한 인간
대상	보편적, 전체적	선별적, 개별적
방법	제도와 정책	지식과 기술
특성	정적	역동적

출처: 권중돈 외(2011), p. 31.

2) 사회보장

사회보장이란 질병, 실업, 사망, 노령, 장애, 사망, 질병, 빈곤 등 생활상의 문제에 대해 법으로 정해진 현금, 현물, 서비스 등의 사회적 급부를 제공하는 사회제도이다(이인재 외, 2002: 23). 사회보장은 사회보험, 공공부조, 사회복지서비스를 모두 아우르는 용어이다.

사회보장이라는 용어가 공식화된 것은 세계대공황 이후 1935년 미국의 사회보장법에서 시작되었다. 미국의 사회보장법은 노인과 그 부양가족, 장애 등으로 인한 소득중단에 대한 경제적 보상에 초점이 주어졌으나, 그 범위가 점차 확대되었다. 국제노동기구는 1942년 '사회보장에의 접근', 1944년 '소득보장 권고(제67조)', '의료보장의 권고'(제69조), '고용서비스 권고'를 사회보장법 체계의 기본적 3대 요소로 채택함으로써 사회보장의 확대와 국제화에 기여하였다(이인재 외, 2002: 21).

우리나라 사회보장기본법 제2조에 의하면, "사회보장은 모든 국민이 다양한 사회적 위험으로부터 벗어나 행복하고 인간다운 생활을 향유할 수 있도록 자립을 지원하며, 사회참여 자아실현에 필요한 제도와 여건을 조성하여 사회통합과 행복한 복지사회를 실현하는 것"을 사회보장의 기본 이념으로 하고 있다.

또한 사회보장기본법 제3조에서 사회보장이란 "출산, 양육, 실업, 노령, 장애, 질병, 빈곤 및 사망 등의 사회적 위험으로부터 모든 국민을 보호하고 국민 삶의 질을 향상시키는 데 필요한 소득 서비스를 보장하는 사회보험, 공공부조, 사회서비스"로 정리하고 있다.

3) 사회복지서비스

사회복지서비스는 사회보험, 공공부조와 함께 사회복지 3대 범주의 하나이다.

사회보험과 공공부조가 물질적 보장이 주된 내용인 데 비하여 사회복지서비스는 비물질적 보장에 초점이 맞춰진 개별차원의 사회적 서비스를 의미한다(이인재 외, 2002: 25). 현 사회에서 개인이나 가족의 능력으로 해결하기 어려운 문제들은 물질적 급여 외에 서비스와 같은 비물질적 도움을 제공하는 것이다. 사회복지서비스는 요보호아동, 장애인, 여성과 같이 사회적 약자에게 사회문제를 해결하는 데 필요한 전문지식과 기술을 가진 전문인력에 의해 제공되는 서비스(이인재 외, 2002: 25)로 인식이 강했으나 최근에 사회복지서비스의 대상은 점차 확대되고 있다. 사회복지사업법 제2조에서 "사회복지서비스란 국가 지방자치단체 및 민간부문의 도움을 필요로 하는 모든 국민에게 상담, 재활, 직업소개 및 지도, 사회복지시설의 이용 등을 제공하여 정상적인 사회생활이 가능하도록 제도적으로 지원하는 제도"로 정의하고 있다.

4) 사회서비스

사회서비스(social service)는 인간이 독립적 생활을 유지하고 가족관계를 강화하고 개인 십단 가족 또는 지역사회의 기능을 강화하기 위한 인간원조 전문직 활동을 의미한다(권중돈 외, 2011: 32). 사회서비스라는 용어는 주로 영국연방권에서 많이 사용되었고, 사회부조, 사회보험, 아동복지, 교정, 정신위생, 공중보건, 교육, 오락, 노동보호, 주택제공 등을 포괄하는 광범위한 개념이다(조흥식 외, 2015: 41).

사회서비스는 광의의 사회복지 개념과 유사한 개념으로 이해되기도 하며, 협의의 사회서비스를 의미할 때는 대인적 사회서비스로 사용되기도 하며(권중돈 외, 2011: 32에서 재인용), 대인서비스는 정부나 민간 비영리조직들이 사회적 보호욕구를 충족시키기 위한 지원과 돌봄 서비스를 의미한다.

사회서비스는 비물질적 서비스이며 대면서비스라는 면에서 사회복지서비스와 유사성을 가지나, 사회복지서비스는 고유한 사회복지 영역에서 전달되지만 사회서비스는 다양한 영역에서 실천된다는 면에서 사회복지서비스를 포괄하는 광범위한 개념으로 이해되기도 한다. 우리나라에서도 2000년대 중반 사회서비스 확충전략에서는 사회서비스를 사회복지서비스(보육, 아동, 장애인 노인보호 등), 보건의료서비스(간병, 간호 등), 교육서비스(방과후 활동, 특수교육 등), 문화예술서비스(도서관 박물관 운영 등)를 포함하는 광의의 개념으로 적용하고 있다(윤영진 외, 2011: 22).

우리나라 사회보장기본법에서는 사회서비스란 "국가 · 지방자치단체 및 민간부문의 도움이 필요한 모든 국민에게 복지, 보건의료, 교육, 고용, 주거, 문화, 환경 등의 분야에서 인간다운 생활을 보장하고 상담, 재활, 돌봄, 정보의 제공, 관련 시설의 이용, 역량 개발, 사회참여 지원 등을 통하여 국민의 삶의 질이 향상되도록 지원하는 제도"로 정의하고 있다.

5) 사회안전망

사회안전망(social safety net)은 사회위험으로부터 보호막의 의미로 이해할 수 있다. 사회안전망은 세계은행, 국제통화기금 등에서 주로 사용하던 용어로 우리나라에서는 1997년 외환위기로 시작된 경제위기를 극복하는 상황에서 관심을 가지게 된 용어이다.

사회안전망은 노령, 질병, 실업, 재해 등 다양한 사회적 위험으로 인하여 정상적인 생활이 불가능한 개인을 보호하기 위한 제도적 장치이다.

1차 사회안전망은 사회보험이다. 사회보험은 건강, 노령, 산업재해, 실업으로 인한 소득중단, 질병 등 사람이 살면서 누구나 경험하게 되는 주요 사회위험에 대한 안전망의 역할을 한다. 그러나 사회보험은 소득이 있는 근로자를 주 대상으로 하기 때문에 직업이 없거나 일정 소득 이하의 사람에 대해서는 공공부조와 같은 2차 사회안전망이 보호막 역할을 한다. 그리고 사회보험이나 공공부조로도 보호되지 않는 급작스런 재해나 재난, 전쟁 등의 위기상황으로 발생하는 위험에 대해 긴급구호가 3차 안전망의 역할을 한다.

또한 국가에 의해 보호되지 못하는 부분에 대해서는 종교, 시민단체, 사회복지조직 등 민간 사회안전망에서 보호의 역할을 한다.

표 1-2 사회안전망과 제도

<table>
<tr><th colspan="2">사회안전망</th><th>제도</th><th>사회적 위험</th><th>대상계층</th></tr>
<tr><td colspan="2" rowspan="4">1차: 사회보험</td><td>건강보험</td><td>질병</td><td>일반국민</td></tr>
<tr><td>국민연금</td><td>노령</td><td rowspan="3">근로자</td></tr>
<tr><td>산재보험</td><td>산업재해</td></tr>
<tr><td>고용보험</td><td>실업</td></tr>
<tr><td rowspan="4">2차:
기초생활보장</td><td rowspan="3">보완적 장치</td><td>공공근로사업</td><td rowspan="3">실업</td><td rowspan="3">실직자</td></tr>
<tr><td>직업훈련</td></tr>
<tr><td>각종 대부사업</td></tr>
<tr><td>공공부조</td><td>기초생활보장</td><td>빈곤</td><td>저소득층</td></tr>
<tr><td colspan="2">3차: 긴급구호</td><td>긴급식품권</td><td></td><td>저소득층</td></tr>
<tr><td colspan="2">민간사회안전망</td><td></td><td>실업, 빈곤</td><td>저소득층</td></tr>
</table>

출처: 조흥식 외(2015). p. 43.

4 사회복지의 필요성 및 목적

인간은 태어나서 죽음에 이르기까지 충족되어야 할 다양한 욕구를 가지며, 이러한 욕구가 충족되었을 때 행복함을 느낀다. 사회복지는 인간의 욕구를 충족시키기 위한 사회구조적 대응 방안 중의 하나(권중돈 외, 2011: 22에서 재인용)이다.

1980년대 이후 세계화와 정보통신기술의 발전으로 급변하는 사회환경은 인간의 삶에 많은 변화를 가져오고 있다. 저출산 · 고령화로 인한 부양부담의 증대, 핵가족화, 결혼율 감소, 이혼율 증가, 일인가족, 조손가족 등 가족형태의 다양화, 여성의 경제활동 참여 증대로 가족 내 역할의 변화, 탈산업화, 자동화 기술에 기반을 둔 다품종 소량생산 체계로의 변화와 노동시장의 양극화, 노동시장의 유연화로 인한 실업, 불완전 고용의 증대는 근로빈곤층을 양산하고 양극화의 심화를 가져오고 있다. 이러한 사회환경의 변화는 사회복지에 대한 욕구를 확대하고 있다.

이러한 환경 변화 속에서 사회복지의 필요성은 더 커지고 있다. 사회복지는 구빈법 시대부터 '빈곤'의 해결이 가장 주요한 목적이었으며, 사회환경의 변화 속에서 점차 그 필요와 목적이 확대되고 있다.

학자들은 사회복지의 일반적 목적은 인간의 존엄성 유지, 인간다운 생활의 보장, 자립적인 생활의 촉진, 사회적인 통합의 촉진(김만두, 1993: 179-189), 사회기능적 목적은 인도적 사회정의의 목표, 사회통제, 경제적 발전 등(장인협, 1990: 9)으로 정리하고 있다. 김기태 외(2004: 11-15)는 생존권의 보장, 빈곤의 경감, 사회적 평등의 증진, 사회적 배제의 극복을 통한 사회통합의 증진, 사회적 안정의 증진, 자립성의 증진, 조흥식 외(2016: 50-56)에서는 최근 상황에서 사회복지의 필요성으로 양극화 문제 해소, 경제성장의 잠재력 극대화, 더불어 사는 복지권 의식의 확립을 꼽고 있다. 이러한 사회복지의 목적을 종합하여 다음에서는 인간존엄성의 실현, 개인의 자립, 사회통합 및 사회연대의식 확립, 경제성장에 기여라는 네 가지 목적으로 구분하여 부연하겠다.

1) 인간존엄성의 실현

사회복지는 인간을 대상으로 하며, 인간존엄성을 제1의 가치이자 실현 목적으로 하는 제도이다.

자연법 사상에서는 인간존엄성을 천부인권설로 설명하고 있다. 인간은 태어나면서부터 존엄한 존재이며 어디에도 양도될 수 없는 권리를 의미한다. 즉 인간은 인종, 성별, 교육 수준, 종교, 연령, 소득 수준과 무관하게 인간이기 때문에 그 자체로 존엄한 가치를 지닌 존재라는 것이다.

우리나라 헌법 34조 1항에서도 '모든 국민은 인간다운 생활을 할 권리를 가진다.'라고 규정하고 있다. 사회복지사업법 제1조 에서도 "…사회복지를 필요로 하는 사람에 대하여 인간의 존엄성과 인간다운 생활을 할 권리를 보장…"을 목적으로 명시하고 있다.

인간존엄성이 실현되기 위해서 인간이면 누구나 가지는 기본적 욕구인 생존과 안전의 욕구, 존중의 욕구, 자아실현의 욕구들이 충족될 수 있어야 하며, 사회복지는 이러한 욕구를 충족시키는 제도이다. 그러나 모든 구성원의 인간다운 삶을 보장하기 위해 필요한 지원은 제한적이며 또한 자본주의 경제의 시장과 경쟁 논리로 인한 양극화, 사회적 배제의 문제, 여러 가지 폭력의 문제 등 인간존엄성이 훼손되는 문제들은 확대되고 있다.

2) 개인의 자립과 성장 발달의 촉진

사회복지의 궁극적 목적은 타인에 의지하지 않고 스스로 독립적인 생활이 가능하도록 하는 것이다. 사회복지는 자립생활을 가능하게 할 뿐 아니라 사회구성원과 더불어 생활하면서 자신의 잠재력을 발견하고 이를 바탕으로 건강한 성장을 이루도록 원조하는 데 목적(권중돈 외, 2011: 37)이 있다.

구체적으로 공공부조나 사회보험제도 등은 각 개인의 경제적 자립을 목표로 하고, 사회복지실천은 클라이언트가 가진 문제의 원인을 해결하고 지원하여 잠재 능력 계발을 목표로 한다(김기태 외, 2011: 15).

개인의 자립과 성장발달의 목표는 사회복지실천 방법에서도 강조된다. 자기결정의 원칙, 장애인복지에서 당사자주의 등과 같이 스스로의 선택을 존중하는 실천원리 등이 그 예이다. 또한 최근 사회복지의 주요 이슈인 고용연계정책, 자활 등은 경제적 자립과 사회적 포용을 이루기 위한 것이라 할 수 있다.

사회복지는 개인의 자립과 성장이 가능하도록 하기 위해서 개인이 진정한 선택을 할 수 있고, 선택에 맞춰 행동할 수 있는 능력을 갖출 수 있도록 지원이 가능한 제도의 확장을 고려해야 할 것이다.

3) 사회연대의식의 확산과 사회통합

사회복지는 사회연대의식에 기반한 제도이며, 상부상조의 기능뿐 아니라 사회적 약자를 돕는 과정에서 자연스럽게 사회통합의 기능을 하고 있다.

연대성은 사회구성원의 통합과 결속력을 바탕으로 형성된 상호책임과 보살핌의 가치를 말한다. 사회적 연대란 자립능력을 상실하거나 또는 상실 가능성이 높은 사회구성원을 공동으로 보호하는 사회적 협력 행위를 의미한다. 사회복지의 대표적 제도인 국민건강보험이나 고용보험, 장기요양보험제도 등 사회보험은 전 국민이 가입하여 필요한 사람이 도움을 받을 수 있도록 하는 사회연대의식에 기반한 것이다. 또한 공공부조를 비롯한 다양한 사회복지서비스의 재원은 세금을 기반으로 하기 때문에 그 자체로 사회적 연대의식을 기반으로 한다.

과거와 달리 사회복지 욕구가 확대되고 그 대상이 보편화되면서 사회구성원 모두는 불확실한 미래에 대한 안전을 사회복지를 통해 보장받게 된다는 것을 인식하고 있다.

아직도 찬반에 대한 의견이 엇갈리는 초등학교 무상급식 정책은 사회적 연대의식을 보여주는 예가 될 것이다. 아이들에게 무상급식을 제공하는 것은 부모의 재력과 무관하게 인간의 존엄성에 기반하고 이 사회에 태어난 아이들에 대한 사회적 책임을 실현하는 것이다. 그리고 이러한 혜택을 받은 아이들은 사회 연대의식이 자연스레 생겨날 기회가 될 것이다.

복지국가는 일종의 제도화된 연대성을 의미하고, 사회구성원의 연대성을 높이는 가장 좋은 방법은 사회복지 급여와 서비스를 보편적으로 충분히 제공하는 것이다.

4) 경제성장에 기여

사회복지의 효과는 수치화하기 어려워서 소비적인 것으로 인식되는 경향이 있으나, 복지와 경제는 서로의 전제조건이자 발전의 동력으로 작용한다. 복지는 경제발전의 조건이 되고 동시에 경제발전이 복지를 위한 전제조건이 되는 선순환 구조이다. 즉 복지라는 조정양식을 통한 생산과 소비 그리고 분배는 결국 사회적 교환의 증대와 이를 통한 사회적 생산력과 경제적 생산성의 증대를 가져다주기 때문에 복지는 경제발전의 조건이 되고 동시에 경제발전이 복지를 위한 전제조건이 된다(지은구, 2006: 174).

실제로 복지국가를 이루는 토대가 된 이론 중의 하나인 케인즈 경제이론에서도 복지와 경제의 선순환 구조를 설명하고 있다. 1929년 미국에서 시작된 경제대공황은 과학기술 발달에 의한 기계화로 생산성이 향상되었지만 기계화로 노동자들의 대량실업이 이루어진다. 결국 대량 생산된 물건을 소비할 노동자들은 실업으로 소비할 수 없게 되고 상품 과잉 재고의 누적은 생산과 고용을 위축시키고 총 수요를 감소시키는 악순환이 대공황을 초래하게 된다는 것이다. 그래서 소비를 강화하기 위해 완전고용과 국가는 대규모 공공사업을 통한 일자리 창출과 복지를 통해 이들에게 소비할 수 있는 급여를 제공함으로써 소비를 증가시켜 경제가 활성화된다는 논리이다. 이와 관련한 대표적 정책이 영국의 뉴딜, 미국의 테네시 계곡 개발 공사이다.

김경혜(2015)는 선진 복지국가의 경제와 복지의 영향에 관한 실증연구를 통해 북유럽 국가들의 경우 경제성장률은 높으나 실업률은 낮은 편이고, 이는 사회투자형 복지정책을 통해 산업구조 변화에 적응하는 정책을 추진한 결과로 평가하고 있다. 복지지출이 높으면 출산율과 여성의 경제활동 참가율이 높아지며 노동력 공급 증가와 생산성 향상으로 연결되고 이는 다시 경제기반으로 작용하여 재정건전성에 기여하는 방향으로 선순환 구조를 유지하게 되어 복지와 경제의 선순환구조 가능성을 설명한다.

이같이 사회복지는 국가의 재정을 소비하는 것이 아니라 경제성장에 기여하고 있다는 것이다. 또한 사회복지로 인하여 사회가 안정되면 사회구성원들이 정신적 · 육체적으로 건강해지고, 안전한 사회가 만들어짐으로써 문제 발생 후에 투자되는 비용을 줄이는 효과도 가진다.

이러한 측면에서 사회복지는 경제성장에 기여한다고 할 수 있고, 사회복지에 대한 투자를 적극적으로 확대하고 보편화하는 것이 필요하다.

5 사회복지의 방법: 정책과 실천

사회복지는 다양한 삶의 현장에서 나타나는 인간과 사회의 문제를 파악하고 이를 직접 해결하기 위한 전문적 실천행위를 강조하는 실천학문이다(권중돈 외, 2011: 44).

사회복지는 인간의 존엄성을 기본 가치로 하기 때문에 인간에 대한 이해와 가치에 대한 학습이 기본 전제가 되어야 한다. 또한 인간의 욕구와 사회문제를 어떻게 규정하고 어떻게 대응해 가야 하는가, 어떻게 지원할 것인가와 관련한 정책과 실천에 대한 전문성이 필요하다.

우리나라에서 사회복지의 전문적 실천은 일반적으로 사회복지정책과 사회복지실천으로 분류한다(김기태 외, 2004: 15).

사회복지정책은 조직, 지역사회, 전체 사회의 변화를 목표로 한다. 사회복지정책은 전체 인간생활의 일정한 수준이나 범위를 다루는 정책이나 법, 제도 등으로 외화되며 거시적 개입에 속한다.

사회복지실천은 개인, 가족 소집단을 위한 사회문제의 경감, 사회기능의 향상을 주 목표로 한다. 사회복지실천은 직접 상담, 위기개입 등 문제에 대한 개별화된 원조활동을 주로 하며 미시적 개입에 속한다.

사회복지실천과 정책은 미시적, 거시적 개입을 각기 담당하지만 상호보완관계이며, 서로 조화를 이룰 때 사회복지가 발달될 수 있다(김기태 외, 2004: 16).

표 1-3 사회복지방법

	실천론(미시적 개입)	정책론(거시적 개입)
클라이언트	개인, 가족, 소집단	이웃, 공식적 조직, 지역사회, 전체 사회
목표	사회기능의 향상: 개인, 가족, 소집단을 위한 사회문제의 경감	조직, 지역사회, 전체 사회의 변화
기초가 되는 지식	발달심리학, 인간발달이론	사회학, 경제학, 정치학, 산업관계학
변화전략	직접적인 상담, 위기개입, 개별 클라이언트를 위한 옹호	지역사회조직, 사회행동, 조정, 지역사회분석 등

출처: 김기태 외(2004), p. 17에서 재인용.

이상과 같은 정책과 실천은 대학의 교과과정에도 반영되고 있다. 정책영역에 속하는 교과목으로는 사회복지정책론, 사회복지법제와 실천이며, 실천영역에 속하는 과목으로 인간행동과 사회환경, 사회복지학개론, 사회복지실천론, 사회복지실천방법론 그리고 지역사회복지론과 사회복지행정론은 정책과 실천을 연결하는 매개적 역할을 하는 것으로 구분된다.

CHAPTER 02

사회복지에서 추구해야 하는 가치는 무엇인가요?

1. 사회복지에서 가치의 중요성
2. 사회복지정책의 주요가치
3. 사회복지실천에서의 주요가치
4. 인권과 사회복지
5. 사회적 가치와 사회복지

Chapter 02

사회복지에서 추구해야 하는 가치는 무엇인가요?

사회복지는 가치를 기반으로 하는 전문직이다(양옥경 외, 2004: 59). 사회복지정책은 가치에 기반을 두고 결정되며, 사회복지사는 가치에 기반을 두고 임무를 수행한다.

1 사회복지에서 가치의 중요성

가치란 "선(good)하고 바람직한(desirable) 행동을 선택하는 지침 혹은 기준"(Dewey), "선호하는 것 혹은 선택하는 것에 대한 기준, 잠재적이거나 실제적인 행동을 정당화시켜 줄 뿐 아니라 선택된 행위들의 바람직한 상태"(Williams)를 의미한다.

가치는 특정 집단이나 개인 또는 문화가 본질적으로 바람직하다고 받아들이는 신념이며, 의사결정과 행동에 영향을 미치는 실천적 개념이라 할 수 있다.

그렇다면 사회복지에서 가치가 왜 중요한가? 그 이유는 사회복지에서 가치는 사회복지정책 결정과정에서 주요한 판단기준이 되고, 사회복지정책 목표를 설정하는 기반이 되기 때문이다.

또한 Reame(1999)는 사회복지실천에서 가치의 중요성을 다음과 같이 정리하고 있다(김기덕, 2008; 167-168).

① 사회복지의 가치는 사회복지의 기본적인 임무와 목표를 제시해 준다.
② 사회복지의 가치는 사회복지사 혹은 사회복지조직이 실천에서 어떤 종류와 성격의 사회적 관계를 형성해야 하는지에 대해 제시해 준다.
③ 사회복지의 가치는 다양한 대안들 중 어떤 개입방법과 개입 수준 등 가장 바람직한 개입실천방법을 선택하는 데 직접적인 영향을 준다.
④ 사회복지의 가치는 개입실천과정에서 초래되는 다양한 윤리적 갈등을 분석하고 해결하는 데 주요한 이론적 자원의 역할을 한다.

2 사회복지정책의 주요가치

현대사회에서 사회복지정책이 추구하는 가치는 개인의 자유 확대와 평등한 사회 구현으로 구분해 볼 수 있다. 그리고 그 사회가 각 가치에 대해 합의하는 수준에 따라 사회복지정책의 범위는 달라진다.

1) 자유

자유란 국가나 사회의 지배로부터 간섭을 받지 않고 개인이 자신의 신념과 판단에 따라 자아를 실현할 수 있는 권리를 의미한다. 사회복지는 인간의 안녕과 행복을 추구하는 것이라 할 때, 인간이 진정한 안녕을 누릴 수 있기 위해서는 자신 스스로 원하는 바를 행할 수 있어야 하며, 사회복지정책의 목표는 바로 사회구성원 자유의 확대이다. 자유는 형식적 자유와 실질적 자유, 소극적 자유와 적극적 자유로 구분한다.

(1) 형식적 자유와 실질적 자유

형식적 자유는 인간으로서 선택하여 시행할 수 있는 자유를 말하며, 사상과 양심의 자유, 이전의 자유, 계약의 자유, 영업의 자유, 직업선택의 자유 등이다. 그러나 이러한 자유는 사회경제적 약자의 실질적 자유를 억압당할 수 있다. 직업선택의 자유에 따르면 개인의 능력에 따라 직업을 선택하고 고용되어야 하지만 현실에서 그렇지 못하다. 특히 청소년, 장애인, 여성 등은 직업을 선택하기 어렵다. 현실에서는 이러한 형식적 자유는 실질적 자유를 억압하게 되고, 형식적 자유는 자기 책임의 원칙과 연결되며 개인 책임과 연결된다.

(2) 소극적 자유와 적극적 자유

소극적 자유는 다른 사람의 간섭이나 의지로부터의 자유, 개인의 행동에 대한 외적 강제가 없는 상태를 의미하며, 적극적 자유는 자신이 원하는 것을 할 수 있는 자유를 말한다(송근원 외, 2002: 268). 소극적 자유가 자유의 '기회'를 강조한다면 적극적 자유는 자유의 능력의 측면을 강조한 것이다(송근원 외, 2002: 268). 또한 소극적 자유는 개인의 자율성을 간섭하는 국가 역할 최소화를 강조(구인회 외, 2010: 41)하며, 적극적 자유는 개인의 자유 확보를 위한 국가 사회적 역할을 인정하는 것이라 할 수 있다.

Amartya Sen은 적극적 자유란 개인이 진정한 선택을 할 수 있고 선택에 맞춰 행동할 수 있는 능력이라고 보았고(구인회 외, 2010: 42), 이러한 자유만이 진정한 자유라고 보았다.

현실사회에는 개인의 자유가 억압될 수 있는 환경과 조건이 존재한다. 국가의 강압이나 간섭, 그리고 빈곤, 질병, 장애, 노후 그리고 공공서비스의 결여 같은 요인들은 개인이 원하는 것을 선택하여 행할 수 있는 자유를 방해하는 요인이다. 이러한 요인들을 제거하고 더 적극적으로는 이러한 것이 가능한 환경을 만드는 것이 사회복지의 역할이라 할 수 있다.

Beveridge는 "자유란 경제적 노예상태나 결핍, 불결과 다른 사회악으로부터 자유로운 상태를 의미", MacMillan은 "자유는 빈곤이 제거될 때에만 증진될 수 있음"(구인회 외, 2010: 34)과 같이 진정한 자유가 실현되기 위해 현실적 장애 요인들을 사회적 차원에서 제거해야 할 필요성을 강조하고 있다. 적극적 자유는 개인이 선택할 수 있는 형식적 권리만이 아닌 자신의 선택을 실행할 수 있는 능력이 필요하며, 사회복지는 바로 이러한 적극적 자유가 가능하도록 능력을 보완하는 것이다.

사회복지는 바로 사회구성원의 형식적 자유보장을 넘어 '궁핍으로부터의 자유'와 '경제적 강요로부터의 자유'를 확보함으로써 실질적으로 개인의 자유로운 발전을 보장하는 것이다(안홍순, 2007: 48). 사회복지는 적극적 자유를 실현하기 위한 제도라 할 수 있다. 그러나 자유의 범위를 어느 정도로 이해하느냐, 소극적 자유 혹은 적극적 자유 등 어떤 기준을 적용하는가에 따라 한 나라의 사회복지 정책의 범위는 달라지며, 나라마다 사회복지정책에 차이를 가지는 것 역시 이에 대한 합의 정도의 차이에 기인한다.

2) 평등

사회복지정책에서 자유와 함께 주요한 가치는 평등이다. 평등과 관련하여 누구를 평등하게 할 것인가, 어떻게 평등하게 할 것인가는 주요 쟁점이 된다. 평등의 본질은 '같음'을 의미한다. 평등은 절대적 평등과 상대적 평등, 기회의 평등과 결과의 평등으로 구분한다.

(1) 절대적 평등과 상대적 평등

절대적 평등은 개인의 능력이나 생산성과 무관하게 모든 사람에게 사회적 자원을 동일하게 분배하는 것을 말한다. 즉 모든 사람이 같은 크기의 풍요를 누리고 동일한 수준의 삶의 조건과 삶의 질을 보장한다는 것이며, 현실에서 실현되기 어려운 다소 이상적인 가치일 수 있다(안홍순, 2007: 48).

상대적 평등은 '같은 것은 같게, 다른 것은 다르게' 취급하는 것을 의미한다. 상대적 평등이 적용된 정책으로 여성의 생리 휴가, 출산 휴가, 노령연금과 같이 성별이나 연령 등 사회적 특성의 차이를 인정하고 그 차이에 따라 다르게 분배하는 것이다. 사회보험과 같이 개인의 능력, 기여도 등에 따라 기여금과 급여수준을 달리하는 것 등이 그 예이다(안홍순, 2007: 49).

사회복지정책은 취약층이나 약자, 서비스를 필요로 하는 사람에게 더 많이 분배하여 이들의 욕구충족과 수준을 모든 구성원들과 유사하게 한다는 측면에서 사회복지정책은 상대적 평등에 절대적 평등을 보완하는 수단이라 할 수 있다. 즉 사회복지는 '같은 것은 같게, 다른 것은 다르게' 취급하면서 절대적 의미에서 모든 구성원들에게 기본적 욕구를 보장하는 것을 의미한다(안홍순, 2007: 50).

(2) 기회 평등과 결과의 평등

기회 평등(equality of opportunity)은 모두에게 동일한 기회를 제공하는 것에 초점을 둔다. 즉 사람들이 희구하는 자원에 대해 동등한 접근권이 주어질 뿐 분배의 최종 결과는 개인의 책임으로 보는 것이다. 교육받을 기회, 일할 기회, 참정권 등은 기회의 평등을 의미한다. 기회 평등은 형식적 자유를 보장한다는 것과 유사하게 개인의 책임에 초점을 둔 것이라 할 수 있다. 자유주의 복지국가 유형에서는 주로 기회 평등을 추구하는 정책이 수용된다(김종일, 2009; 구인회 외, 2010).

그러나 모두에게 똑같은 기회가 주어질 수 있는가? 또한 기회만 주어진다면 같은 결과를 가져올 수 있는가? 교육받을 기회가 모두에게 있지만 부모의 경제력 등과 같은 본인의 능력과는 무관한 원인으로 인해 다른 결과를 가지게 될 것이다.

결과의 평등(equality of outcome)은 분배대상자의 자격이나 기여도와 상관없이 모든 사람에게 자원이 똑같이 나누어진 상태를 의미한다. 사회복지에서 결과의 평등은 실제목표이기보다는 이상적인 것일 수 있다.

3) 분배의 정의

사회복지는 시장의 원리에 의해 분배된 것을 재분배하는 제도이기 때문에 분배의 정의는 사회복지정책 형성에서 주요한 지표가 된다.

(1) 능력에 따른 분배와 필요에 따른 분배

능력에 따른 분배 정의는 사회구성원의 생산성에 따라 소득을 분배하는 것이 정의롭다고 본다(안흥순, 2007: 53). 노동시장에서 노동생산성에 따라 임금을 받는 것이 정의로운 분배이며, 이 경우 국가의 개입은 최소화하고 시장에 그 분배가 맡겨지는 것이다. 그러나 실제 자본주의 시장경제는 완전경쟁적이지 못하기 때문에 정의로운 분배가 되기 어렵다.

필요에 따른 분배 정의는 국가가 사회경제적 취약계층의 필요한 욕구를 직접적으로 충족시키는 것이 정의롭다고 보는 것이다(안흥순, 2007: 55). 사회복지정책은 필요에 따른 분배가 가능하도록 재분배하는 제도이다. 기회의 평등, 소극적 자유가 주어졌지만 여러 요인에 의해 실질적 자유를 보장받지 못하거나 기회의 평등을 누리기 어려운 사회구성원들에게 재분배하고 사회 불평등을 완화하려는 것이다.

(2) 공평의 원칙

한편 사회복지가 소득 재분배를 강화함으로써 평등을 지향하게 되면 국가 개입이 강화되고, 누군가의 자유를 침해하는 결과를 가져온다는 우려가 존재한다.

Rawls는 공평의 원칙에 기초한 분배 정의를 제시하였다. 공평의 원칙이란 사회경제적 취약계층에게 보다 많은 장점을 주는 방법을 개발해서 이해갈등과 불평등을 완화해 가는 것을 의미한다(안홍순, 2007: 57). 즉 사회에서 가장 불리한 처지에 있는 사람들의 복지를 증진시키는 데 도움이 될 경우에만 불평등이 허용될 수 있다는 전제하에 분배되어야 한다는 것이다.

사회복지는 시장경제에서 능력에 따라 분배된 것을 사회적 약자나 취약층들에게 필요에 따른 재분배가 이루어지도록 하는 것이다. 그리고 사회복지에서 이러한 재분배가 가능하도록 하는 것은 사회적 연대의식이다. 사회적 연대란 자립능력을 상실하거나 또는 상실할 가능성이 높은 사회구성원을 공동으로 보호하는 사회적 협력행위(안홍순, 2007: 60)를 의미하며, 복지국가는 바로 사회적 연대가

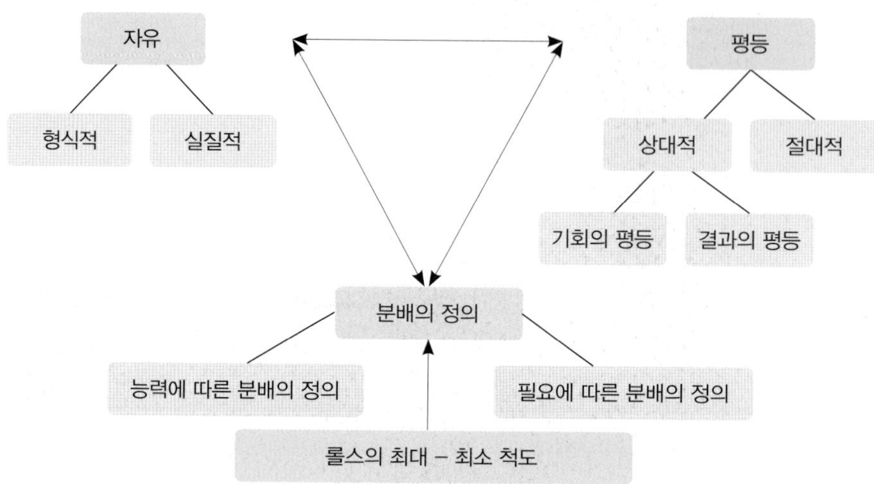

그림 2-1 사회복지정책의 가치와 원칙

출처: 안홍순(2007). p. 44.

제도화된 형태이기도 하다. 한 국가에서 사회적 연대에 대한 합의가 어느 정도 이루어지느냐가 사회복지제도의 확장과 축소에 영향을 미칠 것이다.

3 사회복지실천에서의 주요가치

NASW 윤리강령에서 제시하고 있는 사회복지사의 전문적 가치는 요구가 있는 사람들에게 서비스를 제공하고, 사회정의의 증진에 기여하며, 인간고유의 존엄성과 가치 존중, 인간관계 강화, 신뢰성 확립, 능력 증진이라고 제시하고 있다(양옥경 외, 2004: 62–64).

① 사회복지에서 가장 근본적인 가치는 요구가 있는 사람들에게 서비스를 제공하는 것이다. 사회복지사는 자신의 이익보다 타인에 대한 서비스를 더 주요하게 여기며, 사회문제를 해결하기 위해 자신의 지식과 기술, 가치를 동원한다(Reamer, 2005: 43)

② 사회정의를 증진하는 것이다. 사회정의를 실현하기 위해 사회복지사는 빈곤문제, 사회적 약자, 차별받거나 억압받는 사람들의 문제를 다룰 수 있어야 한다.

③ 인간의 존엄과 가치를 존중하는 것이다. 사회복지가 지향하는 본질적 목적은 인간의 존엄성을 구현하는 것이다. 인간존엄성은 인간은 누구나 그 성취 여부나 능력에 관계없이 존중받아야 한다는 천부적 가치에 대한 신념을 의미한다. 사회복지에서 인간 존엄성 가치는 목적이며, 실천의 가치로 클라이언트와의 관계에서 이를 실현하기 위한 실천적인 노력을 강조한다. 인간존엄성의 사상은 클라이언트 중심적인 실천, 클라이언트를 있는 그대로 수용하기, 클라이언트가 있는 그 자리에서 출발하는 것을 강조한다.

④ 사회복지사는 인간관계 강화를 중시한다. 사회복지사는 개인, 가족, 집단

혹은 지역사회와 함께 일해야 하기 때문에 다양한 관계를 연계하고 강화하기 위해 노력해야 한다.

⑤ 사회복지사는 클라이언트와 신뢰감을 형성하고 유지하여야 한다. 사회복지사는 클라이언트가 신뢰할 수 있는 태도와 행동을 취해야 한다.

⑥ 사회복지사는 클라이언트와 일할 수 있는 능력을 갖추고 있어야 하며, 전문직의 지식을 개발하고 향상시킨다.

4 인권과 사회복지

사회복지는 인권을 강화하기 위한 목적을 가지기 때문에 사회복지사라면 인권에 대한 바른 이해가 필요하다. 또한 사회복지정책과 실천에서 인권이 어떻게 구현되고 있는지를 보아야 한다.

1) 인권의 정의

인권이란 사람이기 때문에 당연히 가지는 권리, 사람이 사람답게 살아가기 위해서 누구에게나 반드시 보장되어야 하는 권리, 인간이라면 당연히 가지는 자연법상의 권리를 말한다.

세계인권선언에서는 인권을 '인간이 지닌 권리'라는 의미를 넘어 '인간이 존엄한 존재가 되기 위해 가져야 할 당연한 권리'(권중돈, 2012: 15에서 재인용)로 적극적으로 해석하고 있다.

이는 인권은 인간 자체로 존엄하다는 인간존엄성의 의미를 내포하는 것이고, 그래서 인권은 한 사회가 가진 도덕성의 지표가 된다(고명석, 2011: 13).

인권이라는 용어는 제2차 세계대전 이후 전쟁의 참상을 겪은 후에 인권에 대한 중요성이 인식되면서 사용되기 시작한 용어이다. 1948년 유엔(UN)은 '세계인권선언'을 채택하면서 보편적 권리로 인권을 보호하고 신장할 것이 강조되었다.

1948년 UN 세계인권선언

모든 사람은 태어나면서부터 자유로우며, 동등하게 존엄성과 권리를 보장받아야 합니다. 여러분은 인간이라는 이유만으로, 지구상의 모든 사람들과 똑같은 권리를 가지고 있습니다. 이 권리는 양도될 수 없는 것으로, 누구도 빼앗을 수 없는 권리입니다. 모든 개인은 자신이 누구든지, 어디에 살든지 관계없이 존엄성을 보장받아야 합니다.

세계인권선언은 각 나라가 자국의 영역 안에서 마음대로 통치하는 것이 아니라 인류가 보편적인 원칙과 규칙을 준수하도록 하는 계기가 되었다는 의미를 가진다(Reichert, 2008: 35).

1948년 세계인권선언 이후 많은 국가에서 세계인권선언을 수용하여 이를 기본권으로 받아들여 인권이 실제 법적 지위를 갖게 되는 계기가 되었다(조흥식 외, 2015: 396).

유엔 인권위원회는 세계인권선언을 선포하고 7개의 인권규약을 채택하고 각 국가가 이를 준수하도록 요구하고 있다.

① 시민적, 정치적 권리에 관한 국제 규약

② 경제적, 사회적, 문화적 권리에 관한 국제 규약

③ 인종차별 철폐에 관한 국제 협약

④ 여성에 대한 모든 형태의 차별철폐에 관한 협약

⑤ 고문과 그 밖의 잔혹한 비인도적 또는 굴욕적인 대우나 처벌 방지에 관한 협약

⑥ 아동의 권리에 관한 협약

⑦ 이주노동자와 그 가족의 보호에 관한 국제협약

우리나라 헌법에서도 국민의 권리로 인권과 이에 대한 국가의 책임을 명시하고 있다. 헌법에서 규정하고 있는 행복추구권과 국가 개인에 대한 기본권 보장을 의무로 규정하며, 인권은 양심수 석방, 사형제도 폐지뿐 아니라 일상생활에 필요한 교육을 받을 권리, 인간다운 생활을 보장받을 권리, 일할 권리 등으로 표현되고 있다.

헌법 제2장 10조 국민의 권리와 의무

모든 국민은 인간으로서의 존엄과 가치를 가지며, 행복을 추구할 권리를 갖는다. 국가는 개인이 가지는 불가침의 기본적 인권을 확인하고 이를 보장할 의무를 진다.

2) 인권의 특성

인권은 인종과 성별 및 사회적 신분 등에 구애받지 않고 모든 인간이 누려야 하는 보편성과 타고난 고유한 권리라는 의미에서 천부적 특성을 가진다. 또한 국가권력도 인권을 최대한 존중하고 보장해야 하며, 그 본질적인 부분에 대해 절대로 침해할 수 없는 불가침성을 그 특성으로 한다(고명석, 2011: 13).

인권의 주요한 특성을 정리하면 다음과 같다(권중돈, 2012: 16-17).

첫째, 모든 인간이 인간답게 살 권리이다. 인권은 인간이기에 가지는 천부적 권리이며, 인간다운 삶의 영위에 필요한 권리이다.

둘째, 인간이 갖는 보편적 권리이다. 성이나 연령, 계층에 상관없이 모든 인간이 인간이기 때문에 가질 수 있는 권리이다. 이는 개인, 집단이 가지는 다양성과 차이를 인정하고 존재에 합당한 권리를 누릴 수 있어야 한다는 것이다.

셋째, 인권은 불가분(indivisibility)의 권리이다. 개인의 인권은 선별적이거나 우선순위가 있는 것이 아니라 모든 권리를 인정하고 보호해야 한다는 것이다.

넷째, 약자를 위한 권리이다. 기존 사회질서 속에서 사회적 약자는 권리가 침해당할 수 있기 때문에 이들의 권리가 지켜져야 한다.

다섯째, 책임을 동반한 권리이다. 타인의 권익을 무시한 채 개인 이익, 사익만을 추구해서는 안 되며 모두가 서로의 권리를 존중해야 한다.

여섯째, 인권은 도덕적 권리로서 실정법상의 권리 이상의 것이다. 현행법이 보장하지 않더라도 인간존엄성을 보장하는 데 필요한 제도와 법을 초월한 권리이며, 제도 개혁의 근거와 명분을 제공한다.

일곱째, 인권은 다양한 권리를 포괄하며 이들 권리의 최상위 범주에 속한다. 인권은 국가나 헌법에 의해 창설된 권리가 아니며, 인권의 기본정신에 입각하여 제도와 법이 만들어지고 시행되도록 하는 권리이다.

이상에서 보면, 인권은 국가에 의해 만들어진 권리가 아닌 국가 권력, 제도를 넘어서는 천부적 권리임을 강조하고 있다. 그래서 인권은 기존 질서를 유지하려는 세력 혹은 국가권력의 이해관계의 고려와 갈등 속에서 얻어낸 역사적 사회적 창조물이라고도 한다(고명석, 2011). 그래서 과거에는 보장되지 못했던 여성인권, 장애인들의 이동권, 아동인권, 소수자의 인권, 사생활 보장에 대한 권리 등이 시대의 흐름에 따라 인정되고 있다.

인권은 인간의 생존과 존엄성, 자유와 안녕 그리고 복리를 위해 필수 불가결한 전제가 되며, 인권은 사회적 조건에 따라 제한될 수 없고, 다른 사람이 임의로 가져가거나 빼앗을 수 없다(문진형, 2013).

3) 인권의 발달

인권은 3단계의 구별되는 세대가 있다(Reichert, 2008: 36-38의 재구성; 고명석, 2011: 30-34; 권중돈, 2012: 25-28).

(1) 제1세대 인권

1세대 인권은 시민적, 정치적 자유권으로 말할 수 있고, 언론 종교의 자유, 집회의 자유, 차별, 고문받지 않을 권리 등이 포함된다. 즉 국가의 부당한 간섭으로부터 개인의 자유를 보장하는 것, 주로 '하지 말아야 할 일'을 가이드하는 데에 초점을 두었다. 인권보장을 위해 정부의 역할을 제한하기 때문에 소극적 권리라고도 한다.

1세대 인권에서 사회복지가 주로 담당한 영역은 옹호, 난민보호, 시설보호 등이다.

(2) 제2세대 인권

2세대 인권은 적극적 권리로 '나에게 필요한 것을 채워 달라'는 사회권과 관련된 것이다. 인간의 존엄성을 실질적으로 보장하기 위하여 국가의 적극적인 개입을 요구한다. 아동권리협약, 여성에 대한 모든 형태의 차별금지 협약 등이 이루어졌다. 사회보장에 대한 권리, 실업으로부터 보호받을 권리, 교육받을 권리 등 국가는 국가 재정에 기초하여 국민들이 충분한 삶의 수준을 유지 가능하도록 음식, 의류, 주택과 의료, 필요한 사회복지서비스를 제공해야 한다.

제2세대 인권에서는 인권이 사회복지정책으로 활발히 표현되었다. 복지국가로 표현될 만큼 인권은 다양한 사회복지정책으로 표현되었다.

(3) 제3세대 인권

1, 2세대 인권이 국가와 개인 간의 관계에서 발생하는 개인적 수준의 권리라면, 3세대 인권은 국가 간의 집단적 권리를 강조한다. 한 집단은 다른 집단의 발전과 번영을 저해할 수 있는 조건들을 강요해서는 안 되며, 선진국은 자원개발을 통하여 경제적으로 덜 발전된 나라를 이용하면 안 되는 등 전 세계 모든 사람의 권리와 자유가 실현되도록 하는 사회적, 국제적 질서에 대한 권리를 말한다. 세계무역과 경제성장으로부터 혜택받을 권리, 인도적 구호를 받을 권리, 오염되지 않는 환경에서 살 권리 등을 포함하며 전 세계 국가 간에 적용되는 인권이다. 집단적 인권은 국가와 개인의 연대의식을 강조한다.

표 2-1 인권의 3세대

구분	1세대 인권	2세대 인권	3세대 인권
명칭	시민적, 정치적 자유권	경제적, 사회적, 문화적 권리	집합적 권리(연대권)
인권 내용	투표, 집회, 언론의 자유, 공정한 재판에 대한 권리, 고문과 학대를 받지 않을 권리, 법적보호에 대한 권리, 차별을 받지 않을 권리	교육, 주거, 의료, 고용, 적정소득, 사회보장 등에 대한 권리	경제개발과 성장에 대한 관리, 경제성장의 혜택, 사회적 조화, 건강한 환경, 깨끗한 공기 등에 대한 권리
행위자	법률상담소, 인권감시단, 난민사업, 국제사면위원회	복지국가, 제3섹터, 민간의 시장복지	경제개발기구, 지역사회개발계획, 그린피스 등
사회복지	옹호, 난민사업, 시설보호, 교도소 개혁활동 등	직접서비스 제공, 복지국가의 운영, 정책개발과 옹호, 조사연구	지역사회개발(사회적, 경제적, 정치적, 문화적, 환경적 및 정신적 개발)

출처: 고명석(2011). p. 33에서 재인용.

4) 인권과 사회복지실천

사회복지는 인권이 실현되는 장이기 때문에 사회복지에서 인권 논의는 중요하다. 그 이유는, 사회복지의 궁극적 목적이 인간존엄성을 유지하고 삶의 질을 증진하여 인간의 안녕과 행복을 추구하는 것으로 인권과 직접 연결되어 있기 때문이다.

또한 사회복지는 '인간'을 주 원료로 하며, 주요 대상이 사회문제로 어려움을 겪는 사람들이거나 권리가 제대로 보호 인정되지 못할 가능성이 높은 사회적 취약층이자 약자, 소수에 속하는 경우가 많기 때문이다. 사회복지사의 주요 역할 중에 하나가 사회적 약자에 대한 옹호와 이들의 인권이 확보되도록 하는 것이다(고명석, 2011: 20-21). 한국사회복지사 윤리강령의 전문에서도 "사회복지사는 인본주의 평등주의 사상에 기초하여 모든 인간의 존엄성과 가치를 존중하고 천부의 자유권과 생존권의 보장 활동에 헌신한다."고 명시하고 있다.

역사적으로 사회복지사들은 인권을 증진하는 활동에 참여해 오고 있다. 사회복지사들은 국제연맹, 적십자, 평화와 자유를 위한 여성 국제연맹, 사회복지법인인 어린이보호재단(Save the Children) 등 인권 증진에 목표를 둔 기관에 관여하였다. 대표적으로 사회복지사 Eglatyne Jebb은 어린이보호재단을 1919년 영국에서 창립하고 아동인권을 증진시키는 데 상당한 기여를 하였다. 1924년 국제연맹은 Jebb이 만든 아동인권에 관한 선언을 채택하였다(Reichert, 2008: 53).

국제사회사업가협회는 "인권에 관한 국제정책"에서는 사회복지실천에서 인권실현의 서비스 제공을 고수해야 할 기본원칙을 다음과 같이 제시하고 있다(김미옥 외, 2006).

사회복지실천에서 준수해야 할 인권 원칙

- 모든 사람은 고유의 가치를 가지고 있으며, 그것은 그 사람을 위한 도덕적 배려로 정당화된다.
- 모든 개개인은 자기실현의 권리를 가지며, 이는 다른 사람의 동등한 권리를 침해하지 않는 범위에서 최대화되어야 한다. 또한 모든 개개인은 사회의 안녕에 기여할 의무를 가진다.
- 어떠한 형태의 사회라도 모든 사회는 그 구성원에게 최대의 이익을 제공하기 위한 기능을 해야 한다.
- 사회복지사는 사회정의의 원칙에 대한 소신을 가져야 한다.
- 사회복지사는 개인과 집단, 지역사회와 사회에 대해 그들이 발전할 수 있고 개인-사회적 갈등을 해결하기 위한 객관적이고 훈련된 지식과 기술에 헌신할 책임을 지닌다.
- 사회복지사는 성, 연령, 장애, 인종, 사회계층, 종교, 언어, 정치적 신념, 성적 취향에 기초한 어떠한 차별없이 가장 최선의 가능한 지원을 제공하여야 한다.

인권이 사회복지의 가치 기준을 지지하고, 윤리강령에도 표현되고 있으나, 사회복지 교육에서 인권에 대한 체계적이고 공식적인 교육은 아직 미흡하다. 사회복지사는 인권전문직이라고 할 수 있으며(권중돈, 2012: 37), 사회복지사는 인권을 확보하고 확대에 기여할 책임을 가지기 때문에 사회복지사들에 대한 인권교육은 필수적이다(고명석, 2011: 21).

미국사회복지사협회(NASW)의 인권 관련 정책선언

- 사회복지사는 세계인권선언뿐 아니라 국제연합의 경제 사회문화적 권리 규약, 여성에 대한 모든 형태의 차별 제거 협약, 아동권리 협약 등에 대해 정부의 비준을 촉진하도록 해야 한다.
- 사회복지사는 아동의 권리 및 아동노동, 아동매춘과 같은 아동착취와 관련한 인권 침해에 대해 특별한 주의를 기울여야 하며, 이러한 문제와 관련하여 공공과 전문직의 인식을 개선하는 데 주도적 역할을 해야 한다.
- 사회복지사는 사회적 약자 및 취약계층의 권리를 대변하고 옹호해야 하며, 한 사람의 권리를 죽음의 위험으로 몰고 갈 수 있는 정책과 실천, 편견적 태도, 증오, 인내심 없는 행동에 대해 비판해야 한다.
- 자격기준 없거나 부적절하게 이행되고 있을 때, 사회복지사는 정부 및 비영리조직, 기타 지역사

회의 여러 집단과 함께 협력하여 세계에서 가장 취약한 사람을 포함한 모든 사람의 건강과 복지를 강화하도록 주도해야 한다.

- 사회복지사는 경제적 권리와 경제적 격차를 줄이기 위한 노력을 포함한 인간개발과 인권의 발전을 위해 국제연합과 파트너가 되어야 한다.
- 개인이나 가족, 집단, 지역사회, 국내기관 또는 정부 등 사회복지실천의 모든 영역에서 사회복지사는 인권에 기초하여 실천해야 한다.
- 인권을 대표하여 옹호하는 사회복지사는 보복의 대상이 될 수 있음을 인식하여, 사회복지사협회는 사회복지사가 충분한 전문적 지원을 제공받고 있음을 확신할 수 있도록 해야 한다.

5 사회적 가치와 사회복지

사회적 가치란 "사회적 구조 및 제도들의 정의롭고 지속가능한 발전 속에서 행위자들이 저마다의 좋은 삶을 더불어 누리게 하는 것들의 총체"로 정의된다(배종석 외, 2022: 68).

이 정의에 의하면 첫째, 사회적 가치는 좋은 삶을 나만이 아니고 더불어 누리는 것이어야 한다. 사회복지는 궁극적으로 사회구성원 모두가 행복한 삶을 누릴 수 있는 사회를 지향하므로 사회적 가치를 창출하는 주요 제도라 할 수 있다. 그러나 '좋은 삶'에 대한 기준은 명확하지 않으며, 한 사회가 '좋은 삶'에 대해서 어떤 기준을 가지는지, 어느 정도 합의하고 있는지에 따라 사회복지제도는 차이를 가진다. 사회복지 수준을 높이기 위해서는 좋은 삶에 대해 올바른 방향에서의 사회적 합의가 전제되어야 할 것이다.

Martha Nussbaum에 의하면 좋은 삶이란 인간의 잠재적 역량을 충분히 발휘할 수 있는 사회를 의미(Nussbaum, 2013)한다. Martha Nussbaum이 제시하는 인간의 주요 역량은 다음과 같다(배종석 외, 2022: 70-71).

① 적절한 기간까지 삶을 누릴 수 있는 생명력, ② 건강히 살 수 있는 육체적 건강, ③ 자신의 신체에 대한 소유 및 자유로운 결정을 할 수 있는 신체 완전성, ④ 느끼고 상상하고 사유할 수 있는 능력, ⑤ 타자에 대한 애정을 가질 능력과 감정을 느끼는 정서적 능력, ⑥ 좋은 것에 대한 개념 형성과 그것을 삶에 반영할 수 있는 실천 이성, ⑦ 타자와 더불어 살며 존엄한 존재로 대우받을 수 있는 소속 능력, ⑧ 동식물과 대자연과 함께 살 수 있는 능력, ⑨ 웃고 놀고 여가를 즐길 수 있는 능력, ⑩ 정치 참여나 물질 소유와 같은 환경 통제력을 가질 수 있는 능력 등이다. 즉 좋은 삶이란 안전 · 건강의 욕구가 충족되고, 소외되지 않고 포용되는 삶, 자유로운 의사표현이 가능하고, 환경과 함께하는 삶이 가능한 사회여야 한다.

그렇다면 우리 사회는 모든 구성원들이 이러한 역량을 발휘할 수 있는 충분한 조건을 갖추고 있는가? 이러한 삶은 개인의 노력만으로 되는 것이 아니며 어떤 사회에 살고 있느냐에 따라서 개인 삶의 질은 달라질 것이다.

이와 관련하여 유럽연합은 인간의 역량이 개발되고 보장될 수 있는 4개의 '사회의 질' 기준을 제시하였다(박명규, 2020: 16). 사회의 질은 시민들이 노동시장 참여나 국가로부터의 급여 이전을 통해 경제적 삶의 안전성을 보장받으며, 이러한 상태에서 사회공동체에 적극적으로 참여할 수 있는 사회가 좋은 사회임을 의미한다(Beck, Van der Maesen & Walker, 2005; 안상훈 · 정해식, 2010에서 재인용).

유럽연합이 제시하는 사회의 질 기준은 사회경제적 안전성(Social Economic Security), 사회적 응집성(Social Cohesion), 사회적 포용성(Social Inclusion), 사회적 역능성(Social Empowerment) 등이다.

사회경제적 안전성은 물질적, 환경적 자원이 충분히 안정적으로 확보되어 있는 정도를 의미하고, 경제적 안정성이 확보되기 위해서는 고용과 주거, 건강, 여가활동 등 적절한 생활수준과 다양한 자원에 접근할 수 있는 사회적 보호가 보장되어야 한다.

사회적 응집성은 사회 내에서 규범과 가치를 공유하는 사람들 사이의 사회적 관계, 즉 공통의 정체성과 가치규범에 기반을 둔 사회적 관계가 이루어지는 사회를 의미한다. 응집성이 높은 사회는 지역사회가 잘 구성되어 있고, 신뢰하는 사회, 사회적 자본이 잘 형성된 사회일 것이다.

사회적 포용성은 공동체적 지향성을 가지고 사회적 관계망에 참여하는 정도를 의미한다. 포용성이 높은 사회는 강한 집단이 약한 집단을 차별하지 않고, 다양성을 가진 여러 집단이 공존 가능한 사회이다.

사회적 역능성은 시민의 존엄성과 자율성이 실현되는 사회적 지원 정도를 의미한다. 역능성이 높은 사회는 사회구성원이 소속된 공동체의 주요한 의사결정에 참여하고, 영향력을 발휘할 수 있으며 이러한 능력을 개발하고 적용할 수 있도록 지원받는 사회이다(www.youtube.com/watch?v=0yqVEdyIslI; 안상훈, 정해식, 2010).

4차 산업혁명으로 인한 기술의 발달과 소외, 불평등 심화의 문제, 다문화와 다양성 존중의 필요 속에서 사회의 안전성, 응집성, 포용성, 역능성을 높이는 것은 우리 사회의 주요 과제이며, 사회복지 역시 사회의 질을 높이는 방향으로 제도의 변화를 고민해야 할 것이다.

둘째, 사회적 가치는 사회적 구조와 제도들의 정의롭고 지속가능한 발전 속에서 가능함을 강조한다. 즉 제도와 구조가 사회적 가치를 지원하고 보장할 수 있어야 함을 의미한다. 기존의 효율과 성과주의적 발상이 아닌 사회적 욕구를 충족시키고 새로운 사회적 관계와 협력을 창출해 내는 사회혁신(박명규 · 이재열, 2020: 31)의 필요성이 제기되는 이유일 것이다. 제한된 자원의 형평성 있는 분배, 단순한 생계보장만이 아닌 존재가치를 확인할 수 있는 노동, 적절한 일과 활동할 수 있는 기회보장, 장애, 다문화, 소수자 등 다양성이 인정되는 포용성, 자발적 협력과 참여를 통한 역능성의 강화 등은 이를 보장하고 인정하는 제도와 사회구조로 변화되어야만 가능하다.

이러한 맥락 속에서 UN은 지속가능발전목표를 발표하고 전 지구적 차원에서의 참여를 독려하고 있다. 2015년 제70차 UN총회에서 결의하고 발표한 지속가능발전목표(Sustainable Development Goals: SDGs)는 사회적 가치의 지향을 담고 있다. 지속가능발전목표는 경제, 사회, 환경문제를 통합적으로 해결하기 위한 것이며, '단 한 사람도 소외되지 않는 것(Leave no one behind)'이라는 슬로건과 함께 인간, 지구, 번영, 평화, 파트너십이라는 5개 영역에서 인류가 나아가야 할 방향성을 17개 목표와 169개 세부 목표로 제시하였다(www.ncsd.go.kr).

이같이 사회적 가치는 전 세계가 지향하는 주요 가치이자 과제가 되고 있다. 사회적 가치 실현을 위한 노력은 사회복지 영역만이 아니라 사회적 경제, 공공, 기업도 주요 주체로 참여하여야만 가능할 것이다. 경제적 가치와 사회적 가치를 동시에 추구하는 사회적 경제의 활성화를 통해 경제 · 사회 · 환경의 상호 균형을 지향하고 협력과 상생의 기초가 되는 마을공동체, 농촌공동체, 도시공동체 등 지역공동체를 활성화하고자 하는 것도 주요한 내용이다(박명규 · 이재열, 2020: 22). 기업측면에서 ESG 경영, 공유가치 창출 등도 사회적 가치 추구의 한 내용이다. ESG(Environmental, Social, Governance) 경영은 사회적 가치를 지향하는 경영, 즉 환경을 생각하는 경영, 조직구성원의 인권, 복지에 관심을 가지고, 사회적 책임을 다하는 경영, 정해진 규칙대로 의사결정을 하는 투명성이 보장되는 경영을 의미하고(이원재, 2021), 공유가치는 경제적 가치와 사회적 가치를 동시에 추구하는 것이다.

CHAPTER 03

사회복지의 전문성은 무엇인가요?

1. 사회복지사 자격제도 이해
2. 사회복지사의 역할
3. 사회복지전문직의 요건
4. 사회복지직의 전문적 기반
5. 한국 사회복지사윤리강령 이해

Chapter 03

사회복지의 전문성은 무엇인가요?

1 사회복지사 자격제도 이해

1) 사회복지사의 정의

사회복지사는 현대사회에서 발생하고 있는 청소년, 노인, 여성, 가족, 장애인 등 다양한 사회적, 개인적 문제를 겪는 사람들에게 사회복지학 및 사회과학의 전문지식을 이용하여 문제를 진단 · 평가함으로써 문제해결을 돕고 지원하는 업무를 담당하는 자를 지칭한다.

우리나라에서 사회복지사는 사회복지사업법 제11조제1항의 규정에 의하여 “사회복지에 관한 전문지식과 기술을 가진 자”로 규정하고 있으며, 1970년대 사회복지사업종사자로 시작하여 1983년 5월 사회복지사업법이 개정되면서 사회사업가 또는 사회사업종사자의 명칭이 “사회복지사”로 규정되어 현재에 이르고 있다(김상균 외, 2011: 438-439).

2) 사회복지사의 주요 업무

사회복지사의 주요 업무는 사회복지사업법 시행령 제6조제1항에 사회복지프로그램의 개발 및 운영업무, 시설거주자의 생활지도업무, 사회복지를 필요로 하는 사람에 대한 상담업무로 제시되어 있다.

사회복지사의 자격관리를 담당하는 한국사회복지사협회에 따르면, 사회복지사의 업무는 다음과 같다(한국사회복지사협회, 2018).

① 사회적, 개인적 문제로 어려움에 처한 의뢰인을 만나 그들이 처한 상황과 문제를 파악하고 그들이 필요로 하는 서비스의 유형을 판단한다.

② 문제를 처리, 해결하는 데 필요한 방안을 찾기 위해 관련 자료를 수집하고 분석하여 대안을 제시한다.

③ 재정적 보조, 법률적 조언 등 의뢰인이 필요로 하는 각종 사회복지 프로그램을 기획 · 시행 · 평가한다.

④ 공공복지서비스의 전달을 위한 대상자 선정 작업, 복지조치, 급여, 생활지도 등을 한다.

⑤ 사회복지 자원봉사자를 모집하여 교육시키고 배치 및 지도감독을 한다.

⑥ 사회복지정책 형성과정에 참여하여 정책분석과 평가를 하며 정책대안을 제시한다.

⑦ 정신건강사회복지사는 정신질환자에 대한 개인력 조사 및 사회조사 작업을 진행하며 정신질환자의 사회복귀촉진을 위한 생활훈련 및 작업훈련, 그 가족에 대한 교육, 지도 및 상담업무를 수행한다.

3) 사회복지사의 활동영역

사회복지사는 공적 · 사적 영역의 다양한 현장에서 활동하는데 특히 공적 영역에서는 사회보장급여의 이용 · 제공 및 수급권자 발굴에 관한 법률 제43조에 따라 사회복지사업에 관한 업무를 담당하기 위하여 시 · 도, 시 · 군 · 구 및 읍 · 면 · 동 또는 복지사무전담기구에 사회복지사 자격증을 가진 사회복지전담공무원을 두도록 규정하고 있다.

한편, 사회복지기관 및 시설 영역에서 사회복지사는 지역복지사업, 아동복지, 노인복지, 장애인복지 등 다양한 영역에서 사회복지실천 활동을 전개하고 있다.

이 외에도, 의료법 및 정신건강증진 및 정신질환자 복지서비스 지원에 관한 법률(약칭: 정신건강복지법)에 근거하여 의료영역에서 활동하는 사회복지사로 의료사회복지사(Medical Social Worker), 정신건강사회복지사(Mental Health Social Worker)가 있는데, 특히 의료사회복지사는 병원이나 진료소에서 임상치료팀의 일원으로 질병의 직 · 간접적인 원인이 되고 치료에 장애가 되는 환자의 심리 · 사회적인 문제들을 해결하도록 도와주며, 환자가 퇴원한 후에도 정상적인 사회기능을 발휘할 수 있도록 환자와 그의 가족에게 전문적인 사회복지서비스를 제공하는 역할을 수행하며, 정신건강사회복지사는 사회복지사 1급 자격증 소지자 중에서 정신건강분야의 전문적인 지식과 기술을 가지고 정신질환자의 개인력 및 사회조사, 정신질환자에 대한 사회사업지도 및 방문지도, 사회복귀 촉진을 위한 생활훈련 및 직업훈련, 정신질환자와 그 가족에 대한 교육 · 지도 및 상담업무, 정신질환 예방 활동 및 정신건강에 관한 조사연구를 하는 역할을 수행하고 있다(한국사회복지사협회, 2018).

이외에도 학교사회복지사(School Social Worker), 자원봉사활동관리 전문가(Voluntary Activities Coordinator), 교정사회복지사(Correctional social Worker), 군사회복지사(Military Social Worker), 산업사회복지사(Industrial Social Worker)

라는 명칭으로 전통적인 사회복지실천 현장 외에도 다양한 교육 및 교정시설, 군, 산업현장 등과 같이 확장된 영역에서 활동하고 있다.

한국사회복지사협회에서 제시한 확장영역에서 활동하고 있는 사회복지실천 영역은 다음과 같다(한국사회복지사협회, 2018).

① 학교사회복지사(School Social Worker): 학생 개개인의 지적, 사회적, 정서적 욕구와 문제해결에 관심을 갖도록 도와주며, 이를 통하여 모든 학생들이 학교에서 공평한 교육기회와 성취감을 제공받을 수 있도록 사회복지의 다양한 실천방법을 활용하는 사회복지사
② 자원봉사활동관리 전문가(Voluntary Activities Coordinator): 자원봉사자들을 모집, 배치, 상담, 훈련하고 자원봉사자 활용 프로그램의 개발과 시행, 평가하는 사회복지사
③ 교정사회복지사(Correctional Social Worker): 현행 법무부 산하의 교정시설에서 범죄인의 재활과 범죄 예방에 개입하고 있는 사회복지전문직
④ 군사회복지사(Military Social Worker): 군대 내의 의무직에 속하여 환자의 상담과 복귀를 위한 복지업무를 담당하는 사회복지사
⑤ 산업사회복지사(Industrial Social Worker): 기업체에서 노동자들의 비복지적 문제의 개선을 위해 사회복지학의 전문지식을 활용하여 문제해결을 수행하는 사회복지사

4) 사회복지사 자격제도 발전과정

(1) 시기별 자격제도의 변화 내용

우리나라에서 사회복지사 자격 제도의 발전은 크게 4개의 시기로 구분되는데, 각각의 시기별 특징은 다음과 같다(한국사회복지사협회 홈페이지, 2022).

① 사회복지시설종사자 무자격 시대(1970년대 이전)

한국전쟁 이후 고아원을 중심으로 한 사회복지시설이 급속히 생겨났으나 1970년까지 사회복지시설 종사자에 관한 자격제도는 없었으며, 통상적으로 자선사업가라고 지칭되었다.

② 사회복지사업종사자 자격증 시대(1970~1983)

1970년에 제정된 사회복지사업법 제5조 및 같은 법 시행령 제9조에서 '사회복지사업종사자 자격증'제도가 처음으로 도입되었는데, '사회복지사업종사자 자격기준'은 등급의 차이가 없었으며, 대학에서 사회복지학 전공자가 배출되면서 자격제도의 개정 필요성이 논의되어졌고, 1982년 사회복지사업종사자 자격을 사회복지사 자격제도로 개정하는 논의가 시작되었다.

③ 사회복지사 자격증 시대(1984~현재)

1983년 사회복지사업법 개정으로 '사회복지사'제도가 신설되었으며, 3등급 체제로 변경되었고, '사회복지사'는 클라이언트를 상담, 대변, 옹호한다는 의미에서 변호사(辯護士) 직종의 '士(선비 사)'로 반영하여 '社會福祉士'로 사용하기로 하였으며, 1985년 사회복지사 자격증 교부 업무를 한국사회복지협의회에서 위탁받아 시행하였고, 1999년부터 한국사회복지사협회가 자격증 교부 업무를 위탁받아 시행하고 있다.

④ 사회복지사 국가시험 시대(2003~현재)

사회복지사의 전문성 향상을 위해 2003년부터 사회복지사 1급 국가시험이 제도화되어 현재에 이르고 있다.

(2) 사회복지사 자격제도 주요 법령 개선 내용

한국사회복지사협회가 자격증 관리를 담당한 시기 이후 사회복지사 자격에 관한 주요 법령 개정 내용은 다음과 같다(한국사회복지사협회 홈페이지, 2022).

① 1998년

- 사회복지사의 전문성을 높이기 위하여 2003년부터 사회복지사 1급은 국가시험에 합격한 자에게 부여
- 학부제, 복수전공제 등 교육제도의 변화에 따라 사회복지사 자격요건을 학과 중심에서 이수교과목 중심으로 조정

> –2년제 대학과 4년제 대학은 보건복지부령이 정하는「사회복지학 전공교과목과 사회복지관련 교과목」을 이수하여야 하고, 대학원은 사회복지학 또는 사회사업학을 전공하고 보건복지가족부령이 정하는「사회복지학 전공교과목과 사회복지관련 교과목」 중 필수 6과목 이상(대학에서 이수한 교과목을 포함하되, 대학원에서 4과목 이상을 이수하여야 함)과 선택 2과목 이상 총 8과목 이상을 이수

- 사회복지사 자격등급을 상향 조정

> – 고등교육법에 의한 각종학교(학력인정교) 졸업자 2급 ⇒ 1급(2002. 12. 31까지)
> – 교육법에 의한 전문대학 졸업자 3급 ⇒ 2급

- 사회복지사 상위등급(3급 ⇒ 2급, 2급 ⇒ 1급) 취득요건 중 사회복지사업의 실무경험기간을 축소(5년 ⇒ 3년)

② 2002년

- 2003년부터 시행하는 사회복지사 1급 국가시험의 공정한 관리를 위하여 보건복지부장관이 지정하여 시험관리업무를 위탁하는 시험관리기관이 갖추어

야 할 요건을 정함

- 사회복지사의 등급별 자격기준을 확대하여 2년제 원격대학 졸업자, 학점은행제 학위취득자 등 평생학습과정의 이수자에게도 사회복지사 자격을 부여하도록 함으로써 평생교육의 활성화를 유도
- 사회복지사 1급 국가시험의 응시수수료를 현실화하고, 자격증 발급시 제출하여야 하는 서류를 간소화함

③ 2004년

- 사회복지사업법시행령 제2조제1항 관련 [별표 1] 사회복지사의 등급별 자격기준 중 사회복지사 2급의 자격기준란 가목 중 "필수과목 6과목 이상"을 "사회복지현장실습을 포함하여 필수과목 6과목 이상"으로 개정
- 사회복지사업법시행령 제3조제3항 관련 [별표 2] 사회복지사국가시험과목을 다음과 같이 변경함(3과목, 8개 영역)

> 1. 사회복지기초(인간행동과 사회환경, 사회복지조사론)
> 2. 사회복지실천(사회복지실천론, 사회복지실천기술론, 지역사회복지론)
> 3. 사회복지정책과 제도(사회복지정책론, 사회복지행정론, 사회복지법제론)

④ 2005년

- 사회복지사업법 시행령에 규정되어 있는 사회복지사의 결격사유는 국민의 직업선택의 자유 또는 경제활동의 자유 등 기본권을 제한하는 사항이므로 법률에 직접 규정함
- 사회복지사업법 제11조제1항을 다음과 같이 변경함

> 1. 보건복지부장관은 사회복지에 관한 전문지식과 기술을 가진 자에게 사회복지사의 자격증을 발급할 수 있다.

• 사회복지사업법 제11조의2 (사회복지사의 결격사유) 조항을 다음과 같이 신설

1. 금치산자 또는 한정치산자
2. 파산자로서 복권되지 아니한 자
3. 금고 이상의 형의 선고를 받고 그 집행이 종료되지 아니하였거나 그 집행을 받지 아니하기로 확정되지 아니한 자
4. 법률 또는 법원의 판결에 의하여 자격이 상실 또는 정지된 자

⑤ 2007년

• 사회복지사 결격사유를 아래와 같이 개정함

사회복지사업법 제11조의2(사회복지사의 결격사유) 다음 각 호의 어느 하나에 해당하는 자는 사회복지사가 될 수 없다.
1. 금치산자 또는 한정치산자
2. 삭제
3. 금고 이상의 형의 선고를 받고 그 집행이 종료되지 아니하였거나 그 집행을 받지 아니하기로 확정되지 아니한 자
4. 법률 또는 법원의 판결에 의하여 자격이 상실 또는 정지된 자
5. 마약 · 대마 또는 향정신성의약품의 중독자

⑥ 2008년

• 사회복지사 자격기준에서 교과목 학점 기준 및 사회복지현장실습에 관한 기준이 없었으나 2010년 입학생부터 다음의 기준을 신설함

* 전문대학, 대학, 대학원 교과목 학점 기준 규정: 과목당 3학점 이상
* 필수과목 중 사회복지현장실습에 관한 기준 신설

가. 실습기관: 법 제2조제1호에 따른 사회복지사업과 관련된 법인 · 시설, 기관 및 단체로 한다.
나. 실습지도자: 사회복지사 1급 자격증을 소지한 자로서 3년 이상 또는 사회복지사 2급 자격증을 소지한 자로서 5년 이상 사회복지사업의 실무경험이 있는 자가 실습을 지도하여야 한다.
다. 실습시간: 현장실습시간은 120시간 이상으로 한다.

- 2018년 현재 상기의 사회복지사 자격취득에 필요한 교과목(필수, 선택)과 사회복지현장실습에 관한 기준(사회복지사업법 시행규칙 제3조)은 개편논의 중에 있음

⑦ 2020년

- 사회복지사업법 시행규칙 개정으로 자격증 취득 기준 강화(2020년 1월부터 시행)
  - –현재 교과목 학점 기준 및 사회복지현장실습에 관한 기준 강화됨
  - –실습시간 확대, 실습지도자 요건 강화, 실습기관 고시, 실습세미나 과목 개설

가. 학점기준 변화

- 2년제 · 4년제 대학, 학점은행제 등(2020년 교과목 수강 시작부터) 보건복지부령이 정하는「사회복지학 전공교과목과 사회복지관련 교과목」사회복지 전공교과목 및 관련 교과목 중 필수 10과목, 선택 7과목 이상을 각각 이수한 자

나. 사회복지현장실습 내실화

- 실습시간 확대: 기존 120시간에서 160시간으로 변경
- 실습지도자 요건 강화: 1급 자격증 취득 이후 3년 이상의 실무경험, 2급 취득 후 5년 이상의 실무경험, 실습 전년도에 8시간 이상의 보수교육 이수필수
- 실습기관 고시: 사회복지사업을 수행하는 기관, 법인, 시설, 단체,
보건복지부장관이 지정한 기관
실습지도자가 2명 이상의 상근
- 실습세미나 과목 개설: 30시간(2시간 기준 15회) 이상 실시
온라인교육의 경우 대면방식 수업 6시간 이상 실시
- 실습지도교수 요건: 석사 이상 학위 소지자로 실무경험 또는 교육경험 3년 이상인 자

2 사회복지사의 역할

사회복지사는 개인, 가족, 집단, 지역사회를 돕는 다양한 역할을 수행한다. 사회복지사가 수행하는 일과 기능에 따라 클라이언트에게 직접 서비스를 제공하는 역할, 클라이언트를 다른 체계와 연결하는 역할, 클라이언트에 대한 개입방법을 선택하고 그에 대한 효과성을 평가하기 위해 연구 및 조사를 수행하는 역할, 서비스 전달 시 효율성을 떨어뜨리는 기관의 정책, 기능적 관계 등을 평가하고 체계유지 및 강화를 위해 노력하는 역할, 기관의 서비스를 확대 및 개선하기 위해 체계 개발에 관련된 역할을 수행하는 등의 다양한 역할이 요구된다.

사회복지사가 수행하는 역할을 좀 더 구체적으로 살펴보면 우선 클라이언트와 직접 대면하여 서비스를 제공하는 역할에서는 개인을 대상으로 한 상담, 혹은 부부·가족상담 및 치료를, 집단을 대상으로는 지지집단 및 치료집단 운영 등을 담당하며 필요한 정보를 제공하거나 교육하는 역할을 담당한다.

다음으로 체계와 연결하는 업무에서는 클라이언트가 그들의 욕구해결에 필요한 자원에 대한 정보를 가지고 있지 못하거나 자원을 이용할 능력이 부족한 경우에 이러한 자원들과 클라이언트를 연결해 주는 역할을 수행한다. 실제로 이러한 역할을 수행할 때에 사회복지사는 클라이언트의 욕구를 사정하고 지역사회 내에 클라이언트의 욕구해결에 필요한 자원을 탐색하며 필요한 서비스 및 자원을 클라이언트가 적절하게 이용할 수 있도록 돕는 역할을 수행한다. 이 외에도 클라이언트를 둘러싼 여러 환경체계에 개입하여 클라이언트에게 부족한 의사소통을 돕고 논쟁이나 갈등을 해결하는 역할을 수행하기도 한다. 이러한 경우 사회복지사는 기본적으로 클라이언트의 입장에서 그들의 역할을 대변·보호·지지하는 역할을 수행하는 것이 특징이다.

이 외에도 사회복지조직에 소속된 사회복지사는 클라이언트에게 전달하는 서비스가 효율적으로 제공되고 있는지를 평가하고 체계를 유지하고 강화하기 위한 역할을 수행하는데, 이때에는 서비스 전달을 방해하는 요인을 찾아내고 이를 해결하기 위해 노력하며, 사회복지조직의 구조나 정책, 절차 등의 요소에서 서비스 전달에 부정적 영향을 미치는 요인을 조사하고 평가하며 이를 개선하기 위해 노력하게 된다. 사회복지사는 그들이 제공한 서비스에 대해 효과성을 확인하면서 보다 질 높은 수준의 업무를 수행하기 위해 조사연구 등을 수행하게 된다.

이 외에도 사회복지사는 사회복지조직에서 서비스를 수행함에 있어 클라이언트의 욕구에 부응하는 다양한 프로그램을 개발하고 필요한 정책 및 제도 등이 개발될 수 있도록 적극적으로 활동한다.

사회복지사에게 요구되는 다양한 역할을 소개하면 다음과 같다(사회복지교육연구센터, 2016: 125-128).

(1) 중개자

① 전문가의 위치에 있는 사회복지사는 클라이언트와 지역사회의 자원연결을 촉진한다.

② 중개자 역할을 수행하기 위해 사회복지사는 클라이언트의 욕구를 확인하고, 다양한 자원을 활용할 동기와 능력을 사정하며, 그들이 적합한 자원에 접근하도록 한다.

③ 사회복지사는 다양한 서비스와 활용 가능한 프로그램에 관한 지식이 있어야 하고, 각 개인의 강점과 약점에 관해 사정을 해야 하며 그러한 자원에 접근하는 절차를 이해해야 한다.

(2) 중재자

① 양자 간의 논쟁에 개입하여 타협, 차이점 조정 혹은 상호 만족스러운 합의점을 도출해 내는 역할을 수행한다.

② 미시, 중범위, 거시체계 사이의 논쟁이나 갈등을 해결한다.

③ 견해가 다른 개인이나 집단 사이의 의사소통을 향상하고 타협하도록 돕는 중재자는 중립을 유지하며 논쟁에서 어느 한쪽 편도 들지 않으며 양측이 서로의 입장을 이해하고 있는지 확인한다.

④ 중재자는 자신의 위치를 분명히 하고 의사를 잘못 전달하는지를 인식하며 관련 당사자가 입장을 명확히 밝히도록 노력한다.

(3) 클라이언트 옹호자

① 사회복지사는 사회정의를 확보하거나 유지하는 목적에 따라 하나 혹은 그 이상의 개인, 집단 혹은 지역사회 편에서 운동과정에 직접적으로 관여하여, 방어 · 개입 · 지지 · 권고 활동을 한다.

② 불이익을 받는 클라이언트를 위해 새로운 사회정책과 법령 등을 수정하거나 필요한 자원이나 서비스를 제공받을 수 있는 활동을 실시한다.

(4) 조력자

① 클라이언트가 자기 문제를 스스로 해결할 수 있는 능력을 기르고 필요한 자원을 찾아낼 수 있도록 돕는다.

② 클라이언트의 욕구를 확인하고 문제를 규정하며 문제를 효과적으로 다룰 수 있는 능력을 개발한다.

③ 클라이언트의 위기 상황에서 다양한 스트레스에 대처하도록 돕는다.

(5) 교사 · 교육자

① 사회복지실천의 많은 부분은 클라이언트나 클라이언트 집단이 삶의 상황에서 발생하는 어려움을 처리하거나 위기를 예견하고 예방하도록 가르친다.

② 클라이언트가 이해할 수 있는 방식으로 관련된 정보를 제공하고, 권고와 제안을 하고, 대안과 가능한 결과를 확인하고, 행동을 시범보이고, 문제해

결기술을 가르치고, 인식을 명확하게 함으로써 필요한 적응기술을 가르친다.

(6) 상담가 혹은 임상가

① 클라이언트가 자신의 감정을 보다 잘 이해하고 행동을 수정하며, 문제 상황에 대처하기 위해 학습하도록 도움으로써 그들의 사회적 기능수행 능력을 향상시키도록 돕는다.

② 사회복지이론과 심리사회적 역기능, 정서적 혹은 정신적 장애를 포함하는 장애, 혹은 손상에 대한 치료와 예방적 방법을 전문적으로 적용하도록 한다.

(7) 사례관리자

① 클라이언트를 적합한 서비스에 연결하고 활용하도록 조정하는 과정에서 개인과 가족에게 서비스를 제공한다,

② 클라이언트가 필요로 하는 지원의 유형을 확인하는 것에서 시작하고, 성공적 생활에 장벽을 극복하기 위한 방법들을 탐색한다.

(8) 직원개발자

① 훈련, 수퍼비전, 인사관리를 통해 기관 직원의 전문적 개발을 촉진한다.

② 직원개발은 훈련욕구에 관한 정확한 사정에 기반을 두고 업무 코칭, 수퍼비전, 자문, 그리고 훈련회의나 워크숍을 실행하거나 참여한다.

(9) 행정가

① 서비스조직에서 정책, 서비스, 프로그램을 계획하고 개발하며 수행한다.

② 프로그램 계획, 채택된 프로그램에 대한 실행, 프로그램 평가 등을 실시한다.

(10) 행동가

① 사회적 불평등, 사회적 박탈 등에 관심을 가지면서 기본적 제도의 변화를 추구하기 위해 지역사회의 욕구를 조사 · 분석하고 그 결과를 알리며 대중의 힘을 동원하기 위해 사람들을 조직한다.
② 지역사회나 거시적 수준에서 클라이언트의 이익이나 권리가 침해당하는 사회적 조건 등을 인식하여 클라이언트가 인권을 보호받고 행사할 수 있는 사회를 만들기 위한 활동에 참여한다.

(11) 집단촉진자

① 치료집단, 성장집단, 교육집단, 자조집단 등 집단 상호작용을 촉진시킨다.
② 다양한 집단에 개입하여 집단과정이 활발하게 일어날 수 있도록 한다.

3 사회복지전문직의 요건

1) 전문직의 요건

사회복지학은 인접 과학의 이론과 지식을 바탕으로 출발했지만 현재는 나름대로 독자적인 이론체계와 지식을 바탕으로 구성되어 있으며, 사회복지는 '인간의 삶의 질 향상'을 위해 여러 수준에서 실천활동으로 전개되고 있다.

사회복지의 전문화는 어느 한순간에 형성된 것이 아니라 역사와 사회의 변화와 더불어 이루어지고 있다. 사회복지영역에서의 전문성 논의는 1915년 Flexner가 미국의 전국자선단체 및 교정대회에서 '사회복지실천이 전문직인가'라고 제기한 것이 시작으로 간주되고 있다. 그는 전문직의 준거로 전문직의 활동은 근본적으로 지적이고, 개인적 책임을 수반하며, 단순히 일상적이 아닌 지식에 근본을 두고 학습되고, 학구적이고 이론중심이기보다는 실질적이며, 전문적 교육에 의해 그 기술이 교습되고, 내적으로 조직화되며, 사회의 선을 위한 이타주의에 기반을 둔다고 보았다(Flexner, 1915).

이후 미국을 중심으로 하여 전문적인 사회복지실천이론 정립, 전문직으로서의 윤리와 가치체계 확립, 사회복지조직에 유급직원 배치, 사회복지를 전문으로 교육하는 교육기관 설립, 전문가협회 설립 등을 통해 사회복지의 전문성을 견고화하는 노력이 전개되어 왔다.

특히 미국에서 1940년대 말부터 1950년대 초에는 사회복지전문직의 가치와 윤리에 대한 논의가 본격적으로 시작되었고, 전문적 가치체계에 입각한 실천이 이루어지도록 하는 지침 마련 등의 시도가 전개된 바 있으며, 1960년 전미사회복지사협회에서는 사회복지전문가들이 지켜야 하는 전문적 행동기준과 원칙인 윤리강령을 공식적으로 채택하였다. 이때 제정된 윤리강령이 1996년에 전면 개정되어 현재에 이르고 있으며 전문직으로서 사회복지사가 지향하는 여섯 가지 핵심가치를 제시하고 이와 함께 윤리적 원칙을 제시하고 있다(사회복지교육연구센터, 2016: 57에서 재인용).

현대사회에서도 사회복지의 영역이 점차 확장되고 다양화되면서 사회복지의 고유 역할과 전문성 확립에 대한 논쟁은 진행 중이다.

사회복지영역의 직업활동이 전문직으로 발전하고 성숙해 가기 위해서 내부적으로는 이론적 체계, 고유한 가치와 문화, 윤리강령을 갖추고자 노력해 왔고 외부적으로도 사회복지의 기능을 인정받고 전문적 권위를 갖고자 하는 노력을 기울여 왔다(장수미 외, 2015: 31).

그럼에도 불구하고 사회복지에 관련된 직업활동을 전문직이라고 말할 수 있는지에 대한 논쟁이 계속되어 왔다. 사회복지직의 전문 직업으로서의 성숙도는, 의사, 간호사, 변호사, 회계사 등이 전문 직업으로 확립되어 있는 직업활동과 비교하면 높다고는 볼 수 없다. 그 이유는 활동 내용에 대한 사회적인 인지와 전문직으로서의 평가가 기존의 전문직과 같은 상황에 도달하지 못했다는 것을 지적할 수 있다. 이러한 현실에서 직업의 전문직으로서의 성숙도는 어떻게 평가하면 좋을까? 여기에서는 전문직을 구성하는 요건, 전문직으로서의 성숙도를 평가하는 데에 필요한 요소에 대해 고찰하기로 한다.

전문직이란 무엇인가에 관해서는 보다 일반적으로 직업사회학의 연구가 존재하며, 사회복지의 영역에서도 자주 논의되어 왔다. 전문직에 대한 연구는 과정접근법, 구조기능접근법, 권력접근법으로 나누어볼 수 있다(전병재 외, 1995: 42-54). 이들 각 접근법에서의 전문직성 연구의 특징을 살펴보면, 과정접근법은 전문직의 형성과정에 관심을 두는 것으로서 이러한 관점에서 전문직성에 관한 연구를 진행한 학자로 Wilensky를 들 수 있다(전병재 외, 1995: 43).

Wilensky는 전문직의 형성과정을 밝히고자 하였는데, Wilensky에 따르면, 전문직은 사람들이 어떤 일을 전업으로 하면서 비롯되며, 하나의 전업 직종이 생기면 충원을 위한 직업훈련 문제가 발생하고 이로 인해 교육기관이 만들어진다고 보았다. 그리고 불가피하게 보다 높은 기준, 장기적인 훈련, 직업에의 헌신, 그리고 전업 교사집단이 발달하고, 졸업생들을 중심으로 적절한 직업교육을 위한 전문가들이 모여서 전문직 단체를 설립하고 발전시키며, 단체에 의해 전문직 활동이 보다 활발해지면 그에 따라 그 직업집단 내의 자기반성, 직업명의 변경, 능력 있는 자들로부터 분리하려는 시도가 이루어진다고 하였다. 그 결과 공식적으로 훈련받은 젊은 세대와 업무를 통해 훈련된 장년층 간의 집단 내적 갈등이 발생하게 되며, 전문직으로서의 정당성 확보를 위한 공식적 윤리장전을 확립함으로써 직업의 전문화가 최고단계에 이르게 된다고 하였다(Wilensky, 1964:

137-158).

한편, 구조기능접근법 관점에서는 전문직의 요건을 다른 직업과는 구분되는 성격들을 갖는 것으로 유형화하는 접근방법이다. 이러한 관점에서 전문직성을 제시한 학자로는 Goode를 들 수 있다. 그는 전문직의 특징을 다음과 같이 제시하였다(박종연, 1993: 18).

① 전문직은 자체적인 교육훈련 기준을 결정한다.
② 전문직 지망학생은 다른 과정 학생보다 엄격한 수련과정을 거친다.
③ 전문직 기술은 면허제도의 형태로 법적으로 유지된다.
④ 면허 및 성원자격은 전문직 성원에 의해 유지된다.
⑤ 전문직과 관련된 모든 입법은 그 전문직에 의해 유지된다.
⑥ 전문직은 높은 소득, 권력, 위세를 얻게 되며, 재능 있는 학생을 요구한다.
⑦ 전문직은 문외한의 평가와 통제로부터 상대적으로 자유롭다.
⑧ 전문직에 의해 부과된 실천규범은 법적 통제보다 엄격하다.
⑨ 전문직 성원들은 다른 직업성원들보다 직업적 결속이 강하다.
⑩ 전문직은 최종 직업이 되는 경향이 있다.

그리고 권력접근법은 갈등론적 시각을 바탕으로 전문직에 대해 권력개념을 중심으로 구분하는 관점으로, 대표적 학자로는 Freidson(1970)을 들 수 있다. 그는 전문적 지배의 개념을 확립한 대표적인 권력접근법 이론가로 전문직의 가장 핵심적인 특성을 전문직으로서 누리는 자율성으로 보았다.

일반적으로 사회복지학의 영역에서 전문직 구분 기준으로 잘 알려져 있는 것은 Greenwood의 견해이다. Greenwood는 그 직업이 전문직인지 아닌지를 판단하는 요건으로, ① 체계적인 이론, ② 전문직적 권위, ③ 사회적 승인, ④ 윤리강령, ⑤ 전문직적 문화를 제시한 바 있다(1957: 45-55). 또한, 아키야마(秋山)는

① 체계적인 이론, ② 전달 가능한 기술, ③ 공공의 관심과 복지라는 목적, ④ 전문직의 조직화, ⑤ 윤리강령, ⑥ 시험 혹은 학력에 기초한 사회적 승인이라고 제시하였다(2007: 85-86).

선행연구에서 제시된 전문직의 요건은 각각의 전문직에 내재되어 있는 특징과 전문직으로서 승인된 직업영역(성직자, 법률관련 전문직, 의료직)에 공통적으로 인정되는 특징을 내포하고 있다. 전문직의 특징인 사회적으로 승인되어 있는 요건 가운데 그 직업에 내재되는 요건은 이른바 전문직으로서의 필요조건이며, 사회에서 보는 외부의 조건은 충분조건이라 볼 수 있다.

직업활동이 가지는 전문성의 요건에 대해 부연 설명하면, 우선, 전문직 요건의 기본 요소인 체계적인 이론과 기술은 사회복지직이 전문직업인으로서 전문성을 주장하고 사회적으로 승인을 받기 위해서는 사회복지로 불리는 정책과 제도, 실천에서 다른 의료, 간호, 교육 등과 차별화되는 고유의 영역을 가지고 이를 수행하고 전개하기 위해 전문적인 이론과 기술이 필요하다는 것을 명확히 해야 함을 의미한다. 둘째, 전문직 요건으로서의 전문직적 권위는 사회복지에 관련된 직업활동이 전문직적인 권위를 가지는 행위로 승인되었는가 하는 것으로 사회복지사의 실천활동에 어느 정도 자율적인 결정권이 인정되는가 하는 것에도 관련되며, 사회복지에 관한 직업활동에 부여되는 권위의 내용과 수준은 사회복지직 이외의 타 영역의 전문직과 협동하는 가운데 명확해질 수 있다. 셋째, 전문직에게 요구되는 고유의 가치규범 유무는 일반적으로 윤리강령의 유무로 이해할 수 있으며, 윤리강령은 전문직에 종사하는 사람들의 행위를 규제하는 가치규범을 구체화한 것으로 사회복지전문직의 가치규범에는, ① 개별적으로는 직무상 알게 된 비밀의 유지, ② 이용자의 인격의 존중, ③자기결정권 존중 등이다. 보다 일반적으로는 기본적 인권의 존중, 민주주의, 평화주의의 존중, 정치적 중립성의 유지 등의 내용이 포함된다. 넷째, 전문직단체의 조직화는 사회복지전문직이 자립성과 자율성을 확보하는 데에 불가결한 것으로 사회복지사가 정치적 사회적인 중립성을 유지함과 동시에 이용자의 인권을 옹호하여 그 최선의 이익을 확보하기 위하여 상호 협력하며 전문직으로서 스스로의 입장을 보호할 수 있는 전문직단체를 필요로 하여 조직하는 것을 의미한다. 다섯째, 사회복지직이 전문직으로서 성립하기 위해서는 사회복지사의 실천활동이 전문직으로서 사회적으로 승인되어야 한다. 사회적으로 승인되는 예는 국가의 입법조치를 통해 전문자격으로 인정되고 공개된 시험을 통해 그 자격이 부여되는 방식 등이 해당된다. 단, 자격의 인정은 국가에 의한 것뿐만이 아니라 전문직단체에 의해 행해지는 경우도 있을 수 있다. 한편, 사회적 승인이라고 하는 경우에는, 사회일반에 의한 승인이라는 의미가 포함되어 있어 오히려 이러한 의미에서는 사회적 승인이 중요하다고 볼 수 있다. 국가시험에 의한 자격이더라도 사회 일반적으로 그 존재와 의의가 인지되지 않으면 전문직으로써의 성숙도는 높다고 보기는 어렵다. 마지막으로 전문직에 종사하는 사람들에게는, 항상 자기 자신의 지식과 기능을 체크하여 최선의 상태에서 유지하는 것이 필요하다. 이것은 전문직에게 필요한 숙명이라고 해도 과언이 아니다. 그렇기 때문에 전문직은 늘 자기의 지식과 기능 향상을 위한 자기연마가 필요하다. 또한 전문직을 고용하는 기관과 시설에 의한 연구 · 연수체제의 정비, 나아가서는 전문조직에 의한 연구 · 연수활동의 추진이 전문직을 발전시키는 데에 필요하다고 볼 수 있다.

4 사회복지직의 전문적 기반

1) 지식 기반

Barker는 사회복지는 개인, 집단, 가족, 조직, 지역사회의 사회기능 수행 능력을 향상시키고 원하는 목표 달성에 우호적인 사회조건을 만들어 내기 위해 도움을 주는 전문적 활동으로 사회복지사는 개인, 집단, 가족, 조직, 지역사회가 직면하는 문제를 효과적으로 다루기 위해 폭넓은 지식과 전문기술을 필요로 한다고 하였다(Barker, 2003: 455).

이렇듯 사회복지사는 개인과 개인을 둘러싼 다양한 환경체계와 관련된 다양한 문제를 다루므로 사회문제에 대한 폭넓은 이해가 필요하며 이를 실행하기 위해서는 다양하고 넓은 지식기반이 필요하다.

사회복지전문직에게 요구되는 지식은 사회복지에 대한 법률, 제도, 정책 등의 사회복지에 관한 전반적 지식과 이용자에 관한 지식, 사회와 지역, 인간의 발달과 행동, 심리 등에 대한 광범위한 지식이 요구된다.

조휘일과 이윤로(1999)는 사회복지를 실천하는 데 필요한 지식으로 ① 인간발달과 행동에 대한 지식, ② 의사소통의 다양한 방법에 대한 지식, ③ 집단의 과정에 대한 지식, ④ 개인 · 집단 · 지역사회의 문화적 요인에 대한 지식, ⑤ 인간관계에 대한 지식, ⑥ 지역사회의 본질에 대한 지식, ⑦ 자기 자신에 대한 지식, ⑧ 개입과정에 대한 지식, ⑨ 조직행동 및 기관의 행정적 과정에 대한 지식, ⑩ 조사방법 및 평가에 대한 지식으로 제시하였다(장수미 외, 2015: 21-22에서 재인용).

이러한 측면에서 사회복지사는 클라이언트에게 요구에 부응하기 위해 인접 학문인 사회학, 심리학 등 근접영역의 지식과 학문 등에 대한 관련 지식을 갖추고 지식에 기반한 실천을 할 수 있도록 노력해 가는 것이 요구된다.

2) 기술 기반

사회복지에 관한 지식과 가치를 통합하여 실천해 가는 행위인 기술은 지식에 기반을 둔 것으로 다양한 욕구를 가진 이용자에 대한 실천기술로 클라이언트의 생활을 지원하는 수단의 의미를 갖는다.

미국의 사회복지사협회(NASW)에서는 사회복지실천을 위한 핵심적 기술로, ① 타인의 말을 의도적으로 경청하는 기술, ② 정보를 끌어내는 기술과 관련된 사실을 정리하는 기술, ③ 전문적인 도움관계를 창조하고 유지하는 기술과 자신을 도움 관계에 활용하는 기술, ④ 언어적 · 비언어적 행위를 관찰하고 해석할 수 있는 기술, ⑤ 클라이언트가 자신의 문제를 해결하기 위해 노력하도록 이끌어내고 신뢰를 얻을 수 있는 기술, ⑥ 위협적인 방법이 아닌 지지적인 방법으로 민감한 정서적 주제에 관해 논의할 수 있는 기술, ⑦ 클라이언트의 욕구에 대해 혁신적인 해결책을 마련할 수 있는 기술, ⑧ 치료적 관계를 종료할 필요성에 대해 결정하고 그것을 실천할 수 있는 기술, ⑨ 조사연구를 통해 발견된 사실과 전문 서적을 해석할 수 있는 기술, ⑩ 서로 갈등관계에 있는 집단들 간에 협상과 중재를 할 수 있는 기술, ⑪ 조직 간 연계서비스를 제공할 수 있는 기술, ⑫ 자금원이나 대중들 또는 입법가들에게 사회적 욕구를 설명할 수 있는 기술로 제시하고 있다(Zastrow, 2010: 85에서 재인용).

3) 가치 기반

Pumphrey에 따르면, 가치는 개인 또는 사회집단에 의해 유지되고 우선시되는 행동의 구조들로 특정 수단, 목적, 삶의 조건에 대한 일반적 선호라고 하였다(한인영 외, 2006: 64에서 재인용). 가치는 인간에게 무엇이 바람직하고 좋은가에 대한 믿음, 선호 또는 가정이다. 사회복지실천은 개인의 존엄과 가치, 자기결정, 비밀보장의 원칙으로 표현되는 일련의 가치에 토대를 두며, 가치로부터 윤리강령이 나온다(한인영 외, 2006: 66-67).

가치는 개인, 사회, 조직 등과 같이 여러 수준에서의 가치로 구분할 수 있는데, 특히 전문직의 가치는 어떠한 직업이 사회에서 전문직으로 인정되는 과정에서 전문직의 활동과 관련하여 요구되어지는 것으로 볼 수 있다. 실제 사회복지실천의 가치체계들은 어느 한순간에 형성된 것이 아니라 역사적 변천을 겪게 되는데 특히 서구에서 전문적 사회복지실천과 전문직의 윤리와 가치가 본격적으로 언급된 것은 1940년대 말부터 50년대 초에 걸쳐서 사회복지실천활동을 하는 전문가의 가치에 대해 의문이 제기되면서 윤리적 지침 마련을 위한 시도가 전개되었고, 1947년에는 미국사회복지사협회 대의원회에서 비공식적으로 채택한 바 있으며, 1960년에 비로소 공식적으로 미국사회복지사협회(NASW)에서 윤리강령을 채택하였다. 이후 1967년 1차 개정, 1979년 2차 개정, 1984년에 3차 개정, 1993년에 4차 개정, 1996년 5월 개정되어 현재의 6대 핵심가치 중심으로 제시되었고 2008년에 사회변화 상황이 반영되면서 다양성과 관련된 내용이 포함되게 되었다(사회복지교육연구센터, 2016: 57).

1996년에 전면 개정 등을 거쳐 현재에 이르고 있다. 이후 여러 학자들에 의해 사회복지실천 가치와 윤리에 대한 논의가 전개되어 사회복지사가 전문가로서 실천 활동 시 올바른 실천행위를 할 수 있도록 기준을 제시하는 것의 필요성 등이 강조되었다.

전미사회복지사협회(NASW)에서는 사회복지전문직의 핵심가치에 따른 윤리적 지침을 서비스, 사회정의, 인간 존엄성, 인간관계의 중요성, 성실, 역량 등의 여섯 가지로 제시하고 있다. 미국의 사회복지사 윤리강령에서 지향하는 핵심가치는 인간존엄성의 가치에 근간을 두고 미시적 측면에서는 개인에 대한 원조, 거시적 측면에서는 사회문제에 대한 체계적 관점을 지니고 있으며, 개인에 대한 직접적 원조뿐 아니라 보다 적극적으로 사회적 약자에 대한 옹호나 불의에 대한 도전과 같은 사회정의의 관점을 포괄하며 원조과정에 있어 관계의 중요성, 사회복지사의 역량과 태도 등의 역할 책임 등을 강조하고 있다(김기덕 외, 2015: 122에서 재인용).

이러한 부분을 통합하여 보면, 사회복지사는 지식, 기술, 가치를 창의적으로 통합시켜 적용할 수 있는 능력이 요구된다. 사회복지사는 다양한 클라이언트 집단을 대하므로 이들에 대한 다양한 지식을 가지고 있어야 하며, 자신의 가치와 다양한 집단의 가치를 인지하면서 다양한 클라이언트의 기대에 맞는 서비스를 제공할 수 있어야 한다(장수미 외, 2015: 30).

5 한국 사회복지사윤리강령 이해

1) 전문

사회복지사는 인본주의 · 평등주의 사상에 기초하여, 모든 인간의 존엄성과 가치를 존중하고 천부의 자유권과 생존권의 보장활동에 헌신한다. 특히 사회적 · 경제적 약자들의 편에 서서 사회정의와 평등 · 자유와 민주주의 가치를 실현하는 데 앞장선다. 또한 도움을 필요로 하는 사람들의 사회적 지위와 기능을 향상시키기 위해 저들과 함께 일하며, 사회제도 개선과 관련된 제반활동에 주도적으로 참여한다. 사회복지사는 개인의 주체성과 자기결정권을 보장하는 데 최선을 다하고, 어떠한 여건에서도 개인이 부당하게 희생되는 일이 없도록 한다. 이러한 사명을 실천하기 위하여 전문적 지식과 기술을 개발하고, 사회적 가치를 실현하는 전문가로서의 능력과 품위를 유지하기 위해 노력한다. 이에 우리는 클라이언트 · 동료 · 기관, 그리고 지역사회 및 전체 사회와 관련된 사회복지사의 행위와 활동을 판단 · 평가하며 인도하는 윤리기준을 다음과 같이 선언하고 이를 준수할 것을 다짐한다.

2) 사회복지사의 기본적 윤리기준

(1) 전문가로서의 자세

전문가로서의 자세는 사회복지사의 전문적 태도와 역할행동을 제시하고 있는 것이 특징이다.

① 사회복지사는 전문가로서의 품위와 자질을 유지하고, 자신이 맡고 있는 업무에 대해 책임을 진다.

② 사회복지사는 클라이언트의 종교 · 인종 · 성 · 연령 · 국적 · 결혼 상태 · 성 취향 · 경제적 지위 · 정치적 신념 · 정신, 신체적 장애 · 기타 개인적 선호, 특징, 조건, 지위를 이유로 차별 대우를 하지 않는다.

③ 사회복지사는 전문가로서 성실하고 공정하게 업무를 수행하며, 이 과정에서 어떠한 부당한 압력에도 타협하지 않는다.

④ 사회복지사는 사회정의 실현과 클라이언트의 복지 증진에 헌신하며, 이를 위한 환경 조성을 국가와 사회에 요구해야 한다.

⑤ 사회복지사는 전문적 가치와 판단에 따라 업무를 수행함에 있어, 기관 내외로부터 부당한 간섭이나 압력을 받지 않는다.

⑥ 사회복지사는 자신의 이익을 위해 사회복지전문직의 가치와 권위를 훼손해서는 안 된다.

⑦ 사회복지사는 한국사회복지사협회 등 전문가단체 활동에 적극 참여하여, 사회정의 실현과 사회복지사의 권익옹호를 위해 노력해야 한다.

(2) 전문성 개발을 위한 노력

① 사회복지사는 클라이언트에게 최상의 서비스를 제공하기 위해, 지식과 기술을 개발하는 데 최선을 다하며 이를 활용하고 전파할 책임이 있다.

② 클라이언트를 대상으로 연구하는 사회복지사는 저들의 권리를 보장하기 위해, 자발적이고 고지된 동의를 얻어야 한다.

③ 연구과정에서 얻은 정보는 비밀보장의 원칙에서 다루어져야 하고, 이 과정에서 클라이언트는 신체적, 정신적 불편이나 위험 · 위해 등으로부터 보호되어야 한다.

④ 사회복지사는 전문성을 개발하기 위해 노력하되, 이를 이유로 서비스의 제공을 소홀히 해서는 안 된다.

⑤ 사회복지사는 한국사회복지사협회 등이 실시하는 제반교육에 적극 참여하여야 한다.

(3) 경제적 이득에 대한 태도

① 사회복지사는 클라이언트의 지불능력에 상관없이 서비스를 제공해야 하며, 이를 이유로 차별대우를 해서는 안 된다.

② 사회복지사는 필요한 경우에 제공된 서비스에 대해, 공정하고 합리적으로 이용료를 책정해야 한다.

③ 사회복지사는 업무와 관련하여 정당하지 않은 방법으로 경제적 이득을 취하여서는 안 된다.

3) 사회복지사의 클라이언트에 대한 윤리기준

(1) 클라이언트와의 관계

① 사회복지사는 클라이언트의 권익옹호를 최우선의 가치로 삼고 행동한다.

② 사회복지사는 클라이언트에 대하여 인간으로서의 존엄성을 존중해야 하며, 전문적 기술과 능력을 최대한 발휘한다.

③ 사회복지사는 클라이언트가 자기결정권을 최대한 행사할 수 있도록 도와야 하며, 저들의 이익을 최대한 대변해야 한다.

④ 사회복지사는 클라이언트의 사생활을 존중하고 보호하며, 직무 수행과정에서 얻은 정보에 대해 철저하게 비밀을 유지해야 한다.

⑤ 사회복지사는 클라이언트가 받는 서비스의 범위와 내용에 대해, 정확하고 충분한 정보를 제공함으로써 알 권리를 인정하고 존중해야 한다.

⑥ 사회복지사는 문서 · 사진 · 컴퓨터 파일 등의 형태로 된 클라이언트의 정보에 대해 비밀보장의 한계 · 정보를 얻어야 하는 목적 및 활용에 대해 구체적으로 알려야 하며, 정보 공개 시에는 동의를 얻어야 한다.

⑦ 사회복지사는 개인적 이익을 위해 클라이언트와의 전문적 관계를 이용하여서는 안 된다.

⑧ 사회복지사는 어떠한 상황에서도 클라이언트와 부적절한 성적 관계를 가져서는 안 된다.

⑨ 사회복지사는 사회복지 증진을 위한 환경조성에 클라이언트를 동반자로 인정하고 함께 일해야 한다.

(2) 동료의 클라이언트와의 관계

① 사회복지사는 적법하고도 적절한 논의 없이 동료 혹은, 다른 기관의 클라이언트와 전문적 관계를 맺어서는 안 된다.

② 사회복지사는 긴급한 사정으로 인해 동료의 클라이언트를 맡게 된 경우, 자신의 의뢰인처럼 관심을 갖고 서비스를 제공한다.

4) 사회복지사의 동료에 대한 윤리기준

(1) 동료와의 관계

① 사회복지사는 존중과 신뢰로서 동료를 대하며, 전문가로서의 지위와 인격을 훼손하는 언행을 하지 않는다.
② 사회복지사는 사회복지전문직의 이익과 권익을 증진시키기 위해 동료와 협력해야 한다.
③ 사회복지사는 동료의 윤리적이고 전문적인 행위를 촉진시켜야 하며, 이에 반하는 경우에는 제반 법률규정이나 윤리기준에 따라 대처해야 한다.
④ 사회복지사가 전문적인 판단과 실천이 미흡하여 문제를 야기시켰을 때에는, 적절한 조치를 취하여 클라이언트의 이익을 보호해야 한다.
⑤ 사회복지사는 전문직 내 다른 구성원이 행한 비윤리적 행위에 대해, 제반 법률규정이나 윤리기준에 따라 조치를 취해야 한다.
⑥ 사회복지사는 동료 및 타 전문직 동료의 직무 가치와 내용을 인정 · 이해하며, 상호 간에 민주적인 직무관계를 이루도록 노력해야 한다.

(2) 수퍼바이저와의 관계

① 수퍼바이저는 개인적인 이익의 추구를 위해 자신의 지위를 이용해서는 안 된다.
② 수퍼바이저는 전문적 기준에 의해 공정하게 책임을 수행하며, 사회복지사 · 수련생 및 실습생에 대한 평가는 저들과 공유해야 한다.

③ 사회복지사는 수퍼바이저의 전문적 지도와 조언을 존중해야 하며, 수퍼바이저는 사회복지사의 전문적 업무수행을 도와야 한다.

④ 수퍼바이저는 사회복지사 · 수련생 및 실습생에 대해 인격적 · 성적으로 수치심을 주는 행위를 해 서는 안 된다.

5) 사회복지사의 사회에 대한 윤리기준

① 사회복지사는 인권존중과 인간평등을 위해 헌신해야 하며, 사회적 약자를 옹호하고 대변하는 일을 주도해야 한다.

② 사회복지사는 필요한 사회서비스를 개발하기 위한 사회정책의 수립 · 발전 · 입법 · 집행에 적극적으로 참여하고 지원해야 한다.

③ 사회복지사는 사회 환경을 개선하고 사회정의를 증진시키기 위한 사회정책의 수립 · 발전 · 입법 · 집행을 요구하고 옹호해야 한다.

④ 사회복지사는 자신이 일하는 지역사회의 문제를 이해하고, 그것을 해결하는 일에 적극적으로 참여해야 한다.

6) 사회복지사의 기관에 대한 윤리기준

① 사회복지사는 기관의 정책과 사업 목표의 달성, 서비스의 효율성과 효과성의 증진을 위해 노력함으로써, 클라이언트에게 이익이 되도록 해야 한다.

② 사회복지사는 기관의 부당한 정책이나 요구에 대하여, 전문직의 가치와 지식을 근거로 이에 대응하고 즉시 사회복지윤리위원회에 보고해야 한다.

③ 사회복지사는 소속기관 활동에 적극 참여함으로써, 기관의 성장발전을 위해 노력해야 한다.

7) 사회복지윤리위원회의 구성과 운영

① 한국사회복지사협회는 사회복지윤리위원회를 구성하여, 사회복지윤리실천의 질적인 향상을 도모하여야 한다.
② 사회복지윤리위원회는 윤리강령을 위배하거나 침해하는 행위를 접수받아, 공식적인 절차를 통해 대처하여야 한다.
③ 사회복지사는 한국사회복지사협회의 윤리적 권고와 결정을 존중하여야 한다.

지금까지 살펴본 바와 같이 윤리강령은 전문직이 준수해야 하는 행동기준과 원칙이다. 따라서 사회복지사들은 업무 수행 전 과정에서 윤리적 민감성을 가지고 윤리강령에 입각하여 행동하는 것이 요구된다.

introduction to social welfare

CHAPTER 04

사회복지는 어떻게 발전되어 왔나요?

1. 사회복지역사 이해의 의의
2. 사회복지역사 시기별 구분과 특징
3. 서구 사회복지실천의 발달
4. 우리나라 사회복지 발달과정

Chapter 04

사회복지는 어떻게 발전되어 왔나요?

1 사회복지역사 이해의 의의

사회복지는 해결하고자 하는 사회문제가 시대마다 다양하여 시대에 따라 계속 변화하고 발전해 온 특징이 있다. 사회복지는 사회문제의 해결이라는 실천적 임무를 갖는데 이는 특정한 시간과 공간의 영향을 받아 대응하는 형태로 발전되어 왔다. 사회복지역사를 진화과정으로 파악한 Romanyshin은 사회복지는 자선의 성격에서 출발하여 보다 넓은 의미로 변천하고 있다고 하였다. 구체적으로는 ① 잔여적 개념에서 제도적 개념으로, ② 자선의 사상으로부터 시민의 권리라는 사상으로, ③ 빈민에 대한 특별한 프로그램에서 전체 인구의 보편적 욕구에 대한 관심으로, ④ 가능한 최저한의 급여와 서비스로부터 최대한의 적절한 급여 및 서비스로, ⑤ 개인의 치료로부터 사회의 개혁으로, ⑥ 민간의 후원으로부터 정부의 후원으로, ⑦ 빈민을 위한 복지라는 개념에서 복지사회라는 개념으로 점진적으로 진화하고 있다고 하였다(전남진, 1987: 50에서 재인용).

사회복지를 역사적 관점에서 살펴보는 방법은 다양하지만 대표적인 방법으로는 시대를 구분하여 접근하는 방법, 유사한 사회경제적 배경하에 각 국가들이 그러한 환경에 어떻게 변화하는가를 비교하는 방법, 특정 시대 혹은 특정 범주 내에서 구체적 사례를 들어 전체적 이해를 돕고자 하는 사례연구를 들 수 있다(감정기 외, 2004: 43-44).

사회복지역사에서 시대를 구분하는 방법은 다양한데 사회복지가 발달되어 온 시기별 동기와 이념이 무엇인지에 따라 공동연대를 기초로 한 상부상조가 바탕이 되는 공존적 동기, 자선사업 등의 종교적 동기의 시기, 박애사업과 같은 도덕적 동기로 전개되던 시기, 국가가 복지에 대한 제도적 개입을 시작한 사회적 동기에 의해 전개되던 시기, 사회복지에 대한 개입이 국가의 적극적 개입에 의해 이루어지는 제도적 동기인지에 따라 구분 가능하다(최명순, 1994: 92; 박태정, 2020: 41). 한편 Ploug와 Kvist(1996)은 사회보장에 초점을 두어 사회복지가 발전되어 온 과정을 1883년 이전은 환경의 변화 및 사회변화를 경험하고 산업자, 노동자 등의 새로운 집단이 등장하는 1단계로, 1883년~1914년은 사회법이 제정되고 최초 사회보험이 도입되면서 전통적 구빈에서 산업사회 노동자 문제로 관심이 변화하는 2단계, 1914년~1945년은 사회보장인구층이 확대되고 사회안전망이 확충되는 3단계, 1945년~1975년은 사회서비스에 대한 논의가 함께 이루어지고 국가개입이 확대되는 4단계로 구분한 바 있다(박태정, 2014: 41-42에서 재인용).

표 4-1 사회보장의 역사 구분 4단계론

단계	시기	특징
1	1883년 이전	• 산업자, 노동자 등과 같은 새로운 집단의 등장 • 생산환경의 변화 경험
2	1883년~1914년	• 사회법 제정 • 최초 사회보험 도입(독일) • 국가의 복지책임론 대두 • 전통적인 구빈에서 산업사회노동자와 빈곤문제로의 관심 변화

3	1914년~1945년	• 사회보장인구층 확대 • 선거권 확대 • 사회안전망 확충
4	1945년~1973년	• 사회서비스가 사회보장에 포함 • 국가개입의 확대

출처: 노병일(2000); 박태정(2020). p. 42에서 재인용.

2 사회복지역사 시기별 구분과 특징

사회복지역사는 관점이나 학자에 따라 시기구분이 다양하다. Ferge(1989)는 사회복지 발전과정을 의미 있는 시점을 중심으로, 빈민법 시대, 사회보험 시대, 복지국가 시대로 구분하였다. 여기에서는 Ferge가 구분한 시기구분을 중심으로 각 시기의 특징을 살펴보고자 한다.

1) 빈민법 시대

빈민법 시대는 유럽 절대왕정 시대의 국가정책으로 국가가 빈민에 대한 구제를 명확히 한 시대로서 의미를 갖는다. 빈민법 시대의 빈민구제는 빈곤을 죄악시하고 빈민의 노동력을 근원으로 보아 노동력을 제공하는 경우에 구제를 행하는 관점을 견지하고 있었고, 빈민법의 대상은 걸인과 부랑자 및 구제 가치가 있는 빈민이었다. 한편 구빈정책의 주체는 절대주의 국가, 교회, 봉건영주들이었고 구빈정책기관을 중심으로 지방행정체계를 교구단위로 갖추고 치안판사가 임명한 빈민감독관에게 구빈행정을 담당하도록 하였다(홍숙자 외, 2015: 13).

또한, 대상자의 욕구는 최소한의 생존에 국한하고, 정책수단으로 부랑자와 빈민을 구빈원이나 작업장과 같은 시설에 수용, 보호하거나 빈민에게 구호금품을 제공하는 특징을 가진다.

이 시기에 대표적인 법은 14C~16C까지의 빈민법, 1601년 엘리자베스빈민법(구빈법), 1662년 정주법, 1772년 작업장법, 1782년 길버트법, 1795년 스핀햄랜드법, 1834년 신빈민법(신구빈법) 등이다. 각각의 법들의 특징은 다음과 같다(사회복지교육연구센터, 2014: 57-62).

(1) 14C~16C의 빈민법

이 시기에는 노동자규제법, 걸인 · 부랑인처벌법, 부랑인처벌 및 빈민과 무능력자 구제법 등이 있었는데, 노동자규제법은 14C 중엽에 발생한 흑사병으로 인해 인구가 상당부분 감소하자 노동력이 부족해지고 높은 수준의 임금상승이 수반되자 1351년에 제정되었다. 주요 내용으로는 걸식과 부랑의 금지, 임금억제를 위한 임금상한선 규정, 지주 상호 간의 농민쟁탈 억제 등이다. 그리고 걸인 · 부랑인처벌법은 노동무능력자를 조사등록시켜 구걸을 허용시키기 위한 법으로 1531년에 제정되었다. 부랑인 처벌 및 빈민과 무능력자 구제법은 의회가 부랑인을 처벌하기 위해 그들을 농노로 만들기 위해 1547년 제정되었다. 이 법에서는 노동능력자가 3일 이상 노동을 거부하면 2년간 노예로 삼을 수 있도록 하는 것을 내용으로 하고 있다(김승훈, 2010: 125-134).

(2) 엘리자베스빈민법(구빈법, 1601)

엘리자베스빈민법은 빈곤 구제에 대한 책임을 처음으로 국가(지방정부)로 명시했다는 점에서 국가 개입의 시작이었으며, 종전의 산발적인 구번법을 집대성한 법으로 영국 사회복지정책의 뿌리이며 최초의 공공부조제도이다. 최초로 빈곤문제에 대한 책임을 국가로 규정하였으나 빈민통제적, 치안유지적, 형사법적 성격이 강한 특징을 가진다. 이 법은 신구빈법이 제정되기 전까지 구빈정책의 기준으로 적용되었다.

빈민을 근로능력의 유무에 따라 노동능력자, 노동무능력자, 빈곤아동 등 세 가지로 분류하여 처우하도록 하였다. 노동능력이 있으면 작업장에서 노동을 강제하며 자선 및 이주를 금지하거나 제한하였고, 노동능력이 없으면 구빈원 및 자선원에서 최저한의 구제를 하고, 빈곤아동은 도제로 삼는다는 방침이 있었다. 또한 지방교구 단위로 구빈세를 징수하였고, 각 교구에 빈민감독관 임명을 의무화하였으며, 중앙기구인 추밀원이 지방 감시 및 통제, 중앙과 지방의 구빈행정 연결 역할을 담당하였다.

(3) 정주법(거주지제한법, 1662)

정주법은 거주지를 제한하는 법으로 엘리자베스빈민법 이후 구빈행정이 교구 단위로 운영됨에 따라 부랑자들이 더 처우가 나은 교구로 이동하는 상황이 발생하자 구빈세 증액을 막기 위한 방법으로 실시되었다. 이 정주법에서는 빈민들의 소속 교구를 명확히 하고 도시로 유입되는 빈민을 막기 위한 빈민들의 주거이전 자유 금지가 특징이다. 이 법은 겉모습은 구빈제도의 틀을 가지고 있었지만, 빈민유입의 통제와 노동력 확보라는 목적에 치중하였던 것으로 이해할 수 있다.

(4) 작업장법(1722)

작업장법은 노동능력이 있는 건강한 빈민에 대한 가혹한 통제가 목적이었으며, 국가적 부의 증대에 기여하고자 노동능력 있는 빈민을 작업장에 고용하고, 작업장에서 일하기를 거부하는 빈민은 구제대상 명단에서 삭제하여 자격을 박탈하였다. 정주법에서는 일할 수 있는 빈민은 노동력의 원천이라는 관점을 견지하였던 것에 비해 이 법에서는 빈곤과 빈민에 대한 입장이 낙인적이고 처벌중심적이었다(박태정, 2020: 55).

(5) 길버트법(1782)

길버트법은 길버트 의원이 노동능력 유무에 따른 구제를 전개하였던 기존 구빈법 개정의 필요성을 제기하여 인도주의적 차원에서 작업장 개선을 꾀하였다. 작업장에 입소하지 않으면 구제를 받을 수 없었던 작업장법과 달리, 노동할 의지가 있는 빈민들은 적절한 일자리를 찾을 때까지 자신의 집에서 생활하면서 구제를 받을 수 있도록 하였다(박태정, 2020: 57).

이는 노동능력이 있는 빈민과 실업자에게 가혹한 처벌을 가하는 대신 일자리나 무제한의 원외구호를 제공했다는 점에서 인도주의적 차원의 제도라 볼 수 있다. 한편, 시설에 수용되지 않는 대상자들에게도 임금원조와 고용알선의 적용을 시도하고, 급여를 받는 직원을 작업장에 배치하여 지도 감독하도록 하는 최초의 유급구빈사무원을 채용하였으며, 교구연합을 통해 효율적 구빈행정을 시도하였다.

(6) 스핀햄랜드법(1795)

길버트법에서 시작된 인도적 구빈제도의 외연이 확장된 제도로 원외구호제도를 유지하고, 빵 가격과 부양가족 수에 대응하여 임금을 가족 수에 따라 보충해주는 임금보조제도를 지방세에서 보조하여 최저생계보장을 실시하는 내용이다.

이 제도를 통해 엘리자베스구빈법 이후 개인 위주로 적용되던 기준의 대상 범위가 가족으로 확대되었다. 최저생활기준과 부족분 보충이라는 오늘날 대부분의 국가에서 실시하는 공공부조의 임금보조 원리의 연원이 되는 제도이다(박태정, 2020: 59).

(7) 신빈민법(개정구빈법, 1834)

스핀햄랜드법으로 인해 원외구호가 확대되고 최저생계비 보장을 위한 가족수당지급제도가 생기자 누구나 정부의 구제를 받으려는 경향이 팽배해졌기 때문에 구빈비용이 증가하였다. 이러한 상황에서 정부의 구제 이용 제한을 위해 새로운 제도가 만들어졌는데 이것이 개정구빈법이다.

엘리자베스빈민법 이후 인도적 차원에서 만들어졌던 길버트법의 원외구호 폐지, 스핀햄랜드법의 생계비와 가족수당 등을 폐지하고 빈민법 수준으로 복귀하는 억압적 제도를 만든 것이 특징이다.

신빈민법에서는 전국 균일처우의 원칙, 열등처우의 원칙, 작업장 활용의 원칙을 기본으로 하였는데, 균일처우의 원칙은 행정기구를 개혁해서 구빈행정의 중앙집권화를 꾀하는 것이었고, 열등처우의 원칙은 구빈대상자의 처우는 자활노동자들의 생활 수준보다 높지 않아야 한다는 원칙이며, 작업장 활용의 원칙은 노역장 강제수용의 원칙으로 노동능력이 있는 빈민과 가족에 대한 구제는 작업장 내로 한정한다는 것을 내용으로 한다.

2) 사회보험 시대

1834년 구빈법이 폐지될 무렵 사회문제와 실태에 대한 과학적 접근의 중요성이 부각되고, 산업화가 진행되며 나타나는 여러 문제들로 인해 종전과는 다른 형태의 접근방식이 필요해졌다. 당시 빈곤에 대한 대대적 조사가 실시되었고 이러한 빈민에 대한 조사는 빈곤이 개인의 잘못만이 아니라는 점을 입증하는 데 기여하였다. 이러한 조사결과들은 빈곤 경감의 책임은 개인이 아니라 사회에 있으며, 정부가 더 적극적으로 빈곤문제에 개입해야 한다는 근거를 제시하였다(여유진 외, 2004: 57-58). 이후 여러 국가에서 미래에 발생할지 모르는 위험에 대비하려는 정책이 전개되는 계기가 마련되었다.

본격적으로 여러 국가가 복지국가를 표방하고 나선 시기는 조금씩 다르지만 복지국가에 해당하는지에 대한 여부는 사회보험제도를 도입하고 있는가가 하나의 판단기준이 되고 있다. 사회보험제도를 도입하고 있는 국가는 종전의 낙인적이고 시혜적인 빈민구제에서 벗어나 보편적인 사회보험제도를 통해 국가의 적극적 개입을 시행하는 특징을 가진다. 사회보험은 최소한의 인간다운 생활을 보장하기 위해 보편적인 사회적 위험(실업, 질병 등)을 강제적 보험 방식으로 대비하려는 제도이다. 대부분의 복지정책이나 사상은 영국에서 시작되어 각국으로 전파되었던 반면, 사회보험은 예외적으로 독일에서 발생하여 영국으로 전파되었다(홍숙자 외, 2015: 15).

독일에서 사회보험이 도입된 것은 1880년대 독일 비스마르크 사회입법(1883년 의료보험, 1884년 산재보험, 1889년 노령폐질보험)이다. 사회주의를 탄압하고 노동자계급을 포섭하기 위한 수단으로 사회보험이 채택되었는데, 사회보험의 주된 대상자는 노동자계급이고, 정책주체는 행정책임자인 국가와 대상자들의 대변자인 노동조합이며, 보장내용은 주로 산업화, 도시화로 인한 사회적 위험이 중심이었다. 이 시대 독일의 사회보험 운영방식이나 도입 취지 등은 현재 여러 국가에서 실시하고 있는 사회보험제도의 기초가 되고 있다.

한편, 영국에서는 1900년대 이후 근로자보상법(1906), 노령연금법(1908), 국민보험법(1911) 등이 제도화되고, 베버리지보고서 발표 이후 사회보험제도가 확산되기 시작하였다.

3) 복지국가 시대

이전의 빈민법 시대와 보험법 시대가 선별적인 혜택을 주었던 것에 비해 복지국가 시대는 보편적 복지, 제도적 복지로 이행된 것이 가장 큰 특징이라 할 수 있다(홍숙자 외, 2015: 17).

제2차 세계대전 이후 노동자의 정치세력화, 산업혁명, 민주화, 과학적 사회조사 등의 움직임이 사회복지에 대한 국가 개입의 필요성을 마련하였고, 사회보장제도 확산에 영향을 미쳤다.

이 시기 전 세계는 제1, 2차 세계대전을 거치면서 시민계급의 세력이 강해지고 이들의 다양한 욕구가 표출되고 국가는 이러한 시민의 권리에 부응해야 한다는 인식이 지배적이었다. 따라서 사회복지정책의 대상자를 전 국민으로 확대하고, 국가와 함께 시민들의 조직인 시민단체가 사회복지정책의 주체가 되었으며 대상 욕구는 국민 최저 이상으로 확장되었다.

특히, 영국에서는 제1차 세계대전 승리 이후 더 나은 사회건설의 약속이 제2차 세계대전의 발발로 지켜지지 않아 국민의 비난이 커지자 제2차 세계대전 이후 사회의 재건을 위한 다양한 시도가 이루어졌다. 1941년 재건문제위원회가 사회보험 및 관련 서비스에 대한 기존 제도의 전면적인 검토를 위한 기구를 설치하였고, 사회보험 및 관련 제도에 대한 점검이 이루어졌다. 실제 1908년부터 만들어 온 여러 사회입법들을 현대적 사회보험의 골격으로 재정비하여 전 국민들을 요람에서 무덤까지 보장하게 하는 계획이 베버리지위원회에 요구되었고, 1942년 그간의 결과들을 정리하여 발표하였다. 베버리지보고서에는 복지국가의 근간이 되는 일련의 원칙들과 전제들이 제공되었는데 그 중심 내용은 다음과 같다.

이 보고서에서는 사회보장의 목적은 결핍(빈곤)을 제거하기 위한 것이며 베버리지가 제시한 5대 악(결핍, 질병, 무지, 불결, 나태)을 모두 포괄하는 것으로 빈곤을 제외하고 나머지 악을 제거하기 위해 각각의 의료, 교육, 주택, 고용서비스가 제공되어야 함을 주장하였다. 특히 사회보장체계에 대한 제언이 주를 이루는데 기본적으로 첫째, 모든 시민을 포함하는 그들의 삶의 전 과정에서 어떠한 위험에 처하더라도 각자의 핵심적 욕구를 충족시킬 수 있는 기본적인 소득을 제공함으로써 궁핍, 빈곤을 제거하며, 대상자 집단을 경제적 곤란의 원인과 그 보호방법에 따라 세분화하고 아동수당, 포괄적 의료 및 재활서비스, 완전고용의 유지는 사회보장의 3대 조건이며, 정액기여와 정액급여, 국가의 재정지원을 원칙으로 한다는 입장을 견지하고 있는 것이 특징이다(홍숙자 외, 2015: 196-197).

이후 영국에서는 1945년 총선에서 노동당이 집권하면서 1945년 국민보험법, 1946년 국민보건서비스법, 1948년 국민부조법 등을 마련하여 복지국가로서의 새로운 토대를 마련하게 되었다.

4) 복지국가의 성장과 재편

오늘날과 같은 의미로 복지국가라는 용어가 사용되게 된 계기는 앞서 기술한 영국의 베버리지보고서가 1942년에 발표되면서 국민 생활 최저한의 보편적인 보장을 의도하는 사회보장안이 국제적으로 주목을 받은 이후부터이다.

일반적으로 사회복지역사 구분에서 복지국가는 제2차 세계대전의 산물이며 영국의 베버리지가 제출한 사회보험에 대한 보고서 이후의 시기를 지칭하고 Wilenski가 주장한 복지국가의 핵심은 모든 시민에게 자선이 아닌 권리로서 정부가 소득, 건강, 영양, 교육, 주택 등에서 최소한의 수준을 보장하는 것이라 간주되고 있으며 이는 많은 국가들이 잔여적 사회복지에서 제도적 사회복지로 발전할 수 있는 계기가 마련되었다고 볼 수 있다(홍숙자 외, 2015: 213). 제2차 세계대전 이후 고도성장을 경험하면서 경제호황으로 국가의 재정수입이 증대되어 복지제도가 발전될 수 있는 계기가 마련되었으며, 영국 등 서구 주요 국가에서 복지정책과 사회복지서비스 프로그램이 확대되었다. 1950년대 이후에는 대부분의 서구 국가에서 사회복지에 대한 투자와 사회지출이 증가되었고 사회서비스가 확산되었다. 이렇게 성장기류에 있던 서구 주요 국가들은 1970년대를 기점으로 급격한 경기하락을 경험하게 되는데, 특히 1970년대 발생한 오일쇼크는 복지국가 체제의 동요를 초래하는 계기가 되었다. 1970년대의 경제위기는 장기적인 실질 경제 성장률의 저하, 인플레이션의 급속화, 고도실업률로 현상화되었고 경제변화의 위기에 대응하기 위한 복지 및 공공부문 축소론이 등장하게 되었다(원용찬,

1998: 98). 1970년대 당시의 경제상황은 세계 각국을 복지 축소 및 시장지향형의 새로운 체제로 변화시켰으며, 공공지출 감소를 위해 자조와 가족지지망 강화, 시장과 사회관계의 상품화를 강조하는 방향으로 변화되어 갔다.

1980년대 복지국가들은 위기를 극복하기 위해 복지예산의 삭감, 민영화와 규제완화, 지방정부의 역할변화 그리고 사회세력의 분화 등을 시도하였다. 영국에서는 1997년 신노동당이 집권하면서 '제3의 길'을 바탕으로 한 사회복지개혁이 추진되는데 이는 일할 능력이 있는 사람들에게는 일자리를, 일할 능력이 없는 사람들에게는 사회보장을 주는 것으로 정리할 수 있고, 복지국가체제의 기반이 되었던 국민의 권리와 국가의 의무라는 일방적인 구조에서 정부뿐 아니라 국민에게도 의무를 부과하는 방식으로의 이행이 특징이라 할 수 있다(박병현, 2017: 142-150). 이와 같이 서구의 국가들에서도 사회복지제도는 시기에 따라 확장, 후퇴, 그리고 재구조화를 거듭해 왔다. 국가마다 차이가 있지만 일방적인 확장, 확대가 아니라 지속가능한 복지국가로 재편성하는 방향으로 변화되고 있다.

3 서구 사회복지실천의 발달

한편, 사회복지실천의 발달 측면에서는 학자마다 다르지만 전문직으로서 사회복지실천 활동은 19세기 말에서 20세기 초에 시작되었다고 인식하는 것이 일반적이다. 사회복지실천의 발달은 시기마다 어떤 추이가 있었는지를 중심으로 5단계로 구분되는데 사회복지실천 태동기, 사회복지실천 전문직 확립기, 전문직 분화기, 전문직 통합기로 구분된다(사회복지교육연구센터, 2014: 52-93).

사회복지실천의 전문화가 이루어지기 전까지 사회복지실천이 사회개량적 접근과 개인변화적 접근에서 함께 전개되기 시작하였다. 19세기 중반~20세기 초까지의 전문적 사회복지실천 태동기는 자선조직협회가 설립되고 인보관운동이 전개되었고, 1900년대 전후~1920년 전후까지는 자선조직협회에서 활동하는 우애방문원에 대한 보수체계가 성립되고 교육 및 훈련제도가 채택, 관련 지식의 과학화가 시도, 전문가 협회 등이 설립되었다. 한편, 1920년~1950년 전후는 사회복지실천이 개별사회사업, 집단사회사업, 지역사회조직론 등 3대 방법 중심으로 분화되어 발전하는 것이 특징이고, 1950년 전후~1970년 전후의 시기에는 사회복지실천의 공통기반이 강조되고 통합적 방법론이 강조되었다. 그리고 1970년~현재까지는 새로운 사회복지실천모델과 다양한 관점 등이 등장하는 다양화, 확장기로 구분된다. 이러한 시기별 특징을 살펴보면 다음과 같다.

1) 사회복지실천 전문직 태동기(1800년대 중반부터~1900년 전후)

1834년 구빈법에 대한 비판이 거세지고 문제점이 속출하면서 영국 사회에서는 자선활동이 활발하게 전개되고 빈민에 대한 비인도적인 처우와 열악한 작업자 환경이 알려지면서 민간의 움직임이 일어나게 되었다. 특히 1860년대에는 무수히 많은 자선단체가 구호활동을 전개하였는데 민간단체의 활발한 활동으로 구제와 자선활동의 중복, 비효율성의 문제가 발생하자 자선단체의 활동에 대한 조직적 전개 필요성이 제기되었다. 이 시기의 대표적 활동은 자선조직협회와 인보관운동을 들 수 있다.

(1) 자선조직협회(Charity Organiztion Society: COS)

1869년 영국 런던에서 설립된 자선조직협회는 조사에 의한 과학적 자선을 강조하였으며, 모든 자선과 구제활동을 조직화하고자 하였다. 특히 훈련받은 조사자와 전문가(우애방문원)를 투입하고 방문조사를 통해 중복자선을 막고자 하였다.

특히, 1834년의 구빈법 정신을 계승하여 자격 있는 빈민과 자격 없는 빈민을 구별하되, 자선의 중복과 남용의 문제를 해결하고 과학적 자선을 통해 개인의 자조정신을 끌어올리고자 하였다. 또 개인의 도덕적 의무를 강조하고 공공의 구빈정책에는 반대하는 입장을 견지하였으며, 자선조직협회에서는 빈곤을 철저히 당사자의 책임으로 여겼다. 주된 빈곤의 원인을 개인의 도덕적 결함이라고 보았기 때문에 자선의 활동방향을 개인의 변화에 두었다. 자선조직협회의 주 활동층은 신흥자본가들과 사회중산층이었으며, 자선조직협회의 활동 목적은 중복구호 방지를 위한 자선활동의 조정, 환경조사와 적절한 원조의 제공이었다. 한편 자선조직협회는 민간의 자선활동을 조직화시킨 최초의 시도이자 사회복지조직의 시초로 평가될 수 있다(박병현, 2010: 90-91).

(2) 인보관운동(Settlement House)

인보관운동은 영국에서 1854년 Edward Denison 목사를 중심으로 런던 빈민가 지역에 토인비 홀을 설립하면서 시작되었는데, 주 활동층은 엘리트 청년들이었고, 빈곤의 책임을 사회구조에 두고 국가의 책임으로 간주하는 입장을 견지하고 있는 빈곤관이 특징이다.

인보관운동의 활동 방향은 사회개혁(입법)이며 활동 목적은 빈민의 교육과 문화발전이고 인보관활동을 통해 빈민의 생활환경에 대한 정보와 긴밀한 사회적 욕구 파악 및 사회 · 건강문제 및 사회입법에 대한 일반 국민의 관심을 촉구하기 위해 슬럼지역으로 들어가 빈민들과 함께 거주하면서 빈곤문제를 조사하고 사회조사에 의한 통계자료를 법률제정에 활용하였다. 실제 빈민들을 위한 교육사업(보건교육, 아동위생교육, 소년소녀들에 대한 기술교육, 문맹퇴치, 성인교육 등)과 인보관 설립(주택, 도서관, 시민회관으로 활용)을 하고 박애보다는 입법운동을 더 중요시 여겨 사회개혁에 영향을 미치고자 하였다.

이 시기 사회복지전문직이 등장하게 된 이유는 다양한 사회문제와 사회구성원에 대한 관심이 배경이 되는데, 전문직의 시작은 자선조직협회의 우애방문원과 인보관운동의 활동가들로 볼 수 있다. 실제 자선조직협회와 인보관 활동은 영국에서 시작되어 전개되지만 이것이 전파된 미국에서는 사회복지전문가 과정이 급물살을 타고 전개되기 시작하는 특징을 가진다.

2) 사회복지실천 전문직 확립기(1900년 전후~1920년 전후)

사회복지의 전문직화, 이론의 전문화의 중심에는 미국이 크게 자리잡고 있다. 미국에서는 1890년대부터 자선조직협회를 중심으로 이들의 실천을 전문직화하기 위한 전문교육이 실시되었다. 뉴욕의 자선조직협회에서는 1897년 Richmond가 자선 및 교정학회에 참여하여 전문교육담당기관의 필요성을 역설하였고, 1898년에 최초로 소속 협회 우애방문원을 훈련시키기 위해 6주 교육과정을 실시하는 사회복지전문인력 훈련과정이 개설되었다. 자선조직협회에서는 사회복지실천 활동을 위해 유료로 우애방문원을 고용하기 시작하면서 교육훈련체계를 마련하였다. 이러한 전문인력 교육과정은 1904년에 뉴욕박애학교로 전환되어 1년 교육과정으로 실시되었으며, 1910년에는 2년 과정으로 개편되었고, 1919년에는 2년 과정의 17개 전문사회복지학교가 설립되었다(이영실 외, 2014: 66).

특히 미국의 필라델피아 자선조직협회에서 활동하던 Richmond는 프로이트의 정신분석학을 기초로 한 『사회진단』이라는 책을 출간하고, 정보수집을 통한 사례를 어떻게 연구해야 하는지, 수집된 정보로 어떻게 문제를 진단해야 하는지, 문제상황을 어떻게 예측해야 하는지, 문제해결을 위해 어떻게 개입해야 하는지 등을 제시하였고 1922년에는 『개별사회사업이란 무엇인가?』라는 책을 발간하여 개별사회사업을 개인과 개인, 개인과 환경 간의 적절한 조화와 조정을 통해 인격의 발달 및 성장을 가져오게 하는 과정으로 제시하였다. 당시 사회복지실천가들은 주로 개인의 문제해결에 초점을 두어 실천활동을 하였는데 이때 체계화된 지식들이 현재까지 중요한 실천지식으로 활용되고 있다.

3) 사회복지실천 전문직 분화기(1920년 전후~1950년 전후)

19세기 초에 전통적인 사회복지실천방법이었던 사회개량적 접근중심의 인보관운동과 개인변화적 접근을 강조하는 자선조직협회활동은 이후 개인의 문제해결에 더 우선순위를 두는 실천방법에 대한 관심이 급증하였고 이러한 개인변화중심의 진단주의적 접근이 Mary Richmond를 통해 이론적으로 더욱 정교하게 발전되는 것이 전문적 사회복지실천의 시작으로 간주된다.

특히 1920년대 이후 사회복지실천에서는 사회복지실천이 전문직으로서의 기틀을 다지고 다양한 영역에서 사회복지사의 역할이 확대되면서 사회복지실천의 공통적인 지식기반을 갖추자는 움직임이 나타나기 시작하였다.

이 시기에는 시대 상황의 영향을 받아 사회복지실천방법이 분화되어 발전되는 한편, 각 분화되는 사회복지실천은 영역별로 특수화된 전문지식과 기술도 필요하지만 각 영역별 발전이 앞서게 되면 사회복지전문직이 발전하기 전에 주체성 상실에 대한 우려가 제기되었다. 이에 사회복지실천을 전문직으로 하는 사회복지사가 갖추어야 8개의 공통영역으로, ① 사회에서 받아들여지는 규범적 행동으로부터 벗어난 행동에 관한 지식, ② 인간관계 규범의 활용도, ③ 클라이언트 회복력의 중요성, ④ 클라이언트 치료를 위한 방법론, ⑤ 사회치료에 지역사회자원 활용, ⑥ 개별사회사업이 요구하는 과학적 지식과 경험 적용, ⑦ 개별사회사업의 목적, 윤리, 의무를 결정하는 철학적 배경 이해, ⑧ 이 모든 것을 사회치료에 융합한다는 내용을 1929년 밀포드(Milfod)회의에서 발표하였다.

한편, 1929년 미국에서 시작된 대공황으로 사회경제적 구조가 타격을 받아 빈곤층의 수가 급증하고, 지극히 성실한 사람들이 직업을 상실하고 우울증에 걸리는 등의 문제를 보이자 개인문제의 근원을 사회에서 찾는 것에 대해 수용적이 되었고, 빈곤은 개인만의 책임이 아니고 사회체제의 결함으로 발생될 수 있다는 인식이 확대되었다.

구제 대책이 정부의 책임에 의해 수행되어야 한다는 필요성이 인정되자(김희년, 2015: 201), 이를 해결하기 위해 미국 정부가 1933년부터 뉴딜정책을 펼치면서 공공영역에 사회복지사를 고용하기 시작하였고 미국 정부는 이들의 문제해결을 위해 적극적으로 개입하여 해결하게 되면서 사회복지실천은 개별사회사업, 집단사회사업, 지역사회조직론으로 분화되어 발전되었다(이영실 외, 2014: 69).

4) 사회복지실천 전문직 통합기(1950년 전후~1970년 전후)

서구에서는 1950년대 이전까지는 사회복지실천에 대한 기능주의와 진단주의의 논쟁이 지속되고 실천현장에서도 각각의 영역 중심으로 분화되어 발전하는 양상이 지속되었다.

그러나 이러한 사회복지실천으로는 극히 제한된 특정 문제에만 적용할 수 있어 복잡하고 다양한 문제가 발생한 경우 적용하기 어려운 한계를 갖게 되면서 분화된 개별사회사업, 집단사회사업, 지역사회조직 등이 통합된 사회복지실천방법을 만들어 나가려는 시도가 진행되게 되는 시기로 1950년부터 사회복지실천 관련 전문단체들이 통합되기 시작되는 양상이 나타나기 시작하였다.

산발적으로 존재하는 여러 실천단체가 1955년 미국사회복지사협회와 통합하여 단일화된 통합 단체인 전미사회복지사협회(NASW)로 재정립되었고 미국사회복지교육협의회도 다른 교육협회 등을 통합하였다.

미국사회복지교육협의회에서는 개별사회사업에 집단사회사업, 지역사회조직 방법론은 인정하고 1960년에 윤리강령을 제정, 1962년에는 학부 교육과정 개발 등을 추진하여 사회복지실천의 확대 보급에 영향을 끼친 바 있다.

5) 사회복지실천 전문직 확장기(1970년~현재)

1970년대부터는 전통적 사회복지실천의 이론적 체계만으로는 새로운 사회적 현상에 대한 충분한 설명이나 해결에 제약이 많다는 것을 인식하고 새로운 이론적 틀에 대한 연구가 활발해졌다.

진단주의나 기능주의 모두 심화된 이론체계로 진화하였고 이외에도 다양한 이론이 제시되어 사회복지실천에 새로운 방향을 제시하게 되었다. 특히 사회복지실천이 병리적 관점을 벗어나 개인의 개발, 강점에 초점을 두고 클라이언트의 상황에 맞는 역할과 개입 전략의 다양성을 인정하고 개입방법도 어느 한 가지만이 아닌 두 개 이상의 방법을 함께 활용하는 것이 강조되고 있다.

4 우리나라 사회복지 발달과정

우리나라는 삼국시대부터 오늘날에 이르기까지 오랜 구빈의 역사가 있었고, 각 시대별로 끊임없이 민중을 구제하기 위한 다양한 노력이 시행되었다. 우리나라의 사회복지실천의 기원을 어디에서 찾아야 하는지에 대해서는 학자마다 논란의 여지가 있지만 대체로 한국사회에서의 복지국가라는 개념은 20세기 이후로 간주한다. 유럽의 주요 국가에서의 사회복지 출현이 당시의 시혜적 구빈조치에서 이루어진 것과 마찬가지로 우리나라에서는 온정주의, 가부장적 왕가 통치에 입각한 시혜적 구빈조치에서 그 맥락을 찾을 수 있다. 박용순(2006)은 우리나라의 사회복지 발달과정을 왕조 중심의 시혜적 민생구휼이 이루어지는 전사기, 정부수립과 한국전쟁으로 혼란한 시기에 이루어진 1960년대까지의 요보호자에 대한 외국원조단체 중심으로 자선활동이 이루어지는 사회복지의 도입기, 3공화국에서부터 5공화국에 이르기까지 경제발전계획과 함께 사회복지가 확대되는 확대기, 5공화국 이후의 사회복지 성숙기로 구분하고 있다(박용순, 2006: 76-78).

여기에서는 주요 시대별 전개된 내용들을 중심으로 시기별 특징을 살펴보고자 한다.

1) 삼국시대

초기에는 씨족 간의 상호부조 형태였지만 국가가 성립된 이후에는 백성들이 기아로 고통받을 때 왕가의 인정으로 국고의 비축양식을 풀어 구제하는 민생구휼이 이루어졌다. 특히 삼국시대에는 건국이념인 홍익인간의 정신과 유교를 비롯하여 불교, 도교 등이 구제사사의 근간을 이루었고 통일신라에 이르러서는 토착사상에 유, 불, 선 3교를 융합한 화랑도 정신이 민간구제의 근간을 이루는 것이 특징이다(김희년, 2015: 319).

삼국시대에는 왕조로부터 공인된 불교의 자비사상에 입각하여 구제활동을 시행하였는데 사궁인 환(60세 이상인 자로 처가 없는 홀아비), 과(50세 이상인 자로 남편이 없는 홀어미), 고(16세 이하의 부모가 없는 어린이), 독(60세 이상의 아들 없는 이)으로 자활이 불가능한 백성에 대한 구제와 그 외에 노, 병, 빈, 핍에 대해 구휼이 시행되었다. 이 시기의 구빈제도는 서구의 기독교처럼 우리나라에서도 불교의 영향을 받아 자비사상에 근거한 복지활동이 주를 이루었고, 복지의 가치와 목적에 입각한 공적 개입은 거의 나타나지 않은 특징을 가진다(박태정, 2020: 175).

삼국시대는 강력한 왕권정치를 근간으로 하여 국가주도의 빈민구제사업이 실시되었는데 대표적 제도가 진대법과 창제도이다. 진대법은 고구려 고국천황 16년 을파소의 건의로 시행되었는데 주된 목적은 농민과 빈민에게 곡식을 위주로 한 생필품을 배분하는 것이었다. 곡식을 빌려주는 정책의 일부인 진대, 이재농민과 환과고독(鰥寡孤獨)에게 무상으로 지급하는 진급이 있었다. 창제는 전쟁을 대비하기 위해 확보한 군곡을 갑작스러운 재해나 질병 등 대규모의 재난이 발생한 경우에 왕이 베푸는 방식으로 창의 비축양곡을 빈민에게 방출한 구빈제도이다(김희년, 2015; 박태정, 2020).

2) 고려시대

중세 고려시대에는 삼국시대까지의 시혜적인 구휼이 좀 더 체계를 갖추게 되는 시기로, 유교와 함께 불교의 사상적 배경을 바탕으로 한 종교적 자선심이나 자비를 베푸는 시혜가 구제활동 중심으로, 자비의 정신을 왕정의 근본으로 삼고 흉년과 재해에 대비하였고 국가경제의 뿌리인 토지제도를 정비해서 민생안정의 기반으로 삼고 백성들도 토지를 소유하게 하여 세금을 징수하여 국가에서 필요한 비용을 충당하는 등 중앙집권적 복지체제가 확립된 시기이다.

특히, 창제는 삼국시대에 비해 발전된 형태로 시행되는데 크게 의창과 평창의 방식으로 구분되었다. 의창은 평상시에 곡물을 비축해 두었다가 재해 시에 빈궁한 백성들에게 대부를 통한 구제를 시행한 기관이었고, 평창은 직접적 구제보다 생활필수품의 물가조절 기능을 담당하였고, 의료구제 사업으로 동서대비원, 제위보, 구제도감 등을 통해 빈곤한 환자를 치료하고 약을 제공하였다(김희년, 2015: 330-331).

3) 조선시대

조선시대는 불교 중심의 문화에서 유교 중심의 문화로 변화하여 유교의 정신에 기초한 인정을 국가통치의 근본을 삼았고 민생구휼을 국가의 중요한 시책으로 삼고, 유교사상을 기반으로 한 구제사업의 법적 기초를 확립하였다. 조선시대의 구제 사업은 제도나 내용적 면에서 고려시대보다 체계적이었다(김희년, 2015: 334-338). 조선시대에도 구휼의 대상은 이전시대와 마찬가지로 환과고독 상태에 놓인 사람이었으며, 대표적 구휼제도로는 의창, 상평창, 사창과 같은 창 제도를 통해 춘궁기를 준비하는 비황제도, 수해와 같은 자연재해를 대비하는 구황제도, 혜민서, 동서대비원, 제생원, 광제원 등 국가의료기관의 의료구제가 대표적이다. 또한, 구제제도와 의료제도 이외에도 70세 이상의 노인을 입소시켜 돌보는 노인구제활동을 담당한 기로소가 설치 운영되었으며 유기된 아이나 떠도는 아동을 수용하여 보호하던 진휼청 유접소가 있었다(박태정, 2020: 193).

그러나 이러한 제도들은 그 영향력이 수도나 지방관서가 있는 곳에 집중되어 있었으며 전국 각지에서 살고 있는 일반 백성들은 계, 두레, 품앗이, 향약 등 자생적 상호부조 방식으로 어려움을 극복하거나 사찰 등의 도움으로 재난을 이겨내는 것이 일반적이었는데, 특히 민간의 자발적인 상호부조는 조선시대에 보다 체계적으로 제도화되었다. 가장 대표적 제도로 계와 향약을 들 수 있는데, 계는 경제적 이해관계와 친목을 도모하는 자생적 주민조직인 반면, 향약은 조선 중기 이후 유림을 중심으로 한 도덕적 결사체의 성격이 강하며 유교의 가르침을 실정에 맞게 재편성하여 사회기강을 바로 잡고 어려운 일을 당했을 때 서로 돕는 환난상휼을 통해 사고를 당할 때 구성원들이 어떻게 도울 것인가를 규정하고 있는 것이 특징이다.

조선시대 사회복지제도는 과거에 비해 구빈제도가 발전되었는데, 이는 각종 법전과 조치로 제도화되었다는 점과 중앙정부와 지방정부 및 관료들이 구빈을 담당하도록 했다는 점이 특징이다. 구빈행정의 일차적 조치와 책임은 지방관료가 시행하고 중앙에서는 감독과 지도를 담당하는 체계가 마련되었고 취약아동 및 노인을 볼보는 시설보호의 연원이 되는 조치가 행해졌다. 한편, 오늘날 사회복지 및 사회보장의 핵심이 사회의 위험에 대해 보험방식으로 대처하는 것이라면, 향약은 당시의 사회적 사고인 사망, 질병, 수재와 화재, 빈곤 등에 대해 체계적으로 대응한 상호부조 활동이라 볼 수 있다(김승훈, 2010: 340-341).

4) 일제강점기와 미군정시대

일제강점기에는 식민지 통치 정책의 전개에 따라 시행되는데 이때 빈곤정책은 빈민의 기본적 욕구해결에 치중하기보다는 식민지 지배질서의 안정에 주안을 둔 정치적 성향이 강했으며, 1920년대에 들어서 빈곤문제가 심각한 사회문제로 대두되자 1921년 조선총독부 내무부 지방국 내에 사회과를 설치하고 대표적 구호사업으로 조선구호령을 제정, 실시하게 되었다. 이는 현대적 일본에서 실시되는 구호법과는 달리 유사시에 일본 천황의 은전을 과시하는 형태로 극히 한정된 범위의 요구호자에 대한 구빈사업이었다. 이후 1944년부터 한국에서도 일본에서와 같이 현대적 구빈행정을 실시하기로 하고 일본의 구호법을 기초로 모자보호법과 의료보호법을 부분적으로 부가해서 시작하게 되었다. 그 내용을 살펴보면 적용 대상은 65세 이상의 노쇠자, 13세 이하의 아동, 임산부, 불구, 폐질, 질병, 상병, 기타 정신 또는 신체의 장애로 지장이 있는 자를 대상으로 생활부조, 의료부조, 조산부조, 생업부조를 실시하였고, 구호는 신청주의에 의해 실시하였으며 이를 심사하기 위해 자산조사를 거치도록 규정하고 이때 구호는 거택보호를 원칙으로 하되 그것이 불가능할 경우 구호시설 수용, 위탁 수용 등을 하도록 하였다. 일제강점기에는 일련의 사회복지제도들이 등장하지만 제국주의에 의한 식민정책의 일환으로 사용된 것이 특징이다(감정기 외, 2004: 362). 그리고 민간영역에서는 보호를 필요로 하는 대상자들을 입소시켜 보호하는 시설이 설치되는데, 운영은 민간이 담당하고 그 비용은 총독부가 보조하는 방식으로 현재 우리나라에서 적용되는 시설보조금지원방식이 이 시기에 유래된다(윤홍식, 2019: 579-581).

한편, 광복 이후 우리나라에 들어온 미군정은 점령지 지배라는 의도 아래 미군정의 직접통치를 전개하였다. 이 시기에는 국민의 복지요구와 사회문제의 우선순위 등을 고려하여 새로운 복지제도를 만들기보다 과거 일제강점기의 정책을 그대로 답습한 것이 특징이며(김영화 외, 2008: 43), 조선구호령에 근거한 구호실시가 대표적이다. 한편, 인도적 원칙에 의해 어린이의 노동을 보호하려는 아동노동법규가 1946년에 제정 · 공표되었으며, 1947년에는 미성년자를 위험한 일과 노동으로부터 보호하기 위한 미성년자노동보호법이 제정되었다.

5) 1950년대

한국전쟁 이후 이승만정부에서는 사회보험제도로서 시대의 특수성을 반영한 1950년 군사원호법, 1951년 경찰원호법 등이 제정되는 등 특수집단을 위한 제도가 마련되기 시작하였다. 또한, 전쟁피해로 발생한 고아, 빈민 등을 대상으로 하는 시설보호 중심의 구호활동이 주로 전개되었으며, 외국의 민간구호기관이 해외원조기관의 지원을 받아 시설구호활동을 전개하였다(김영화 외, 2008). 이 당시에는 전쟁 후의 복구가 주된 목적이었고 당시의 사회정책은 일시적인 응급적인 난민구호정책이었다. 한편 이 시기에 일부 대학들에서 사회사업학과가 설립되어 사회복지교육이 시행되기에 이르렀다(남세진 · 조흥식, 1998: 90). 이 시기는 외국의 원조단체 중심의 시설구호와 민간차원의 자선적 활동, 전쟁 이후의 복구와 지원을 위한 국가의 일부 정책 시행이 특징이다.

6) 1960년대~1970년대

1960년대 제3공화국 출범 이후 제4공화국까지 이어진 박정희정부는 대거 사회보장관련법(생활보호법, 의료보호법, 공무원연금법, 군인연금법, 산업재해보상보험법, 아동복리법, 윤락행위등방지법, 갱생보호법, 재해구호법)이 만들어졌고, 1973년 국민복지연금법, 1977년 의료보험법 등이 도입되었으나 당시의 상황으로서는 국민의 복지증진보다는 취약한 정권지지 기반을 일정 부분 공고히 하는 수단으로 활용되었다.

7) 1980년대

1979년 등장한 전두환정부 제5공화국에서 1988년 수립된 제6공화국까지 1980년대는 1960년대에 이어 사회복지관련 입법이 추진된 시기로 1981년 심신장애자복지법, 노인복지법, 아동복지법, 1982년에 생활보호법, 1983년에 사회복지법을 개정하여 사회복지5법이 마련되었다. 또한 1986년 국민연금의 도입, 의료보험의 전 국민 확대, 최저임금제 등이 발표되었고, 1989년 모자복지법, 1991년 영유아보육법, 1990년 장애인고용촉진법, 1992년 고령자고용촉진법 등이 제정되면서 사회복지체계가 정비되었다.

또한, 재가복지와 지역사회복지가 확충되면서 지역사회복지관사업이 확대되고 대도시 저소득층 밀집지역 동사무소에 사회복지전문요원이 배치되고, 대학에서의 전문교육도 확충된 시기이다.

한편, 1985년 이후 그전까지 시설보호를 중심으로 전개되던 것이 1985년 이후 지역사회 중심의 종합복지관이 시 · 도 단위로 설립되면서 지역사회보호 중심으로 전개되는 계기가 마련되었으며, 1980년대 후반에는 국가개입을 최소화하고 가족의 기능을 강화하고, 요보호자 자신의 자조와 자립을 강조하여 자원봉사자의 참여를 강조하는 한국형 복지모형이 대두되었다(김태진, 2008: 283-287).

8) 1990년대 이후부터 현재까지

1991년 영유아보육법을 제정하여 여성들의 사회참여를 유도하기 위해 보육시설을 확충하였고, 1992년 김영삼 문민정부에서는 1992년 고령자고용촉진법, 1995년 사회보장기본법, 고용보험법 등이 제정되었다.

특히, 1997년 도래한 금융위기는 정부와 시민단체들의 사회복지서비스에 대한 관심의 증가로 이어졌고, 1998년 생산적 복지를 표방한 김대중 정부는 시대 상황을 반영한 공적 부조 제도를 개선하여 기초생활보장법을 제정하여 사회적 안전망 구축을 위한 노력을 전개하였다.

이외에도 2003년 노무현 정부는 참여정부를 표방하고 사회에서 요구되는 정치개혁, 국민화합, 경제안정을 위해 노력하였다. 복지부분에서는 일방적이고 시혜적인 복지에서 보편적 복지로의 전환을 꾀하였고, 공공과 민간의 파트너십을 중시하였다(김영화 외, 2020: 85-86).

한편, 2007년 이명박정부는 능동적 복지를 표방하여 복지와 근로를 연계하고, 사회적 위기에 대응하는 예방적이고 통합적인 맞춤형 복지제도 구축을 목표로 하였다. 당시 상황은 저출산, 고령화, 노동시장의 불안정과 극심한 양극화 등의 여러 문제가 산적해 있는 시기였으나 사회복지지출의 양적 확대, 프로그램의 확대 및 재편 등을 하였다. 2013년 박근혜정부에서는 창조경제, 맞춤형 복지를 주요 정책 기조로 내세우면서 시장친화적 보편복지로의 전환을 꾀하며 기초연금제도 도입, 보편적 주거복지 추진, 반값등록금 확대 등 이전 정부에서 시도하지 못한 제도들을 시도하였다. 그러나 구체적인 성과로 드러나지는 못했으며, 지방정부의 보육 및 청년일자리정책과 연결된 무상복지(수당) 논란이 야기되기도 하였다(김영화 외, 2020: 86-87). 그리고 문재인정부에서는 이전 정부가 시장화나 산업화를 추진했던 것과는 대조적으로 국가의 역할이나 책임을 강화하는 '공공성'을 강조하면서 모두가 누리는 포용적 복지국가를 내세우고, '내 삶을 책임지는 정부'를 표방하였다. 특히 이전 정부들에 비해 사회서비스에서도 국가의 역할을 강화하려는 정책이 추진되었으며, 치매국가책임제, 사회서비스 공급에서 국가의 직접 공급을 확대하는 취지로 추진된 사회서비스원 설립, 돌봄이 필요하더라도 시설 수용이 아니라 살던 집에서 살 수 있도록 하는 지역사회 통합돌봄(커뮤니티 케어), 주민자치 활성화와 함께 모든 읍면동에 찾아가는 복지전담팀을 설치하고 인력을 확대하는 '주민자치형 공공서비스' 등이 추진된 것이 특징이다(김보영, 2019: 10).

introduction to social welfare

CHAPTER

05

사회복지정책은 무엇이고 어떻게 형성되나요?

1. 사회복지정책의 개념
2. 사회복지정책의 영역
3. 사회복지정책의 기본전제
4. 사회복지정책의 구성요소
5. 사회복지정책의 형성과정

Chapter 05

사회복지정책은 무엇이고 어떻게 형성되나요?

1 사회복지정책의 개념

1) 사회복지정책의 개념

정책이란 '주어진 목표에 지향된 행동을 지배하는 원리'(Titmuss, 1974: 25), '공사의 기관에서 행동의 방향이나 계획의 기초를 이루는 결정과 선택'(Gilbert & Specht, 1974), '특정 목적을 성취하기 위한 행동들에 대한 지침이나 계획 혹은 과정'(박병현, 2003: 22) 등으로 정의한다.

그러나 정책이라 하면 정부에 의해 행해지는 행위, 공공성의 의미가 더 강조되기 때문에 '정부가 어떤 목표를 달성하기 위하여 의도적으로 선택한 행동지침'으로 주체를 한정하여 정의하기도 한다(남기민, 2010: 23에서 재인용).

사회복지정책 역시 공공성의 의미를 내포하고 있어 '정부가 사회복지의 목표를 달성하기 위하여 의도적으로 선택한 행동지침'(남기민, 2004: 23)이라고 할 수 있다.

구체적으로 사회복지정책은 서비스, 소득을 제공해 시민들의 복지에 영향을 미치는 정부의 정책으로 사회보험, 공공부조, 각종 사회복지서비스 정책 등을 포함한다.

2) 사회복지정책과 사회복지실천과의 관계

사회복지정책과 사회복지실천은 서로 밀접한 관련성을 갖는다. 사회복지정책은 사회복지실천이 이루어지는 전반적인 틀을 제공하며, 사회복지실천은 사회복지정책의 틀 안에서 이루어진다. 또한 사회복지정책은 사회의 문제, 이슈 그리고 사회복지실천 현장의 욕구에 기반하여 만들어질 때 실효성 있는 정책 형성이 가능하다.

이같이 사회복지정책은 사회복지실천에 기반하면서 사회복지실천의 가이드를 제공함과 동시에 사회복지실천의 영향을 받는다. 그래서 사회복지정책을 입안하기 위해서는 사회복지실천 현장에서의 각종 문제를 이해할 수 있어야 하고, 사회복지실천가 역시 사회복지정책에 대한 이해가 있어야 한다.

3) 사회복지정책의 영역과 분야

사회복지를 어떤 관점으로 보는가에 따라 사회복지의 영역과 분야는 달라질 수 있다. 또한 정치, 경제, 사회적 상황에 따라 사회복지가 담당하는 분야는 확장될 수도 있고 축소될 수 있으나, 최근 급변하는 사회환경에서 사회복지는 점차 확대되고 있다.

일반적으로 사회복지정책이라고 하면, 국민건강보험, 고용보험, 산재보험, 국민연금, 노인장기요양보험과 같은 사회보험과 저소득층 소득보장을 위한 공공부조 정책인 국민기초생활보장제도, 그리고 각종 사회복지서비스 관련 제도 등으로 규정한다. 그러나 이러한 영역 규정은 사회복지를 협의로 보는 것이며, 광의의 사회복지정책 영역은 교육, 건강, 주택, 고용정책 그리고 조세정책까지 포함한다.

Titmuss(1969)는 조세정책은 소득보장정책과 같이 직접적인 급여를 통하여 소득을 보장하지는 않지만 간접적으로 소득의 재분배 효과를 가지기 때문에 사회복지정책의 하나로 보았다(남기민, 2004: 31). Kahn(1979)과 Hill(1980)은 복지국가 위기 이후 실업, 불완전 고용의 증가, 사회복지재정의 축소 등의 문제에 직면하면서 고용정책을 사회복지의 주요 정책에 포함하였다. 그 예로 공공부조인 국민기초생활보장제도에서도 고용을 통한 자활을 궁극적으로 지향하고 있고, 장애인, 여성, 노인, 청소년 등 노동시장 취약층의 고용은 주요한 사회복지정책의 하나로 다루어지고 있다.

2 사회복지정책의 영역

우리나라 사회복지정책의 영역은 사회복지관련 법률에서 기본 체계를 다루고 있다. 우리나라의 사회복지관련 주요 법률은 사회보장기본법, 사회복지사업법, 사회보험 및 공공부조 관련법, 사회서비스 관련 법규들이 있다.

1) 사회보장기본법상의 사회복지정책

사회보장기본법은 사회복지관련 법률 중에서 가장 상위법이며, 사회보험, 공공부조, 사회서비스에 대한 기본적인 사항을 규정하고 있다.

사회보장기본법 제1조 목적에서 보면, 사회보장에 대한 국민의 권리, 국가의 책임의 규정은 사회복지가 추구하는 목적과 동일함을 알 수 있다. 또한 사회보장과 관련된 제도의 가장 기본적인 사항을 규정하고 있다.

사회보장기본법 제1조(목적)

사회보장기본법은 "사회보장에 관한 국민의 권리와 국가 및 지방자치단체의 책임을 정하고 사회보장정책의 수립 · 추진과 관련 제도에 관한 기본적인 사항을 규정함으로써 국민의 복지증진에 이바지하는 것을 목적으로 한다."(제1조)

사회보장기본법에서는 사회보험, 공공부조, 사회서비스에 대해 다음과 같이 규정하고 있다.

- 사회보장은 출산, 양육, 실업, 노령, 장애, 질병, 빈곤 및 사망 등의 사회적 위험으로부터 모든 국민을 보호하고 국민 삶의 질을 향상시키는 데 필요한 소득 · 서비스를 보장하는 사회보험, 공공부조, 사회서비스를 의미한다고 규정하고 있다(제3조).
- 사회보험은 국민에게 발생하는 사회적 위험을 보험의 방식으로 대처함으로써 국민의 건강과 소득을 보장하는 제도이다. 이에 포함되는 현행 제도는 노후소득보장을 위한 국민연금제도가 대표적이며, 건강에 대비한 국민건강보험제도, 노인장기요양보험제도가 있다. 고용과 관련한 사회보험으로는 고용보험, 산재보험이 있다.
- 공공부조는 생활유지능력이 없거나 생활이 어려운 국민의 최저생활을 보장하는 공공부조 정책으로 국민기초생활보장제도와 의료급여가 있다.
- 사회서비스는 국민의 삶의 질 향상을 위한 다양한 개별서비스를 포함한다. 사회보장기본법에서 사회서비스는 다음과 같이 규정하고 있다. "사회서비스"란 국가 · 지방자치단체 및 민간부문의 도움이 필요한 모든 국민에게 복

지, 보건의료, 교육, 고용, 주거, 문화, 환경 등의 분야에서 인간다운 생활을 보장하고 상담, 재활, 돌봄, 정보의 제공, 관련 시설의 이용, 역량 개발, 사회참여 지원 등을 통하여 국민의 삶의 질이 향상되도록 지원하는 제도를 말한다.

사회서비스는 사회복지사업법 제2조에서 관련 정책을 27개 법률로 규정하고 있다. 각각의 사회보험, 공공부조, 사회복지사업은 독립된 법률을 가지며, 각 법률에서 구체적 자격과 시행에 대해 규정하고 있다.

2) 사회복지사업법상의 사회복지정책

사회복지사업법은 각종 사회복지사업(사회복지서비스) 관련 법률의 상위 규범이 되는 법이며, 사회복지사업을 직접 실시하는 데 구체적인 내용을 규정하고 있다.

사회복지사업법 제1조 목적을 보면, 사회복지사업에 관한 기본적 사항을 규정하고, 사업을 시행하고 서비스를 전달하는 데 인간존엄성 보장, 사회복지의 전문성 등을 규정하고 있어 사회복지 사업 시행에 있어 기본적인 내용을 제시함을 알 수 있다.

사회복지사업법 제1조(목적)

사회복지사업에 관한 기본적 사항을 규정하여 사회복지를 필요로 하는 사람에 대하여 인간의 존엄성과 인간다운 생활을 할 권리를 보장하고 사회복지의 전문성을 높이며, 사회복지사업의 공정 · 투명 · 적정을 도모하고, 지역사회복지의 체계를 구축함으로써 사회복지의 증진에 이바지함을 목적으로 한다.

또한 사회복지사업법에서는 사회복지사업과 관련된 정책으로 국민기초생활보장법, 아동복지법, 노인복지법, 장애인복지법 등의 27개 법률을 제시하고 있다(사회복지사업법 제2조).

우리나라 법률에서 규정하고 있는 사회복지정책을 영역별로 정리해 보면 다음과 같다.

표 5-1 법률의 사회복지정책 영역별 구분

영역		제도사례	
사회보험	소득보장	• 국민연금법	• 기초연금법
	의료보장	• 국민건강보험법	• 노인장기요양보험법
	고용관련	• 고용보험법	• 산업재해보상보험법
공공부조	소득	• 국민기초생활보장법	
	의료	• 의료급여법	
	긴급	• 긴급복지지원법	
사회서비스		• 아동복지법 등	
기타	주택	• 공공주택특별법	

3 사회복지정책의 필요 이유

사회복지정책이 필요한 이유는 다음과 같이 정리할 수 있다(김상균 외, 2004: 229-231).

1) 제한된 자원

사회복지는 시장경제 원리가 아닌 다른 원리하에서 배분의 원칙을 정하고 계획을 세워 자원을 배분하는 것이기 때문에 자원의 확보는 사회복지정책의 확대 시행에 결정적 역할을 한다.

그러나 사회복지정책이 확대되지 못하는 가장 큰 이유로 꼽히는 것은 재정의 부족, 자원의 부족이다. 자원이 제한되어 있기 때문에 정책이라는 결정된 기준이 없다면 자원을 누구에게 어떻게 배분할 것인가에 어려움이 따를 것이다.

사회복지정책이 필요한 이유는 국가의 자원은 제한되어 있다는 전제에 따라 제한된 자원을 어떻게 어디부터 사용할 것인가를 결정하는 것이라 할 수 있다. 즉 정책을 형성하는 과정은 제한된 자원을 배분하는 데 우선순위를 정하는 것이다.

2) 미충족의 욕구

사회복지정책은 개인이나 가족의 힘만으로 해결하기 어려운 욕구와 문제를 충족하고 해결하기 위한 사회적, 국가적 개입을 공식화한 것이라 할 수 있다. 그러나 개인의 욕구는 다양하며 제한된 자원을 가지고 무한한 사람들의 욕구를 어떻게 충족시켜 줄 것인가가 사회복지정책의 핵심이다.

어떠한 욕구를 국가에서 해결해야 하는 욕구로 볼 것인가, 어떤 욕구부터 해결할 것인가를 정하는 것이 사회복지정책의 과정이라 할 수 있다. 욕구란 목적을 위해 필요하거나 필수적인 것이 결여되거나 결핍된 것을 지칭하는 것으로, 해결되어야 할 문제를 의미한다(조흥식 외, 2015: 128).

사회복지정책이 미충족의 욕구를 충족하기 위한 것이라면, 여기에서 전제되어야 하는 것은 미충족의 욕구를 찾아내는 것이다.

욕구 인식기준에 따른 분류

Bradshaw(1972; 640–643)는 규범적 욕구, 감지적 욕구, 표현적 욕구, 비교적 욕구로 분류(조흥식 외, 2015: 131–132에서 재인용)

- 규범적 욕구: 전문가, 행정가, 사회과학자들이 상태를 규정한 욕구
- 감지적 욕구: 욕구상태에 있는 당사자의 느낌에 의해 인식된 욕구로, 감지적 욕구는 당사자에게 어떤 욕구상태가 있는지 혹은 어떤 서비스를 필요로 하고 있는지를 물어서 파악하는 욕구
- 표현적 욕구: 감지된 욕구가 현실에서 욕구충족이 가능하도록 추구하는 행위로 표면화된 욕구
- 비교적 욕구: 특정 집단 구성원들의 욕구를 그 집단과 유사하다고 인식되는 다른 집단 구성원들의 욕구와 비교할 때 나타나는 욕구

이상의 욕구 중에서 사회복지사들은 감지된 욕구를 표현된 욕구로 바꾸고 규범적 욕구화함으로써 사회복지의 정책을 문제화하고 사회복지 확대를 꾀하는 역할을 담당해야 한다.

3) 형평성의 결여

사회복지는 자본주의 시장의 분배 불평등에서 오는 다양한 문제 해결을 위한 것이다. 자본주의는 불완전 경쟁, 시장의 부족, 불안전한 정보의 공유, 시장 자체의 불균형, 사회구조적 이유 등으로 시장에서 자원의 균형적인 할당이 이루어지지 못하기(지은구, 2010: 40) 때문에 사회복지를 통해 재분배함으로써 형평성을 높이고자 한다. 사회복지는 시장에서 분배된 것을 세금을 통해 거둬진 재원으로 재분배하여 형평성을 높이는 것이다.

4) 합의의 부족

미충족된 다양한 욕구가 존재하며, 자원이 제한되어 있는 상태에서 자원의 공평한 배분에 대한 합의를 도출하기는 어렵다. 또한 사회복지는 정치적 사회적 영향을 많이 받기 때문에 합의의 어려움이 있다. 그래서 사회복지정책은 합의의 어려움과 부족에서 오는 갈등과 긴장을 적절하게 해소하기 위해서 필요하다(김상균 외, 2004: 231).

4 사회복지정책의 구성요소

사회복지정책의 구성요소는 정책 분석틀로도 소개된다. 사회복지정책을 분석하는 틀은 다양하나 보편적으로 가장 많이 소개되는 것은 Gilbert와 Specht(1974)의 사회복지정책 분석틀이다.

주요 내용은 급여나 서비스를 누구에게 제공할 것인가의 할당, 무엇을 제공할 것인가의 급여, 급여나 서비스를 누가 전달할 것인가의 전달체계, 그리고 급여와 서비스를 무엇으로 제공할 것인가의 재원과 관련된 것이다. 이 장에서는 Gilbert와 Specht(1974)의 사회복지정책 분석틀을 기준으로 설명하도록 하겠다.

- 할당: 누구에게 제공할 것인가.
- 급여: 무엇을 제공할 것인가.
- 전달체계: 누가 전달할 것인가.
- 재원: 무엇으로 제공할 것인가.

1) 할당: 누구에게 제공할 것인가

사회복지정책에서 대상체계는 누구에게 급여를 제공할 것인가의 문제이다. 급여자격자인 대상을 결정하는 것은 주어진 자원이 제한되어 있기 때문이다. 급여의 대상을 누구로 할 것인가에 대한 논의는 보편주의와 선별주의라는 두 가지 원리를 구분하는 것으로부터 시작되며, 이것은 사회복지정책에서 주요한 이론적 쟁점이 되고 있다.

보편주의는 기본적으로 모든 사람이 사회복지 급여를 받아야 한다는 것이다. 선별주의는 자산조사를 통한 개개인의 욕구에 기초하여 사회복지 급여를 제공해야 한다는 것이다.

(1) 보편주의 대 선별주의

① 보편주의

보편주의 급여는 사회적 권리로서 모든 사람에게 주어져야 한다는 원리이다(남찬섭 · 유태균 역, 2010: 160).

Gilbert와 Terrell(2002: 89-90)은 보편주의 원칙을 다음과 같이 정리하고 있다(원석조, 2016: 48-49에서 재인용).

"사회정책은 장애인, 빈민이냐와 같은 특별한 곤경에 처한 사람들만 당면하는 문제가 아니라 사회구성원 모두는 사회에서 나타나는 다양한 문제와 욕구에 언젠가는 직면하게 되기 때문에 시민들을 서로 다른 이질적인 집단(범주)으로 구분하는 것이 아니라 문제와 욕구에 대응할 수 있는 광범위한 프로그램의 조직을 목적으로 해야 한다."

즉 사회복지는 복지권과 같은 권리로서 교육, 보건의료, 고용 보장 등이 보장되어야 함을 강조한다.

보편주의의 장점은 사회구성원들이 주는 자와 받는 자로 분리되지 않고 인간의 존엄성과 사회적 통합을 유지함으로써 사회적 효과성을 높일 수 있다는 것이다.

보편주의의 단점으로 지적되는 것은 제한된 자원 상황하에서 더 필요한 곳에 자원을 집중하지 못하는 비용효과성의 문제이다. 그러나 교육, 보건의료서비스의 보편적 제공은 미래에 나타날 수 있는 사회적 문제를 예방하는 효과가 있기 때문에 비용효과성도 있다고 주장한다. 또한 보편주의자들은 보편적인 가족수당 제도 안에 편부모, 저소득층, 장애아동을 가진 가족에게 추가적인 부가급여를 제공해 소득재분배 효과도 가질 수 있다고 본다(원석조, 2016: 50).

② 선별주의

선별주의는 개인의 욕구에 기초하여 급여가 주어져야 한다는 원리이다. 이때 개인의 욕구는 주로 소득조사에 의해 판별된다. 선별주의적 원리가 적용된 급여의 예로는 빈민을 위한 공공부조이다.

선별주의는 욕구가 있는 대상자들을 최우선시하여 지급함으로써 효용을 극대화할 수 있다고 본다. 그러나 선별주의의 단점으로 지급 대상자의 선별과정에서 오는 낙인의 우려, 이로 인한 사회적 평등성과 사회적 효과성 상실에 대한 것이다. 그러나 선별주의자들은 사회적 자원을 사회적 욕구가 있는 사람들에게 우선적으로 분배함으로써 오히려 사회적 형평성이 제고되고 사회적 평등에 기여할 것이라고 본다(원석조, 2016: 51에서 재인용).

표 5-2 보편주의와 선별주의 비교

부분	보편주의	선별주의
주요 내용	• 모든 국민에게 사회적 권리로 인정 • 인간존엄성 및 사회통합에 기여 • 행정절차 용이하여 행정비용이 적게 듦 • 많은 재원 필요	• 욕구에 기초하여 제공 • 개인의 욕구는 주로 소득소자에 의해 판별 • 낙인 우려 • 서비스를 필요로 하는 사람에게 재원 집중할 수 있음
대표적 정책	• 무상의무교육, 아동수당 등	• 공공부조

(2) 자격조건의 종류

보편주의와 선별주의는 사회복지정책에서 대상자를 정하는 기본적인 기준이 되지만 현실적인 정책에서는 더 세분화된 기준이 적용된다. 앞서 살펴본 선별주의는 자산조사에 기반한 할당이지만, 더 세분하여 욕구에 기반하여 할당이 이루어진다.

즉 누가 특정정책의 대상이 될 것인가의 자격조건을 정하는 기준은 여러 가지이다. Glibert와 Terrell(2002: 108-109)는 사회복지대상자 선정의 기준을 귀속욕구, 보상, 진단적 구분, 자산조사 욕구의 4가지로 구분하였다. 구인회 외(2010: 165)는 인구학적 조건, 기여조건, 자산조사 조건 등으로 구분하고 있다. 귀속적 욕구는 인구학적인 조건에 해당하고, 보상은 기여조건에 해당한다.

여기에서는 Glibert와 Terrell(2002)의 구분에 의한 4가지 기준으로 설명하도록 하겠다.

① 귀속욕구(인구학적 조건)

귀속욕구는 특정한 집단구성원으로서의 조건을 갖춘 사람을 대상으로 하는, 인구학적인 조건이라 할 수 있다. 즉 국내 거주요건과 아동이나 일정 연령 이상의 노인과 같이 인구학적인 조건만 충족하면 자산과 무관하게 모두 급여 대상자가 된다. 그래서 귀속욕구에 의한 할당은 대표적인 보편주의 원리에 해당하는 대표적 사회복지정책이라 할 수 있다(구인회 외, 2010: 180). 기초연금, 노령수당, 아동수당 등이 해당한다.

② 보상(기여조건)

보상에 의한 자격기준에 해당하는 것은 두 가지이다. 하나는 사회적 경제적으로 특별한 혹은 일정한 공헌을 한 사람들의 집단에게 주어지는 것으로 사회보험을 통한 보험료 기여이다. 사회보험 가입 대상자로서 요건을 갖추고 일정한 보험료를 납부한 사람, 즉 사회보험제도의 가입조건과 보험료 납부 실적을 가진 사람을 대상으로 하는 경우이다. 대표적으로 국민연금, 고용보험, 국민건강보험, 산업재해보상보험, 노인장기요양보험 등 사회보험이 해당된다.

또 하나는 사회로부터 부당하게 피해를 입은 사람들의 집단에 속한 것이 조건으로 독립유공자나 국가유공자 혹은 그들의 가족이 해당되며, 보훈제도 등이다.

③ 진단적 구분(diagnostic differentiation)

진단적 구분은 전문가가 개별사례에 대해 급여 대상과 종류가 필요한가를 판단하는 것을 조건으로 하는 것이다. 신체적, 정신적 장애를 가진 경우에 전문가의 분류심사에 의거하여 어떤 재화나 서비스가 필요한지를 결정하는 것이다. 대표적으로 장애연금의 등급분류가 해당된다.

④ 자산조사

자산조사에 기초한 자격조건은 한 개인이 재화와 서비스를 구입할 능력이 없다는 것을 증명함으로써 급여 대상이 되는 것이다. 욕구의 경제적 기준에 따라 개별적으로 대상자를 선정하며, 그래서 매우 제한적인 방법이다.

표 5-3 대상자 선정과 욕구판단 기준

구분	대상자	욕구판단기준
귀속욕구	집단	규범적 판단
보상	집단	형평성에 입각한 규범적 판단
진단적 구분	개인	기술적 등급분류
자산조사 욕구	개인	경제적 기준

출처: 원석조(2016). p. 53.

(3) 할당원리와 사회복지의 제도적-잔여적 개념

귀속적 욕구에 의한 할당은 인구학적인 특성에 의하여 결정되기 때문에 이는 이 사회에서 보편적으로 일어날 수 있는 정상적인 일로 간주되며, 욕구발생의 원인이 사회구조의 부적절성에 기인한다고 가정한다. 그래서 사회복지에 대한 제도적 개념을 반영한 것이라 할 수 있다.

반면에 자산조사에 의한 욕구 원리에서는 개인의 결함을 욕구 발생의 원인으로 본다. 그래서 사회복지의 잔여적 개념을 반영한 것이다.

보상과 진단적 구분에 의한 욕구 원리는 제도적 개념과 잔여적 개념의 중간에 위치한 것인데, 보상은 사회구조적 문제에 기인한 경향이 더 크기 때문에 제도적 개념에 가깝고, 진단적 구분은 개인적 결함이라는 의미를 더 많이 함축하고 있어 잔여적 개념에 가깝다(Gilbert & Terrell, 2010: 198-199).

표 5-4 대상자 선정의 4가지 원칙과 사회복지의 개념

귀속욕구	보상	진단적 구분	자산조사 욕구
사회복지의 제도적 개념	←-----------	-----------→	사회복지의 잔여적 개념

출처: Gilbert & Terrell(2010), p. 198에서 재인용.

2) 급여

사회복지는 충족되지 못한 욕구를 충족하기 위한 제도이며, 욕구에 따라서 제공되어야 한 급여의 내용과 형태는 다양하다. 욕구에 적합한 형태의 급여가 제공될 때 가장 욕구충족에 효과적일 것이며, 그래서 욕구충족에 적합한 급여 형태를 결정하는 것 역시 사회복지정책 형성에서 주요 쟁점이 되기도 한다.

(1) 현금급여와 현물급여

급여 형태는 기본적으로 현금급여와 현물급여 두 가지 형태로 구별된다. 현금급여는 대상자에게 서비스를 현금의 형태로 전달하는 것이라면 현물급여는 쌀과 같이 현물의 형태로 전달하는 것이다. 현금급여와 현물급여는 각각 장단점이 있으며, 어떤 형태로 제공하는 것이 더 효과적인가라는 점에서 쟁점이 존재한다.

사회복지정책에서 급여 형태의 선택은 첫째, 자기결정권 대 바람직한 소비, 둘째, 정책의 효과성 대 정책의 목표달성이라는 점에서 결정하게 된다(구인회 외, 2010: 215-220).

현금급여는 사회복지의 가장 대표적인 급여 형태로 인정되고 있는데 이유는 현금급여가 가지는 여러 가지 장점들 때문이다(구인회 외, 2010: 222-225). 현금급여가 가지는 장점은 첫째, 현금급여는 소비에서 수급자들의 자기결정권을 최대한 보장할 수 있기 때문이다. 수급자들은 현금으로 자신들이 원하는 물건을 직접 선택할 때 가장 만족스런 소비가 가능하며, 이는 수급자의 효용을 극대화한다. 둘째, 현금급여는 현물급여에 비해 관리 운영비용도 절약할 수 있어 운영에서의 효율성도 높이는 장점을 가진다.

그러나 과연 사람들의 바람직한 소비를 위한 최선의 선택이 가능한가라는 우려도 존재한다. 일반적으로 소비자들은 개인의 문제나 정보 부족 등으로 본인의 욕구를 해소할 수 있는 재화나 서비스의 선택이 어려울 수 있다. 예로 일정소득 이하의 가정에 쌀이 아닌 현금으로 급여를 제공한 경우 쌀을 사지 않고, 영화를 보거나 유흥에 사용하게 되는 경우가 발생하여 불필요한 부분에 사용될 우려가 있다.

현물급여는 대상자의 욕구에 맞는 재화나 서비스 형태로 제공하는 것이다(구인회 외, 2010: 226-231). 현금급여는 재화와 서비스로 구분되며, 재화는 쌀, 음식, 주택, 장애인 보장구와 같은 물건의 형태를 의미하며, 서비스는 직업훈련, 상담, 치료 등의 대상자에게 제공되는 활동을 의미한다(Gilbert & Terrell, 2010).

현물급여가 가지는 가장 큰 장점은 욕구에 대한 대응이 명확하다는 점이다. 그러나 현물급여는 다른 사람들에게 수급자임이 알려져 낙인의 우려가 있고, 물건의 보관과 유통과정에서 추가적인 비용이 들기 때문에 운영 효율성이 낮은 단점이 있다.

표 5-5 현물급여와 현금급여의 비교

	현물급여	현금급여
	• 급여가 현물의 형태로 전달	• 급여가 현금 형태로 전달
장점	• 정책의 목표 효율성을 높힐 수 있음	• 수급자의 효용 극대화 • 운영상 효율적
단점	• 선택권이 제한되고, 현물에 대한 낙인의 우려 • 현물의 보관, 유통과정에 추가적인 비용이 들어서 운영 효율성이 낮음	• 불필요한 부분에 사용될 수 있어 목표 효율성이 떨어짐

(2) 대안적 급여 형태: 선택의 확장

급여 형태는 현금급여와 현물급여의 이분법적 분류 외에 현실적으로 더 세분화된 분류가 가능하다. 개인의 권력을 향상시키는 것부터 구체적인 재화에 이르기까지 다양한 형태가 있다.

Gilbert와 Terrell는 사회적 급여의 형태를 기회, 서비스, 재화, 상환권 및 세금감면, 현금, 권력 등 여섯 가지로 분류하여 설명하고 있다(Gilbert & Terrell, 2010: 236-237).

① 기회: 바람직한 어떤 목적을 성취하기 위해 활용되는 유인과 재가를 의미한다. 사회에서 불이익을 받는 계층에 속하는 학생들에게 특례입학을 허용하거나, 공무원시험에서 제대군인에게 가산점을 주는 것 등이 포함한다.

② 서비스: 클라이언트를 위해 제공되는 활동을 말한다. 상담, 사례관리, 훈련

등의 활동을 제공하는 것이다 .

③ 재화: 식품 의류, 주택 등과 같은 물질적인 상품을 의미한다.

④ 상환권 및 요금감면: 구조화된 교환가치를 가진 급여 형태를 말한다. 예로 세금공제로 생활비에 사용할 수 있도록 하거나, 식품증서는 다양한 식료품을 선택하여 교환할 수 있다.

⑤ 현금: 공공부조, 아동수당, 사회보험 등이 해당된다.

⑥ 권력: 재화와 자원을 통제할 수 있는 영향력을 의미한다. 우리나라의 경우 국민연금, 건강보험의 가입자 대표를 의사결정에 참여시키는 것이 해당된다(원석조, 2016: 58).

3) 전달체계

사회복지에서 전달체계는 사회복지정책을 서비스로 전환하여 소비자에게 가는 구체적 과정이자 구조적 배열이다(홍현미라 외, 2014: 145).

사회복지전달체계는 행정체계와 집행체계로 구분해 볼 수 있다(최성재 · 남기민, 2006: 102-103). 행정체계는 직접 서비스 전달을 하지는 않지만 서비스를 기획 지시, 지원, 관리하는 기능에 초점이 두어지며, 서비스가 효과적으로 집행되도록 지원하는 기능이다. 우리나라의 경우 독자적인 사회복지전달체계는 없으며, 지방에서는 안정행정부의 체계를 활용하고 있다. 중앙정부, 특별시 광역시도, 시군구까지가 사회복지전달의 행정체계에 해당한다(홍현미라 외, 2014: 159).

집행체계는 서비스 수혜자들과 직접적인 대면을 통해 서비스를 전달하는 과정이다. 사회복지서비스 전달은 공적 전달체계와 사적 전달체계가 담당하고 있는데, 전자는 읍면동이 해당되고 사회복지서비스의 경우는 대부분 민간 사회복지기관 등이다(최성재 · 남기민, 2006).

(1) 공공 · 민간 전달체계

사회복지서비스를 전달하는 운영주체가 누구인가에 따라 공공 전달체계와 민간 전달체계로 구분한다. 공공 전달체계와 민간 전달체계가 가지는 특성과 장점이 있어 두 체계의 장점을 살리는 협력체계 구축이 필요하다.

① 공공 전달체계

공공 전달체계는 국가나 지방자치단체가 계획을 수립하고 직접 운영주체가 되어 서비스를 대상자에 전달하는 과정이다. 우리나라의 경우 사회보험과 공공부조, 일부의 사회복지서비스를 공공전달체계에서 담당하여 제공하고 있다(홍현미라 외, 2014: 160).

공공 전달체계는 주로 세금을 재원으로 하기 때문에 안정적이나, 반면에 관료적이고 서비스 전달에 융통성을 가지기 어렵고, 새로운 욕구나 문제에 빠르게 대처하기 어려운 점이 단점으로 지적된다(홍현미라 외, 2014: 155).

표 5-6 공공 · 민간 사회복지전달체계 비교

구분	공공 사회복지전달체계	민간 사회복지전달체계
주체	정부, 공공기관	사회복지법인, 자원봉사단체, 사회복지시설, 개인, 사회복지협의회 등
재정	조세, 안정적	취약, 불안정
특성	관료적, 복잡한 체계 외적요인에 다소 둔감	융통성, 창의적, 유연한 체계 사회변화와 요구에 민감
장점	공공성, 지속성, 보편성, 안정성	융통성, 전문성, 신속성, 유연성, 다양성

출처: 박용순 외(2010). p. 89.

② 사적 전달체계

사적 전달체계는 정부의 지도 감독을 받는 사회복지법인과 정부의 지도 감독으로부터 자유로운 민간 사회복지조직이나 기타 법인체 등으로 구성된다. 민간

사회복지조직은 기업의 복지재단, 종교기관의 사회복지조직, 공익을 추구하는 시민사회단체 등이 포함된다(홍현미라 외, 2014: 169).

사적 전달체계는 민간기관에서 지원금, 후원금, 이용료 등에 의해 운영하기 때문에 재원이 불안전한 단점이 있다. 그러나 사적 전달체계는 새로운 문제와 욕구, 환경변화에 민감하고 빠르게 대처할 수 있어 시험적인 서비스 전달에 용이하다. 또한 공공에서 전달하기 어려운 서비스의 제공이 가능하며, 공공보다 전문성을 가질 수 있다는 장점이 있다(홍현미라 외, 2014: 155).

표 5-7 사적 사회복지조직의 분류

분류기준	분류
서비스의 직, 간접성	직접서비스 조직, 간접서비스 조직
서비스제공 장소에서의 수혜자 주거여부	생활시설, 이용시설
문제, 대상인구	보건의료 조직, 가정복지조직, 아동복지조직, 자원봉사자 양성 조직 등
설립주체	사회복지법인, 재단법인, 사단법인, 사회단체, 개인

출처: 최성재 · 남기민(2006). p. 129.

(2) 전달체계 설계시 고려사항

사회복지정책이 잘 만들어져 있어도 전달체계가 비효율적이고 비효과적으로 만들어져 있다면 정책의 효과성은 낮아지기 때문에 전달체계의 구축은 주요하다. 전달체계 구축을 위해 고려되어야 하는 사항은 다음과 같다(Gilbert & Terrell, 2010: 268).

첫째, 서비스 전달의 관리 운영주체를 공공에 둘 것인가 민간에 둘 것인가, 민간기관 가운데 비영리기관을 선택할 것인가 영리기관을 선택할 것인가? 이것은 서비스 전달주체와 관련된 문제이며, 최근 상업화, 민영화 등으로 정책화되고 있다.

둘째, 서비스 전달을 행정적으로 중앙화할 것인가, 분권화할 것인가? 이것은 서비스 전달의 중앙화와 지방 분권화와 관련된 문제이다.

셋째, 여러 가지 서비스를 통합하여 제공할 것인가, 하나의 서비스만 제공할 것인가? 서비스의 단편성과 관련된 문제로 서비스 통합성, 사례관리 등의 개선 정책과 관련된 것이다.

넷째, 서비스 전달에 관한 권한을 전문가에게 줄 것인가, 아니면 서비스 소비자들에게 줄 것인가? 정책결정의 권한을 누구에게 둘 것인가의 문제로 조정, 시민참여 등의 정책과 관련된 것이다.

다섯째, 서비스 제공시설을 한 건물에 둘 것인가, 아니면 독립시켜 둘 것인가? 이것은 서비스의 단절성과 관련된 문제로 원스톱 서비스 등의 개선정책으로 나타난다.

여섯째, 서비스 전달을 전문가에게 맡길 것인가, 아니면 소비자 또는 준전문가에게 맡길 것인가? 서비스에 대한 접근성을 높이기 위한 방법과 관련된 문제이다.

이상의 고려사항 중에서 최근 부각되고 있는 전달주체와 관련된 전달체계 전략은 민영화, 상업화, 바우처 제도 등을 꼽을 수 있다.

① 민영화와 상업화

민영화, 상업화는 서비스 전달의 운영 주체와 관련한 개선전략의 하나이다(Gilbert & Terrell, 2010: 269-281). 공공기관이 직접 서비스를 전달할 것인가 혹은 민간기관과의 계약을 통해 간접적으로 전달할 것인가의 민영화 그리고 민간기관 중에서 영리조직과 비영리조직 선택의 문제와 관련된 것이 상업화이다.

민영화는 정부가 민간기관과 계약을 통해 재정을 지원하고 민간기관이 서비스를 제공하도록 하는 것이다. 민영화는 공공 관료제의 문제를 경쟁적 시장의 장점으로 해결하려는 논리에 의해 제안되는 개선전략이다. 즉 시장이 가지는 특징으로 꼽히는 민간기관이 전문성을 가지며, 그래서 사회서비스의 생산과 전달에서 효과적이고 효율적일 것이라는 장점을 활용하고자 한 것이다. 현재 대부분의 사회복지서비스들은 정부나 지방정부와 계약을 통해 직접 서비스 전달을 하고 있다.

상업화는 민간 영리조직도 사회복지서비스를 제공할 수 있도록 한 것이다. 과거에 사회복지서비스는 비영리조직에서만 담당하도록 하였던 것을 민간영리조직에서도 서비스 전달이 가능하도록 하는 것이다. 그러나 영리조직은 비영리조직과 달리 공적 책임성보다는 이윤추구에 더 많은 관심을 가지기 때문에 사회복지적 목적을 달성하는 데 부적합할 수 있다는 우려가 있다. 최근 도입된 바우처제도는 상업화의 한 예로 볼 수 있으며, 바우처제도 도입으로 다양한 민간조직들이 사회복지서비스 전달 주체로 등장하고 있다.

② 바우처제도

바우처제도는 사회서비스를 필요로 하는 사람들에게 일종의 이용권을 발급하여 서비스를 받을 수 있도록 하는 제도이다(보건복지부, 2012). 정부가 특정한 재화 혹은 서비스의 수요자에게 일정액에 상응하는 바우처(구매권)를 부여하고, 공급자에 대하여는 서비스의 대가를 사후 지불해 주는 제도(유한욱, 2006)이다. 바우처는 현금급여 혹은 현물급여로 구분되는 전통적인 사회복지급여 제공방식의 절충 형태로서, 현금급여 방식이 가지는 소비자 선택의 자유와 현물급여가 가지는 형평성 보장의 장점을 결합하고자 한 것이다.

바우처제도는 공공서비스분야에서 시장기제를 도입하여 경쟁과 개인의 선택을 촉진하고자 하는 것으로 새로운 서비스 전달방식으로 볼 수 있다. 우리나라의 경우 공공서비스분야에서 전통적으로 비영리민간조직에서 서비스 전달을 주로 담당하여 왔으나 바우처제도의 도입으로 영리조직까지 포함한 다양한 민간조직이 서비스전달자로 포함되고 있다(홍현미라 외, 2014: 172).

4) 재원

사회복지정책의 도입, 확대, 축소의 이유는 대부분이 재정과 연관된 문제이다. 그래서 사회복지정책은 제한된 자원을 어떤 우선순위로 사용하는가와 관련되어 있다.

사회복지의 재원은 크게 공공부문의 재원과 민간부분의 재원으로 구분할 수 있다.

(1) 공공부분의 재원

현대 국가에서 복지 자원으로 공공부분 재원의 역할은 가장 중요하다. 여기에는 일반세, 목적세, 조세비용 그리고 사회보험의 재원이 포함된다(원석조, 2016: 73-76).

- 일반세는 지출용도를 정하지 않고 징수하는 세금을 말하며, 소득세, 소비세, 재산세 등이 포함된다. 이 중에서 소득세 특히 개인소득세는 누진세율이 적용되어 소득재분배 효과가 가장 큰 세금제도이다.
- 목적세는 지출용도를 정해 놓은 세금을 의미하며, 교육세 등이 대표적이다. 목적세는 사용목적이 정해져 있기 때문에 가장 안정된 재원이라 할 수 있다.
- 조세비용은 특정 집단에게 조세를 감면, 공제, 면제해 주는 것을 말한다. 각종 기부금에 대하여 세금을 감면하는 것이다. 그러나 조세감면은 정부 측에서 보면 세금이 감소하는 것이고 수혜자 입장에서는 그만큼 세금을 덜 내게 되어 기부금을 낼 수 있는 중상위층이 주로 혜택을 받게 되기 때문에 소득역진적이다.

- 사회보험 재원은 일반적으로 삼자부담제도를 원칙으로 한다. 삼자부담제도란 사회보험의 수익자인 가입자와 고용주, 그리고 정부, 이 삼자가 사회보험의 재정을 공동으로 부담하는 원칙이다. 사회보험에 대한 가입자, 고용주의 기여금은 국가에 의하여 강제로 징수되기 때문에 사회보험을 위한 특수목적세의 성격을 가진다(조흥식 외, 2015: 141).

(2) 민간부분의 재원

현대 국가에서 민간부분의 재원은 재정 긴축, 국가 역할 축소 등을 이유로 그 중요성이 점점 커지고 있다. 자발적 기여금, 사용자 부담금, 기업의 복지지출비, 비공식부분에서 지출하는 재원 등이 포함된다(조흥식 외, 2015: 141-142).

- 자발적 기여금은 기업이나 개인이 자발적으로 사회복지를 위해 사용하도록 내는 자원이다. 사회복지공동모금회를 비롯한 사회복지법인이나 재단 사회복지조직에 기부하는 후원금 등이 포함된다.
- 사용자 부담금은 사회복지서비스를 이용하는 이용자가 부담하는 비용이다.
- 기업의 복지지출은 기업이 종사자들을 위해 지출하는 비용으로, 유급휴가, 주택구입비 지원 무이자 대출, 사내외 복지시설의 설치 및 운영 등이 해당한다.
- 비공식 자원은 가족이나 친지가 가족을 부양하기 위해 부담하는 부양비이며, 이 비용은 복지를 위해 사용되는 자원으로 볼 수 있다. 현대 복지국가에서는 비공식 영역에서 담당하던 역할을 국가가 사회복지제도로 담당하여 비공식 부분의 역할을 대체하고 있다. 그러나 사회복지가 보편적으로 제도화되지 않고, 유교적 전통이 강한 사회의 경우 비공식 자원에 대한 의존도는 높다고 할 수 있다.

공공부분의 자원	민간부분의 자원
일반세, 목적세, 조세비용 사회보험을 위한 기여금	자발적 기여금, 사용자 부담금, 기업의 복지지출, 비공식적 부분의 지원

5 사회복지정책의 형성과정

사회복지정책은 동태적이며 연속적인 과정이다. 일반적으로 정책 형성과정은 사회문제의 이슈화, 정책의제 형성, 정책대안 형성, 정책 결정, 정책 집행, 정책 평가의 6단계로 분류한다. 각 과정에 대해 살펴보면 다음과 같다.

1) 사회문제의 사회적 이슈화

사회문제란 인간이 해결하고자 하는 욕구를 일으키는 불만족스러운 상태를 의미한다. 그러나 사회문제가 사회복지정책이 되기 위해서는 사회적으로 이슈화되는 과정이 필요하다. 사회복지 문제는 인간으로서의 기본적인 생활을 누리지 못하여 고통을 받고 있는 사람들이 그러한 상황이나 조건을 해결해야 할 문제로 인식할 때 비로소 문제로 성립된다(송근원 · 김태성, 2002: 38).

이슈란 어떤 문제나 요구가 공공의 관심을 끌어 공공정책상의 논점으로 제시되는 경우를 의미한다(송근원 · 김태성, 2002: 40). 이슈화가 되어야 정책의제로 채택될 수 있기 때문에 이슈화 과정이 필요하다. 어떤 문제나 요구가 이슈화되기 위해서는 이슈를 촉발하는 사람이 있어야 하고, 사회적으로 공감을 가질 수 있는 이슈 유발 사건이 필요하다.

이슈 제기자는 문제로 인해 고통을 당하고 있는 클라이언트 자신이거나 혹은 사회복지사인 경우가 많다(송근원 · 김태성, 2002: 46). 특히 클라이언트는 사회적 약자인 경우가 많아 사회복지사가 이러한 역할을 하는 것이 필요하다.

사회적으로 이슈화되는 사건은 환경 속에 방치되어 있는 문제를 정치적으로 인식시켜주며 공공정책의 형성에 압력을 촉진시키는 촉매역할을 하는 것이다(송근원 · 김태성, 2002: 46).

2) 정책의제의 형성과 정책대안 형성

정책의제란 사회문제 중에서 정부가 해결해야 할 공적인 정책문제로 채택된 문제를 의미한다. 즉 정부가 해결해야 하고, 정부가 해결할 수 있는 능력이 있다고 여론이 형성된 사회문제에 대해 정부가 직접적으로 문제해결을 위해 공식적인 입장을 표명한 사회문제를 말한다(남기민, 2010: 124-125).

정책대안이란 문제의 해결방법으로 주어진 목표의 달성을 위한 방법을 강구하고 비교, 분석하는 과정을 말한다. 정책 대안을 형성하는 과정은 다음과 같다(남기민, 2010: 126-128).

첫째, 정책 문제화된 사회문제와 그 문제를 둘러싼 상황 파악

둘째, 정책목표를 세우고 목표 설정

셋째, 대안의 탐색 및 개발

넷째, 대안의 비교분석 과정

정책대안을 개발, 비교, 분석하는 과정이 포함된다. 정책대안을 형성하는 방법으로는 점진적 방법, 브레인스토밍, 델파이 기법 등이 사용된다. 형성된 대안을 비교하는 방법으로는 비용편익분석, 비용효과분석 등이 있다.

3) 정책결정과 집행

정책결정이란 여러 정책 대안 중에서 가장 바람직한 정책대안을 선택하는 것을 의미한다. 정책결정의 방법으로는 합리모형, 만족모형, 점증모형, 엘리트모형 및 쓰레기통 모형 등이 있다(남기민, 2010: 130-134).

정책집행이란 정책의 내용을 실현시키는 과정 또는 정책을 구체화하고 실체화하는 과정을 의미한다. 정책 집행과정은 주어진 목표를 구체화시키는 데 그 목적이 있다(남기민, 2010: 134).

4) 정책평가

정책평가란 정책의 집행결과가 처음 의도와 결과를 얼마나 효과적으로 달성했는가를 측정하는 활동을 의미한다. 정책평가는 처음 의도를 실현했는가? 처음 사회문제 해결에 도움이 되었는가? 집행결과 어떤 파급효과가 있었는가? 등을 평가하는 것이다. 정책 평가의 기준은 효과성, 능률성, 적절성, 형평성, 반응성 및 적합성 등이다. 평가 결과 부족한 부분이나 미해결된 부분, 수정이 필요한 부분은 정책과정에 환류된다.

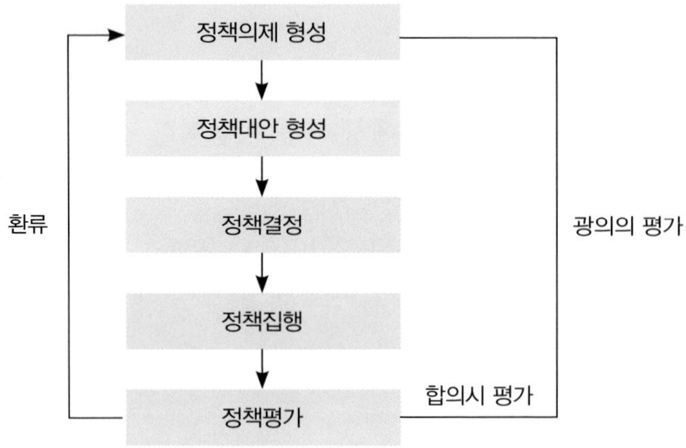

그림 5-1 정책과정의 환류

출처: 남기민(2010). p. 136.

introduction to social welfare

CHAPTER 06

사회복지정책은 어떻게 전달되나요?

1. 사회복지 전달체계의 개념
2. 사회복지 전달체계의 유형
3. 사회복지 전달체계 구축 시 고려사항
4. 우리나라 사회복지 전달체계 현황과 과제

Chapter 06

사회복지정책은 어떻게 전달되나요?

1 사회복지 전달체계의 개념

사회복지정책을 통해 제공되는 사회복지 재화나 서비스는 여러 영역에 걸쳐 다양하고, 다양한 재화나 서비스를 필요로 하는 대상에게 전달하는 방법도 다양하다(송근원 · 김태성, 2005: 353).

전달체계는 지역사회체계 속에서 사회복지서비스의 공급자 간 또는 공급자와 소비자(클라이언트, 고객, 수혜자)를 연결시키기 위한 조직적 장치이다.

사회복지 전달체계에 대한 이해가 중요한 이유는 사회복지정책이 추구하는 가치나 목표의 성취가 전달체계에 따라 달라질 수 있기 때문이다. 예를 들어, 정책의 주요 목표가 소득 재분배에 있다면 이를 실현하기 위해서는 어떠한 방식으로 대상자들에게 서비스를 전달하는 것이 바람직한가에 대한 검토가 필요하다. 사회복지정책이 정책을 필요로 하는 대상에게 얼마나 잘 전달될 수 있는가는 사회복지 전달체계가 어떻게 구축되어 있는가에 좌우되는데, 이를 위해서는 사회복지 재화나 서비스의 전달을 누가 하도록 할 것인지, 전달체계가 목표 달성에 효과적인지 여부를 평가해야 하고 정책 목표에 부합하는 가장 효과적인 방법을 선택해야 한다.

사회복지 전달체계를 어떻게 구축할 것인지를 검토할 때에는 서비스 제공과 관련된 업무를 누가 맡아서 할 것인가, 서비스가 대상자에게 통합적으로 제공되는가, 대상자의 욕구와 문제 해결을 위해 다양한 서비스가 제공되는가, 대상자의 요구해결에 필요한 서비스 제공이 연속적으로 이루어지는가, 서비스 제공이 바람직한 수준으로 제공되었는가, 서비스 제공과정에서 공급자와 수급자 측면에서 효용을 극대화하였는가, 대상자의 욕구에 얼마나 신속하고 융통성 있게 대응하였는가, 대상자가 서비스에 쉽게 접근할 수 있는가, 서비스 전달에 누가 책임을 지는가, 대상자가 자유롭게 서비스를 선택할 수 있는가, 불필요하거나 잘못된 재화나 서비스 이용을 막을 수 있는가 등에 대한 검토가 필요하다(사회복지교육연구센터, 2014: 198-200).

2 사회복지 전달체계의 유형

사회복지정책의 대상은 다양하고 이에 대응하는 정책도 다양한 만큼 사회복지 전달체계 형태도 매우 다양하게 존재한다. 현재 사회복지의 다양한 영역(소득보장, 건강보장, 교육 등)과 개별 영역(소득보장 내에서도 국민연금, 실업보험, 공적 부조 등)에서도 전달체계는 다르게 설계되어 있고 전달체계는 다양한 유형으로 마련될 수 있다(송근원 · 김태성, 2005: 358-359). 사회복지전달체계는 서비스 제공주체의 공적지위여부에 따라 공공과 민간으로, 서비스 제공주체가 영리를 추구하느냐 아니냐를 기준으로 영리전달체계와 비영리전달체계로, 서비스 제공주체가 공적이냐 사적이냐에 따라 공식적 전달체계와 사적 전달체계로 구분할 수 있다(지은구 외, 2022: 141).

① 공공전달체계와 민간전달체계

전달체계는 서비스 제공주체의 공적 지위 여부에 따라 공공전달체계와 민간전달체계로 구분할 수 있다. 공공전달체계는 중앙정부, 지방정부, 지방자치단체 등과 같이 정부기구가 주체가 되어 지역사회복지정책 및 서비스와 프로그램을 제공하는 경우가 해당되며, 민간전달체계는 공공영역이 아닌 민간영역의 개인이나 단체, 법인 등이 주체가 되어 지역사회복지서비스와 프로그램을 제공하는 형태를 의미한다. 이 외에도 공공과 민간이 혼합적으로 서비스를 전달하는 혼합전달체계도 존재하는데 이는 서비스 제공에 필요한 기관 및 시설 등의 물리적 · 공간적 인프라는 공공이 제공하되 시설운영에 필요한 인적자원과 운영기술은 민간의 참여로 충당하는 민간위탁 형태로 운영된다(지은구 외, 2022: 141-142).

② 영리전달체계와 비영리전달체계

전달체계 서비스 주체의 영리 추구 여부에 따라 영리전달체계와 비영리전달체계로 구분된다. 영리전달체계는 시장논리에 의해 운영되고 수익을 목적으로 서비스를 제공하는 경우에 해당되며, 비영리전달체계는 사회복지라는 비영리적 목적을 위해 서비스를 제공하는 경우이다. 또한 최근에는 협동조합이나 사회적기업처럼 수익이나 이윤을 창출하지만 영리를 목적으로 하지 않는 전달체계로 제공되는 서비스도 존재한다. 이들은 기업처럼 재화 및 서비스의 생산 · 판매를 통한 영업활동으로 수익을 창출하지만 협동조합은 조합원의 복리증진과 상부상조가 주된 목적이고, 사회적기업은 취약계층에게 사회적 서비스를 제공하거나 일자리를 제공함으로써 지역사회에 공헌하는 것이 목적이므로 기존 전달체계에서 제공되는 서비스와 차이가 있다(지은구 외, 2022: 143-144).

③ 공식적 전달체계와 비공식적 전달체계

전달체계는 사회적 영역에 존재하는 공식적 전달체계와 비공식적 전달체계로 구분할 수 있다. 가족 및 개인, 이웃 등 사적영역에서 이루어지는 전달체계를 의미하고 공식적 전달체계는 제공 주체의 공공적 지위와 성격에 따라 프로그램을 제공하는 공공의 제도와 정책이 있고 비용의 전부 혹은 일부가 공공재원으로 소요되는 특징이 있다(지은구 외, 2022: 144-145).

1) 중앙정부

사회복지 발전 역사에서 초기에는 민간부문이, 다음 단계에는 지방정부가, 마지막 단계에서는 중앙정부가 중요한 역할을 해 왔는데 오늘날 전개되는 복지정책 중 의료, 교육, 사회보험 등은 대부분 중앙정부가 독점으로 제공하는 정책들이다. 중앙정부는 주로 사회복지 재화나 서비스의 속성이 공공재적인 성격이 강해 모든 국민을 대상으로 하는 경우, 사회복지정책이 추구하는 목표가 평등(소득재분배)과 사회적 적절성을 우선적으로 추구하고자 하는 경우, 다양한 사회복지에 대한 욕구를 체계화하여 다양한 프로그램을 통합 · 조정하여 지속적이고 안정적으로 유지하는 데 유리하다. 반면 중앙정부가 독점해서 사회복지 재화나 서비스를 제공하는 경우의 문제점은, 중앙정부에서 제공하는 재화나 서비스는 공급량이나 형태에 대한 수급자의 선택이 반영되기 어려워 수급자들의 효용을 극대화하는 데 어려움이 있고 공급자 독점으로 재화의 가격과 질이 수급자에게 불리할 수 있으며 정부조직의 관료적 특성으로 수급자의 욕구에 신속하게 대응하지 못하고 지역 특수성에 유연하게 대응하지 못하는 문제가 발생할 수 있다. 그러나 이러한 문제점이 있어도 평등의 가치가 상대적으로 중시되는 사회에서는 공공재적 성격이 강하거나 재화의 선택에서 정보의 문제가 중요하거나 기술적으로 대량으로 제공하는 것이 속성상 유리한 재화나 서비스들은 중앙정부에서 제공하는 경향이 두드러진다(송근원 · 김태성, 2005: 359-362).

2) 지방정부

최근 사회복지 재화나 서비스들 중에서 지방정부가 단독으로 제공하는 서비스는 적다. 그럼에도 불구하고 재화나 서비스에 따라 지방정부의 전달체계가 상대적으로 중요하게 작용하는 국가들이 있는데 미국이나 영국이 다른 선진 복지국가들에 비해 지방정부의 역할이 큰 편에 속한다.

지방정부가 중앙정부에 비해 사회복지 전달체계에서 중요한 역할을 할 수 있는 이유는 지방정부가 지역주민들의 욕구에 더 효율적으로 대응할 수 있기 때문이고 지방정부 전달체계에서는 수급자들이 정책결정에 참여할 기회가 높아져 그들의 의견이 반영될 수도 있고 재화나 서비스의 질 측면에서도 경쟁논리에 의해 수급자에게 유리해질 수 있는 측면이 있기 때문이다.

중앙정부에 비해 비교적 창의적이고 실험적인 서비스 개발이 용이하여 수급자들의 변화되는 욕구에 적극적으로 대응할 수 있는 것이 장점인 반면 지역 간의 불평등을 야기시켜 사회통합을 저해하거나 재정적 측면에서 지방정부 단위의 서비스 프로그램은 단편화될 가능성이 크고 프로그램의 안정성과 지속성의 측면에서도 불리할 수 있다는 단점을 가진다. 실제로는 중앙정부와 지방정부가 혼합된 형태로 서비스를 제공하는 사회복지정책이 많은데, 이 경우에는 중앙정부가 지방정부에 재원을 일부 보조하되 지방정부가 재화나 서비스의 제공에 일정한 규제를 하는 형태가 일반적이다(송근원 · 김태성, 2005: 363-365).

3) 중앙정부와 지방정부의 혼합체계

최근 여러 복지국가에서 제공되는 사회복지정책 중 많은 부분은 중앙정부와 지방정부의 혼합체계로 이루어진다. 이는 앞에서 언급하였듯이 중앙정부와 지방정부가 독자적으로 사회복지 재화를 제공할 경우 각각 장점과 단점이 있어 이를 서로 보완하면 이상적 전달체계로 기능할 수 있기 때문이다. 중앙정부와 지방정부의 혼합체계는 재원 지원 형태, 규제하는 방법에 따라 중앙정부의 영향력과 지방정부의 권한과 자율성이 달라질 수 있다.

중앙정부와 지방정부의 혼합체계는 다양한 방법으로 운영될 수 있는데 주된 유형은 중앙정부가 서비스나 프로그램 제공에 필요한 재정의 일부 또는 전부를 책임지고 지방정부의 프로그램 운영을 관리 · 감독하는 형태이다.

중앙정부가 지방정부에 재원 지원을 하는 경우, ① 재원이 사용될 세부적인 항목을 지정하여 제공하는 조건적(범주적) 지원, ② 서비스나 프로그램을 기능별로 크게 구분하여 지원하는 형태, ③ 중앙정부의 재원 가운데 일정 부분을 지방정부에 넘겨주는 형태가 존재한다.

첫 번째 유형인 조건적(범주적) 지원 형태는 범주적 보조금(항목별 보조금) 형태로 지원되는데 중앙정부가 재원이 사용될 항목을 지정하여 제공하는 만큼 지방정부의 자율권한은 없어 지방정부는 단순한 전달자로서의 역할을 수행하게 된다. 두 번째로 제시한 서비스나 프로그램을 기능별로 묶어서 제공하는 경우에는 포괄보조금(기능별 보조금) 형태로 지원되는데, 기능 범위 안에서는 지방정부가 상황에 따라 선택할 수 있는 여지가 있기 때문에 지방정부의 자율성이 어느 정도 주어지게 된다. 그리고 세 번째 경우는 특별보조금(일반 교부세)으로 목적을 규정하지 않고 중앙정부의 예산 일부를 지방정부에 넘겨주어서 지방정부가 독립성을 발휘할 수 있다(생각의 마을, 2018: 212-213).

한편, 중앙정부가 지방정부에 재원보조를 할 경우 가하는 규제의 형태는 ① 서비스나 프로그램의 세부적 내용(자격, 급여 형태와 금액, 전달방법), ② 서비스나 프로그램의 수급자 수나 욕구를 가진 대상 수에 따른 차등지원, ③ 서비스나 프로그램 운영에서 일정한 절차 요구 등으로 다양하다(송근원 · 김태성, 2005: 365-367).

중앙정부와 지방정부의 혼합체계 형태는 다양하므로 어떠한 유형의 혼합체계를 선택할지 여부는 전달하는 재화나 서비스의 속성을 고려하여 선택하는 것이 바람직하다.

4) 정부와 민간부문의 혼합체계

사회복지 재화나 서비스들 가운데 어떤 것들은 정부와 민간부문의 혼합체계로 제공되는데 이러한 경우에는 개별적 사회서비스들이 해당된다. 정부와 민간부문 혼합체계 형태는 다양한데 실제로 사회복지 프로그램 운영은 민간부문이 하되 정부가 민간부문에 재정지원을 하며 일정한 조건을 붙여 규제를 가하는 형태가 일반적이다. 보다 구체적으로 보면, 특정 재화나 서비스 제공시 정부가 재정지원을 할 때 민간부문에 일부 재원 매칭을 요구하거나 프로그램의 내용(대상자 자격, 서비스 형태, 세부 전달방법)을 규제하거나 수급자의 숫자에 따라 재정 지원금액에 차등을 두거나 프로그램 운영에서 절차상 규제를 하는 방법이 있다. 정부와 민간부문이 혼합하는 전달체계의 대표적 형태는 정부가 제공할 재화나 서비스를 민간부문이 제공하도록 하는 대신 그것에 소요되는 비용을 정부가 부담하는 형태에 해당되는 경우와 정부가 민간부문 사회복지기관에 단순히 재정보조를 해주고 최소한의 특정서비스를 제공하도록 지정하되 어떠한 규제도 하지 않는 형태로 양분될 수 있다.

이와 같이 정부가 민간부문과 혼합체계를 통해 사회복지 재화나 서비스를 제공하고자 하는 이유는 중앙정부와 지방정부의 혼합체계를 활용하는 것보다 민간부문과의 혼합을 통해 민간부문이 가진 시장원리의 장점들을 혼용하여 효율성, 경쟁성, 선택의 자유, 접근성, 대응성, 융통성 등을 보완할 수 있기 때문이다. 단 이러한 경우 민간부문이 갖는 단점에 해당하는 공공재적 성격을 갖는 재화 제공의 어려움, 평등추구의 어려움, 규모의 경제 실현에 어려움이 발생할 수 있다(송근원 · 김태성, 2005: 368–370).

5) 순수 민간부문

복지국가에서 제공되는 사회복지 재화나 서비스 가운데 재원과 운영 모두를 민간부문에서 책임을 지고 제공하는 경우는 드물다. 순수 민간부문이 전담하는 사회복지 전달체계 유형이 적은 이유는 모든 국민의 복지를 책임져야 하는 복지국가의 목표상 재원과 운영 모두를 민간에게 맡길 경우 민간부문의 단점들이 크게 나타날 수 있기 때문이다(송근원 · 김태성, 2005: 371).

앞에서 살펴본 바와 같이 사회복지 전달체계 유형은 매우 다양하지만 사회가 개인의 자유에 근거하여 사회복지의 자유로운 선택에 중점을 두고 있다면 국가보다 여러 형태의 민간 전달체계에 의해 사회복지 재화나 서비스를 전달하도록 하는 것이 적절하며, 사회정의나 소득 재분배에 중점을 두고 전 국민의 삶의 질 향상에 초점을 두고 있는 사회라면 개인 선택의 자유를 다소 침해하더라도 국가가 사회복지 재화나 서비스를 전달하는 형태를 취하는 것이 바람직하다. 또한 제공할 서비스가 지속적이고 포괄적이어야 한다면 정부 중심의 전달체계가 반대로 사회복지 재화나 서비스가 경쟁적이고 접근 용이하며 수급자의 자유선택을 강조할 경우 민간 전달체계가 더 효율적일 수 있다(김영화 외, 2015: 223-224).

3 사회복지 전달체계 구축 시 고려사항

사회복지 전달체계를 어떻게 구축할 것인가는 사회복지정책이 추구하는 가치나 목표에 따라 달라지고 어떠한 사회복지 전달체계를 바람직하게 여기는 판단 기준에 따라 달라질 수 있다. 여기에서는 송근원과 김태성(2005)이 제시한 아홉 가지의 판단 기준을 제시하고자 한다.

첫 번째는 전달체계가 얼마나 평등(소득재분배) 혹은 사회적 적절성의 목표를 이룰 수 있는가로 사회복지 전달체계를 비교할 때 가장 우선적으로 고려하여야 하는 사항이다. 이는 어떤 전달체계가 평등의 가치를 구현하는 데 가장 큰 장점이 있다면 다른 기준에서 다소 문제가 있더라도 바람직한 것으로 간주될 수 있는 기준이다.

두 번째는 사회복지 재화나 서비스를 필요한 사람들에게 통합적으로 제공할 수 있는가라는 기준으로 이는 특정 사람들이 사회복지 재화나 서비스를 불필요하게 많이 받거나, 또한 특정 사람들이 필요한 것을 받지 못하는 현상을 방지하여야 한다는 기준이다.

세 번째는 사람들이 사회복지 재화나 서비스에 대한 욕구가 있을 때 이를 얼마나 지속적으로 혹은 안정적으로 제공할 수 있는가를 의미하며 하나의 욕구가 해결되어 다른 욕구로의 이전이 필요할 때 전달체계 간의 연계가 필요하며 중단없이 제공할 수 있는가 하는 기준이다.

네 번째는 사회복지 재화나 서비스가 얼마나 효율적으로 제공될 수 있는가를 의미하는데, 이는 정책이 목표로 하는 대상에게 자원을 얼마나 효율적으로 할당하는가 여부를 판단하는 것과 정책을 운영하는 데 얼마나 적은 비용을 사용하는가 등을 검토하는 것을 의미하며 효율적 전달체계를 통해 가능한 적은 비용으로 사회구성원들이 여기는 가치나 목표를 가능한 많이 달성할 수 있도록 하는 것을 의미한다.

다섯 번째, 사회복지 재화나 서비스가 얼마나 경쟁적인가 하는 문제로 이는 특정 재화나 서비스가 단일 제공자에 의해 독점적으로 제공되면 재화의 질이 낮아지고 가격이 높아질 수 있으므로 소비자에게 불리할 수 있어 이를 보완하기 위해 경쟁체계에서 제공하는 것이 바람직할 경우가 있을 수 있다.

여섯 번째, 재화나 서비스에 얼마나 쉽게 접근할 수 있는가로 사회복지정책이 아무리 좋더라도 대상자들이 그것을 사용하는 데에 어려움이 발생하면 정책의 실효성은 크게 떨어지므로 전달체계 구축 시에는 공간적 · 시간적 측면에서 수급자가 서비스를 쉽게 이용할 수 있도록 고려할 필요가 있다. 일반적으로 서비스의 이용이 용이한 전달체계가 되기 위해서는 전달기구가 수급자에게 공간적으로 근접해 있어야 하고, 시간적으로 자격심사, 급여제공 기간이 짧은 것이 좋다.

일곱 번째는 사회복지 전달체계가 얼마나 수급자의 욕구에 대응할 수 있고 책임성이 있는가에 대한 것으로 이는 전달체계 구축 시 정책 대상자의 변화하는 욕구에 얼마나 신속하게 대응하고 융통성 있게 대응할 수 있는가를 기준으로 고려해야 한다.

여덟 번째로는 수급자의 선택 자유를 얼마나 넓힐 수 있는가인데, 일반적으로 시장에서의 거래에 비해 사회복지 재화나 서비스는 수급자 선택의 자유를 제한하지만 그럼에도 불구하고 어느 정도 이용자의 선택권을 보장할 수 있는가를 의미한다.

마지막으로는 수급자들의 서비스에 대한 남용과 오용을 얼마나 막을 수 있는가 하는 문제로, 어떠한 전달체계가 이러한 오용과 남용을 막을 수 있을지를 검토하여 필요한 장치를 마련하는 것 등을 의미한다(송근원 · 김태성, 2005: 356-358).

이외에도 사회복지 전달체계에서는 어떠한 전문성을 가진 인력들이 어느 정도의 서비스를 전달하게 할 것인가도 고려되어야 하는데, 사회복지 전달기관의 전문인력이 서비스를 필요로 하는 대상자의 인격을 침해하지 않도록 인간성을 견지하면서도 정확한 대상자의 욕구 파악 및 자원의 소유 여부를 알아낼 뿐 아니라 정책을 필요로 하는 대상이 제공받은 서비스를 복지 증진에 효과적으로 사용할 수 있게끔 전달체계를 구성하는 것이 요구된다. 실제 전달체계의 성패는 체계를 일선에서 운영하는 인력의 질적 수준에 의해 좌우된다고 해도 과언이 아니다. 또한, 사회복지 전달체계 구축에서 중요한 이슈는 정책 전달을 위한 조직을 어떻게 구성할 것인가 하는 문제로 거대한 기구일수록 조직의 형태가 관료화되기 쉽고 이는 정부 조직에서 자주 나타나는 경향이 있다. 전문가의 업무 수행은 명령과 지시에 따라 이루어지는 것이 아니라 전문가 각자의 자율성과 전문직 지식과 기술에 입각한 판단에 기초하고 있기 때문에 전문성을 최대한으로 보장하기 위한 적절한 인사, 임명권 및 행정 감독권을 마련하는 방안도 고려되어야 하고, 사회복지사들에 대한 권한과 처우 등도 고려되어야 한다.

4 우리나라 사회복지 전달체계 현황과 과제

1) 우리나라 사회복지 전달체계의 개요와 특징

우리나라 사회복지 전달체계에서 공공영역의 경우에는 인력을 지속적으로 확충해오고 있으며, 지방정부별로 별도의 사회복지 담당 부서나 전달체계를 편성하고 있다. 한편, 민간영역에서도 기관 운영의 민주성, 투명성, 공공성을 강화하는 방향으로 관련 개선하고 있는 실정이다.

현행 우리나라의 사회복지정책의 총괄적 기획은 보건복지부가 담당하고 있고 이를 집행하는 기관은 지방자치단체이다. 우리나라 사회보장제도의 기본적 법적 근거는 사회보장기본법에 명시되어 있으며 사회보장제도를 사회보험, 공공부조, 사회서비스로 구분하고 있다. 이 중 주로 사회보험과 공공부조의 전달체계는 중앙정부에서 담당하며 건강보험과 사회보험은 보건복지부, 공무원연금은 행정안전부, 군인연금은 국방부, 사립학교교직원연금은 교육부, 산재보험과 고용보험은 고용노동부가 중앙정부의 주관부서이고 각각의 제도를 운영하는 준정부기구를 독립적인 전달체계로 구축하여 운영하고 있는 특징이 있다. 한편, 국민기초생활보장제도로 대표되는 공공부조제도는 중앙정부(보건복지부)에서부터 광역지방자치단체와 기초지방자치단체를 거쳐 읍 · 면 · 동까지 이르는 공공행정체계를 통해 제공되는 특징을 가진다.

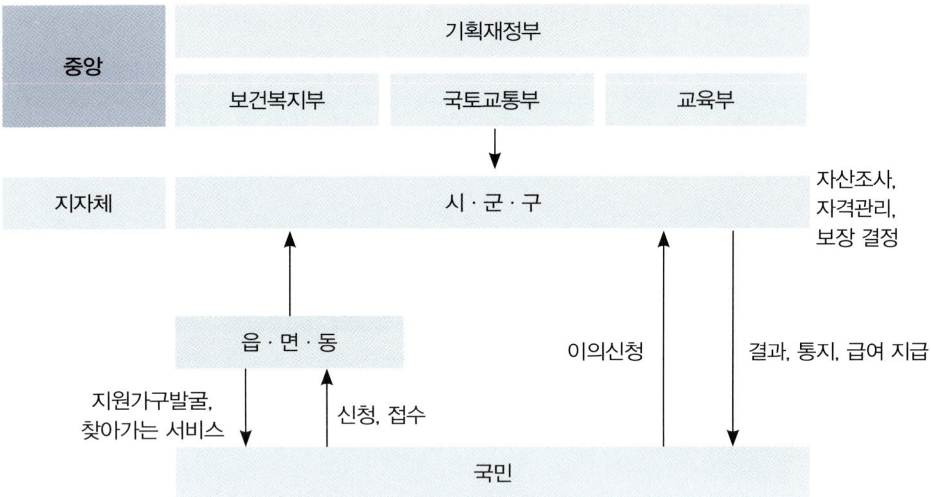

그림 6-1 우리나라 공공부조 전달체계

출처: 지은구 외(2022). p.151에서 발췌.

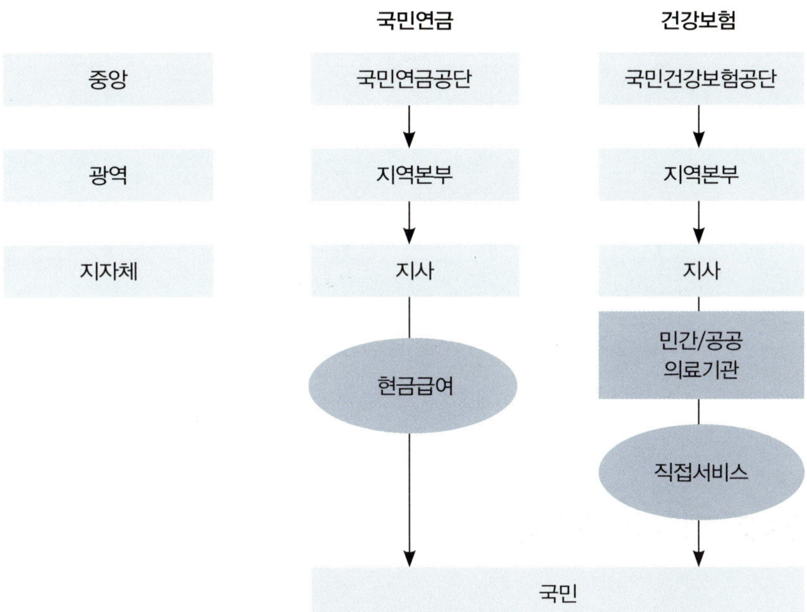

그림 6-2 우리나라 사회보험 전달체계(국민연금과 건강보험)

출처: 지은구 외(2022). p.149에서 발췌.

한편 2007년부터 도입되어 확대된 사회서비스의 경우 전달체계는 공공부조, 사회보험과는 다른 지역 중심의 맞춤형 복지전달체계로 공공행정, 사회복지, 보건의료, 교육, 문화 등을 포괄하며 제공되는 구조를 가지고 있다([그림 6-3] 참고).

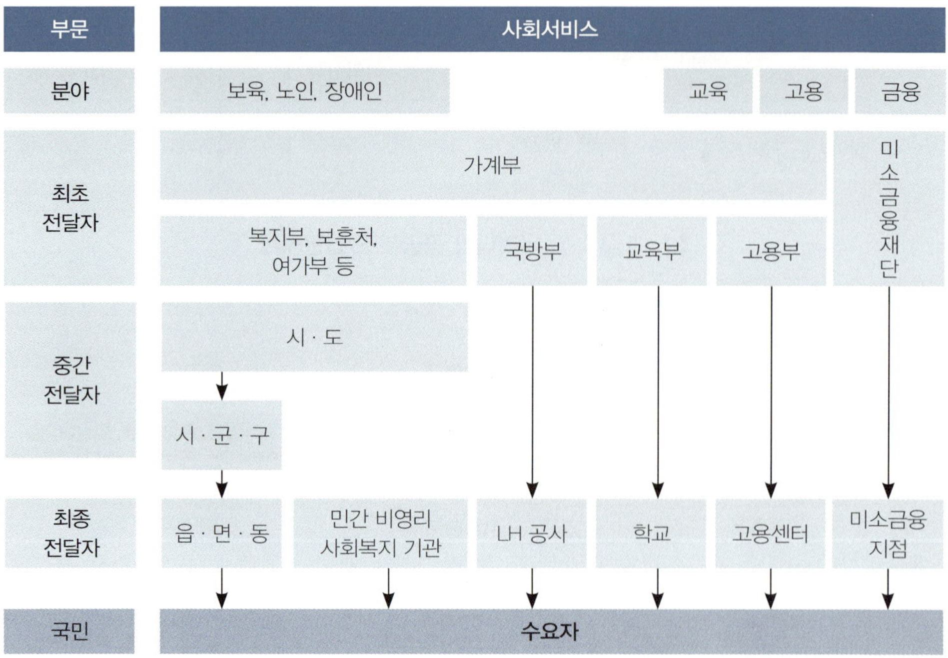

그림 6-3 부서별 맞춤형 복지 전달체계

출처: 손병일(2016). 사회서비스 전달체계의 개선방안 연구. 한국사회복지행정학회 학술대회자료집, p. 304.

2) 전달체계 개선을 위한 과제

현재 우리나라 사회복지영역의 전달체계 관련 과제로 제기되는 이슈들을 정리하면 다음과 같다.

우선, 사회보험, 공공부조, 또 사회복지서비스 전달체계에서 공통적으로 지적되는 문제점은 일선 서비스 전달기관의 전문 인력 부족, 서비스 전달기관 및 사회복지 전문 인력의 확충, 전문 인력에 대한 처우 개선과 지속적인 교육을 통한 전문성의 확보이다. 둘째, 취약집단에 초점을 맞춘 전달체계 구축과 함께 이들을 포함하여 실질적인 의미의 사회안전망 구축이 요구되고 있으며, 욕구(need) 반응적인 전달체계 구축이 필요하다. 특히 서비스를 필요로 하는 대상에 대한 경제활동, 건강 및 복지상태 등에 대한 정보를 서비스 기관들이 공유하여 적기에 적절한 서비스가 전달될 수 있도록 해야 한다는 맞춤서비스가 이루어질 필요가 있다. 또한 동일대상자에 대한 사회보험들 간의, 또 공공부조와 사회보험, 공공부조와 사회복지서비스 및 각종 실업관련 프로그램이 긴밀한 연계를 갖지 않고 진행되어 각 개별프로그램들의 효과성이 높지 않은 점을 개선하기 위해 연계를 강화하고 서비스의 중복과 누락을 방지하고 효과성을 제고하기 위해서는 기본적으로 공공복지 제도 내에서도 사회보험들 간의, 또 사회보험과 공공부조 간의 정보공유 및 업무 연계체계 구축이 기본이 되어야 하며 공공과 민간을 아우르는 전달체계 정비가 필요하다. 또한 지역사회 내에서 연계 강화를 위해 구축한 지역사회보장협의체, 사회복지협의회 등의 활동이 형식적인 것에 그치지 않도록 활용하는 것이 요구되고 있다.

또한, 최근 수년간 중앙과 지방정부, 그리고 민간단체를 중심으로 마을공동체를 통한 복지전달체계의 전환이 모색되고 적극적으로 시도되고 있다. 최근 노인돌봄서비스의 개편방향 논의에서는 분절적 전달체계로 인한 대상자 사각지대 발생, 지역사회 내에서 대상자 욕구에 맞는 통합적 서비스 제공을 위한 방편으로 전달체계 개편 노력이 전개되고 있다. 전달체계 개편에서 두드러지는 특징은 지자체와 공공, 민간기관이 협업체계를 구축하여 지역의 다양한 인프라를 활용하며 대상자의 욕구에 부합하는 유연한 서비스 전달체계 구축을 지향하고 있음을 알 수 있다.

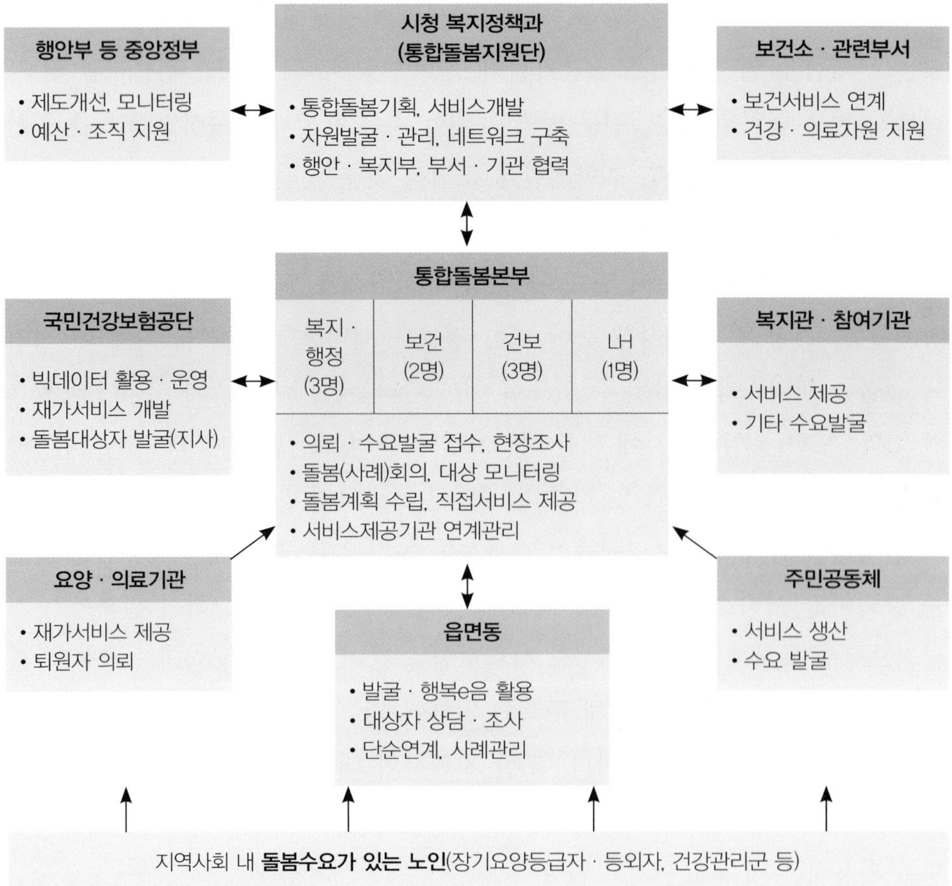

그림 6-4 **노인통합돌봄 서비스 전달체계 예시**

출처: 보건복지부(2022). 노인돌봄 전달체계 개편 시범사업 안내. p. 26.

introduction to social welfare

CHAPTER

07

사회복지행정은 무엇이고 왜 필요한가요?

1. 사회복지행정의 필요성
2. 사회복지행정의 개념 및 역할
3. 사회복지행정의 영역
4. 사회복지행정의 특징
5. 사회복지행정가의 역할과 기술

Chapter 07

사회복지행정은 무엇이고 왜 필요한가요?

1 사회복지행정의 필요성

현대사회는 고도로 분화된 기능수행을 위해 공식조직에 의존하고 있다. 조직은 개인적으로 수행할 수 없는 집합적인 과제의 합리적인 수행을 조정, 통제하기 위한 도구이며, 현대사회에서 조직이 차지하는 비중은 개인보다 커지고 있다.

조직이란 기업체, 학교 노동조합 등 2명 이상의 사람들이 공통의 목적을 달성하기 위해 통일적인 의지 아래 협동해 나가는 행위체계를 의미하며, 행정은 조직의 협동적 행동을 가능하게 한다. 즉 행정이란 조직에서 목표를 효과적이고 효율적으로 달성하기 위해 행해지는 일련의 활동이라 할 수 있다.

사회복지 역시 개인이 해결할 수 없는 문제에 대해 사회적으로 대응하기 위한 제도이며, 이러한 제도의 시행은 개인이 아닌 공식적인 조직을 통해 전달되고 있다. 여기서 공식적 조직이란 사회복지 관련 서비스를 이용자들에게 전달하는 모든 공공, 민간 조직을 의미한다. 그래서 사회복지관련 조직들도 조직의 목표 달성을 위해 조직활동을 전문적으로 관리하는 행정의 필요성이 제기된다.

사회복지행정의 필요성에 대하여 Weinbach(1990)는 사회복지에 행정이 없는 사회복지의 상태를 통해서 행정의 필요성을 역설하고 있다(최성재 · 남기민, 2006: 29에서 재인용).

① 클라이언트와 직원들은 기분 내키는 대로 나타나기도 하고 사라지기도 할 것이다.
② 직원들은 매일 업무를 시작할 때 하고자 하는 것을 결정할 것이며, 그들의 업무는 다른 직원들의 활동과는 어떤 유기적인 관련 없이 이루어질 것이다.
③ 아무도 자신의 업무 또는 다른 사람의 업무에 대해 책임을 지지 않을 것이다.
④ 아무도 다른 사람의 업무 또는 어떤 프로그램 및 서비스를 평가하지 않을 것이다.
⑤ 아무도 지역사회 내에서 조직의 현재 역할에 대해 알지 못할 것이고 조직의 미래에 대해서도 관심을 갖지 않을 것이다.
⑥ 아무도 다른 직원과 어떤 정보를 함께 나누려 하지 않을 것이다.
⑦ 어떤 확실한 지도자도 없을 것이며 또한 직원들에 대한 분명한 역할 기대도 없고, 모든 결정은 일방적이 될 것이다.
⑧ 행동을 지도할 목표도 사명도 없을 것이다. 모든 행동은 제멋대로가 될 것이다.
⑨ 직원들의 지식과 기술을 향상시키는 것을 도울 어떤 수단도 없을 것이다.
⑩ 과업의 위임도 전혀 이루어지지 않을 것이다.

이같이 사회복지조직에서 행정이 없거나 제대로 이루어지지 않는다면 조직활동이 수행되기 어려울 것이다. 사회복지조직에 의해 제공되는 서비스는 사회복지조직 행정이 어떻게 이루어지느냐에 따라 결정적으로 영향을 받으며, 사회복지조직의 서비스 질은 사회복지행정의 질에 의해 좌우될 만큼(최성재 · 남기민, 2006: 23에서 재인용) 사회복지행정의 역할은 중요하다. 모든 사회복지실천은 사회복지조직을 통해 이루어지며, 모든 사회복지사들은 사회복지조직에서 활동하기 때문에 사회복지를 하는 사람이라면 누구나 사회복지행정에 대한 전문적 지식과 기술을 이해하는 것이 필요하다(신복기 외, 2011: 17).

특히 사회복지 욕구가 다양화되고, 사회복지서비스에 바우처 방식의 도입으로 경쟁조직의 등장, 자원 출처의 다원화 그리고 사회복지조직의 책임성이 더욱 강조되면서 사회복지행정의 필요성은 더욱 커지고 있다.

2 사회복지행정의 개념 및 역할

사회복지행정은 미시적 차원과 거시적 차원의 개념으로 구분해 볼 수 있다.

미시적 차원의 사회복지행정의 개념은 주로 조직 내부 활동에 초점을 두고 있다.

- 사회복지기관의 직접적 서비스 제공을 위해 필요하거나 부수적인 활동을 지지 촉진시키는 과정(Dunham, 1962)
- 사회복지기관, 시설차원에서 조직 목적 결정을 위한 행정적 책임을 갖는 사람에 의해 활용되는 방법론(홍현미라 외, 2014: 13)

거시적 차원의 사회복지행정 개념은 정책의 서비스로의 전환되는 전 과정에서 나타나는 조직 내외부의 활동을 포괄하고 있다.

- 사회복지행정은 사회복지정책을 서비스로 전환시키는 과정으로 정책을 구체적인 사회복지서비스로 전환시키고, 그 경험을 다시 정책수행에 반영하도록 제의하는 양방향의 과정(홍현미라 외, 2014: 14에서 재인용)
- 목표달성을 향해 내적관계와 사업활동을 의식적으로 지향하고, 기관과 기관이 속한 지역사회 간의 상호작용과정에 의식적으로 개입하는 것(신복기 외, 2011: 17-18에서 재인용)

미시적, 거시적 차원의 개념을 정리해 보면, 사회복지행정은 정책이 서비스로 전환되도록 하는 국가적 차원의 과정이며, 이러한 정책이 조직에서 이용자들에게 잘 전달될 수 있도록 하는 사회복지조직 내부와 외부환경과의 관계를 포함하는 사회복지 제반 활동을 조직하고 관리하는 것이라고 할 수 있다.

이상의 사회복지행정의 개념을 통해서 사회복지행정의 역할이 무엇인지를 정리해 볼 수 있다.

1) 사회복지행정은 정책과 실천 사이의 가교(매개) 역할

사회복지의 영역은 크게 정책, 행정, 실천으로 구분되며(김영종, 2010: 40), 사회복지행정은 사회복지정책이 실천으로 이루어지도록 하는 중간 가교의 역할을 하는 것이다. 아무리 좋은 복지정책도 서비스로 전환되어 이용자에게 전달되지 않으면 의미가 없다. 사회복지행정은 사회복지정책에서 제시하는 방향과 목적이 보다 효과적이고 효율적으로 전달되도록 하는 집행체계로서의 역할을 한다. 그러나 사회복지행정은 정부 정책을 시행만하는 일방적인 체계로서보다는 현장의 문제와 욕구, 정책의 효과, 적절성 등을 파악하여 정책에 반영되도록 하는 상향식 활동도 포함하는 쌍방적 활동을 한다(김영종, 2010: 43).

2) 사회복지행정은 조직 목표 달성을 위한 전문적 관리 역할

사회복지정책이 프로그램, 서비스로 전환되어 이용자에게 전달되는 곳은 바로 사회복지조직이다. 그래서 사회복지행정은 사회복지조직이 그 목적을 효과적이고 효율적으로 달성되도록 하는 전문적 조직관리 활동과 관련된다.

즉 사회복지행정은 조직에 대해 어떻게 이해하며 어떠한 관리 접근법을 취할 것인가, 어떻게 조직구조를 설정할 것인가, 어떻게 인력을 배치하고 동기부여하여 효과적인 업무수행이 가능하도록 할 것인가, 프로그램과 서비스는 어떻게 만들고 시행할 것인가, 필요한 자원은 어느정도이고 어떻게 마련하고 관리할 것인가, 의사결정의 절차는 어떻게 할 것인가, 조직의 생존과 지속적 성장을 위하여 어떻게 성과를 관리할 것인가 등을 해결하는 역할을 한다.

3 사회복지행정의 영역

사회복지행정은 사회복지조직을 중심으로 조직 외부환경에서 요구하는 정책을 조직의 목표에 수렴시켜 이러한 목표달성을 위해 조직구성원이 프로그램을 기획하고 인력과 자원을 배치하여 클라이언트에게 서비스를 제공하는 일련의 활동과정 총체이다. 강철희 외(2003)에서는 한 조직의 관리영역으로 조직관리, 환경관리, 자원관리, 프로그램 관리로 분류하며, 이것은 현재 사회복지행정의 주요 내용이 되고 있다(강철희 외, 2003: 35-37).

1) 환경관리

조직은 외부환경으로부터 필요한 정보와 자원을 공급받고, 생산물을 외부환경으로 산출하기 때문에 외부환경과의 성공적 상호작용은 조직생존에 핵심적 요인이 된다. 특히 환경에 대한 의존성이 큰 사회복지조직은 외부환경을 이해하고 다른 지역사회조직들과 관계를 유지하고 관리하는 활동은 매우 주요하다. 지역주민의 변화, 사회적 욕구와 문제 인식, 후원자, 기부자, 자원봉사자, 지역 관련 조직, 지방자치단체 등 사회복지조직 행정에서 관심을 가지고 관리해야 하는 영역은 매우 다양하고 많다.

정치, 경제, 제도적 환경이 변화가 빠르고, 지역사회복지협의체, 바우처제도의 시행 등 네트워크가 중시되고 경쟁적 환경이 조성되면서 사회복지행정에서 환경에 대한 관리는 더 중요해지고 있다. 그리고 환경관리는 최고 지도자가 가장 주요하게 수행해야 하는 영역이다.

2) 조직관리

조직관리는 조직 내 다양한 구조와 활동 내용이 조화를 이루도록 하는 관리영역이다. 사회복지조직이 목표를 달성하고 발전하기 위해서 필요로 하는 전략과 기획 이를 실현하기 위한 조직구조와 조직문화, 리더십과 의사결정, 수퍼비전 등 전반적 활동을 포함한다. 그리고 조직관리는 주로 최고관리자, 중간관리자들이 수행하는 영역이다.

3) 자원관리

자원관리는 인적자원과 물적자원 관리로 나눌 수 있다. 인적자원관리는 인사관리가 주이며 사회복지조직 구성원들을 선발하고 직무를 분석하고, 성과평가, 직원 개발 활동, 동기부여 활동 등이 포함된다.

물적관리는 조직 관점에서 예산을 편성하고 집행하는 행정행위이다. 재정관리, 후원, 기부금, 지원금 등 재원을 동원하고 관리하는 활동이다. 최근에는 특히 사회복지조직의 책임성과 투명성이 사회적 이슈가 되면서 전문적인 재정관리의 필요성이 강조되고 있다. 그리고 자원관리는 주로 중간관리자 등이 수행하는 영역이라 할 수 있다.

4) 프로그램관리

프로그램이란 '일정 기간 지속되는 기관의 주요 활동 혹은 서비스로 규정된 생산물이나 서비스를 생산하기 위해 자체적으로 정책과 목적, 목표, 예산을 가지는 것'(김영종, 2010: 307)이다. 프로그램관리는 정책을 서비스로 전환되는 과정, 구체적인 설계 내용에 해당한다. 프로그램관리는 사회복지 프로그램을 기획하고 수행하며, 모니터링, 목표달성 정도에 대한 평가 등 전 과정에 대한 관리과정이다.

최근에 책임성이나 수행성과 측정 등이 강조되면서 프로그램관리가 중요해지고 있다. 프로그램관리는 주로 중간관리자, 일선관리자들이 담당하는 영역이라 할 수 있다.

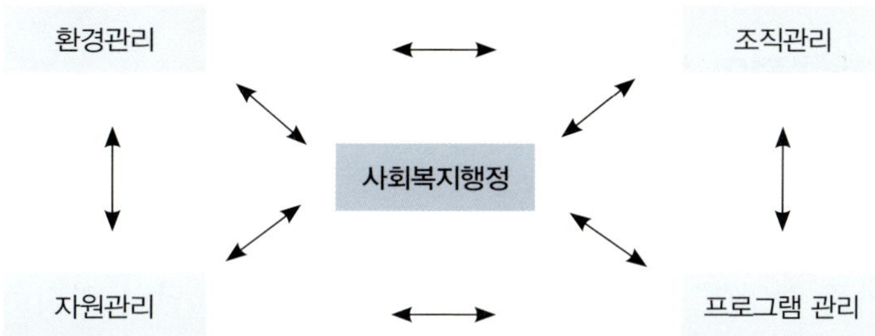

그림 7-1 사회복지행정의 영역

출처: 강철희 외(2003). p. 36.

이상의 사회복지행정 역할과 영역을 사회복지정책, 실천과 연결하여 정리해 보면 다음과 같다.

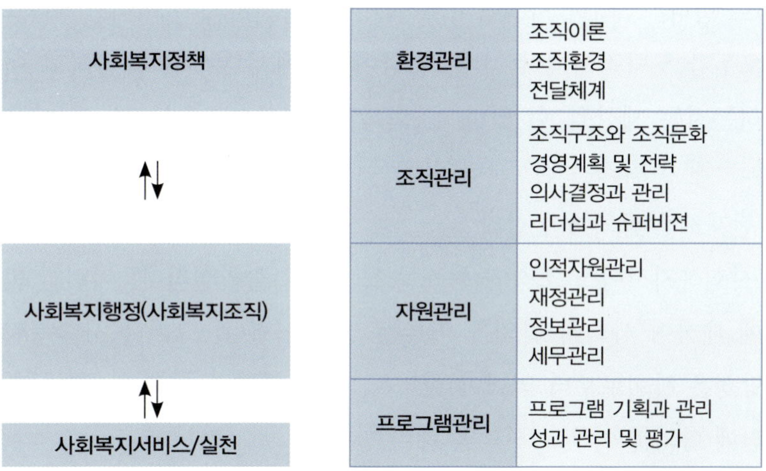

그림 7-2 사회복지행정의 영역과 정책, 실천과의 관계

4 사회복지행정의 특징

사회복지행정에서 활용되는 이론들은 경영학 · 행정학 이론을 기반으로 하고 있다. 그러나 기존 경영학 · 행정학 이론은 사회복지조직과 달리 영리조직의 조직관리 이론이라는 점이다. 이런 점에서 일반조직의 행정, 관리와 사회복지조직의 행정은 차별되는가와 관련한 논란이 있다.

사회복지조직은 사회복지서비스를 실천하는 곳으로 기업 등 영리조직이나 정부조직에서 이루어지는 행정의 원리, 기술면에서 공통점은 있으나 본질적으로 차이를 가진다. 그 이유는 사회복지조직이 가지는 특징에서 찾을 수 있다.

사회복지조직의 특징을 다음과 같이 정리할 수 있다(Hasenfeld, 1983: 9-11).

첫째, 사회복지조직은 고유한 가치와 도덕적 가치를 가진 인간을 원료(raw material)로 한다. 그래서 사회복지조직과 사회복지사들은 서비스 제공과정이나 기술은 모두가 도덕적이어야 하며, 클라이언트에게 무엇을 제공하고 어떻게 전달해야 하는지는 제한될 수 있다. 사회복지행정의 대상이 되는 인간은 고유한 존엄성을 가진 존재라는 점, 클라이언트는 존엄성과 자기결정권을 가진 존재라는 것을 전제로 활동되어야 한다.

둘째, 사회복지서비스 조직의 목표는 모호하고 불확실하다. 이러한 많은 문제와 욕구에 대하여 사회적 합의를 이루는 것은 어렵다. 그러나 사회복지조직 활동의 정당성은 사회로부터 얻어야 한다. 그래서 다양한 이해 관계자들의 이해와 규범들 간에 합의를 이루고 선택을 해야 한다.

셋째, 사회복지조직은 복잡한 외부환경에 둘러 쌓여 있다는 점이다. 주위의 많은 이해 집단들, 조직을 통해 다양한 이해와 요구가 관철되기를 바라며, 이러한 다양한 이해를 조율해야 한다.

넷째, 사회복지조직에서 사용되는 기술과 지식은 완전하지 않다는 점이다. 사회복지서비스는 클라이언트의 상황, 사회복지사와 클라이언트와의 관계에 따라 사용되는 지식과 기술 그리고 그 효과도 달라진다.

다섯째, 사회복지조직에서 핵심활동은 사회복지사와 클라이언트 사이에서 이루어지며, 일선 전문가의 재량과 결정에 크게 의존한다는 것이다.

여섯째, 사회복지조직은 효과성을 측정하는 데 어려움이 있다는 점이다. 조직목표가 다양하고 모호하며, 조직기술이 부정확하며 조직성과를 명확히 규명하기 어렵다.

이러한 사회복지조직의 특성으로 인하여 사회복지조직에서 일반행정이 그대로 적용되면 문제가 발생할 수 있다. 예로 정보시스템은 클라이언트의 비밀보장이라는 전문가의 가치와 충돌할 수 있고, 클라이언트 문제를 유형화, 표준화하여 클라이언트 문제를 개별화하는 전문가의 입장을 제약할 수 있다는 문제에 직면하게 된다(김영종, 2012: 45). 따라서 사회복지조직은 존엄성을 가진 인간을 대상으로 한다는 대전제하에 이에 따른 윤리와 가치를 존중하는 방식으로 이루어져야 한다.

이상의 내용을 반영하여 사회복지조직 행정의 특징을 정리하면 다음과 같다(홍현미라 외, 2014: 17에서 재인용).

① 행정은 정책 및 제도와 관련되며, 행정가는 다수의 어려운 도덕적 딜레마와 선택에 직면한다.

② 프로그램에 필요한 자원을 위해 다양한 집단에 의존하며, 기금제공자뿐 아니라 서비스 이용자도 확보하여 공익을 낳는 결과를 만들어야 한다.

③ 차별받고 외면당하는 집단이 사회적 관심과 지원을 받을 수 있도록 옹호한다.

④ 조직구성원, 후원자, 자원봉사자들의 도덕적 수행을 촉진하는 가치와 목표를 정교하게 만든다.

⑤ 자원제공자가 기관에 부여한 기준에 따라 조직의 업무수행을 측정하려 한다.
⑥ 기관의 업무수행 및 재산권 확립을 지원하며 임파워먼트 과정을 발전시켜 직원의 신체적, 심리적 건강을 도모하는 환경을 유지하려 한다.
⑦ 서비스 종류의 선택과 전달에 클라이언트가 능동적으로 관여하는 데 중점을 둔다.
⑧ 클라이언트들이 보다 많은 전문가들로부터 급부를 받을 수 있도록 자원을 집중하고 다른 기관들과 협동하며 협력을 증진한다.

결론적으로 사회복지조직에서 행정은 사회복지조직의 목적을 효과적으로 수행하기 위한 수단이라는 것이다. 사회복조직에서 대상자들에게 서비스를 효과적이고 효율적으로 전달할 수 있기 위해 행정이라는 수단을 활용한다는 것을 명확히 해야 할 것이다.

$$\text{사회복지행정} = \frac{\text{사회복지}}{\text{목적}} + \frac{\text{행정}}{\text{수단}}$$

5 사회복지행정가의 역할과 기술

사회복지조직의 규모에 따라 사회복지행정 역할의 분화 정도는 다르나 일차적으로 조직의 관리자에게 사회복지행정가의 역할이 부여된다. 그러나 사회복지조직에서 일하는 사회복지사들은 누구나 사회복지서비스에 대한 책임을 가지기 때문에 사회복지행정가로서의 역할을 담당하고 있다고 할 수 있다. 사회복지행정에 대한 필요성이 증가하면서 사회복지행정가의 역할이 중시되고 있으며, 행정가가 알아야 하는 전문 지식과 기술, 태도 등에 대한 훈련과 학습의 필요성이 강조되고 있다.

1) 사회복지행정가의 역할

사회복지행정가란 "사회복지사가 가져야 할 지식, 기술, 경험을 가짐과 동시에 일선 사회복지사를 지도 · 감독할 능력을 가지며, 지역사회 욕구충족을 위한 프로그램을 개발 · 관리하고 사회복지조직의 관리 · 운영에 필요한 지식과 기술, 경험을 겸비한 3차원적인 능력과 책임을 가진 사람"으로 정의된다(신복기 외, 2011).

Patti(1983)은 조직 위계에 따라서 관리자의 관리영역을 경영자급, 중간관리자급, 수퍼바이저급으로 구분하여 영역과 역할을 정리하고 있다(김영종, 2010: 66).

경영자급은 조직의 조직환경에 대한 이해를 바탕으로 조직이 어떻게 대응하고 활동할 것인가에 대한 거시적 전략과 방향을 제시하는 역할이다. 중간관리자급은 주로 사회복지조직의 주요 생산물인 프로그램, 서비스가 효과적이고 효율적으로 만들어지고 전달되도록 하는 관리의 역할을 담당한다. 수퍼바이저급은 서비스를 직접 전달하는 사회복지사들이 프로그램이나 서비스가 잘 수행되도록 지도하는 역할이라 할 수 있다.

이 내용을 표로 정리하면 다음과 같다.

표 7-1 각 조직위계의 역할

조직위계	역할
경영자급 (제도적 영역)	• 사회적, 법적 위임사항들을 행동으로 옮기는 과업 수행 • 조직환경과의 관계를 통해 조직의 경계를 설정 • 조직의 산출물을 규정, 필요자원 획득 • 다른 기관들과의 상호관계 형성(협조적, 경쟁적, 갈등적, 무관계 등)

중간관리자급 (프로그램영역)	• 소비자와 서비스 부서 중재 • 서비스 조달, 할당, 프로그램 디자인, 부서들 간의 조정, 직원들의 지휘와 개발 등 • 프로그램 계획이 실행 가능하도록 하는 기술적이며 전문적인 과정 포함
슈퍼바이저급 (기술적 영역)	• 일선 업무자들과의 관계가 주된 업무 영역/ 수퍼바이저 역할과 유사 • 표준화, 일상화, 주기적 사정과 평가 등 • 부수적인 역할로 컨설팅, 사례관리, 강습, 의뢰, 모니터링 등 • 직접서비스 전달

출처: 김영종(2010). p. 60.

2) 사회복지행정가의 기술과 역할

Katz(1955)는 사회복지조직 행정에서 필요로 하는 기술과 사회복지조직에서의 위계를 연결하여 설명함으로써 각 위계에 따른 사회복지행정가의 역할을 보여주고 있다. 사회복지행정에서 주요하게 사용하는 기술은 개념적 기술, 인간관계기술, 전문적 기술을 제시하였다(신복기 외, 2011: 125).

개념적 기술은 조직환경에 대한 이해, 문제 분석, 조직의 방향을 설정하고 결정하는 기술이다. 이러한 기술은 주로 높은 지위의 관리자, 경영자급에게 요구되는 기술이다. 개념적 기술은 조직의 거시적 전략과 조직관리의 방향을 설정하는 역할에서 필요로 하는 기술이다.

인간관계기술은 조직의 목표달성을 위한 여러 가지 활동이 전체 조직구조와 구성원들이 원활하게 협력하여 달성해 갈 수 있도록 조정, 통제하는 역할에 해당하는 기술이다. 이러한 역할은 주로 중간관리자급에서 수행하는 것으로 중간관리자들에게 요구되는 기술이다.

전문적 기술은 직접 서비스를 전달하거나 서비스 전달자들이 업무 수행을 원활히 하도록 전문적 기술과 훈련을 담당하는 역할에 필요한 기술이다. 사회복지조직에서 주로 수퍼비전급 관리자, 낮은 수준의 관리자들에게 요구되는 기술이다.

표 7-2 사회복지행정가의 기술

주요기술	내용
개념적 기술	조직이란 조직 내외의 여러정보를 종합, 체계화하여 조직의 방침을 설정, 문제를 분석하고 조직구조를 형성하거나 의사결정을 하는 등 전체적 관점에서 종합적으로 판단하고 처리하는 기술
인간관계기술	목표를 위해 조직 내 협동적인 노력이 이루어지면서 효과적으로 업무를 처리하는 기술
전문적 기술	사회복지의 전문적 방법, 과정, 절차, 기법 등을 이해하고 전문기술과 분석적 능력, 전문적 훈련을 위한 도구와 기법을 활용하는 기술

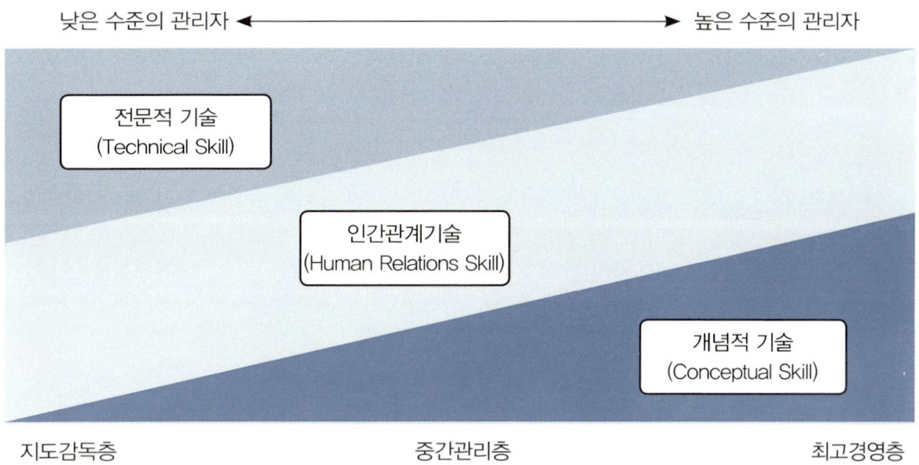

그림 7-3 각기 다른 수준에서 요구되는 행정, 관리자의 기술

출처: 신복기 외(2011). p. 125에서 재인용.

introduction to social welfare

CHAPTER 08

지역사회복지는 무엇인가요?

1. 지역사회복지의 개념
2. 지역사회복지실천의 이념과 특성
3. 지역사회복지의 이념
4. 지역사회복지실천과 실천기술
5. 지역사회복지 실천과정과 사회복지사의 역할
6. 지역사회복지실천 주체와 활동

Chapter 08

지역사회복지는 무엇인가요?

1 지역사회복지의 개념

1) 지역사회의 의미

먼저 지역사회복지를 이해하기 위해서는 우선 지역사회(community)의 개념을 살펴볼 필요가 있다. 우리가 지역사회복지 개념을 이해하는 데 '지역사회'에 대한 이해가 필요한 이유는 지역사회복지는 '지역사회'라는 장(field)을 바탕으로 이루어지는 사회복지실천과정이기 때문이다(고수현, 2012: 11). 이외에도 최근에는 지역사회 수준에서 주민들의 지역복지에 대한 관심 증가와 복지국가 재편성과정에서 확산된 복지다원주의의 확산, 지역사회 수준에서의 지속가능한 삶에 대한 관심의 증가 등에 기인한다.

지역사회(community)라는 개념은 지역성에 기반을 둔 지리적 의미(동일한 지역 및 도시 등에서 생활하는 모든 사람들을 의미)와 공통의 이해관계나 특성 등에 따라 모인 집합체를 의미하는 기능적 의미(동일한 종교 및 기타 유사한 영역들을 공유하는 사람들을 의미)로 나누어 볼 수 있는데, 현대에는 지리적 의미로서의 지역사회보다 기능적 의미의 지역사회 특성이 강조되고 있다. 지역사회의 개념은 학자에 따라 상이하게 정의되고 있으며 각 관점에 따라 지역사회 구분도 다양하다.

지역사회에 대해 개념정의를 한 학자들의 견해를 소개하면, MacIver(1928)는 지역사회개념을 사회학적 관점에서 인간이 일정한 지역에서 출생하여 지역사람들과 일상생활을 영위해 나가는 지역적 통일을 이루고 있는 사회로 정의하였고, Hillery(1955)는 지역사회에 대한 기존의 정의들을 분석하여, 지리적 영역, 사회적 상호작용, 공동의 연대감을 공통요소로 밝히고, 지역사회를 '일정한 지리적 영역 안에서 사회적 상호작용을 통하여 공통의 연대감이 갖추어져 있는 인간집단'으로 정의하였으며, Ross(1967)는 지역사회를 지리적인 지역사회와 기능적인 지역사회로 구분하면서, 기능적인 지역사회를 공동의 관심과 기능을 공유하는 사람들의 집단으로 정의하였고(고수현, 2012: 11-13 재인용), Rubin(1992)은 지역사회를 장소로서의 지역사회, 연대로서의 지역사회, 사회계급으로서의 지역사회, 사회연결망으로의 지역사회, 삶의 공간으로서의 지역사회로 구분하였다(이경은 외, 2022: 11-15 재인용).

2) 지역사회 유형

지역사회의 유형은 지리적 지역사회, 기능적 지역사회, 심리적 지역사회로 보는 견해가 있으며 각각의 요인을 강조하는 다양한 학자들의 견해가 존재하는데, 일반적인 구분 기준은 Dunham이 제시한 지역사회 유형이다. Dunham은 ① 인구의 크기, ② 경제적 기반, ③ 정부의 행정구역, ④ 인구구성의 사회적 특수성에 따라 구분하였다. 상세히 기술하면, 인구의 크기에 따라서는 대도시, 중소도시 등으로 구분할 수 있고, 경제적 기반에 따라서는 1, 2, 3차 산업으로 구분 가능한데, 농어촌 지역사회는 1차 산업을, 광공업 중심의 지역사회는 2차 산업을, 상업, 서비스업이 주종인 도시 지역사회는 3차 산업을 기초로 구성한다고 볼 수 있고, 정부의 행정구역에 의한 구분을 적용하면 특별시, 광역시, 도, 시 · 군 · 구, 읍 · 면 · 동 등의 행정단위로 지역사회를 구분할 수 있으며, 사회적 특수성을 기준으로 하면 이익을 목적으로 기능적으로 구성된 단체나 직장을 지칭할 수 있다(고수현, 2015: 21-23에서 재인용).

(1) 공간적 의미의 지역사회

이는 지역주민의 공통적 생활기반으로서 특정한 지역을 중심으로 전개되는 공간을 의미한다. 이는 장소를 기반으로 하는 지역사회를 지칭하며 지역이라는 공간에 중심을 두므로 좁게는 읍 · 면 · 동에서 넓게는 시 · 도와 같은 행정구역 단위, 농촌 · 도시, 국가 등을 지칭하는 의미로 사용된다.

(2) 기능적 의미의 지역사회

장소적 의미가 아니라 연대에 기초한 관계의 지역사회를 의미한다. 이는 동질성을 지닌 공동체, 이익공동체 등이 해당되는데, 동질성을 지닌 공동체는 지역주민 간의 어떤 특성이나 종교, 생활방식, 이념 등으로 연대하는 집단을 의미하며, 이익공동체는 전문집단, 조직 등과 같이 해당 조직구성원들의 동일한 목표달성과 공공의 이익을 기반으로 형성된 지역사회를 지칭한다.

2 지역사회복지의 개념과 실천 방법

1) 지역사회복지 개념

지역사회복지는 지역사회와 사회복지의 합성어로 지역사회 차원의 사회복지를 의미한다. 일반적으로 지역사회복지의 개념은 협의와 광의로 볼 수 있는데, 협의의 개념은 시설보호에 대치되는 개념으로 거주시설이 아닌 곳에서 서비스를 필요로 하는 대상자들에게 각종 사회복지서비스를 제공하는 것이다(나눔의집, 2014).

지역사회복지에 대한 다양한 학자들의 견해를 살펴보면, Weil과 Gamble (1992)은 지역사회복지는 민주적 과정으로 참여를 촉진시키기 위해 사회정의를 조직화하고 집단이나 지역의 욕구를 지원하고자 하며, 이를 위해 지역과 지역주민의 역량을 강화하는 개입이라 정의(Weil & Gamble, 1995; 고수현, 2015: 54에서 재인용)하였으며, 최일섭과 류진석(2005)은 지역사회복지는 전문 또는 비전문인력이 지역사회에 개입하여 지역사회에 존재하는 각종 제도에 영향을 주고 지역사회문제를 예방하고 해결하고자 하는 사회 일체의 노력이라고 정의하였다. 한편, 박태영과 채현탁(2014)은 지역사회복지를 일정한 지역사회 내에서 주민의 생활과제를 사회복지사와 주민이 함께 공식적 · 비공식적 자원을 활용하여 해결하거나 예방하려는 노력이라 하였다.

지역사회복지에 대한 정의는 우리나라에서도 학자마다 조금씩 상이하게 정의하지만 공통적인 것은 지역사회복지는 지역사회주민의 복지향상을 도모하기 위한 실천활동으로 지역사회 수준에서 지역사회의 공동체적인 문제에 관심을 가지고 접근하며, 지역사회주민의 문제를 지역사회 차원에서 해결하고 지역사회복지를 증진하기 위한 지역사회의 다양한 자원을 활용하는 전문적 · 비전문적 활동을 지칭한다.

2) 지역사회복지 실천방법

지역사회복지실천은 우리나라에서는 1998년 사회복지실천이라는 용어를 한국사회사업대학협의회가 기존 개별사회사업, 집단사회사업으로 분리되어 있던

과목을 사회복지실천론이라는 과목으로 구성하면서 처음 사용되게 되었다. 지역사회복지실천은 지역사회 차원의 사회복지실천, 지역사회를 대상으로 하는 전문적 사회복지실천을 의미한다(지은구 외, 2021: 27).

지역사회복지실천방법은 전통적으로 지역사회조직, 지역사회사업, 지역사회보호, 지역사회 개발, 지역사회 만들기 등이 해당된다.

(1) 지역사회조직

지역사회조직은 계속 사용하던 사회사업 방법 중 하나로 미국에서 1960년부터 1970년대 초반까지 활발하게 전개된 다양한 지역사회조직의 활동에서 지역사회복지(community organization)로 지역사회복지를 실천하는 지역사회조직들을 지칭하는 용어로 사용되었다.

(2) 지역사회사업

지역사회사업은 보다 미시적인 관점에서 지역사회를 대상으로 활용되는 사회복지지식과 가치, 기술을 지칭할 때 사용되는 경향이 있다. 지역사회사업은 지역사회가 개인 또는 집단을 돕는 데에 활용된다.

(3) 지역사회 보호

지역사회복지를 실천하는 방법 중 하나로 시설보호에 대응하는 개념으로 사회적 보호를 필요로 하는 아동, 노인, 장애인 등 보호를 필요로 하는 대상들이 지역사회 내에서 생활을 하면서 지원받을 수 있도록 하는 형태의 사회복지실천을 지칭하는 용어로 사용되었다.

(4) 지역사회 개발

지역사회 개발은 지역사회 구성원들의 참여를 중심으로 지역주민들의 삶의 질 향상을 위해 주민들이 스스로에 대한 확신을 가지고 대처기술을 획득하도록 지원하는 활동을 지칭한다. 이러한 유형의 방법은 주민들이 주민의 의사결정, 협동, 주민조직화 등이 필요하며 지역의 문제를 해결하는 데 주체적으로 참여할 것을 강조하고 상호 연대감과 상호신뢰를 바탕으로 지역사회문제를 해결해 나갈 것을 강조한다.

(5) 지역사회 만들기

지역사회 만들기는 지역사회의 문제해결에 초점을 두며 지역사회 내에서 공동체 의식을 형성해 나가는 활동으로서 지역사회문제를 해결할 수 있는 사회적 자본 확충을 강조한다. 지역사회문제를 해결하기 위해서는 다른 유형의 단편적 노력과 활동으로는 부족하며 지역사회의 잠재적 자산을 응집할 수 있는 다차원적 전략과 활동을 강조한다.

3 지역사회복지의 이념

지역사회복지의 이념은 사회복지의 기본 이념을 바탕으로 하면서도 지역사회복지의 특성이 반영된 방법론적 원리를 필요로 하며, 지역사회복지 이념은 다음과 같다.

(1) 정상화

정상화라는 개념은 장애를 경감시켜 정상에 가깝게 한다는, 혹은 시설의 생활

조건을 사회와 비슷하게 한다는 의미가 아니라, 인간을 있는 그대로 인정하고, 지역에서 함께 사회생활을 할 수 있도록 하는 것을 의미한다.

이 개념은 Bank-Mikkelen이 이론화하였으며, 1952년 덴마크에서 지적장애인의 부모회가 대형시설에 수용되어 있는 아동들을 지역사회로 되돌리려는 운동을 전개하는 과정에서 지적장애인의 생활을 가능한 보통의 생활 상태에 가깝게 하기 위한 활동에서 제시된 이념이다(Bank-Mikkelen, 1976).

정상화 원칙에서는 ① 1일, 1주, 1년 단위로 정상적 생활리듬의 확보, ② 생애에 걸친 정상적인 발달의 보장, ③ 지적장애인의 무언의 요구와 자기결정의 존중, ④ 남녀 양성이 있는 곳에서 함께 생활할 것, ⑤ 정상적인 경제적 수준의 보장, ⑥ 정상적인 주환경 보장을 제시하고 있으며, 정상화는 지적장애인 개개인이 최대한으로 개성을 발휘하여 살아갈 수 있도록 개인의 욕구에 맞는 교육 · 훈련을 포함하여 모든 시민과 동등한 권리를 부여하는 것이라고 정의(나카조노, 1996)하고 있다.

즉, 정상화 이념은 "누구나가 어떠한 상태에 있어도 보통의 생활을 할 권리가 있으며, 누구나가 지역에서 함께 인간답게 생활하는 것이 보통의 상태"라고 간주하는 것이 특징이다.

(2) 주민참여

지역사회복지에서 주민참여는 핵심이라고 말할 수 있다. 지역사회복지에서 주민은 단순히 서비스의 수혜자가 아니라 지역사회의 욕구 및 문제해결을 위한 주체로 인식하는 것을 의미한다. 지역사회는 문제 발생의 장이기도 하지만, 해결시 장, 예방의 장이 되기도 하므로 주민은 서비스 이용자임과 동시에 제공자로서 양면성을 가진다(생각의 마을, 2017: 49). 즉, 주민참여는 지역주민들이 공식적인 정부의 의사결정과정에 관여하여 주민들의 욕구를 정책이나 계획에 반영되도록 하는 적극적 노력을 지칭한다.

(3) 탈시설화

탈시설화는 사회복지시설의 격리수용 방식으로 인해 발생할 수 있는 부작용인 시설병을 예방하고, 지역사회에서 격리된 시설에서가 아니라 지역사회 내의 다양한 소규모 시설에서 서비스를 필요로 하는 대상자가 서비스를 제공받도록 하는 것을 강조하는 이념이다.

이는 앞서 소개한 정상화 이념이 바탕이 되고 있는데 시설 입소 자체를 부정하는 것이 아니라 지역사회에서 격리된 생활이나 불필요한 시설입소의 장기화를 반대하는 것으로, 불필요한 시설 입소 예방, 지역사회에서 필요한 서비스 제공, 인간과 시민의 권리 보장하는 것을 의미한다.

(4) 사회통합

Landecker(1951)는 통합을 문화적 통합, 규범적 통합, 의사소통의 통합, 기능적 통합을 제시한 바 있는데, 이 중 문화적 통합을 제외한 세 가지 통합을 사회적 통합이라고 정의하였다. Durkheim은 문화적, 규범적 통합과 같이 공통의 가치와 신념을 통해 부분들의 통합이 이루어지는 것을 기계적 연대라 하였고, 가치와 신념이 사람들과 집단을 성공적으로 결합하는 것을 기능적 통합으로 보았고 이를 유기적 연대라 하였다(오정수 · 류진석, 2016: 41-42에서 재인용).

이러한 개념을 참고로 사회통합 개념을 살펴보면, 사회통합은 사람들이 사회에서 함께 사는, 누구도 배제되지 않는 사회를 지향하는 개념이다. 즉, 장애인이나 노인 등의 보호대상자가 자신들이 성장한 지역사회에서 일반주민들과 함께 생활해야 한다는 것을 의미한다고 할 수 있다. 특히 지역사회 수준에서의 사회통합이란 장애인, 노인 등 지역사회의 보호대상자들이 일반 주민들과 생활해 나갈 수 있는 조건을 조성해 나가는 노력이라고 볼 수 있다.

(5) 네트워크

지역사회복지에서 네트워크는 궁극적으로 사회적 인간관계의 조직화를 의미하는 것으로 지역사회복지에서의 네트워크는 지역사회주민의 욕구에 적합한 서비스를 제공하기 위해 지역주민의 조직화, 보건의료 · 복지의 연계, 사회복지기관 · 시설의 연계 등을 포함한 포괄적 원리를 지칭하는 것이다.

또한, 지역사회복지에서 네트워크는 지역사회주민들의 욕구 및 문제해결을 위해 당사자의 조직화, 자원봉사자나 주민 리더의 조직화, 보건 · 의료 · 복지 전문직의 연계, 사회복지기관 · 제도의 연계까지 포함하는 것으로, 자발적이고 민주적이며 다양하게 구축되는 것을 지향한다.

1) 지역사회복지의 구성요소

지역복지의 구성요소는, 주체(기관), 객체(대상), 방법, 재원으로 구성되어 있다(표갑수, 2003: 42-51). 이들 구성요소에 대해 살펴보기로 한다.

(1) 주체(기관)

지역사회복지서비스를 제공하는 기관은, 가족, 교회, 민간을 비롯하여, 정부에 이르기까지 다양한 형태가 있다. 다양한 형태 중, 정부가 지역사회복지를 추진하는 경우는 북유럽과 서유럽, 그리고 일본 등이 해당되며, 자유주의국가에서는 지역사회의 중간집단(각종 협회, 위원회, 연합회)이나 사회기관이 그 주체가 되고 정부가 이러한 기관을 관련법령을 통해 위탁 · 운영하게 하는 간접개입형태가 주를 이루고 있는 것이 특징이다.

(2) 객체(대상)

지역사회복지의 대상은 일반적으로 지역사회주민의 욕구와 지역사회의 사회문제이다. 지역사회복지의 형태에 따라 그 대상이 달라질 수 있는데, 지역사회조직과 지역사회개발의 경우에는, 지역사회주민이나 이익집단의 성원이 주된 대상이 될 수 있으며, 지역사회보호는 주로 노인, 장애인, 아동 등의 보호를 필요로 하는 자가 해당된다.

(3) 방법

지역사회복지의 궁극적 목적은 지역사회주민의 사회통합에 있는데, 사회통합은 지역사회 구성원들의 상호부조와 협동적 노력에 의해 성취될 수 있다. 사회통합을 위해서는 지역사회 구성원들의 자조력과 적응력 및 관계형성이 필요하다.

(4) 재원(자원)

지역사회복지의 재원은 지역사회복지활동을 결정하는 중요한 요인으로, 지역사회복지활동에 사용되는 비용을 말하는데, 일반적으로, 조세와 이용료, 민간모금과 같은 물적 재원과 인적자원(노동력)으로 구분가능하다.

구체적으로 조세의 원천은 소득세, 소비세, 사회보험기여금, 지방세, 기타 수취금, 차용금, 특별세 등이며, 민간모금의 원천은 유지의 헌금, 기관의 회비, 교회의 십일조, 기관의 수입금이며, 인적자원에는 자원봉사자 등이 해당된다.

2) 지역사회복지의 특성

지역사회복지는 지역사회를 기반으로 하여 전개되는 특징을 가지는데 지역사회복지의 특성은 예방성, 종합성 · 포괄성, 연대성 · 공동성, 지역성으로 제시할 수 있다(박태영, 2008: 45-47).

(1) 예방성

지역사회 내의 사회복지욕구나 해결되지 못한 생활문제를 주민참여를 통해 조기에 발견하여 대응할 수 있으므로 예방적 효과를 거둘 수 있다는 것을 의미한다. 이러한 예방적 특성에는 클라이언트의 생활파탄의 방지라는 소극적 예방에서부터 삶의 질 향상이나 생활의 안정, 복지증진이라는 적극적 예방까지 포함된다.

(2) 종합성 · 포괄성

지역사회복지서비스의 제공은 서비스 공급자 측면에서는 종합성, 서비스 이용자의 측면에서는 포괄성이 특징이다. 종합성은 원스톱서비스, 서비스의 패키지화 등으로 표현하며 서비스 제공기관 간의 연락 · 조정 · 합의 등의 네트워크 구축을 통해 지역사회주민들에게 종합적으로 서비스를 제공하는 것을 의미하며, 포괄성은 지역사회 주민의 복잡하고 다양한 욕구충족과 문제해결을 위해 복지, 보건의료, 고용, 교육, 문화, 교통, 안전, 환경 등 생활의 전반적 영역을 다각도에서 포괄하여 다루는 것을 지칭한다.

(3) 연대성 · 공동성

지역사회복지에서는 개개인이 사적 활동으로는 해결이 곤란한 과제를 주민들이 연대를 형성하고 공동의 행동을 통하여 해결하는 특성을 가진다. 연대성과 공동성은 대외적으로는 주민운동으로 나타나고 대내적으로는 상호부조활동으로 기사화된다.

(4) 지역성

지역사회복지는 주민의 생활권역을 기초로 전개되며 주민의 생활의 장이면서 사회참가의 장이므로 지역사회의 지역적 특성을 고려하여야 한다. 특히 지역성은 물리적 거리뿐 아니라 심리적 거리까지 포함하여 지역성을 파악해야 하며, 서비스 제공체제의 효율성을 고려하여 이용과 공급의 적절한 체제를 고려한 지역적 권역의 설정이 필요하다.

4 지역사회복지실천과 실천기술

지역사회복지의 개념에는 제도적 개념뿐 아니라 실천적 개념도 포함되어 있으나 이를 엄격하게 구분하기는 어렵다. 지역사회복지실천은 지역사회를 대상으로 하는 지역사회 수준의 사회복지실천을 포괄하는 개념으로 이해할 수 있다.

Weil과 Gamble(1995)은 지역사회실천의 목표를 시민과 시민집단을 조직화하는 기술과 능력의 개발, 포괄적이며 수용 가능한 지역사회 내의 사회계획 수립, 지역사회문제를 해결하는 데 있어서 폭넓은 연대를 옹호하는 것, 사회정의의 관점에서 사회계획의 과정을 고취하는 것으로 제시한 바 있다(고수현, 2015: 59-60에서 재인용). 한편, Ross는 지역사회복지실천은 지역사회에 있는 모든 집단이 자신의 의사를 표현하도록 격려하고 효과적 상호작용을 통해 자신들의 사회환경을 개선하는 방안에 대해 합의하도록 하는 집단들과 조직 간의 적응과 협동적인 관계가 중요한 목표라고 하였고, Lippit는 지역사회 혹은 지역사회의 일부가 환경과 변화에 대처할 수 있는 능력을 갖추도록 하기 위해 의사소통과 상호작용의 수단을 향상시키는 데에 둔다고 하였으며, Morris와 Binstock은 지역사회의 욕구와 결함을 찾아내어 사회문제를 해결하거나 예방하기 위한 효과적인 서비스와 방법을 개발하는 것이라 하였고, Grosser는 지역사회 내 불이익집단이나 취약계층 및 특수집단의 물질적 재화와 서비스의 몫을 증대시키는 것이라 하였다(김광희, 2015: 49-50에서 재인용).

이러한 지역사회복지를 실천하기 위해서는 다양한 실천기술이 필요하고 이를 실행하기 위한 실천모형이 요구된다. 지역사회복지영역에서 제시된 지역사회복지 실천모형을 살펴보면 다음과 같다.

1) 지역사회복지 실천모형

Rothman 및 Weil과 Gamble의 모델이 대표적이다. Rothman(1968)이 제시한 3가지 모형은 지역사회복지의 가장 전형적인 모형으로 간주되는데, Rothman은 미국의 지역사회조직이론을 지역사회복지 실천모형으로 체계화한 대표적 학자로 '지역사회조직실천(community organization practice)의 모델'이라는 논문에서 지역사회조직사업의 유형을 크게 세 가지의 모델, ① 지역사회개발(community develpment), ② 사회계획(social planning), ③ 사회행동(social action)으로 제시하였다(Rothman, 1974: 22-39).

표 8-1 Rothman의 지역사회복지 유형

구분	모델 A(지역사회개발)	모델 B(사회계획)	모델 C(사회행동)
목표	자조, 지역사회의 통합: 과정중심의 목표	주요 사회문제의 해결: 과업중심의 목표	기본 제도적 변화: 과업중심과 과정중심이 목표
문제상황에 대한 전제	사회관계의 부족, 민주적 문제해결 능력의 부족	다양한 사회문제	불이익 주민들의 고통, 사회 불의, 결핍, 불평등
변화전략	'함께 모여서 이야기해보자'	'진상을 파악해서 논리적인 조치를 강구하자'	'억압자를 분쇄하기 위해 규합하자'

변화기법	합의, 의사교환, 토의	합의 혹은 갈등	갈등, 정면대결, 실력행사, 협의
사회복지사의 역할	조성자, 격려자, 조정자	진상 수집 및 분석가, 프로그램 실행가, 촉진자	옹호자, 행동가, 중개자, 협의자
변화매개체	과제지향적인 소집단 간 합리적 조정	공식집단의 조종, 자료의 조종	대중조직의 조종, 정치과정의 조종
권력자에 대한 견해	공동 노력의 합의자	전문가의 후원자 혹은 고용자	수정되어야 할 외부의 행동표적
클라이언트 체계의 경계	모든 지역사회	모든 지역사회 혹은 지역사회 내 특수지역이나 일부계층	일부 지역사회
집단간 이해관계에 대한 전체	상호 조화: 합리적 설득이나 대화 가능	실용적 문제해결 접근	조화 불가능: 입법이나 정치적, 사회적 영향력을 행사할 필요
클라이언트 집단	잠재력을 가진 주민	소비자	체제의 희생자
클라이언트 역할	참여자	소비자, 수혜자(recipient)	고용인, 성원, 수익자(beneficiary)

출처: 박차상 외(2005). p. 85에서 재인용.

한편, Weil과 Gamble(1995)은 '지역사회 실천모델들'이라는 논문발표를 통해 지역사회복지 실천모델을 8가지를 제시한 것이 특징으로, 지역사회복지 실천모델을 ① 근린지역사회조직(neighborhood and community organizing), ② 기능적 지역사회조직(functional community organizing), ③ 지역사회의 사회 · 경제 개발(community social and economic development), ④ 사회계획(social planning), ⑤ 프로그램 개발과 지역사회연결(program development and community liaison), ⑥ 정치 · 사회행동(political and social action), ⑦ 연대 · 연합(coaliations), ⑧ 사회운동(social movement)으로 제시하였다(Weil & Gamble, 1995: 579-593).

각각의 모형에 대해 살펴보면, 근린지역사회조직모형은, 지리적으로 가까운 지역사회를 조직하는 데 초점이 있다. 주민의 능력개발과 과업수행이라는 두 가지 목표를 강조하며, 변화표적체계는 지방정부, 지역개발을 추진하는 외부기업 혹은 지역주민 자체다. 주요관심영역은 지역사회개발을 통한 지역주민의 삶의 질 향상이며, 사회복지사는 조직가, 교사, 지도감독자, 촉진자의 역할을 한다.

다음으로 기능적 지역사회조직모형은, 공동의 관심사나 이해관계에 근거하여 특정의 사회적 이슈나 집단에 대해 권익을 보호하거나 옹호하는 것을 목표로 삼고 있으며, 주요표적체계는 일반 대중, 정부기관 등의 인식 · 태도 그리고 행위를 변화시키는 것이고, 사회복지사는 조직가, 옹호자, 촉진자, 정보제공자 등의 역할을 한다.

한편, 지역사회의 사회 · 경제 개발모형에서의 주요목표는 저소득계층 및 불이익을 받는 지역주민의 삶의 질과 기회를 향상시키는 것이다. 이 모형에서는 사회경제적 개발과 자원개발의 계획을 준비하고 실행할 수 있도록 주민과 지역사회조직의 능력을 강화시키는 것에 초점을 두며, 변화표적체계는 은행, 재단, 외부개발자, 지역주민이고, 사회복지사는 협상가, 추진자, 교사, 계획자, 관리자의 역할을 한다.

사회계획모형은 개별기관, 선출된 조직, 그리고 민간서비스기관의 협의체 등에서 이루어진다. 사회계획가는 지역사회의 계획에 합리성을 발휘해야 하며, 사회계획가는 기술과 책임을 가져야 한다. 이때 변화표적체계는 지역사회 지도자의 관점, 다양한 서비스 지도자의 관점이며, 사회복지사의 역할은 조사자, 제안자, 정보전달자, 관리자이다. 그리고 프로그램 개발과 지역사회연결모형은 프로그램 개발에 지역사회조직을 연결하는 것이 필수적이라는 인식에 기초한다. 이 모형의 목표는 필요한 서비스를 향상시키거나 새로운 서비스를 계획하고 실행하는 것이며, 이 모형에서의 사회복지사는 대변자, 계획가, 관리자, 제안자, 중개자, 촉진자, 평가자, 모니터의 역할을 한다.

정치 · 사회행동 모형의 목표는 지역사회에서 불평들을 극복하거나 지역사회의 욕구를 무시하는 의사결정에 대항하여 사회정의적 관점에서 제도적 변화를 꾀하고 정치적 힘을 확립하는 것이다. 이 모델에서의 변화의 표적체계는 선거공동체, 선출직 공무원, 잠재적 참여자 등이며, 사회복지사는 조직가, 조사자, 조정자로서 역할을 수행한다.

연대 · 연합 모형은, 프로그램의 방향이나 자원 확보에 영향을 줄 정도의 복합조직적 권력 기반을 구축하려는 목표를 갖으며, 표적체계는 선출직 공무원, 재단, 정부당국이다. 이 모형에서의 사회복지사는 중개자, 협상자, 대변자, 지도자의 역할을 수행한다.

사회운동모형에서의 목표는, 특정 대상 집단이나 현안문제에 대해 새로운 패러다임을 제공하는 사회정의 행동을 통해 바람직한 사회변화를 이룩하는 것이다. 표적집단은 일반대중, 정치제도이며 사회복지사는 옹호자, 촉진자의 역할을 수행한다(고수현, 2015: 117-120).

한편 우리나라에서는 최옥채(2001)가 조직화 목표와 주민의 여건에 따라 4가지 모형(개별접촉, 선별적 다단계 접촉, 일반적 다단계 접촉, 투망식 접촉 모델)으로 구분한 바 있다. 최옥채가 제시한 모델에서 개별접촉모형은 이미 노출된 지역사회의 문제를 해결하려고 하지만 지역사회 주민이 참여할 수 있는 제반 여건이 열악할 때 유용하며, 선별적 다단계 접촉 모형은 지역사회의 문제해결 및 예방에 목표를 두지만, 문제해결에 더욱 중점을 두며 개별접촉모형보다 지역사회 주민의 여건이 덜 어렵고, 문제의 수준도 낮은 지역사회에서 활용하는 것이 바람직하며, 일반적 다단계 접촉모형은 지역사회문제의 해결과 예방 중 예방에 더욱 중점을 두고 지역사회실천가는 조직화에 참여기회가 있는 주민을 우선 선정하고 접촉한 주민이 다른 주민을 연쇄적으로 접촉해 나가도록 하며, 투망식 접촉모형은 지역사회문제를 예방하는 데 초점을 두는 모형으로 주민의 여건이 매우 좋은 경제적으로 안전한 곳이 대상이며 주민 다수를 일시에 접촉하여 조직화를 꾀할 수 있는 모델이라 하였다.

이상에 살펴본 여러 학자들의 지역사회복지실천 모형을 참고로 하면 지역사회복지실천모형은 다양하므로 어떠한 모형을 선택하여 적용할지는 지역사회의 조건, 사회복지사의 인식 및 성향, 역량 등에 따라 달라질 수 있으므로 지역사회 여건에 맞는 모형을 효과적으로 실행하기 위해서는 사회복지사의 역할이 중요하다고 할 수 있다.

2) 지역사회복지 실천원칙

일반적으로 지역사회복지실천은 지역사회 수준에서 주민의 욕구를 충족시키고자 하는 사회복지실천과정의 하나로 지역사회 주민의 욕구를 해결에는 주민의 광범위하고도 자발적 참여가 전제되어야 하고 민주적 태도가 견지되어야 하며, 지역사회의 각 계층의 적극적 참여가 필요하다고 제시되고 있다. 지역사회복지실천의 원칙에 대해서는 다양한 학자의 견해가 있다.

지역사회복지실천의 기본적인 원칙은 1939년 미국에서 사회사업가들에 의해 사회사업회의에 제출된 '레인보고서(The Lane Committee Report)'에서 찾는 것이 일반적이다(Lane, 1939; 박차상 외, 2005).

① 지역사회조직활동은 과정에 중점을 두고 있다.

② 지역사회조직의 사상은 개별사회사업과 집단사회사업에 비교할 수 있는 사회사업의 일반적인 과정이며 여러 형태의 기관에서 사용된다.

③ 지역사회조직은 사회복지자원과 욕구를 효과적으로 연결하고 성취하는 과정이다.

④ 지역사회조직은 여섯 가지의 이차적인 목적을 가지고 있다. 첫째는 건전한 계획과 행동을 위한 적절한 사실적 기반을 유지하는 것이고, 둘째는 자원과 욕구 간의 보다 나은 적응을 유지하고 복지 프로그램과 서비스를 개발·수정·발전시키는 것이며, 셋째는 사회사업의 수준을 향상시키고 각 기관의 효과를 증대시키는 것이다. 넷째는 사회복지 프로그램과 서비스에

관련된 개인 · 집단 · 조직의 상호작용을 촉진시키고, 다섯째는 복지문제와 관련된 욕구에 대한 보다 나은 이해와 사회사업의 목적, 프로그램 및 방법을 발전시키는 것이며, 여섯째는 사회복지 활동에의 공적 참여와 지역사회복지 자원을 발전시키는 것이다.

⑤ 지역사회조직화 과정은 사회사업의 일반적인 영역으로 내부영역과 외부영역을 수행한다.

⑥ 지역사회조직은 일차적인 기능은 요보호자들을 직접적으로 돕는 것이 아니라 이익집단이 이를 행하여 서비스 대상자에 대한 서비스의 질과 내용의 개선에 목적이 있다.

⑦ 지역사회조직의 일차적인 기능은 요보호자들을 직접적으로 돕는 것이 아니라 이익집단이 이를 행하여 서비스 대상자에 대한 서비스의 질과 내용의 개선에 목적이 있다.

⑧ 지역사회조직은 지역 수준에서 그치는 것이 아니라 전국적인 차원에서 이루어지며 차원들 간의 실천이다.

한편, McNeil(1954)은, 지역사회복지조직에 관한 원칙으로써, ① 지역사회조직은 주민들과 주민의 욕구에 관심을 가지며, ② 지역사회조직의 대상은 다양하나 일차적인 클라이언트는 지역사회이며, ③ 지역사회는 있는 그대로 이해되고 수용되어야 하고, ④ 지역사회의 보건과 복지에 관심을 갖는 다양한 사람들의 적극적 참여가 중요하고, ⑤ 인간과 집단관계의 계속적인 변화가 지역사회조직 과정에 반영되어야 하고, ⑥ 모든 사회복지기관과 단체를 상호의존적이어야 하며, ⑦ 과정으로서의 지역사회조직은 사회사업의 한 방법이어야 한다고 제시하고 있다(McNeil, 1994; 고수현, 2015; 김광희, 2015).

한편, Ross(1967)는 ① 지역사회조직을 전개하는 주체로서 지역사회의 갈등을 해결하는 조직체 구성을 강조하였고, ② 지역사회의 갈등이 집약되고 구체화되는 과정이 필요하며, ③ 지역사회에서 신뢰받는 지도자를 발굴하여 참여시킬 필요가 있고, ④ 다양한 이해관계를 갖는 주민들이 참여하므로 공통의 목표를 수립하고 운영방법을 결정해야 하며, ⑤ 지역사회주민을 결속시킬 수 있는 방법을 모색하고, ⑥ 효과적인 의사소통을 개발하고 유지할 필요가 있음을 제시하였다(김광희, 2015; 최일섭 · 류진석, 2003).

이 외에도, Johns와 Demarche는 지역사회조직의 일반적인 원칙을 다음과 같이 제시하고 있다(Johns & Demarche, 1996; 최일섭 · 류진석, 2003).

① 지역사회의 수단(means)이며 최종(end)이 아니다. '케이스워크'나 '그룹워크'에서와 마찬가지로 지역사회조직은 개인의 생활을 풍요롭게 하고자 한다. 개인은 지역사회조직의 존재 이유이다. 기관, 직업, 사업, 지식, 기술은 수단에 불과하며, 인간의 복지와 성장의 목적인 것이다.

② 개인과 집단처럼 지역사회도 상이하다. 각 지역사회는 특유의 성격과 문제와 욕구를 갖고 있다. 따라서 지역사회를 효과적으로 돕기 위해서는 개별화하여야 한다.

③ 지역사회는 개인과 마찬가지로 자기 결정(self-Determination)의 권리를 갖는다. 지역사회조직에 있어서 사회사업가는 지역사회가 자체를 위한 정책, 계획, 사업을 개발하도록 도우며 강요해서는 안 된다.

④ 사회적 욕구는 지역사회조직의 토대이다. 지역사회조직의 시작, 지속, 수정, 종결을 결정하는 요소는 욕구이다.

⑤ 사회복지기관 자체의 이익보다 지역사회복지가 사업을 선정하는 데 먼저 고려되어야 한다. 사회복지기관의 사업은 다른 기관의 사업내용과 관련해서 또 지역사회의 욕구와 관련해서 결정되어야 한다.

⑥ 지역사회는 조정을 필요로 한다. 조정(Coordination)이란 성장을 위한 과정이다. 권위적인 압력이나 억압에 의한 조정은 민주적인 원칙에 위배된다. 조정은 공통의 이익과 목표에 대한 지적인 인식에서 이루어져야 한다.

⑦ 지역사회조직을 수행하기 위한 구조는 가능한 단순해야 한다. 너무 복잡한 구조는 지역사회의 복지욕구를 효과적으로 충족시키기 위해 필요한 집단 간의 관계를 맺어주는 과정에 방해가 된다.

⑧ 지역사회의 서비스는 공평하게 분배되어 모든 사람들이 차별 없이 평등하게 이용할 수 있어야 한다.

⑨ 문제해결의 접근방법에서 다양성이 존중되어야 한다. 접근방법을 결정짓는 요소는 지역사회의 욕구이어야 한다.

⑩ 복지기관협의체에는 광범한 집단의 이익이 반영되어야 한다. 각 집단들은 자기네들이 이익을 솔직하게 개진할 수 있는 기회를 가져야 한다.

⑪ 지역사회복지기관의 효과적인 운영과 사업을 위해서는 집중과 분산의 균형이 이루어져야 한다.

⑫ 지역사회 내에 존재하는 집단들 간의 의사소통을 가로막는 장애는 제거되어야 한다. 지역사회조직은 지역사회에 있는 상이한 집단 간에 보다 자유로운 접촉이 일어나도록 힘써야 한다. 지역사회생활의 차이가 많으면 많을수록 사른 사회집단의 문제와 공헌을 이해할 필요성은 커진다.

⑬ 지역사회는 전문가의 도움을 필요로 한다. 전문가의 역할은 지역사회로 하여금 사회복지의 욕구를 발견하고, 규명하고, 충족할 수 있도록 돕는 것이다. 지역사회조직은 성공은 사회사업가가 공통의 목표달성에 주민들을 자발적으로 참여시킬 수 있는 가에 달려있다.

상의 여러 학자들의 견해를 정리하면 지역사회복지실천은 조직화, 개발, 계획, 변화전략 등을 통해 지역사회의 다양한 문제를 해결하려는 노력이므로 지역사회의 조건, 자원, 문제, 주민의식 및 역량 등을 고려한 실천이 요구된다고 이해할 수 있다.

5 지역사회복지 실천과정과 사회복지사의 역할

1) 지역사회복지 실천과정

지역사회복지실천에서는 지역사회에서 거시적 실천을 전개하는 사회복지사는 지역사회의 환경과 주민의 삶의 향상을 위한 변화의 매개자로 중요한 역할이 요구된다(오정수 · 류진석, 2004: 113). 일반적으로 지역사회복지실천에서 주로 거시적 실천의 개입이 요구되지만 거시적 실천을 전개하는 데에도 클라이언트와의 일대일 활동을 통해 확인되는 욕구, 문제, 관심을 기반으로 하므로 미시적 실천이 기초가 된다. 개별 욕구와 문제를 일차적으로 확인하는 미시적 접근을 바탕으로 하여 이러한 문제와 욕구가 지역사회 주민 다수의 공통적 욕구와 문제로 발전하고 집합적 쟁점이 되면 지역사회 전체 또는 조직체로부터 체계적인 변화를 위한 개입이 요구되어 거시적 실천이 전개되게 된다. 일반적으로 거시적 실천을 전개하는 데에는 지역사회 내에 존재하는 문제, 인구집단, 조직에 대한 포괄적 이해가 필요한데, 이를 위해서는 문제, 인구대상, 영역(지역사회와 조직체)을 이해해야 하고 이를 둘러싼 정책적 맥락과 정치적 환경을 이해하는 것이 요구된다.

그리고 거시적 수준에서의 지역사회복지의 문제해결과정은 지역사회 욕구 및 문제해결을 위한 목적 및 목표 달성을 위해 과학적인 지식과 기술을 토대로 합리적 · 체계적이고 의도적인 접근과정이며 그 지역의 실정과 특성에 맞는 적합한 문제해결과정이 필요하다.

학자들마다 지역사회복지의 실천과정은 다르게 제시되고 있으며, 보통 4단계에서 9단계로 제시하는 것이 일반적이다. 공통적인 내용을 보면, 첫째, 문제 발견 및 분석, 둘째, 정책 및 프로그램 개발, 셋째, 프로그램의 실천, 넷째, 평가의 4단계로 제시할 수 있다(사회복지교육연구센터, 2014: 164-167).

(1) 문제 확인

이 단계는 지역사회 내에 내재되어 있거나 표출된 문제들이 무엇인지를 명확히 하는 과정으로 우선 지역사회의 충족되지 않은 욕구가 문제를 찾아내는 일을 수행하게 된다.

문제를 확인하기 위해 지역사회의 상황을 파악하고, 문제와 관련된 객관적 문헌과 실증자료를 분석해야 하며 문제의 원인 및 문제 해결을 위한 노력의 과정들을 살펴야 하고, 문제가 해결되지 않은 요인들도 살펴보아야 한다. 아울러 지역주민들의 문제에 대한 인식, 지역사회에서 관련된 집단들의 인식 등의 차이를 확인해야 한다. 특히 지역사회문제 해결을 위해서는 실천의 대상이 되는 동시에 문제를 내포하고 있어 변화가 필요하다고 간주되는 표적집단을 선정하고 지역사회 내에 산재되어 있는 여러 문제들 중 무엇을 우선으로 삼을 것인지를 판단하는 우선순위 선정을 하고 확인된 문제를 공식화하는 것이 요구된다.

문제확인과정에서 사회복지사가 지역사회 문제를 어떻게 이해하고 개념화하는가에 따라 이를 해결하기 위한 정책수립의 구상이 달라지며, 구체적인 해결방안과 실천전략에 영향을 미치게 된다. 따라서 실천과정에서 과거의 노력과 문제에 대한 외부인 및 기관들의 견해를 파악하고, 문제의 성격 · 소재 · 범위 · 정도 등에 관한 분명한 규정이 있어야 한다.

(2) 지역사회 사정

지역사회복지 실천과정에서의 사정은 지역사회의 욕구와 자원을 파악하는 과정으로 이 단계에서는 지역사회의 다양한 이슈와 문제를 포괄해야 하고, 지역사회에 대한 정보와 이용 가능한 자원에 대한 파악이 필요하며, 자료수집과 분석을 통해 공식적이고 체계적인 접근이 요구된다.

특히 지역사회의 사정 시에는 대상 집단에 대한 욕구를 파악하는 것이 목표인지, 대상집단이 어떤 서비스를 받고 있는 것이 목표인지 각각의 목표와 초점에 따라 사정을 통해 파악하고자 하는 정보의 범위와 내용도 달리해야 한다.

또한, 특정 지역사회 집단을 목표로 할수도 있고 지역사회 주민, 전문가, 지도자 등을 광범위하게 포함하므로 다양한 관점, 문화, 특성에 대한 이해를 필요로 한다.

지역사회에서 사정은 사정의 목적, 영역, 초점에 따라 다양한데, 특정한 문제나 표적집단에 한정되지 않는 지역사회 전반을 대상으로 한 포괄적 사정, 지역사에에서 우선적으로 문제해결이 필요한 영역에 초점을 두는 문제중심 사정, 지역사회의 특정 하위체계를 중심으로 하는 하위체계 사정, 자원 사정, 지역사회 참여자들이 협력하는 조사계획, 참여관찰, 분석과 실행 국면에 관계되는 협력사정 등이 포함된다.

(3) 계획 및 실행

목표를 설정하여 지역주민이나 클라이언트가 제공받게 될 서비스가 무엇인지, 어느 정도인지, 언제까지인지, 어떻게 받게 될 것인지를 명확히 하는 준비 · 계획단계와 계획에 맞춰 실행하는 단계로 구분한다.

계획단계는 지역사회주민의 욕구인 지역사회 문제를 분석하여 문제해결에 필요한 정책을 수립하고 이를 실천하기 위한 프로그램을 개발하는 단계이다. 정책을 수립하는 것은 여러 가지 해결방안 중에서 가장 효과적이고 효율적인 정책을 선택하는 것인데, 정책수립에 있어서는 이념, 실현가능성, 합리성을 고려하여야 한다.

한편, 실행단계에서 프로그램의 실천은 정책목표를 달성하기 위해서 지역사회복지실천의 다양한 개입 전략과 전술을 고려하여 선택하여야 한다. 클라이언트 집단이 문제를 스스로 해결할 수 있도록 능력을 키워 주는 활동을 말하며, 클라이언트 집단이 필요로 하는 서비스를 직접적으로 제공해 주는 활동 등이 포함된다.

(4) 평가

지역사회복지 실천과정 중 마지막 단계인 평가는 두 가지 목적을 갖는다. 일반적으로는 지역사회의 변화를 위해 활용된 개입의 과정과 결과를 평가하는 과정이다.

평가의 목적은 하나는 프로그램 실천과정에서 수집된 정보를 입수해서 실천에 반영하여 실천궤도를 수정하는 경우이며, 평가의 두 번째 목적은 문제해결 전 과정의 결과와 최종 산출을 평가하는 것이다. 평가는 결과 · 효과에 따라 프로그램을 계속할 것인가, 중단할 것인가, 수정 · 보완할 것인가를 결정하는 중요한 요인이다.

2) 지역사회복지 실천에서 사회복지사의 역할

(1) 사회복지사의 자질

지역사회복지를 담당하는 사회복지사는 그들의 전문직업인으로서의 업무를 수행하기 위해, 전문적 지식과 기술을 겸비해야 한다.

김영모(2001)는 지역사회복지사가 갖추어야 할 일곱 가지 기본적 요소로, ① 상이한 사회 · 경제적 환경에서 주민들과 함께 일하며 이해할 수 있는 능력이 있어야 하고, ② 사회복지분야, 사회복지자원, 지방 및 국가적 수준의 사회정책에 관한 지식이 있어야 하며, ③ 개별사회사업, 집단사회사업, 사회조사 및 사회복지행정과 같은 사회사업의 다른 방법에 대한 이해가 있어야 하며, ④ 사회적 상호작용의 과정에서 사회사업의 방법으로서 지역사회조직의 기술적인 이해가 필요하고, ⑤ 지역사회조직을 실천하는 기술을 알아야 하며, ⑥ 지역사회조직가는 성실성, 용기, 감정적인 균형과 조정, 객관성, 자기훈련, 건전한 판단, 재치, 민감도, 융통성, 상상력, 차분하게 일하는 능력, 주민에 대한 애정이 있어야 하고 타인의 인격을 존중하는 성품이 필요하며, ⑦ 지역사회조직의 철학, 즉 개인의 가치와 존엄성을 인정해야 하며, 이 외에도, 지역사회조직가는 사회문제와 관련된 사실을 발견하고 욕구의 우선순위를 정하고, 사회행동을 위한 방법을 연구하는 것을 도와야 한다고 제시하고 있다(김영모, 2001: 53-54).

(2) 사회복지사의 역할

지역사회복지를 실천하는 사회복지사의 역할은 여러 지역의 조건에 의해 영향을 받을 수 있고, 특히 추진하고자 하는 사업의 목적과 형태에 따라 역할과 내용이 달라진다.

지역사회복지 실천에서 사회복지사는 실천모형에 따라 그중에서도 구체적인 사업의 성격이나 진행과정에서 여러 역할을 수행하게 되는데 이들 역할은 배타적이라기보다 강조하는 부분이 다르다고 이해할 수 있으며, 동시에 여러 역할을 수행할 수 있다(사회복지교육연구센터, 2014: 176).

표 8-2 지역사회복지 실천모형별 사회복지사 역할

지역사회개발모델		사회계획모델		사회행동모델	
Ross	Lippitt	Morris와 Binstock	Sanders	Grpsser	Grossman
안내자 조력가 전문가 치료자	촉매자 전문가 실천가 조사자	계획가	전문가 분석가 계획가 조직가 행정가	조력가 중개자 옹호자 행동가	조직가

출처: 사회복지교육연구센터 편(2014). p. 176에서 인용.

여기에서는 지역사회복지 업무를 담당하는 사회복지사의 역할을 다음과 같이 구분하여 살펴보고자 한다.

① 안내자(guide): 지역사회의 문제해결을 위한 올바른 목표를 정하고, 이것을 해결하도록 방법을 강구하도록 도와주는 역할이며, 방법의 선택이 지역사회 자체의 노력이 되도록 해야 하며, 자신의 목적을 위해 지역주민을 이용 또는 조종하거나 조치를 강요해서는 안 된다.

② 조력자(enabler): 지역사회조직의 과정을 용이하게 하는 역할이며, 지역사회조직가가 개인, 가족, 혹은 집단을 원조하는 경우에 문제해결과 변화를 위한 작업의 주체는 클라이언트이지만, 조력자로서 사회복지사는 변화가 일어날 수 있는 조건과 환경을 조성하는 데 중점을 둔다. 즉, 지역사회 주민들이 불만을 표현하면 표출된 불만을 연결하여 집약하는 일을 돕고, 이를 해결하기 위한 조직을 결성하도록 도움을 주는 역할을 수행해야 한다.

③ 전문가(expert): 지역사회조직가가 권위 있게 말할 수 있는 분야에서 필요한 자료를 제공하고 직접적인 충고나 조언을 하는 역할이다.

④ 치료자(therapist): 지역사회의 공동적 노력을 저해하는 사고나 태도가 긴장을 조성하고 집단들을 분리시키는 요인으로 작용할 경우, 사회사업가는 지역사회 수준에서 적절한 진단과 치료를 해야 한다.

⑤ 분석가(analyst): 지역사회조직을 효율적으로 이루기 위해서는 사실 발견과 분석을 전제조건으로 해야 하며, 지역사회 문제와 욕구에 대한 정확한 조사를 토대로 한 분석가의 역할을 수행해야 한다.

⑥ 계획가(planner): 지역사회의 문제해결을 누가, 무엇을, 어떻게 접근할 것인지 구체적인 계획을 수립하는 역할을 수행한다.

⑦ 조직가(organizer): 지역사회조직계획의 수립과 실천과정에서 지역사회에 있는 행동체계를 적절히 참여시키며, 지역주민이 실천해야 할 역할을 분명히 해주어 그러한 역할을 효과적으로 수행하도록 훈련시키는 역할이다.

⑧ 행정가(program administrator): 지역사회복지 프로그램을 계획에서 목표에 이르기까지 효율적이고 효과적으로 달성하기 위해 모든 인적, 물적 자원을

관리하는 역할이다.

⑨ 중개자(broker): 원조가 필요한 개인, 가족 혹은 집단을 지역사회 자원과 연결하는 역할이다.

⑩ 교육자(educator): 클라이언트에게 정보를 제공하고 적용기술을 가르치는 역할이다.

⑪ 행동가(activist): 사회정의와 평등이 구현되어 모든 인간이 인간으로서의 기본적 권리를 행사할 수 있는 사회를 건설하기 위해 행동 중심의 적극적 활동에 관여해야 한다.

⑫ 옹호자(advocator): 기존 조직이 원조가 필요한 클라이언트에게 무관심하거나 부정적 혹은 적대적인 경우에 필요하며, 클라이언트를 위해 기존의 공공 혹은 민간조직이 서비스 정책과 전달체계를 변화시키거나, 새로운 프로그램을 개발하도록 조직에 도전하며, 필요한 경우 대중운동을 전개하거나, 정치적인 과정에 영향을 미칠 수 있는 행동을 한다.

이상과 같이 다양한 역할을 수행하기 위해서 지역사회조직가는 그 내용에 따라 중간집단인 지역사회조직기관을 형성하고 이를 지원할 필요가 있다.

6 지역사회복지실천 주체와 활동

1) 사회복지관

(1) 개념

사회복지관은 사회복지사업법 제2조에 근거하여 지역사회 내에서 일정한 시설과 전문인력을 갖추고 지역사회의 인적 · 물적 자원을 동원하여 지역사회복지를 중심으로 한 종합복지사업을 수행하는 사회복지시설이다.

(2) 대상

사회복지관은 일반적으로 사회복지서비스 욕구를 가지고 있는 모든 지역사회 주민을 대상으로 하지만 국민기초생활보장수급권자 등의 저소득층 심신장애인이나 노인 등 특수문제를 지닌 주민, 직업 및 훈련, 취업 알선의 필요가 있는 주민, 보호가 필요한 주민들에게 우선적으로 서비스를 제공하도록 하고 있다.

(3) 사업

사회복지관은 사회서비스 욕구를 가지고 있는 모든 지역사회의 주민을 대상으로 보호서비스, 자립능력 배양을 위한 교육훈련 등 필요로 하는 서비스, 가족기능 강화 및 주민상호 간 연대감 조성을 통해 각종 지역사회문제를 예방하고 치료하는 종합적 복지서비스 전달기구로 지역사회주민의 복지증진을 위한 중추적 역할을 수행한다. 주된 사업은 사례관리사업, 가족기능강화사업, 지역사회보호사업, 교육 및 문화사업, 기타 사업 등을 제공한다.

2) 지역자활센터

(1) 개념

지역자활센터는 2000년 10월에 시행된 국민기초생활보장법 시행에 기반을 둔 사업으로 생활이 어려운 사람들의 사회 · 경제적인 자활과 자립을 지원하는 사업으로서 일자리 창출과 소득 증대, 지역 및 지역사회에 공익서비스 제공, 사회공동체 실현을 목적으로 하고 있다. 자활사업에 참여하는 대상은 근로능력이 있는 저소득층으로 기초생활보장제도에 근거한 생계 · 의료 · 주거 · 교육급여 수급자,

차상위계층으로서 조건부수급자, 자활급여특례자, 일반수급자, 급여특례가구원, 차상위자, 근로능력이 있는 시설수급자 등으로, 조건부수급자는 자활사업 의무참여 대상이며 조건부수급자와 자활급여특례자는 우선순위 대상이다.

(2) 사업

다양한 참여대상자들은 근로유지형 자활근로사업, 사회서비스형 자활근로사업, 인턴 · 도우미형 자활근로사업, 시장진입형 자활근로사업 등과 같이 다양한 종류의 자활근로사업에 참여할 수 있다.

또한, 자활기업은 2인 이상의 수급자 또는 저소득층이 상호 협력하여 조합 또는 공동사업자 형태로 자활사업을 운영하는 업체로 국민기초생활보장법에 의한 자활기업 요건을 갖추고 보장기관으로부터 인정을 받은 경우 자활기업 창업지원, 자활을 위한 사업자금 융자, 국 · 공유지 우선 임대, 국가 또는 지방자치단체가 실시하는 사업 위탁, 국가 또는 지방자치단체 조달구매 시 자활기업 생산품의 우선구매 등이 있다. 또한 이들 기업이 기초생활보장수급자를 채용할 경우 인건비 지원, 전문 컨설턴트 및 연계한 창업 컨설팅 지원, 수급자의 자활 촉진 등을 위한 각종 사업지원을 받을 수 있는데 이러한 자활기업의 주요 업종은 청소, 집수리, 돌봄 서비스, 식음료 제조 및 가공판매, 농축산업, 공산품 제조 등이다.

3) 사회복지협의회

(1) 개념

사회복지협의회는 일정한 지역사회에 거주하고 있는 주민이 주체가 되어 사회복지, 보건위생, 그 밖의 생활개선과 관련이 있는 공 · 사 관계자의 참가와 협력으로 지역의 특성과 시대의 흐름에 따라 종합적인 사회복지업무를 추진하기 위해 설립된 민간주체의 자주적 조직체이다. 이는 민간주체 협의체이지만 행정조직으로의 성격을 가진 기관, 전문가, 특정 집단의 공동 목적을 가진 조직체로 클라이언트에게 직접 서비스를 제공하는 서비스기관이라기보다는 관련 기관, 전문가를 지원하는 행정기관의 성격이 강하다.

(2) 사업

지역사회주민들의 다양한 복지욕구를 충족하는 데 그 목적이 있다. 지역사회의 당면 문제를 해결하기 위해 지역사회가 지니고 있는 인적 · 물적 자원과 내적 · 외적 자원을 동원하여 조정하는 중심적 역할을 수행한다. 특히 사회복지협의회는 지역사회활동을 효과적으로 추진하기 위해 복지기관, 시민단체, 기타 협의회 등과 협업하며, 1997년에 사회복지사업법 제33조에 근거하여 설치되었다. 사회복지협의회는 지역복지 증진을 위해 각종 사업활동을 조직적으로 협의하고 조정하고 실시하며 사회복지에 관한 조사 · 연구 · 교육을 통해 사회복지에 대한 시민의 참여를 촉진시키고 지역사회복지 증진과 발전에 기여하도록 한다.

4) 지역사회보장협의체

(1) 개념

지역사회복장협의체는 2015년 사회보장급여의 이용 · 제공 및 수급권자 발굴에 관한 법률 개정으로 기존의 지역사회복지협의체가 지역사회보장협의체로 변경되어 운영되고 있다. 지역사회보장협의체는 기존의 지역사회복지협의체가 수행하던 관할지역의 사회복지사업에 대한 중요사항과 지역사회복지계획을 심의하기 위한 심의 및 자문역할과 지역사회에서 민 · 관이 함께 협력하고 참여하여 지역사회 수요자의 복합적 욕구에 대응하도록 하고 있다.

(2) 사업

지역사회보장협의체는 관할지역 내의 복지사업에 대한 중요사항과 계획을 심의 · 의결 · 건의 · 자문하고 지역사회복장계획의 수립 · 시행 · 평가, 사회복지관련 기관 및 단체가 제공하는 지역사회보장서비스 및 보건의료서비스 연계 및 협력 강화, 지역사회의 주민 욕구조사, 지역 내 자원조사 등 지역복지 증진을 위해 노력하며, 지역사회보장협의체에 대표협의체, 실무협의체, 실무분과 등을 두고 업무를 수행하고 있다.

특히 지역사회보장협의체는 사회복지분야의 민 · 관 협력기구이므로 민간분야와 공공분야의 사회복지종사자 간에 소통하고 협력하며, 수요자 중심의 통합적 서비스 제공이 가능하도록 협치, 연계, 통합서비스 제공을 위해 노력하고 있다.

5) 사회적 경제

(1) 개념

사회적 경제는 이윤의 극대화를 추구하는 시장경제와 달리 사람의 가치를 우위에 두는 경제활동으로 사회구성원 간의 협력을 바탕으로 재화와 용역의 생산과 판매를 통해 사회적 가치를 창출하는 민간분야의 모든 경제적 활동으로 기존 사회서비스 개선, 취약계층 일자리 창출, 지역공동체 상생 등 다양한 사회적 가치 실현의 추구를 의미한다. 이는 유럽과 미국 등에서 협동조합, 사회적기업, 상호부조조합, 커뮤니티 비즈니스 형태로 등장하였으며, 우리나라에서는 1997년 외환위기 이후 지역의 문제해결을 위해 시작된 자활기업, 사회적기업, 마을기업, 협동조합 등으로 다양하게 출현하면서 실업 · 빈곤 등 지역의 사회문제 해결방안으로 주목받고 있다.

(2) 사업

사회적경제에는 마을기업, 사회적협동조합, 사회적기업 등이 해당되는데, 마을기업은 지역주민이 각종 지역자원을 활용한 수익사업을 통해 공동의 지역문제를 해결하고 소득 및 일자리를 창출하여 지역공동체 이익을 효과적으로 실현하기 위해 설립하고 운영하는 마을을 지칭한다(행정안전부, 2021). 협동조합기본법에 따르면 협동조합은 협동조합기본법에 의거하여 설립된 법인으로 영리법인인 협동조합과 영리법인인 사회적협동조합으로 구분되는데, 협동조합은 재화 또는 용역의 구매 · 생산 · 판매 · 제공 등을 협동으로 영위함으로써 조합원의 권익을 향상시키고 지역사회에 공헌하고자 하는 사업조직이고, 비영리법인인 사회적협동조합은 지역주민들의 권익, 복리증진과 관련된 사업을 추진하거나 취약계층에게 사회서비스 또는 일자리를 제공하는 등의 영리를 목적으로 하지 않는 협동조합을 지칭한다.

협동조합은 경제주체별 효과, 경제적 효과, 사회적 효과로 구분하는데 경제주체별 효과는 소비자의 편익 증가, 생산자의 안정적 수익 보장, 근로자의 고용 불안정 등의 경제주체의 만족도 증가이며, 경제적 효과는 소액, 소규모 창업 활성화를 통한 일자리 확대, 생산자, 소비자 직거래를 통한 유통구조 개선으로 물가안정, 협동조합 간 협력을 통한 경제 안정화이고, 사회적 효과는 취약계층에게 사회서비스와 일자리를 제공하여 기존의 복지시스템 문제 보완, 주민들의 근린서비스 제공, 민간의 맞춤형 복지서비스 제공 등이다(이경은 외, 2022: 357).

6) 사회적기업

(1) 개념

사회적기업은 영리기업과 비영리기업의 중간형태로 사회적 목적을 우선적으로 추구하면서 재화서비스의 생산과 판매 등 영업활동을 수행하는 조직이다(김양건, 2019). 사회적기업은 사회적기업육성법에 설립근거를 두고 있으며, 취약계층에게 사회서비스나 일자리를 제공해 지역주민의 삶의 질을 높이는 등의 사회적 목적을 추구하면서 재화와 서비스의 생산 및 판매 등의 영업활동을 하는 기업으로서 고용노동부 장관의 인증을 받은 기관이다.

(2) 사업

일반적 기업이 영리를 추구하며 주주나 소유자를 위해 이윤을 추구하는 것과 달리 사회적기업은 사회서비스를 제공하고 취약계층에게 일자리를 창출하는 등의 사회적 목적에 따라 조직되었다. 사회적기업은 여러 유형으로 나뉘는데 우리나라 사회적기업의 경우 예산은 주로 정부의 복지예산과 기업의 사회공헌활동 예산에 대한 의존도가 높다. 대체로 사회적기업의 유형은 일자리 제공형, 사회서비스 제공형, 지역사회 공헌형, 혼합형, 창의혁신형으로 나누어진다(한국사회적기업진흥원, 2021).

introduction to social welfare

CHAPTER

09

사회복지실천이론은 무엇인가요?

1. 사회복지실천의 개념
2. 사회복지실천지식의 차원과 개념
3. 사회복지실천관점에 대한 이해
4. 사회복지실천의 통합적 접근
5. 사회복지실천의 관계
6. 사회복지실천의 면접
7. 사회복지실천의 과정

Chapter 09

사회복지실천이론은 무엇인가요?

1 사회복지실천의 개념

사회복지실천은 사회복지사의 실천적 의미가 강조된 개념으로서, 사회복지의 협의의 개념이다. 사회복지실천은 전통적 3대 방법론, 즉 개별사회사업, 집단사회사업, 지역사회조직의 사회사업방법론으로 개인, 집단, 가족 및 지역사회 등을 대상으로 하는 전문적 서비스 활동이다(김형태 외, 2013: 140). 미국 사회복지사협회(National Association of Social Workers: NASW)에서는 사회복지실천의 개념정의를 '개인, 집단 또는 지역사회가 사회기능(social functioning)을 향상시킬 수 있는 자신들의 능력을 회복하거나 증진시키고, 자신들의 목표달성을 위한 사회조건을 창조하도록 돕는 전문적인 활동'(NASW, 1973)으로 내리고 있다. Zastrow(1992)는 '개인이나 집단문제를 최소화하고 문제발생의 잠재적 요소를 파악하여 사전에 문제를 예방하는 것'이라고 설명하였다(김형태 외, 2013: 140에서 재인용). Dolgoff(1997) 등은 '인간복지(human well-being)의 향상, 빈곤과 억압의 경감, 그리고 최상의 삶의 질(quality of life)의 향상을 위해 업무를 수행하는 전문직'이라고 사회복지실천을 규정하고 있다.

1998년 사회복지사업법 시행령과 시행규칙 개정 당시 한국사회복지사협회가 사회복지교육 필수과목으로 사회복지실천론을 채택함으로써 공식적인 용어로 채택되었다. 그러나 오늘날은 인간의 다양한 욕구와 사회문제가 발생함으로써 하나의 특정한 사회사업방법론으로는 효과적으로 대응하기 어려우므로 3대 방법이 아닌 일반적(general) 또는 통합적(integrated)인 관점의 사회복지실천으로 변화하고 있다(정무성 외, 2013: 154). 사회복지실천은 인간이 지닌 사회적 문제와 사회적 기능수행상의 어려움을 개별적, 집단적, 조직적, 지역사회적으로 도움을 제공하여 사회문제를 해결하기 위한 사회사업의 통합방법 중 하나라고 할 수 있다. 따라서 사회복지실천의 노력의 핵심은 사회적 기능수행상의 문제를 중심으로 사회복지사와 대상자가 함께 활동하는 것이다(김융일 외, 2000).

2014년 세계사회복지사연맹(International Federation of Social Workers: IFSW)과 세계사회복지대학협의회(International Association of Schools of Social Work: IASSW)는 사회복지실천을 다음과 같이 정의하고 총회에서 승인하였다.

"사회복지실천(social work)은 사람(people)과 구조(structures)가 맞물려 관계를 맺은 상태에서 삶의 도전(life challenges)을 다루고 복지(wellbeing)를 함양"하는 것이다. 그러면서 사회정의(social justice), 인권(human rights), 공동책임(collective responsibility) 그리고 다양성에 대한 존중(respect for diversity)의 원칙들이 사회복지실천의 핵심이라고 강조하였다. 또한 사회복지실천은 사회변화와 개발(social change and development), 사회적 결집(social cohesion) 그리고 인간해방(human liberation)과 임파워먼트(empowerment)를 증진시키는 전문직이자 학문분야이며 실천이라고 하였다(양옥경 외, 2018: 33-34). 이러한 내용은 사회복지실천이 향후 지향해야 할 방향성을 제시하고 있다.

따라서 사회복지실천은 정부의 제도 안에서 개인, 집단, 지역사회를 대상으로 이들의 욕구와 문제를 해결하기 위해 행하는 전문적인 활동이라고 정의할 수 있으며 사람의 삶의 질 향상을 위해 사회복지사가 개인, 소집단, 가족, 지역사회 문제 및 욕구에 권한부여적, 문제해결접근방법으로 개입하는 종합적 전문활동이라고 할 수 있다.

2 사회복지실천지식의 차원과 개념

사회복지실천을 잘 수행하기 위해서는 실천지식체계 구조를 잘 이해하는 것이 중요하다. 실천지식(social work knowledge)은 실천에 영향을 주는 구체성의 정도에 따라 패러다임, 시각, 이론, 모델 등의 형태로 구분될 수 있는데 각각의 개념은 다음과 같다(김혜란 외, 2010: 17-23).

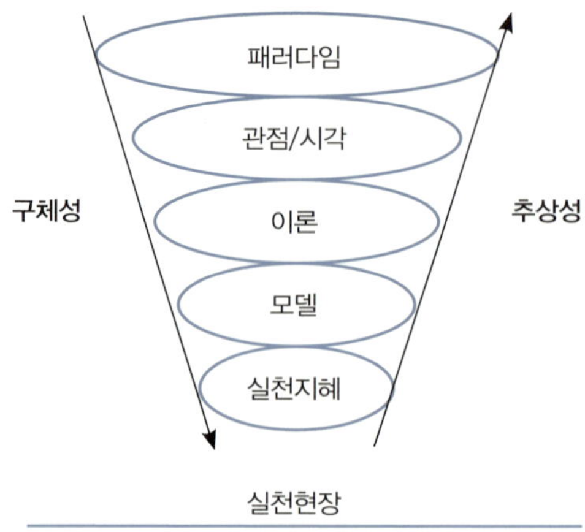

그림 9-1 사회복지지식의 구성수준

출처: 김혜란 외(2010). p. 18.

(1) 패러다임(paradigm)

Thomas Kuhn의 『과학혁명의 구조(The structure of scientific revolution)』(1962)라는 책에서 처음 제시된 패러다임의 개념은 추상적인 수준의 개념적 틀로서, 세계관과 현실에 대한 인식의 방향을 결정한다. 사회의 주도적인 패러다임은 학문의 인식론적 변화와 역사적 흐름, 사회의 분위기, 사상적 조류, 정치적 사건 등에 영향을 받는다.

(2) 관점/시각(perspective)

관점/시각은 개념적 준거틀(conceptual framework)로서 관심영역과 가치, 대상들을 규정하는 사고체계다. 사회복지실천의 관점은 다양한 이데올로기적인 스펙트럼을 반영하면서 보수주의적인 관점으로부터 급진적 관점에 이르기까지 다양하게 구성된다.

(3) 이론(theory)

이론은 특정현상을 설명하기 위한 가설이나 개념, 의미의 집합체이다. 현실을 구조화하고 객관화하는 과정 속에서 추상적 수준의 관점은 한 단계 구체적인 이론이 되는데, 상위수준의 관점에서 다루는 내용을 조작화하고 경험적으로 검증하는 작업을 거쳐 지식의 주관성은 줄고 동시에 부여된 의미에 대한 사회적 이해와 보편성은 커지게 되는 것을 의미한다.

(4) 모델(model)

모델은 일관된 실천활동의 원칙과 방식을 구조화시킨 것으로서, 실천과정에 직접적으로 필요한 기술적 적용방법을 제시하는 것이다. 생태체계론자인 마이어(Meyer, 1983)는 다양한 실천모델의 분석적 이해와 선택적 활용을 위해서 각 모델들의 특성을 비교하는 분석틀(A Framework for Analysis of Practice Models)을 제시하고 있다.

(5) 실천지혜/직관/암묵적 지식

실천지혜(practice wisdom) 또는 직관(intuition)/암묵적 지식(tacit knowledge)은 실천현장에서 귀납적으로 만들어진 지식의 종류로서 의식적으로 표현하거나 구체적으로 명시할 수 없는 지식이다. 이들은 개인의 가치체계와 경험으로부터 얻어진다.

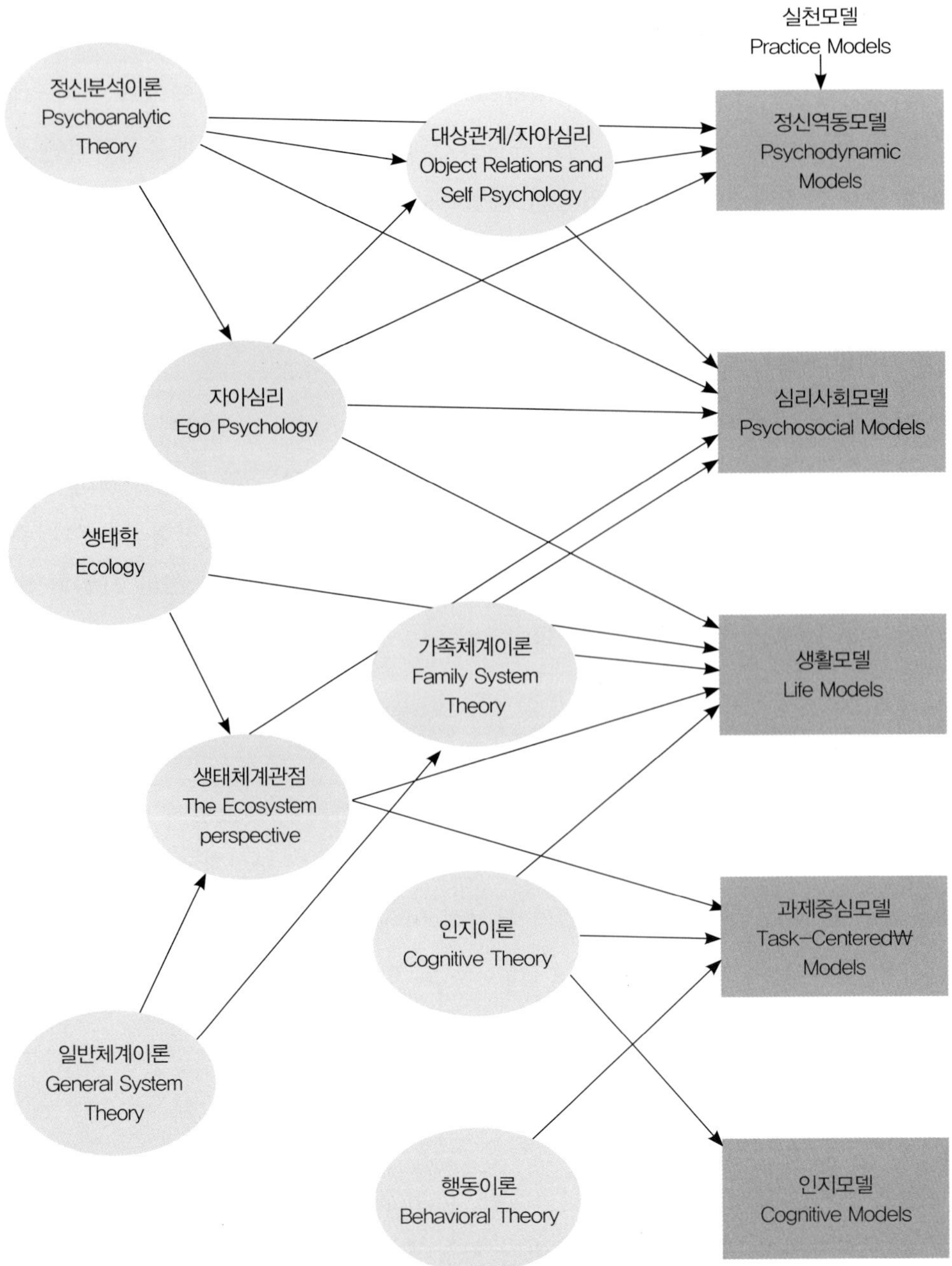

그림 9-2 실천모델의 이론적 관계

출처: 김혜란 외(2010). p. 21.

3 사회복지실천관점에 대한 이해

이 장에서는 사회복지실천관점으로 이해될 수 있는 다양한 관점에 대해 알아보도록 한다. 사회복지실천의 기본틀인 PIE를 비롯하여 일반체계, 생태체계, 강점, 비판주의, 포스트모더니즘, 사회구성주의, 다문화, 성인지, 증거기반실천관점 등을 살펴봄으로써 사회복지실천관점에 대한 종합적이고 통합적인 틀을 갖출 수 있도록 하였다.

1) 사회복지실천의 기본틀: 환경 속의 인간

환경 속의 인간(Person In Environment: PIE)은 사회복지실천 방법의 초기 모델이라 할 수 있는 Richmond(1917)의 『사회진단(Social Diagnosis)』 속에 이미 함축되어 있던 개념으로, 1950년대 이후부터 사회복지실천의 개념틀로 확실히 자리잡기 시작하였다(Compton & Galaway, 1999). Gordon(1969)은 환경이 제공하고 있는 자원과 개인이 갖고 있는 욕구나 성장 잠재력과의 조합을 이루어내는 것이 사회복지사 활동의 초점이라고 하였으며, Bartlett(1970)은 모든 사회복지실천의 공통기반은 개인과 환경(person & environment)에 대한 이중초점이라고 하였다. Germain과 Gitterman(1980)도 『사회복지실천 생활모델(Life model of social work practice)』에서 개인변화와 사회개혁이라는 두 가지 측면에 동시에 개입하는 사회복지실천의 전통을 통합하여 이어갈 것을 주장하였다. 미국사회복지사협회(National Association of Social Workers, 1981: 6)의 실천헌장에서는 "사회복지실천의 목적은 모든 사람의 삶의 질을 향상시키기 위해 개인과 사회 사이의 상호 유익한 상호작용을 증진시키거나 복구시키는 것이다"라고 하여 이러한 목적을 달성하기 위해 사회복지사는 "첫째, 개인과 개인 주변 환경의 타인 사이의 상호작용을 촉진한다. 둘째, 개인이 자신의 능력을 확대시키고 자신의 문제해결 및 대처능력들을 향상시킬 수 있도록 도움을 제공한다. 셋째, 사회 및 환경과 관련된 정책에 영향을 준다"라고 하였다(엄명용 외, 2018: 179-180).

1990년대 초에 사회복지계에서는 환경 속의 인간(Person In Environment: PIE)의 시각에서 문제를 분류할 수 있는 체계를 개발하였다(Karls & Wandrei, 1992; 엄명용 외, 2018: 182-183 재인용). 이러한 PIE 체계는 개인과 환경 모두에 초점을 두고 활동하는 사회복지실천에 부합되는 문제 분류 체계를 갖기 위한 사회복지 전문직 노력의 결과이며 개인의 역할 기능 수행과 아울러 개인 주변으로부터의 지지 상황 모두를 고려하여 문제를 분류하는 체계이다. PIE는 기본적으로 다음의 네 가지 축으로 구성되어 있다.

(1) 제1축(Axis Ⅰ): 사회기능상 문제(Social functioning Problems)

첫 번째로 클라이언트가 호소하는 문제가 네 종류의 사회역할군(가족역할, 기타 대인관계상 역할, 직업상 역할, 특수상황하 임시 역할) 중 어떤 역할상의 어려움에 해당되는지를 가려낸다. 두 번째로 앞서 분류한 역할 속성의 유형(총 9가지, ① 힘의 남용, ② 모호함, ③ 책임문제, ④ 의존문제, ⑤ 상실(loss)문제, ⑥ 고립문제, ⑦ 피해, ⑧ 혼합형, ⑨ 기타 유형)을 판단한다. 세 번째로 역할 수행상 문제의 심각성 정도(① 문제없음: 개입 불필요, ② 심각성 낮음: ct는 못 알아차리나 사회복지사는 알아차릴 수 있음. 개입이 권장되나 꼭 필요하지는 않음, ③ 간 심각함: ct의 기능에 영향을 주지만 스트레스 수준이 ct의 일반적 사회 기능 수행에 손상을 줄 정도는 아님. 개입이 도움이 될 것임, ④ 심각함: 문제가 일상생활에 급격한 변화를 초래하고 있지 않으나 ct는 분명 스트레스를 경험하고 있음. 조기 개입이 필요함, ⑤ 매우 심각함: ct의 주요 또는 여러 영역의 사회역할 기능 또는 환경에 변화가 옴. 즉각 개입이 요청됨, ⑥ 마비상태: 급작스러운, 부정적 변화로 인해 개인이 통제할 수 없는 아주 파괴적인 상황에 처함. 즉각적이고 직접적인 개입이 요청됨)를 판단한다. 네 번째로 문제의 지속기간(① 5

년 이상, ② 1~5년, ③ 6개월~1년, ④ 1~6개월, ⑤ 2~4주, ⑥ 2주 이하)을 알아낸다. 마지막으로 개인의 대처 능력(① 뛰어난 대처 능력, ② 평균 이상의 대처 능력: 보통의 사람에게서 요구되는 종합 대처 능력보다 우위에 있음, ③ 적절한 대처 능력, ④ 다소 부적절한 대처 능력: 대체적으로는 문제해결 능력을 갖고 있으나 눈앞의 문제를 해결하기 위해 독립적으로 행동하고 자신의 내적 의지, 통찰력 또는 지적 능력을 사용하는 데 어려움을 겪고 있음, ⑤ 부적절한 대처 능력: 문제해결 능력을 다소 갖추고 있으나 눈앞의 문제를 충분히 해결하지 못하며, 독립적으로 행동할 수 있는 능력이 약하며 최소한의 내적 의지, 통찰력, 지적 능력 등을 갖고 있음, ⑥ 대처 능력 없음: 문제해결에 필요한 능력을 아주 적게 갖고 있으나 거의 갖고 있지 않음. 독립적으로 행동할 능력을 결여하고 있음 불충분한 내적 의지, 통찰력, 지적 능력을 갖고 있음)을 판별하여 기록한다.

(2) 제2축(Axis II): 환경상 문제(Environmental Problems) 물리적 · 사회적 맥락

첫 번째로 클라이언트가 경험하고 있는 문제 속에서 확인되는 환경체계 문제를 가려낸다. 6가지 환경체계로 ① 경제/기초욕구체계, ② 교육/훈련체계, ③ 사법/법률체계, ④ 건강, 안전, 사회서비스체계, ⑤ 자발적 참여 조직체계, ⑥ 정서지원체계가 있다. 두 번째로 해당 사회체계가 갖고 있는 구체적 문제 유형들을 상황에 따라 자유롭게 기술한다. 세 번째로 문제의 심각성과 문제의 지속기간을 기준에 따라 판단하여 기술한다.

(3) 제3축(Axis III): 정신건강상 문제(Mental Health Problems)

2014년부터 DSM-5의 임상적 증상들로 해당 정신건강상의 문제를 적으면 된다.

(4) 제4축(Axis Ⅳ): 신체건강상 문제(Physical Health Problems)

국제질변분류체계(ICD)를 기준으로 의사에 의해 진단된 질병명이나 상태 또는 환자나 타인이 보고하는 기타 신체건강상 문제를 기록하면 된다.

PIE의 제1축과 제2축은 사회복지실천 전문가들에 의해 개발된 고유의 축이며 PIE의 제3축은 DSM-Ⅳ의 제1축(임상적 증상들)과 제2축(성격 및 발달상 장애들), PIE의 제4축은 DSM-Ⅳ의 ICD-9(International Classification of Diseases-9: 국제질병사인분류 9차 개정판)를 빌려와 그대로 사용하는 것이다(엄명용 외, 2018: 183-186).

2) 일반체계관점

일반체계관점은 개인과 환경의 어느 한쪽이 다른 한쪽에 일방적으로 영향을 끼치는 것이 아니라 양자가 모두 원인인 동시에 결과인 상호적 원인관계(reciprocal relationships)로 형성된 전체로 파악하는 것이다. 즉 개인과 사회의 문제를 원인-결과의 관계로 해석하기보다는 상호 연결된 전체로 파악한다. 주요 개념은 다음과 같다(엄명용 외, 2018: 196-200).

먼저 체계(system)란 상호 의존적이며 상호 영향을 주고받는 부분들로 구성되어 있는 전체를 의미한다. 이런 맥락에서 체계의 속성은 '전체는 각 부분들의 합보다 크다'로 정의될 수 있다. 따라서 체계를 구성하고 있는 부분 간 상호작용의 독특성이 체계의 특성을 만들어낼 수 있다. 체계는 끊임없이 변화하는 전체로 간주되는데 비교적 안정된 구조를 유지하려는 체계의 속성을 항상성(homeostasis)이라 하며, 비교적 정형화된 행동방식을 체계가 갖고 있는 규칙성(rules)이라고 한다.

체계는 경계(boundary)를 갖고 있는데 경계는 명확성(clarity), 투과성(permeability), 유연성(flexibility) 등의 속성을 갖고 있다. 또한 체계가 갖고 있는 경계의 속성에 따라 개방체계와 폐쇄체계로 나눌 수 있다. 개방체계는 투과성이 높은 경계를 갖고 있는 체계이다. 개방체계 내부에서는 구성요소 간의 질서가 증가하며 구성요소 나름대로의 다양성이 증가하여 각자의 잠재적 능력이 최대한 발휘될 수 있다. 체계의 조직과 질서를 유지시키는 힘, 조직이 살아 움직이며 발달하게 하는 힘이 작용하고 있는 상태를 부적 엔트로피(negative entropy) 또는 네겐트로피(negentropy) 상태라고 한다. 성장이 왕성한 체계는 비교적 명확하면서도 반투과적(semipermeable)인 경계를 갖고 있으면서 동시에 그러한 경계를 유연성 있게 유지하기 위한 장치들을 갖고 있다(Compton & Galaway, 1999, 엄명용 외, 2018: 197 재인용).

폐쇄체계는 다른 체계와 상호 교류가 없는 체계이다. 정보나 에너지의 투입 또는 산출이 거의 없어 폐쇄체계 내 구성원들은 시간이 지남에 따라 점차 동질성을 띠게 된다. 따라서 체계 내의 조직 구성 및 그 기능이 쇠퇴하게 되는데 이러한 상태를 엔트로피(entropy) 상태라고 한다. 이러한 상태가 지속되면 조직은 결국 소멸된다.

상위 및 하위 체계는 상대적인 개념이다. 어떤 한 체계가 동시에 상위체계와 하위체계가 되는 현상을 홀론(holon)이라고 한다. 이러한 현상으로 어떤 한 체계는 하위체계를 대표하는 동시에 상위체계의 영향을 받는다. 체계는 내부적으로 끊임없이 변화하고 움직이면서 질서를 유지하고 구조를 안정시키는 경향이 있는데 이러한 상태를 역동적 평형상태(dynamic equilibrium)라고 부른다.

체계는 자신의 목적에 견주어 외부 정보에 의미를 부여하고 우선순위를 설정해 적절한 행위를 산출해 냄으로써 자신의 목적을 달성하게 된다. 이때 피드백(feedback)이 발생되는데 피드백이란 일련의 정보 투입이 일어나는 의사소통 장치로서 체계는 피드백을 통해 새로운 행위를 산출하거나 기존의 행위를 수정하는 자기조절적 행위(self-adjusting behaviors)를 통해 자신의 목적을 달성하게 된다. 기존의 행위를 수정하는 방향으로 가해지는 피드백을 부정적 피드백이라

하고, 기존의 행위를 강화하여 현재의 행위가 지속적으로 더 많이 발생하도록 하려는 목적으로 가해지는 피드백을 긍정적 피드백이라 한다(엄명용 외, 2018: 199-200).

3) 생태체계관점

Bronfenbrenner(1979)는 인간발달 과정을 분석하는 가운데 체계론적 관점을 확대하여 '생태적 체계(ecological system)'라는 용어를 사용하였고, 이 용어는 Germain과 Gitterman(1980)이 생활모델(life model)이라는 사회복지실천 모델을 제시하며 생태체계모델(eco-systemic model)을 도입하면서 사회복지실천에 자리잡게 되었다(엄명용 외, 2018: 204).

생태체계적 관점은 체계적 관점과 생태적 관점이 합성된 것이다. 생태학적 관점은 인간과 인간의 주변 환경 간의 상호작용, 상호 의존성 또는 역동적 교류와 적응을 중시한다. '환경 속의 인간'을 중시하는 것은 궁극적으로 생태체계적 관점에서 조망하는 것이고, 사회문제를 다루면서 개인, 환경, 개인과 환경 간의 상호적 관계 모두에 동시적인 초점을 두는 것이다(Germain & Gitterman, 1995; 김성천 외, 2018: 245).

생태체계 관점에 내포된 개념 중 중요한 것이 '적응(adaptation)'이라는 개념이다. 생태체계 관점에서 말하는 적응이란 '개인 대 환경의 적절한 결합(person: environment fit)'을 의미한다(Germain & Giterman, 1995: 817, 엄명용 외, 2018: 205 재인용). '적합(fit)'이란 개인 또는 집단의 욕구, 권리, 목적, 능력 등과 개인이나 집단이 처한 문화적 · 역사적 맥락 속에 존재하는 물리적 · 사회적 환경의 성질 및 그 운영 상황 사이의 맞물림 상태, 즉 개인적 욕구와 사회적 요구 또는 자원 사이의 조화와 균형 정도를 의미한다. 적응과정은 인간이 인간과 환경 간의 적합도를 유지하거나 향상시키기 위해 지속적으로 동원하는 변화 지향적인 인지, 감각, 지각, 행동적인 노력의 과정을 의미한다(엄명용 외, 2018: 206).

생태체계관점에서는 다양한 체계수준에서 이뤄지는 개인들과의 관련성을 강조한다. 이를 Bronfenbrenner는 생태학적 환경이라고 규정하고 이러한 체계들 사이에 위계질서가 존재한다고 보았다. 이때 각각의 체계는 경계가 있으며 자율성을 가지고 다른 체계와 긴밀한 상호작용을 하는데 사회체계는 다음의 4체계로 구성된다(양옥경 외, 2018: 132).

미시체계(microsystem)는 가족과 같은 직접적인 환경 내에서의 활동, 역할 그리고 대인관계 유형을 말한다. 중간체계(mesosystem)는 학교 및 가족, 이웃, 종교단체처럼 개인과 긴밀하게 직접 상호작용하는 두 가지 이상의 환경 사이에서 일어나는 과정과 관련성을 의미한다. 외체계(exosystem)는 외부환경이 영향을 미치는 과정 및 관련성으로 '부모의 직장'과 같이 개인과 직접 상호작용을 하지는 않지만 개인의 생활에 간접적 영향을 미치는 체계이다. 거시체계(macrosystem)는 사회제도, 문화, 환경과 같은 더욱 광범위한 사회적 맥락을 의미한다.

인간과 환경은 지속적인 상호작용과 상호교환을 통해 서로에게 영향을 미치는데, 이러한 호혜적인 상호작용에 따라 체계는 동등종결과 다중종결의 특징을 갖는다(최혜지 외, 2014: 124). 동등종결(equifinality)은 각 체계들의 초기 상황이 각각 다를지라도 다른 체계들과 교류하면서 결국에는 동일한 상태 또는 동일한 결과나 목적을 이끌어 낼 수 있음을 말한다. 다중종결(multifinality)은 각 체계들이 유사한 상황에서 시작하였더라도 체계 내 부분들 간의 상호작용 양상, 체계외부와의 상호작용 양상에 따라 서로 다른 최종 상태를 가져올 수 있음을 말한다.

생태체계관점은 사회복지실천과정에서 개입의 중요한 준거틀이 될 뿐 아니라 클라이언트의 현재 상황을 체계적 · 전체적 시각에서 사정하는 효율적인 사정도구의 역할을 하나, 이러한 체계의 사정은 주로 사회적 관계망 분석, 가계도, 생태체계도 등으로 활용된다(양옥경 외, 2018: 134).

표 9-1 생태체계 개입틀

질문	정의
초점체계 확인하기	생태체계 분석이 초점을 두는 체계 확인하기. 이때 체계는 클라이언트 체계 자체 혹은 클라이언트의 내 · 외적인 체계 모두 가능
체계내부 확인하기	초점체계 내의 구조, 상호작용, 생심리사회적(bio-psychosocial) 차원, 문화적 특징 탐색하기
체계외부 확인하기	초점체계의 환경적 맥락 안에서 자원 파악하기
체계내외부의 연계 확인하기	초점체계와 환경적 자원체계 간의 관계 검토하기
시간에 따른 체계의 이동 확인하기	초점체계의 발달과정 변화 관찰하기

출처: 양옥경 외(2018). p. 134 재인용.

4) 강점관점

Saleebey(2009a: 1; 김성천 외, 2018: 250-251 재인용)는 강점관점을 "클라이언트가 갖고 있는 목적이나 꿈을 실현하게 하거나 클라이언트 자신의 다양한 문제로부터 벗어나도록 돕는 사회복지실천활동의 전 과정에서 사회복지사가 클라이언트의 강점과 자원을 발견하고 드러내어 묘사, 탐색, 활용하려는 총체적인 노력"이라고 정의했다.

Saleebey는 강점의 개인적 요소를 C, P, R로 시작되는 것으로 제시하고 그것을 C-P-R로 표기하였다. 알파벳 C로 시작되는 요소는 경쟁력(Competence), 역량(Capacities), 용기(Courage) 등이다. P로 시작되는 요소는 희망(Promise), 가능성(Possibility), 긍정적 기대(Positive expectation), 잠재력(Potential) 등이다. R로 시작되는 요소는 복원력(Resilience), 비축된 힘(Reserves), 자원(Resources), 정보력(Resourcefulness) 등이다.

표 9-2 병리중심 관점과 강점중심 관점의 비교

병리(pathology) 중심	강점(strength) 중심
개인을 '사례', 즉 진단에 따른 증상을 가진 자로 규정한다.	개인을 독특한 존재, 즉 강점 및 기질, 재능, 자원을 가진 자로 규정한다.
치료의 초점이 문제에 있다.	치료의 초점이 가능성에 있다.
클라이언트의 진술은 전문가에 의하여 재해석되어 진단에 활용된다.	클라이언트의 진술은 그 사람을 알아가고 평가하는 중요한 방법 중 하나이다.
사회복지사는 클라이언트의 진술에 대하여 회의적이다.	사회복지사는 클라이언트의 진술을 인정한다.
어린 시절 상처는 성인기의 병리를 예측할 수 있는 전조이다.	어린 시절의 상처는 개인을 약하게 할 수도 있고 강하게 할 수도 있다.
치료의 핵심은 실무자에 의해 고안된 치료 계획이다.	치료의 핵심은 개인, 가족, 지역사회의 참여이다.
사회복지사는 클라이언트 삶의 전문가이다.	개인, 가족, 지역사회가 클라이언트 삶의 전문가이다.
개인적 발전은 병리에 의해 제한된다.	개인적 발전은 항상 개방되어 있다.
변화를 위한 자원은 전문가의 지식과 기술이다.	변화를 위한 자원은 개인, 가족, 지역사회의 장점, 능력, 적응기술이다.
돕는 목적은 행동, 감정, 사고, 관계의 부정적인 개인적 · 사회적 결과와 증상의 영향을 감소하는 것이다.	돕는 목적은 그 사람의 삶에 함께하며 가치를 확고히 하는 것이다.

출처: Saleebey(1996), pp. 296~306; 양옥경 외(2018), p. 138 재인용.

강점관점 실천의 원리들을 엄명용 외(2018: 227-230)는 6가지로 정리하고 있다. 첫째, 모든 개인 · 집단 · 가족 · 지역사회는 강점을 갖고 있다는 것이다. 둘째, 외상, 학대, 질병 또는 그 밖의 힘겨운 삶들은 클라이언트 인생에 상처가 될 수 있지만 이들은 동시에 도전과 기회의 원천이 될 수 있다. 셋째, 성장과 변화의 상한선은 없다는 전제하에 개인 · 집단 · 지역사회가 원하는 바를 진지하게 받아들인다. 넷째, 사회복지사와 클라이언트의 협동 작업이 이루어질 때 클라이언트에게 최선의 도움이 주어질 수 있다. 다섯째, 모든 환경은 자원으로 가득 차 있다. 여섯째, 강점관점은 가족, 이웃, 지역사회, 국가 및 문화를 아우르는 사회적 관계를 잇는 맥락힘줄의 강화를 통해 사회적 보살핌을 구현하고자 한다. 이러한 원칙하에 Saleebey(2009b: 102-103; 엄명용 외, 2018: 230-232 재인용)는 생존(survival) · 지지(support) · 예외(exception) · 가능성(possibility) · 존중(esteem) · 장래(prospective) · 변화(change) · 의미(meaning) 등 8가지 질문의 유형을 소개했다.

5) 비판주의

김성천 외(2018)에 따르면, 비판주의 사회복지는 협의와 광의의 역사적 변천 과정을 통해 이해할 수 있다(김성천 외, 2018: 252-255). 먼저 협의의 비판적 사회복지는 1970년대 등장하였던 진보적 정치적 입장에 기반을 두고 사회복지사와 서비스 이용자가 볼 때 부당하며 착취적이라고 생각되는 다양한 환경을 사회의 억압적 측면에 대한 구조 분석으로 연결하여 설명하고 이를 변화시키고자 하였다. 따라서 협의의 사회복지실천의 기원은 19세기 이래 사회주의 혹은 좌파의 정치적 급진사상을 의미하는 것으로 광범위한 정치적 운동과 함께한 마르크스주의 정치철학과 사회학에서 유래되었고 이는 사회복지실천에 영향을 주어 급진사회복지실천(radical social work)을 태동시켰다.

1930년대 미국 사회복지실천에서 클라이언트를 둘러싼 환경과 사회개혁을 중시하게 되어 Adams의 인보관운동 그리고 뉴딜정책 시기에 나타난 랭크앤파일 운동(the Rank and File Movement) 등의 활동이 일어났다. 이 시기 급진주의의 중요한 이데올로기의 원천은 선험론(transcendentalism), 마르크시즘, 사회주의와 같은 19세기의 세속적 이상주의 철학과 종교에서 영향을 받은 것이었다.

20세기 초에는 다양한 사회운동-국내와 국제적으로 업종 노동자조합주의, '1세대(first-wave)' 페미니즘, 평화주의 등과 깊은 관련을 맺었다.

1960년대 급진주의는 다시 부활하여 사회복지실천에서 사회적 맥락을 주요한 의제로 만들었고, 사회경제적 구조와 역사적 조건들이 개인의 경험에 영향을 미치는 것에 관심을 갖게 하여 강력한 사회개혁을 요구하게 되었다(Fook, 2007; 김성천 외, 2018: 253 재인용).

1970년대에는 전문사회복지실천에 대한 비판이 나타나기 시작하였다. 급진사회복지사들은 전문사회복지사가 클라이언트의 이익보다는 자신들의 이익을 보다 중시하며 사회복지서비스를 클라이언트를 통제하는 도구로 활용하고 있다고 비판하였고, 사회복지전문직 내부에서도 개별사회사업이 '희생자를 비난'하고 문제의 원인을 사회구조로 보기보다 개인에게 돌리려 한다는 비판을 제시하게 되었다(Fook, 2007: 5-6; 김성천 외, 2018: 254 재인용). 1970년대부터 급진주의는 인도주의와 평등주의사회 구현을 위해 계급주의, 인종주의, 젠더차별주의를 없애자는 목표를 갖게 되었으며, 이는 페미니즘의 확산, 인종차별주의와 성차별주의를 막기 위한 입법, 장애와 성적 취향의 자유, 노인에 대한 반차별-반억압 접근 등으로 확산되었다(Thompson, 2001; 김성천 외, 2018: 254 재인용).

1980년대 급진주의는 영국의 대처리즘과 미국의 레이거노믹스의 보수화 물결로 또다시 쇠퇴를 맞게 되었으나 집권한 영미의 보수주의 정권들의 실정으로 인한 불평등 문제의 심화로 재조명되고 새로 부각되었으며 다양한 성격의 급진주의로 분화되어 발전하게 되었다. 그러나 1990년대 초반의 사회주의 몰락으로 급진주의 운동에 대한 저항감이 약화되었다.

이에 반하여 광의의 비판적 사회복지실천은 협의의 접근에 비해 사회복지사가 인간의 존재를 다루는 데 비판적이고 성찰적이어야 한다고 주장한다. 비판적 성찰 활용이론(critical reflection using approach) 도입의 필요성을 강조하는 Payne(2001)은 클라이언트의 강점과 회복능력을 인정하고 자원 제공에 있어서 부적절함을 밝히는 대안의 발견을 강조하였다(김성천 외, 2018: 254 재인용).

광의의 접근은 협의의 접근과는 달리 현대사회의 억압체제에 대한 구조적 분석을 일련의 전투적 활동과 더불어 변화에 대한 참여나 저항과 결합하지는 않는다. 따라서 효과적인 개입방법에 필수적인 속성과 특성에 대해 보다 융통적인 입장을 견지하면서 구조적인 요인만을 강조하지 않고 사회복지사와 클라이언트의 잠재력을 극대화할 수 있는 최선을 실천을 모색하고자 한다. 그러므로 기존의 사회복지제도와 실천이 더 나은 발전에 대한 장애물이라고 인식하고는 있지만 현행의 민주주의 형태의 정치규칙을 유지하는 데 이의를 제기하지 않는다(김기덕 외, 2012: 135; 김성천 외, 2018: 255 재인용).

6) 포스트모더니즘

포스트모더니즘이란 개념은 19세기 중엽에 확립된 서구 세계의 합리주의가 붕괴되면서 대두한 새로운 역사적 시기를 기술하기 위한 표현이었으며, 1960년대 예술과 문학 분야에서 시작된 수많은 논쟁 속에서 새로운 문화운동 또는 문화정책학으로 부상하여 이념운동의 측면으로 자리잡으면서 새로운 사회질서가 되었다. 1980년대에는 새로운 사상으로서 유럽을 휩쓸게 되었다(김성천 외, 2018: 256).

포스트모더니즘 이후 사회복지실천은 개별 클라이언트의 다양성을 인정하고 낙인이나 타자화의 경향을 줄이게 되는 관점이 자리를 잡게 되었다. 포스트모더니즘이 사회복지실천에 미친 실천적 함의는 다음과 같이 세 가지로 정리될 수 있다(김성천 외, 2018: 256-257).

첫째, 포스트모더니즘적 접근은 사회복지사들이 클라이언트가 직면하고 있는 문제를 다양한 관점에서 볼 수 있다는 사실을 인식하게 하고, 그러한 다양한 관점을 탐색하도록 장려한다. 또한 비합리성의 중요성을 더 가치 있는 것으로 강조하고 합리적 이론이 채택하고 있는 이분법적 논리를 거부한다. 이를 통해 사회복지실천은 기존의 인간, 문화 그리고 문제에 대한 이해에 다른 관점을 갖게 한다. 포스트모더니즘 시대에는 각 개인을 이해하기 위해 사회적 의미, 인간의 관계성, 해석과 통찰이 중요해진다.

둘째, 사회복지실천을 전개하는 데 클라이언트가 속한 문화적 맥락을 이해하고 인정하는 것이 무엇보다 중요함을 강조하고 있다. 따라서 포스트모더니즘에서 인간의 문제는 문제 그 자체로 존재하지 않는다. 여기서 문제란 개인의 삶 자체가 아니라 삶에서 읽힌 그들의 담론으로 보고 언어나 영역 안에 인간의 문제가 존재하는 것으로 보고 있다. 이러한 맥락하에서 사회복지사는 클라이언트의 문제를 해결하는 데 자신만의 특권적 지식을 가지고 있다고 전제해서는 안 되며, 클라이언트와의 관계가 권력적이지 않은 협력적 관계가 형성될 수 있도록 강조하고 있다(고미영, 2005; 김성천 외, 2018: 256 재인용).

셋째, 가치, 신념 및 이해관계의 다양성이나 특수성을 강조하는 새로운 사회복지실천방향을 제시할 수 있다. 포스트모더니즘은 기존에 위계적 대립에 의존했던 범주에 따른 분화와 배제는 보편주의에서 비롯되었다고 보고 다양한 가치와 이해관계를 중요하게 고려하며 보편적으로 인식되었던 고정관념을 지양하고 정체성과 유연한 사회관계를 포괄하는 접근상의 차이를 받아들여야 한다고 주장한다.

7) 사회구성주의

사회구성주의는 제2차 세계대전 이후 본격적으로 대두되기 시작한 포스트모더니즘 운동의 한 부분이며(Witkin, 2012; 엄명용 외, 2018: 236 재인용), 해석주의 관점에 바탕을 두었다(엄명용 외, 2018: 236). 사회구성주의는 겉보기에는 동일하게 보이는 현상이라 할지라도 사람들이 공유하는 믿음, 전통관습 등에 따라 그것이 각기 다르게 인식되고 해석될 수 있으며 우리가 창조 또는 구성해 내는 것이라는 것이 핵심 주장이다(엄명용 외, 2018: 233). 즉 의미를 구성하고 결정하는 과정에서 진위 여부나 자료에 의한 객관적 검증 등을 중요하게 고려하는 자연과학은 객관적이고 보편적 원칙을 중요하게 생각하는데, 사회구성주의는 이러한 원칙을 부정하고 과학이 사회적으로 구성되었으며 합리적 요소보다는 사회적 ·

정치적 · 경제적 · 이데올로기적 요인들이 여기에 영향을 미치고 있음을 강조한다. 따라서 실재하는 자연현상과 반대로 실제(reality)는 인간의 의식적 행동에 의해 이루어진 사회적 지식으로 간주한다(김성천 외, 2018: 257).

사회구성주의에서 사용되는 '사회적'이란 의미는 '상호 의존적 인간들의 결사체'라는 의미이다. 사람들 사이의 상호 의존은 기본적으로 인간 개개인의 행동(action)을 매개로 이루어지고 인간의 행동은 다른 사람들의 행동에 실질적인 영향을 끼침으로써 비로소 의미를 갖게 된다는 것이다. 대표적인 학자는 Gergen은 의미를 만들어 내는 데에서 사회적 상호작용이 강력한 영향을 미친다는 점을 강조한다(Nicholis & Schwartz, 2001; 김성천 외, 2018: 257 재인용). 구성주의가 사람들이 자신의 현실에 대하여 의미를 구성하는 과정에 관심을 둔 반면 사회구성주의는 의미를 구성하는 상호작용의 영향력에 초점을 둔다(송성자, 2002; 김성천 외, 2018: 258 재인용).

사회구성주의는 두 차원의 언어적 대화와 관계된다(Gergen, 1999; 엄명용 외, 2018: 239 재인용). 하나는 지식, 이성, 미덕 등 사회에서 당연시되는 것들이 애초에 어떻게 해서 형성된 것인지를 파헤치는 대화로 비판적 분석을 부추기는 대화이고, 다른 하나는 사회적으로 당연시되는 것들(지식, 이성, 미덕 등)에 바탕을 두고 만들어지고 유지되는 각종 실천 및 서비스들의 내용이 과연 괜찮은 것인지 살펴보는 대화이다.

엄명용 외(2018)는 사회구성주의 실천의 특성과 Witkin(2012)이 소개한 사회구성주의 내용을 중심으로 사회구성주의와 사회복지실천 간 연관성을 ① 대안적 의미 생성에 참여, ② 맥락 안에서 클라이언트의 믿음체계 이해, ③ 평등한 관계 안에서 대화를 통한 사회구성, ④ 사회복지사와 클라이언트의 대화과정을 통한 개입 방안의 도출, ⑤ 다양한 의견과 가치체계를 의식하고 소중히 여긴다는 5가지로 정리하고 있다(엄명용 외, 2018: 240-244).

한편 사회구성주의 사회복지실천에 다음과 같은 함의를 제공한다(Nicholis &

Schwartz, 2001; 김성천 외, 2018: 258 재인용).

첫째, 모든 사람의 생각은 그들의 사회적 환경에 지배를 받기 때문에 모든 진리는 사회적인 구성체에 불과하다.

둘째, 사회복지사는 클라이언트로 하여금 자신의 문제를 새롭게 구성하고 문제를 개발할 수 있도록 돕는다.

셋째, 사회복지사나 클라이언트 중 어느 한쪽이 진실을 알고 있는 것이 아니기 때문에 양자가 의견을 교환하고 다른 이의 관점을 존중하는 대화가 진행되는 가운데 새로운 현실이 나타난다고 본다.

넷째, 사람은 현재의 관계에서 가장 많은 영향을 받기 때문에 일단 사회복지사가 클라이언트에게 중요한 사람으로 인식되고 문제에 대해 새로운 유용한 구성체를 창출하면 기본적인 개입이 끝난다.

8) 다문화관점

다문화주의(multicultureism)는 1965년 "The Canadian Commission on Bilingualism and Biculturalism" 보고서에서 캐나다 사회 내의 다양한 사람들을 대표하기 위해 처음 사용되었다(최혜지 외, 2014: 151). 다문화주의란 한 사회 내에 존재하는 다양한 인종이나 민족집단의 문화를 지배적인 하나의 문화에 동화시키지 않고 서로 인정하고 존중하면서 공존하게 하려는 이념체계를 말한다. 즉 모든 문화의 가치는 동등하다는 문화상대주의로서 문화적 차이에 대한 관용을 중시하는 입장이다(엄명용 외, 2018: 251).

다문화주의를 표방하기 위해서는 첫째, 인종적 · 민족적 · 문화적으로 다원화된 인구학적 현상이 있어야 하고 둘째, 사회문화적 다양성을 긍정적으로 인식하여 가치 있게 여기고 존중하려는 사회적 이념이 존재해야 하며 셋째, 사회문화적 다양성을 보호하고 인종 · 민족 · 국적에 따른 차별과 배제 없이 모든 개인이 기회에 동등하게 접근할 수 있도록 보장하는 정부의 정책과 프로그램이 존재해야 한다(엄명용 외, 2018: 252-253).

Kymlicka(1996)는 한 사회가 다문화주의를 도입하고 있는지 아닌지를 판단하는 기준으로 ① 다문화주의와 관련된 법률이 존재하는가 ② 학교교육과정에서 다문화주의를 채택하고 있는가 ③ 대중매체에서 인종적 문제를 다루고 있는가 ④ '이중적 시민권(dual citizenship)'을 허용하고 있는가 ⑤ 이주자들의 문화적 활동을 지원하는 기금이 존재하는가 ⑥ 차별받는 이주민을 위한 적극적 조치가 있는가를 꼽고 있다(엄명용 외, 2018: 255).

다문화관점의 관련된 주요 개념은 다음과 같다(최혜지 외, 2014: 155-159).

① 문화적 다원주의(cultural pluralism): 문화적 다원주의가 다문화주의와 다른 점은 다문화주의 다양한 문화의 동등성을 전제로 하는 것에 비해 문화적 다원주의는 다른 문화들에 비해 우세한 지배적 주류문화의 존재를 인정하고 나머지는 주류문화의 포용 아래에서 다양성을 인정받는다는 점이다.

② 다문화사회복지실천: Lum(2003)은 "사람들 사이에 존재하는 다양성과 차이점을 존중하고 원조관계에서 작용하는 문화적 요소를 인식하는 사회복지실천"이라고 명명하였다. 미국사회복지사협회(NASW, 1996a)는 다문화관점은 가치와 윤리, 실천 지식과 기술 및 사회복지교육과 사회변화의 추구와 같은 사회복지실천의 모든 차원에서 중요한 기반이 된다고 지적하였다(엄명용 외, 2018: 254). Sue(2007)는 클라이언트의 특성을 인식하는 데 개인적 · 집단적 · 보편적 차원을 포함하고 클라이언트의 문화적 가치관과 삶의 경험에 일치되는 원조 목표를 정립하며 치료과정에서 보편적이고 문화특수적인 전략과 역할의 사용을 옹호해야 한다고 하였다. 또한 클라이언트와 클라이언트체계의 사정과 진단, 치료 그리고 문제해결에서 개인주의와 집단주의의 균형을 이루어야 한다고 보았다(최혜지 외, 2014: 157-158). 다문

화사회복지실천은 하나의 기법이라기보다는 다양성에 대한 개방적인 시각, 사회적 소수자에 대한 인권의식, 문화적 다양성에 대한 강점중심의 시각 등을 대입하여 기존의 사회복지실천의 원리를 강화한 것이다(엄명용 외, 2018: 256). 사회복지실천은 다양성에 대한 개방적인 시각, 소수자 인권 존중, 임파워먼트 시각과 같은 가치와 전략을 다문화관점과 공유하고 있다. 다문화관점을 반영한 사회복지실천에는 인식과 지식, 기술의 측면에서 다문화역량을 갖춘 사회복지사가 필요하다(엄명용 외, 2018: 273).

③ 문화적 다양성(cultural diversity): 문화적 다양성이란 다양한 민족 집단이 자기 고유의 문화적 정체성을 보유하면서 사회와 공존하거나, 모든 사회구성원이 공유하는 문화를 보전하면서 다양한 민족 집단의 상호작용을 표방하는 것을 말한다. 또한 언어나 의상, 전통, 사회를 형성하는 방법, 도덕과 종교에 대한 관념, 주변과의 상호작용 등 사람들 사이의 문화적 차이를 포괄한다(최명민 외, 2009; 최혜지 외, 2014: 157 재인용). 보다 넓은 의미로 현존하는 문화 공동체의 독특한 특성과 표현방식의 다양성뿐만 아니라 선택과 생활양식의 다원성이라는 차원에서 문화적 다양성을 바라보는 이도 있다.

④ 문화적 유능성(cultural competency): 문화적 유능성은 "일련의 문화적 행동과 태도를 여러 문화상황에서 효과적으로 작용하도록 만드는 시스템, 기관 또는 그 전문직업의 실행방법으로 통합하는 것"으로 정의된다(Dwayne, 2007; 최혜지 외, 2014: 158 재인용). 문화적 역량, 문화적 민감성, 문화적 대응력, 문화적 수용능력과 같은 의미로 사용되며 이러한 능력은 개인과 집단에 대한 지식을 적절한 문화적 배경에 적용되는 특정 관습과 원칙으로 해석하고 통합함으로써 획득된다. 문화적 유능성을 가진 사람은 자신의 인성에 대한 강한 정체성을 가지고 있고 문화적 가치와 신념에 대한 지식이 있으며 문화적 영향에 대하여 민감성을 가지고 있다.

⑤ 다문화사회(multicultural society): 다인종 · 다문화사회 또는 다민족 · 다문화사회를 의미하는 것으로 한 사회 내에 여러 인종 또는 민족이 함께 어울려 사는 사회를 말한다(이혜경 외, 2008; 최혜지 외, 2014: 156 재인용).

⑥ 다문화가정(multicultural family): 우리 사회에 거주하고 있는 외국인 근로자, 국제결혼이주자, 북한이탈주민, 그 밖의 외국인 거주자의 가정 및 국제결혼 등을 통해서 서로 다른 인종의 상대를 만나 결합한 가정을 의미하는 말로 법률적 용어는 아니다(김범주 외, 2007; 최혜지 외, 2014: 156 재인용).

다문화사회복지실천과 관련된 이슈에 집중적으로 관심을 기술이기 시작한 것은 오래되지 않았다. 1970년대에 이르러서야 미국사회복지교육협의회에서 인종적 소수집단에 대한 개념과 이슈가 공식적으로 언급되기 시작하였으며, 이를 교육 내용 및 제도에 포함시키려는 시도를 하게 된 것이다(최혜지 외, 2014: 152). 담론적 입장에서는 다문화주의를 하나의 정책이념으로 다루고 있고, 사회복지실천의 임상적 수준에서는 어떻게 클라이언트 개인의 문화적 다양성을 이해하고 접근할 것인가에 초점을 두고 있다(엄명용 외, 2018: 254). 그러나 다문화관점이 과연 사회복지실천의 내용이 될 수 있는가에 대한 비판도 만만치 않다. Williams(2006)는 사회복지실천에서 다문화주의의 실체가 모호하다고 지적하면서 다문화주의는 오히려 사회복지실천의 윤리에 속하는 것으로서, 실천의 내용으로 보기에 적합하지 않다고 비판한다. 즉 다문화주의가 말하는 공감이나 문화적 민감성은 내용으로 증명할 수 있는 것이 아니라 통합성이나 정의와 같은 개념으로 모든 사회복지실천의 일반적 가치이며 원칙이라는 주장이다(최혜지 외, 2014: 261-262).

9) 성인지관점

성인지관점은 가부장주의 사회에서 당연시되었던 남녀불평등 구조에 반기를 들면서 양성평등을 주장하는 시각으로 여성뿐만 아니라 남성 역시 남성이라는 이유로 겪게 되는 차별과 불평등의 문제도 같이 다룬다. 따라서 성인지관점은 남녀 생물학적 · 사회문화적 경험의 차이로 인해 서로 다른 이해나 요구를 가지고 있다고 보고, 특정 개념이나 정책 및 실천 등이 특정 '성'에게 유리하거나 불리하지 않은지, 성역할 고정관념이 개입되어 있는 것은 아닌지를 검토하는 관점이다(엄명용 외, 2018: 263 재인용). 따라서 여성만의 문제를 넘어 남녀의 '사회적 성(gender)'이 관련된 제도나 정책 및 실천에 어떻게 반영되고 있으며 이것이 남녀에게 미치는 영향에 주목하고 그 개선안을 모색하는 관점이다.

성인지관점의 목표는 '여성'을 넘어선 '성 평등'에 초점을 두고 있다. 사회복지실천에서 성인지관점은 클라이언트의 삶과 사회복지실천의 현장 및 개입에서 성이 어떠한 역할을 하고 있는지에 대한 영향을 인식하고 그 영향을 고려할 수 있는 관점을 제공해준다(엄명용 외, 2018: 263).

(1) 성인지접근과 사회복시실천접근의 공통점

사회복지실천에서 중시되는 가치관인 인간의 독특성과 존엄성에 대한 강조와 개입의 초점 대상인 '환경 속의 인간'에 대한 강조는 "개인적인 것은 정치적인 것이다"라는 성인지접근과 일치하며 성인지접근에서 중시하는 역량강화는 사회복지실천에서 중요하게 강조되는 주제이다(Colins, 1986: 8-9; 엄명용 외, 2018: 268 재인용). 또한 개인과 지역사회의 관계에 대하여 관심이 있고, 개별적이거나 사회적으로 규정된 욕구의 관계에 관심이 있으며 인간의 존엄성과 자기결정의 권리에도 같은 관심을 지니고 있다(Van Den Bergh & Cooper, 1986: 3; 엄명용 외, 2018: 268 재인용).

과업중심 모델을 포함한 문제해결접근 또한 필요한 자원을 보장하려는 클라이언트의 문제해결기술의 발달을 강조하고 문제에 영향을 주는 제도적 불평등을 분석하며 개혁을 주장하는 측면에서 성인지접근과 일치하는 면이 있다.

Pincus와 Minahan(1973)의 구조적 접근과 체계적법도 일정 부분 성인지관점에 부합될 수 있다(엄명용 외, 2018: 268). 구조접근은 문제의 원인을 사회구조에서 찾으려고 하고 사회를 변화시키도록 노력하고 체계접근은 심상과 사회행동과 같이 이분법적으로 나누는 것에 반대하는데 이는 성인지접근의 전제와 유사한 것이다.

(2) 성인지관점의 사회복시실천에 대한 비판

전통적 사회복지실천에서 활용되는 관점이나 이론 및 접근 모델 등이 성(gender)을 고려하지 않기 때문에 성인지관점의 비판 대상이 되고 있다. 첫째, 사회복지실천에서 많이 활용되고 있는 Freud와 Erikson의 경우, 인간의 전 생애 과정을 발달적 관점에서 체계화하였을 때 기본적으로 남성적 관점만을 투영하였고, 여성과 남성의 경험 차이를 고려하지 않았다(Giligan, 1982; 엄명용 외, 2018: 269 재인용). Skinner와 Piaget로 대변되는 행동주의이론과 인지이론 또한 남녀 간의 차이에 대해 언급하지 않고 있다.

심리사회주의 모델도 개인에게 영향을 주는 성, 인종, 계급 등의 요인들에 대해 명확한 지적을 하지 않고(Chaney, 1987; 엄명용 외, 2018: 270 재인용) 그것들을 무시하고 있으며, 클라이언트에게 성차별주의와 다른 제도적 불평등이 영향을 주는 문제에 대해 인식하지 못하게 한다고 비판하고 있다.

성인지관점에서 볼 때 체계이론은 전통적인 성역할 분업에 기반하고 있어서 성문제를 무시하고 비인과적이고 몰역사적이라는 비판을 받고 있으며 상호작용하는 체계 간의 책임을 강조하고 추상적이고 비정치적인 특징을 지니고 있으며 체계들 간의 힘의 불균형을 인정하지 않는다는 점도 많은 비판을 받고 있다. 사회 내에 존재하는 성차의 영향을 고려하지 않으며 어느 체계든지 동등한 힘을 가지고 있으면서 상호 영향을 주고받는다는 순환적 인과론(circle causality)을 지지함으로써 힘의 불균형한 현실을 도외시한다는 비판을 받는다. 그리고 체계가 처한 역사적 · 사회적 · 정치적 · 경제적 · 문화적 맥락을 고려하지 않고 체계들이 서로 보완적으로 도움을 준다는 상보성(complementarity)의 개념을 도입함으로써 남녀 간의 불평등을 합리화시킬 뿐만 아니라 사회에서 열등한 위치에 있는 여성의 문제를 다루는 데 한계를 지니고 있다는 비판을 받고 있다(김성천, 1992: 42-44; 엄명용 외, 2018: 269 재인용).

생활모델에서도 여성주의는 '적응적 적합성'이 인간관 환경 간의 적응을 지나치게 낙관하고 있고 특히 여성과 관련해서는 권력의 역할을 평가절하하고 있으며 사회적 환경의 범위를 좁게 설정함으로써 정치사회적 맥락을 간과하고 있다고 비판하였다.

(3) 성인지실천의 원리

성인지관점은 성주류화를 통해 궁극적으로는 남녀평등을 지향하는 접근으로 성인지접근의 실천원리는 다음과 같다(엄명용 외, 2018: 270-271). 첫째, 성인지실천은 성으로 인하여 인위적으로 구분되는 거짓된 이분법을 제거하고 여성과 남성에게 규정된 지위를 재평가하며 남성과 여성의 경험의 차이를 인정한다. 또한 성과 관련된 권력을 재개념화하여 남성과 여성이라는 성정체성으로 당연히 부과되는 역할 규정에 대해 의문과 비판의식을 갖는다. 둘째, 성인지실천에서 개인적인 것은 정치적인 것으로 믿어 구조적인 차원의 변화를 더 강조하고 선호하게 되어 정치적인 운동에 집단과 지지망 연합에 적극적으로 협력할 것이다. 셋째, 클라이언트의 임파워먼트를 장려하기 위하여 의식 함양과 교육기법을 통합한다(Bricker-Jenkins & Hooyman, 1986; 엄명용 외, 2018: 271 재인용). 이의 일환으로 재명명(reframing)을 중시하며 이를 통해 현실을 재창조하고자 한다. 넷째, 과정을 결과만큼 동등하게 중시하여(Van Den Bergh & Cooper, 1986; 엄명용 외, 2018: 271 재인용) 현실에 대한 이해를 단선적이 아니라 복합적이고 역동적으로 이해하게 함으로써 현 상태를 결정론적으로 이해하지 않고 심판적인 태도를 지양하며 정상성과 일탈의 개념을 재평가할 수 있게 한다. 다섯째, 직접적 · 간접적 서비스와 같은 잘못된 이분법을 비판하고 통합적인 접근을 선호한다.

성인지관점은 그동안 사회복지실천이 간과하였던 성차별적 구조나 성으로 인하여 구속받는 클라이언트의 문제를 사회정치 및 문화적 틀과 남녀 불평등의 사회구조적 맥락에서 해석함으로써 사회복지실천의 외연을 확대해 주고 궁극적으로 사회복지실천의 적합성과 효과성을 증진시킬 것으로 기대할 수 있다(엄명용 외, 2018: 272).

10) 증거기반실천 관점

증거기반실천(evidence-based practice: EBP)은 증거기반의학(evidence-based medicine: EBM)에서 기원하고 있으며, 임상심리학과 사회복지에 큰 영향을 미쳤다(Proctor & Rosen, 2006; 최혜지 외, 2014: 207-208 재인용). 사회복지에서 증거기반실천은 실천기술 대 과학성 논쟁, 실천의 효과성에 대한 논쟁, 개입의 적절성에 대한 논쟁에 의해 관심을 받게 되었다.

증거기반실천은 실천활동에 대한 과학적 입증의 중요성을 강조하는 것으로 과학기반실천(scientifically based practice), 경험기반실천(empirically based practice), 발전적 연구와 활용(developmental research and utilization: DRU) 등의 이름으로 불리며 강조되고 있다(Whitaker, 2002; 최혜지 외, 2014: 210 재인용).

최혜지 외(2014)에 의하면 증거기반실천이란 사회복지실천의 효과성을 검증하고 있는 경험적 조사연구결과를 검토하여 이를 개입에 활용하는 실천방법이다. 사회복지사는 자신의 가치와 경험을 통해 이 방법이 실천방법으로 일반화될 수 있는 것인지, 가장 효과적인 방법인지, 최근의 경향을 보여주고 있는 방법인지 등에 대한 판단을 내리게 되며 다음과 같은 6가지 특성을 제시하고 있다(최혜지 외, 2014: 212-216).

① 증거기반실천은 권위중심적 실천에 대한 대안이다(Gambrill, 2001).
② 증거기반실천은 사회복지에서 오랫동안 강조된 실천의 효과성을 보여주고 테스트하는 것과 일치한다(Proctor & Rosen, 2006).
③ 특정한 클라이언트, 상황 등을 고려하여 입증된 결과가 증거로서 적합한 개입방법으로 활용된다.
④ 증거기반실천은 증거성, 윤리성, 적용가능성을 중시한다.
⑤ 증거기반실천은 실천가와 클라이언트 모두에게 호소하는 방법이다(Gray, 2001).
⑥ 증거기반실천으로 끝나는 것이 아니라 개입의 효과성을 모니터링하고 평가할 수 있다.

증거기반실천의 과정은 학자들에 따라 조금씩 다르게 설명되는데 Cournoyer(2004)는 질문, 찾기, 분석, 적용 및 평가의 네 가지 과정으로 증거기반실천과정을 설명하고 있다(최혜지 외, 2014: 216-224).

① 질문: "어떤 개입이 특정 클라이언트에 대한 가장 효과적인 개입이었는가?", "어떤 개입 이 최근에 특정 클라이언트를 도와주기 위해 가장 효과적인 것이었는가?
② 찾기: 위에서 제시한 질문에 답하기 위해 효과적인 개입의 예를 저널 아티클, 전문가, 클라이언트 등을 통해 찾아야 한다.
③ 분석: 찾은 정보에 대한 타당도, 신뢰도, 관련성 등에 대한 분석을 위해 분석기준을 정하여 분석을 실시해야 한다.
④ 적용과 평가: 이상에서 살펴본 3단계를 통해 효과적으로 판명된 개입방법

을 실제 임상현장에 적용해 보고 이에 대해 평가하는 단계이다.

4 사회복지실천의 통합적 접근

사회복지기관은 사회복지실천을 효과적으로 실현하고 그 서비스를 전달하는 사회복지전달체계이며 사회복지사는 사회복지기관에서 구체적인 사회복지기술을 사용해 서비스를 제공하는 전문가이다. 이러한 의미에서 일반사회복지실천은 광범위한 지식과 기술로 문제를 포괄적으로 해결하는 것으로서 개입의 초점이 다양하다. 전문사회복지실천은 개별, 집단, 지역사회조직으로 접근방법을 분리하여 하나의 방법론만 추구하는 것이다. 이에 반해 통합적 접근방법은 모든 사회복지사들이 개인, 집단, 지역사회에 대처해 나가고자 할 때, 활용할 수 있는 공통된 하나의 원리나 개념을 제공할 수 있는 방법의 통합화를 말한다. 미국에서 사회사업실천의 통합화는 사회복지사의 역할이 개별사업가, 집단사업가, 의료사회사업가 등으로 세분화됨에 따라서, 다양한 서비스를 받아야 할 복지대상자가 여러 종류의 사회복지사를 찾아가야 하는 불편을 해소하기 위해서 논의되기 시작했다. 즉, 다양한 사회사업실천에서 공통적 요소는 사회복지사가 복지대상자와 함께 '문제해결'을 추구하는 '과정'이란 점에서 착안하게 된 것이다. 통합적 접근방법은 인간과 환경의 상호작용에 초점을 두면서 대상자의 잠재성을 인정하고 개별하며, 미래지향적이고, 광범위한 지식을 활용할 수 있게 해주었다(조홍식 외, 2008).

인간과 환경은 분리될 수 없는 존재라는 인식에서 사회복지실천 개입의 초점영역 및 개입목적을 환경 또는 상황 속의 인간(Person In Environment, Person in Situation)으로 보고 사회복지실천 개입의 초점영역을 환경과 인간이 상호작용하는 접합부분(interface)으로 본 것이다. 이때 사회사업실천개입 목적은 사회적 기능(social functioning: 인간이 환경과 원활한 상호작용을 할 수 있는 능력) 수행 향상을 돕는 것이다. 따라서 통합적 접근방법이란 사회복지사가 대상자에게 도움을 주기 위한, 또는 사회문제를 해결하기 위한 개입방법의 통합적 사용을 말한다. 통합적 접근방법을 발전시키는 데 기여한 이론이 바로 체계이론과 생태체계이론이다.

Pincus와 Minahan(1973)은 변화매개체계, 대상자체계, 표적체계, 행동체계 등 네 가지 기본체계로 규정하였다. 변화매개체계란 사회복지사와 사회복지사가 소속된 조직들로 구성된 것을 말한다. 사회복지사가 속해 있는 사회복지관, 사회복지상담실, 각종 쉼터, 자활지원센터 등이 여기에 해당된다. 대상자(클라이언트)체계는 원조를 구하는 사람 · 집단 · 가족 · 지역사회로 변화매개체계와 함께 일하는 사람들이다. 표적체계는 변화매개체계가 목적을 달성하기 위해 변화시키고자 하는 사람이고, 행동체계란 변화매개체계가 목적을 달성하기 위해 일하는 사람을 말한다(백은령 외, 2008). 법원의 상담 명령에 의해 본인의 의사와 관계없이 행동교정을 받기 위해 사회복지사에게 의뢰된 비행청소년이 있다고 할 때 법원이 클라이언트 체계가 되고 비행청소년은 표적체계가 된다. 클라이언트 체계가 변화의 대상인 경우는 클라이언트 체계가 곧 표적체계가 된다. Compton과 Galaway(1999)는 여기에 전문가체계라는 것을 추가하였다. 전문가체계는 한국사회복지사협회와 같이 사회복지사들로 구성되어 있어 사회복지사의 전문성을 강화하고 사회 내에서 사회복지사의 위상을 높이기 위한 체계, 한국사회복지교육협의회 같이 사회복지전문인을 길러 내는 단체들의 연합으로 구성된 협의체계, 한국사회복지협의회와 같이 일선 사회복지기관들의 연합으로 구성된 체계 등이 전문가 체계에 해당된다(엄명용 외, 2018: 200-202).

체계이론은 모든 유기적 조직체는 체계, 상부체계와 하부체계로 구성되어 있다는 생물학적 이론으로 물질적 또는 정신적 에너지가 교환되는 경계를 가진 체계는 투입, 전환, 결과, 그리고 환류라는 일련의 과정으로 이루어진다. 사회복지사는 체계이론을 활용하여 개인, 집단, 가족, 지역사회 등을 이해하고 그 문제를 해결해야 한다. 생태체계이론은 인간의 성장과 발달이란 인간과 환경 간의 교류 결과 생겨난 산물로 인식하고 사회복지사들에게 환경 속에 인간이라는 관점을 강화시켜준다. 생태학적 관점에서는 문제를 환경적 차원의 유무와 관련된 것으로 보기 때문에 문제행동은 변화 가능한 것으로 간주한다(권오균 외, 2009).

5 사회복지실천의 관계

관계(relationship)는 사회복지사와 대상자 중 어느 쪽의 일방적인 노력에 의해서 이루어지는 것이 아니라, 서로에 대한 신뢰와 믿음을 바탕으로 이루어 내는 서로 간의 파트너십에 의해서 유지되는 것이다. 따라서 사회복지실천의 관계에 있어서 어떤 부분이 잘못되어 관계가 안 좋아질 경우 모든 측면들을 검토해야만 한다(권오균 외, 2009).

사회복지사가 대상자와 좋은 관계를 발전시키는 것이야말로 실천 노력에서 필수적인 요소라고 할 수 있다(Johnson, 1995). 즉 사회복지실천의 관계는 사회복지사와 대상자 간의 감정이나 태도의 역동적인 상호작용을 말하며, 궁극적인 목적은 대상자가 자신과 사회환경 간에 보다 효율적인 적응을 하도록 도와주는 데 있다. 이것을 바탕으로 사회복지사가 지켜야 할 7대 원칙을 Biestek은 다음과 같이 제시하고 있다.

① 개별화

개별화(individualization)란 대상자가 같은 문제를 겪고 있어도 다른 대상자와 살아 왔던 환경, 배경, 특성 등이 다르기 때문에 그가 원하는 원조도 다를 것이라는 것이다. 대상자 개개인의 독특한 자질을 알고 이해하는 일이며, 보다 나은 적응을 할 수 있도록 개개인을 도와줌에 있어서 대상자가 처해 있는 상황에 따라 상이한 원리나 방법을 활용하는 것이다. 개별화는 인간은 개별적인 존재이며 한 사람의 불특정한 인간으로서가 아니라 다른 사람들과 똑같지 않은 그 나름대로의 차이를 지닌 특정한 인간으로서 처우되어야 한다는 것을 중요한 원칙으로 하고 있다.

② 통제된 정서적 관여

통제된 정서적 관여(controlled emotional involvement)는 대상자와의 면접은 주로 정서적인 면에 관계되고 있기 때문에 사회복지사는 대상자에게 자기감정을 말로써 표명하도록 권고하고 있다. 사회복지사는 자기훈련을 통해 자신의 욕구와 감정을 자각하고 이를 관리함으로써 대상자의 감정을 왜곡되게 이해하지 않도록 주의해야 한다. 또한 사회복지사는 이들 감정에 호응하기 위해 정서적으로 관여하게 된다. 이 관여는 통제되는 것으로 대상자의 총체적 목적에 따라, 대상자 욕구의 변화에 따라, 사회복지사의 전진적 · 진단적 사고에 따라서 그 방향이 설정된다.

③ 의도적인 감정표현

의도적인 감정표현(purposeful expression of feelings)은 자기감정, 특히 부정적 감정을 자유로이 표현하려는 대상자의 욕구에 대한 인식에서 출발한다. 사회복지사는 의도적으로 경청하여야 하며, 그의 감정표현을 낙담시키거나 비난하지 말아야 하고, 정서적 지지를 통하여 대상자가 감정을 표시할 수 있도록 의도적으로 기회를 마련해 주어야 한다. 대상자로 하여금 압력과 긴장으로부터 해방되고, 그리하여 대상자가 자기의 문제를 보다 명백하게, 보다 객관적으로 잘 인식할 수 있도록 원조하여야 한다.

④ 수용

수용(acceptance)은 사회복지사가 대상자의 강점과 약점, 바람직한 성격과 그렇지 못한 성격, 긍정적인 감정과 부정적인 감정, 건설적이거나 파괴적인 태도 및 행동 등을 그대로 이해하고 다루어 나가는 하나의 행동 원칙이다. 그러나 '수용'한다는 것이 대상자의 일탈적인 태도나 행동을 '시인'한다는 것을 의미하는 것은 아니다. 또한 클라이언트의 부도덕하고 반사회적인 행동을 받아들인다는 의미는 더더욱 아니다. 수용의 대상은 '선한 것(the good)'이 아니라 있는 그대로의 '참된 것(the real)'이다. 사회복지사는 윤리와 법, 전문적 가치 등에 의거하여 바람직한 것과 수용할 수 있는 것에 대한 기준을 가지고 있어야 하며 사회복지사는 대상자를 바람직하고 수용할 수 있는 상황으로 발전할 수 있도록 돕는 것이다. 이때 대상자의 존엄성과 그 인격의 가치에 대한 관념을 계속 유지해 나가야 한다.

⑤ 자기결정

자기결정(self-determination)은 대상자는 스스로 선택하고 결정을 내릴 수 있는 자유로운 권리와 욕구를 갖고 있다는 점을 인식하는 것을 말한다. 사회복지사의 임무는 대상자로 하여금 현명한 결정을 할 수 있도록 필요한 제반 자원을 발견 · 활용할 수 있도록 도와주는 것이다. 그러나 대상자의 자기결정권은 대상자의 능력, 법률 및 도덕의 한계 또는 사회복지기관의 활동 범위 등에 따라 제한을 받을 수 있다.

⑥ 비밀보장

비밀보장(confidentiality)은 대상자의 기본적 요구이므로 사회복지사는 이에 응할 책임이 있다. 이것이 지켜지지 않는다면 사회복지실천의 인간관계는 성립될 수 없다. 그러나 이러한 대상자의 권리는 절대적인 것만은 아니다. 때로 대상자의 비밀은 그 기관 내에서나 다른 기관 전문 직원에게 밝혀야 할 경우가 있는데, 이때에는 모든 직원에게 비밀보장의 의무가 동등하게 부여된다.

⑦ 비심판적 태도

비심판적 태도(non-judgement attitude)는 대상자의 문제나 욕구 발생의 원인에 대해서 대상자 자신이 책임이 있는가 없는가 등을 지나치게 단정적으로 표현하거나 심판해서는 안 된다는 것이다. 왜냐하면 도움을 구하러 오는 대상자들은 대부분 심판을 받지나 않을까 하는 두려운 상태에서 오는 경우가 많아 비판에 대해 극도로 민감하기 때문이다. 비판을 받을 위협을 느끼지 않을 때 대상자는 사회복지사에게 신뢰감과 자존심을 갖고 자기 자신을 있는 그대로 표현할 수 있으며, 진정한 자신의 욕구와 문제를 자유로이 토의할 수 있다. 그러나 대상자의 태도, 행동, 가치 기준 등에 대한 올바른 평가적 판단은 있어야 한다. 이것은 대상자를 비판하기 위해서가 아니라 대상자를 이해하기 위해서이다.

6 사회복지실천의 면접

1) 면접의 의의

사회복지실천에서 면접은 매우 중요한 기법의 하나이다. 면접(interview)이란 '상호 간'(inter)과 '바라봄'(view)의 합성어로 '서로 대등한 입장에서 바라봄'이라는 의미를 지니고 있다. 그리고 사람과 사람 간에 언어나 동작을 매개로 하여 이야기를 주고받는 행동으로서 여기에는 반드시 커뮤니케이션이 일어난다(장인협, 1993).

따라서 사회복지사의 과제는 대상자와의 커뮤니케이션을 개발하고 유지시키는 것이다. 사회복지사는 언어적·비언어적 커뮤니케이션의 경로를 통해 자기 자신, 자기의 감정 또는 생각 등을 표현하게 된다. 커뮤니케이션은 면접의 성패를 좌우하기 때문에 사회복지사는 커뮤니케이션을 효과적으로 할 수 있는 기술을 개발해야 하며, 커뮤니케이션의 장애요인에 대해 민감해야 한다.

면접의 목적은 다음과 같다(김기태, 2004).

① 자료수집
② 치료관계의 확립과 유지
③ 대상자에게 정보제공
④ 원조과정에서 장애를 파악하고 제거하는 것
⑤ 목표달성을 향한 활동을 파악하고 이행하는 것
⑥ 원조과정을 촉진하는 것

2) 면접의 준비

① 면접이 계속될 경우에는 단계의 계획을 세우는 과정에 대상자를 참여하도록 한다.
② 원조를 요구하는 대상자의 반응에 대해서 생각해야 한다.
③ 요구한 정보가 대상자의 상황에서 안전한 것인가를 살펴보아야 한다.
④ 필요한 정보를 얻을 수 있도록 면접에 초점을 두도록 한다.
⑤ 대상자의 언어적 및 비언어적 의사소통을 관찰할 수 있어야 한다.
⑥ 일반적 혹은 구체적 질문을 받을 경우에 장점에 따라서 결정을 해야 한다.
⑦ 대상자의 급한 문제에 초점을 둘 수 있도록 어느 정도의 융통성을 가져야 한다.
⑧ 면접내용, 결과를 요약하고 자신의 피드백에 대상자를 참여하도록 한다.

⑨ 기록(녹음, 비디오 녹화)을 해야 할 경우에는 대상자에게 허락을 얻어야 한다.

3) 면접의 방법

면접의 방법은 면접자와 대상자 간의 부드럽고 자연스러운 상호 간 교류를 의미하며, 특히 많은 실제적 경험을 통해서 습득된다. 따라서 면접자는 면접의 여러 가지 민감한 문제들에 접근하기 위해서 이론적인 지식과 경험적인 기술을 충분히 활용해야 한다. 이와 관련하여 면접의 방법을 몇 가지 제시하면 다음과 같다(장인협, 1993).

(1) 경청

경청은 면접의 기본적인 활동 중 하나이다. 면접자는 대상자의 이야기를 충분히 경청하여 적절한 의견이나 질문을 함으로써 상대방의 본질적인 요점을 파악했다는 것을 나타내야 한다.

(2) 질문

질문은 면접의 중심이 되는 기술이다. 면접자는 몇 마디의 질문으로 대상자에게 많은 이야기를 하도록 해야 한다. 특히 대상자의 보조에 맞춰서 질문을 해야 하고, 우회적이며 도움을 주기 위한 질문을 해야 한다.

(3) 관찰

관찰은 선입관을 버리고 실제 상황을 있는 그대로 보는 것이다. 면접자는 대상자가 언급하지 않은 부분에 대해 주목해야 한다. 예컨대, 신체적인 긴장, 얼굴의 홍조, 흥분 또는 낙담하는 태도 등에 대해 세심히 관찰해야 한다.

(4) 대화

대화는 상대방이 이해할 수 있는 언어로 이루어져야 한다. 면접자는 대상자와 이야기할 때에 그들이 사용하는 용어를 적절히 넣어서 대화 내용이 이해가 되도록 전개하는 것이 매우 중요하다.

(5) 해석

해석은 면접자가 대상자의 현존 사태에 대해 이해하도록 인식시키는 데 있다. 면접자는 대상자가 직면한 문제 상황에 대해 해석을 하는 것이 중요하다. 이러한 해석은 대상자 자신에게 통찰력을 갖도록 해야 한다.

(6) 응답

응답은 상대방의 공적, 사적 질문에 대한 대답이다. 면접자가 대상자로부터 난처한 사적 질문을 받을 때가 많은데, 이러한 사적 질문에 대해 당황하지 말고 간단히 정직한 응답을 하는 것이 바람직하다.

(7) 통솔

통솔은 면접자가 대상자로 하여금 의식적으로 자기감정을 표현하도록 하는 데 사용한다. 면접자는 대상자의 이야기를 시종 경청하면서 표면에 나타나지 않게 면접을 지도하며 통솔해 나가야 한다.

4) 면접의 요소

면접에서 요소를 크게 내적인 요소와 외적인 요소로 나눌 수 있다. 내적인 요소에는 신뢰관계를 들 수 있고, 외적인 요소에는 장소, 시간 등이 있다. 이를 정리하면 다음과 같다(박차상 외, 2005).

(1) 내적인 요소

면접의 내적인 요소는 신뢰관계 형성이다. 신뢰관계는 사회복지실천현장에서 대상자의 존엄성, 자기결정 등을 실천할 수 있는 기초를 이루며, 실천의 성패를 결정하는 중요한 요인이 된다. 따라서 면접의 초기과정에서 신뢰관계가 잘 형성되어야 대상자가 자신의 감정을 개방형으로 드러내고 본인의 문제를 잘 표현하게 된다.

신뢰관계를 높이기 위해서는 사회복지사의 케이스 개인에 대한 동기와 태도가 순수하고 명료해야 하며 대상자의 욕구에 맞추어야 한다. 따라서 사회복지사는 대상자들의 문화와 가치관이 다르다는 것을 이해하고 비판과 편견 없이 수용하고 존중해야 한다.

(2) 외적인 요소

면접의 외적인 요소로는 장소, 시간 등이 있다. 먼저 면접의 장소는 반드시 상담실(면접실)에서만 하는 것이 아니라 사회복지기관 및 시설, 가정, 대상자의 직장이나 학교, 빵집, 찻집, 공원 등 다양하기 때문에 대상자의 특성이나 원하는 장소를 선정하여 편하게 면접하는 것이 필요하다. 면접장소는 소란하지 않고 조용한 분위기와 자유로운 공간이 적합하다.

면접시간은 대상자와 면접할 날짜, 시간 등을 사전에 약속하는 것을 말한다. 면접시간은 사회복지사와 대상자가 서로 주어진 시간에 자신들의 목적하는 바를 이룰 수 있고, 보다 적극적인 공동참여와 노력을 집중시킬 수 있다. 대개 면접시간은 목적에 따라 달라지지만 보통 한 대상자에 대해 일주일에 1회로 하며, 40~50분 정도가 적절하다. 물론 대상자의 주의 집중력, 의사소통 능력에 따라 조정할 수 있지만 한 시간이 넘어가면 지루해지고 집중력이 떨어져 효과가 낮아질 수 있기 때문이다.

7 사회복지실천의 과정

사회복지실천의 과정은 사회복지사가 대상자와 대상자를 둘러싼 다양한 환경 내의 체계들을 변화시키기 위해 그의 전문적 가치와 지식에 기초하여 개입하는 과정이다(양옥경 외, 2002). 여기서는 크게 세 단계로 구분하여 초기단계, 중기단계, 종결단계로 살펴보고자 한다.

1) 초기단계

이 단계에는 접수, 자료수집, 사정, 목표설정, 계약 등이 포함된다.

(1) 접수

접수(intake)란 문제를 가진 사람이 사회복지기관을 찾아왔을 때 사회복지사가 그의 문제와 욕구를 확인하여 그것이 기관의 정책과 서비스에 부합되는지의 여부를 판단하는 과정이다. 접수 시에 사회복지사가 주의할 것은 대상자를 유형화해서는 안 되며, 모든 대상자들을 개별화하며 그들이 가질 수 있는 양가감정과 두려움을 이해하고 대상자가 편안한 마음을 가질 수 있도록 관심을 보여주어야 한다. 접수 시의 과제로는 문제 확인, 관계형성, 의뢰가 있다. 접수를 통해 그 기관에서 적합한 서비스를 줄 수 있다고 판단될 때, 사회복지사를 찾아온 사람은 대상자가 되어 그 다음 실천과정인 자료수집, 사정의 단계를 거쳐 적절한 서비스를 받게 된다(양옥경 외, 2002).

(2) 자료수집

자료수집(data collection)은 대상자의 문제를 이해, 분석, 해결하는 데 필요한 자료를 모으는 것을 말한다. 자료수집은 대상자의 이야기, 대상자가 작성한 양식, 대상자 외의 가족 · 이웃 · 친구 등을 통한 정보, 심리검사, 대상자의 비언어적 행동, 중요한 사람과의 상호작용 및 가정방문, 직접 대상자와 상호작용하면서 느끼는 사회복지사의 감정 등을 통해 이루어진다. 이렇게 수집된 자료를 바탕으로 사정하게 되므로 자료수집이 사정에 선행되어 이루어져야 할 것으로 보이지만 실제 자료수집과 사정은 거의 동시에 반복적으로 이루어진다.

(3) 사정

사정(assessment)은 대상자의 문제와 원인이 무엇인지, 그리고 문제를 완화 · 해소하기 위하여 무엇이 변화될 수 있는지를 탐사하는 사회복지실천 초기 과정의 핵심적 단계이다. 즉, 사정은 대상자의 욕구를 파악한 후 이 욕구에 따라 사회복지사가 실천 가능한 프로그램을 결정하게 되는 과정이다.

대상자들의 문제는 대상자 개인이나 가족 및 집단만이 포함되는 것이 아니라 사람들이 생활하는 보다 큰 지역사회나 각종 체계들을 포함한다. 따라서 사정은 개입의 전 과정에 걸쳐 행해지며, 사정의 내용으로 크게 욕구 및 문제의 발견, 정보의 발견, 문제의 형성 등이 있다.

(4) 목표설정

목표설정(goal selection)은 대상자의 능력을 고려하여 현실적이고 실현 가능한 구체적인 것으로 책정되어야 하며, 앞의 사정과정에 나타난 욕구나 문제를 근거로 설정하여야 한다. 목표는 반드시 대상자가 바라는 것, 측정 가능한 것, 달성 가능한 것, 사회복지사의 지식과 기술에 상응하는 것, 긍정적인 것, 기관의 기능과 일치해야 한다.

사회복지실천과정에서 목표설정이 중요한 이유는 사회복지사와 대상자에게 개입 과정의 방향을 명확히 제시해 주어 방황 없이 진행할 수 있도록 도와주고 개입이 끝난 후 그 결과를 효과적으로 평가할 수 있게 해주기 때문이다(양옥경 외, 2002).

(5) 계약

계약(contract)은 목표를 달성하기 위한 구체적인 계획에 대해 사회복지사와 대상자가 서로 동의하는 것을 말한다. 계약 내용 속에는 문제의 정의, 목표, 활동내용, 사회복지사와 대상자 각각의 역할, 개입기법, 시간적 조건(횟수, 시간) 등이 계약에 포함된다. 계약은 일반적으로 구두로 하는 경우와 서면으로 하는 경우가 있는데, 서면으로 하는 것이 오해의 소지를 줄일 수 있다.

2) 중간단계

중간단계는 사회복지사와 대상자가 상호 합의하여 결정한 목표를 달성하기 위한 실천단계이다. 사회복지사는 원조활동을 전개하게 되는데 원조활동은 개입활동을 의미하는 것으로서, 바로 사회복지실천 중간과정의 핵심적인 단계이다. 이 단계에서는 심리치료, 옹호, 조정, 중재, 사회계획, 지역조직, 자원의 발굴 및 개발 등이 이루어진다(남기민, 2004).

(1) 직접적 개입

사회복지사는 대상자에게 지지나 이해를 제공해 주는 것만으로는 목적 달성이 어렵기 때문에 변화를 위한 문제해결기술, 행동수정기술 등 직접적인 기술을 사용한다. 직접적인 개입활동은 다음과 같다.

① 정보 제공 및 의뢰

사회복지사는 대상자가 문제해결에 필요한 정보를 갖고 있지 못할 때 정보를 제공해야 하며, 대상자의 욕구가 사회복지사가 고용된 기관에서 제공되는 서비스로는 충족될 수 없을 때 혹은 보다 적절한 서비스가 다른 기관에 의해 제공될 때 사회복지사는 의뢰를 행해야 한다.

② 역량강화 접근

역량강화란 대상자로 하여금 자기 자신도 유능한 개인이며 지역사회체계와 협상하는 데 필요한 기술을 가질 수 있으며 나아가 건전한 사회적 기능의 수행에 필요한 자원을 받을 가치가 있는 존재라는 사실을 믿을 수 있도록 동기를 불어넣고 교육시키며 자존심을 고양시키는 것이다.

③ 가용자원을 활용할 수 있게 하는 개입

대상자 중에는 욕구충족의 걸림돌이 자원의 결핍에서 오는 경우가 많다. 때로는 이러한 자원들을 얻을 수 있음에도 대상자들은 그러한 자원을 알지 못하고 또 어떻게 사용하는지도 모르는 경우가 있다. 따라서 대상자가 가용한 자원들을 활용할 수 있도록 돕기 위해서 사회복지사는 지역사회복지서비스 전달체계, 의뢰과정 등에 관한 지식과 기술을 획득하여야 한다.

(2) 간접적 개입

사회복지실천은 사회복지사가 대상자에 대한 직접적인 활동에 관여할 뿐만 아니라 개인 및 가족을 대신하여 다른 개인, 집단, 조직, 지역사회 등에 간접적으로 개입하기도 한다. 간접적인 개입활동은 다음과 같다.

① 프로그램 계획 및 자원개발

사회복지사는 새로운 자원을 개발 또는 동원하기 위해 프로그램을 계획할 필요가 있다. 프로그램의 계획은 기존의 사회복지기관의 구조 내에서 일어나기도 하지만 지역사회 기반에서 나오기도 한다. 따라서 가능한 프로그램 계획과정 초기부터 관여하는 것이 필요하다.

② 영향력 있는 사람들을 관련시키는 활동

이는 지역사회나 조직 내에서 권력과 권위를 갖고 있는 사람들을 관여시키는 것이다. 사회복지사는 영향력 있는 사람들을 조직과 지역사회의 변화에 영향을 행사하는 수단으로 활용하고 그들과 함께 일하는 방법에 능해야 한다.

③ 서비스 조정활동

조정활동은 둘 이상의 서비스 제공자들과 공동으로 일하는 것이다. 조정이 효과적으로 진행되기 위해서는 바람직한 목적을 위해 함께 일하려는 정신이 있어야 한다. 사회복지사들이 다른 전문가와 공동으로 일하려 할 때 조정활동에 들어가기에 앞서 다른 전문직의 관점을 이해하는 것이 중요하다.

④ 옹호(advocacy)

옹호는 기존 제도로부터 대상자가 불이익을 받을 때 그 집단을 위해 정보를 수집하고 요구사항을 분명히 하여 제도에 도전하도록 지도력을 발휘하는 역할이다. 옹호는 특정 제도를 비난하거나 비판하는 것이 아니라 정책의 개선, 변화시키려는 것이다(양옥경 외, 2002). 따라서 정치과정에 영향력을 행사하거나 또는 사람들을 조직하여 사회행동을 일으키는 것이다.

3) 종결단계

종결단계는 사회복지실천과정의 최종 단계이다. 종결작업은 대상자의 사회적 기능을 강화시키는 동시에 사회복지사와 대상자가 개입의 전 과정을 통해 같이 발전시켜 온 성과를 이해시키는 과정이기도 하다.

종결의 시기는 ① 대상자의 문제가 해결되었을 때, ② 문제해결에 대한 대상자와 사회복지사의 의견이 일치했을 때, ③ 대상자가 자립적으로 문제해결이 가능할 때, ④ 대상자가 일방적으로 종결할 때, ⑤ 계약한 기간이 되었을 때, ⑥ 사회복지사가 이동이나 퇴사할 경우 등이 있다.

종결이 원만하게 이루어지지 않으면 지금까지 성취되었던 좋은 결과들이 상실되거나 감소될 수 있으며, 장차 좋지 않은 결과를 가져올 수도 있다. 그러나 성공적인 종결은 대상자들에게 보다 나은 적응과 성장의 기회가 될 수도 있기 때문에 사회복지사는 원조를 시작할 때부터 종결을 염두에 두고 전체적인 원조과정을 구성해야 한다. 또한 종결에는 개입활동 전반에 걸친 평가(evaluation)가 병행된다. 평가는 개입의 전 과정에서 지속적으로 시행되지만 특히 종결단계에서는 더욱 중요하다. 따라서 평가는 사회복지실천의 효과성 · 효율성 · 책임성을 심사하는 과정이기 때문에 사회복지실천과정에서 없어서는 안 될 중요한 과정이다(유공순 외, 2007).

CHAPTER 10

실천현장에서 활용되는 사회복지실천기술에는 무엇이 있나요?

1. 사회복지실천기술의 개념
2. 사회복지실천기술의 유형
3. 대상별 실천기술
4. 사회복지실천기록

Chapter 10

실천현장에서 활용되는 사회복지실천 기술에는 무엇이 있나요?

사례

다음의 사례를 읽고 내가 어떤 준비를 해야 할지, 어떻게 사회복지사로서 개입해야 할지 생각해 봅시다.

사례 1

찬드라는 40대의 네팔 여성으로 한국에 이주하여 근로자로 일하던 중 공장기숙사의 방친구와 싸우고 거리로 나왔으나 길을 잃게 된다. 본인이 거리에서 돈을 잃어버린 것을 모르고 분식집에서 식사를 한 후 언어가 통하지 않아 주인이 경찰에 신고하게 된다. 이 여성이 당황하여 어눌한 한국말로 자신의 사정을 얘기하려 했으나 경찰은 전혀 이해하지 못하고 부랑자 정신병원에 입소를 시킨다. 그 후로 의사와 간호사, 그 누구도 이 여성의 말을 이해하지 못해 5~6년간 정신병원에 입원하여 지내다 드디어 한 의사가 제안하여 네팔 통역인을 통해 이 여성이 정말로 네팔 사람인 것을 알게 된다. 이 사례는 실제 사례로 현재 찬드라는 네팔로 돌아가서 이곳에서의 경험과는 전혀 다른 고향의 평화로운 생활로 안정을 찾아가고 있다.

출처: 박찬욱(2004). '믿거나 말거나, 찬드라의 경우', 영화 〈여섯 개의 시선〉.

사례 2

13세가 된 엘레나가 학교에서 약물을 판매하여 가족상담한 결과 부모가 부모로서의 책임감이 부족하고 매우 비협조적인 것으로 판단되었다. 엘레나는 4남매 중 둘째로 멕시코계 이민자인 부와 미국인 모를 두었다. 상담교사가 집에 전화하여 부모와의 면담 약속을 잡고자 하였으나 모가 선뜻 약속하려 하지 않고 대신 남편을 바꾸어 준다. 부모 면담 시간을 잡는 데 매우 어려움을 겪은 후 간신히 약속을 하게 된다. 그런데 약속 시간에 부모는 대부인 외삼촌까지 모셔와 함께 상담에 참여하려 하고 무슨 이유인지 부모들은 면담 내내 말을 잘 하지 않는다.

출처: Sue, S. W., & Sue, D. (1990). Counseling the Culturally Different(pp. 118-119).

1 사회복지실천기술의 개념

사회복지실천은 사회복지의 목적과 이념을 달성하기 위한 전문적인 실천활동이다. 인간은 일상생활에서 직면하게 되는 욕구나 문제를 개인 · 집단 · 가족 · 지역사회 수준의 접근방법을 통하여 원만한 사회적 기능을 수행하도록 돕는다. 이를 위해서 사회복지사에게 한 가지 기술만이 아니라 많은 상이한 상황에서 활용할 수 있는 폭넓은 다양한 기술들을 필요로 한다. 인간의 욕구는 일정한 것이 아니라 사회 및 시대 그리고 그에 따른 가치관의 변화에 따라 달라지는 것이기 때문에 이를 충족시키는 자원도 달라진다. 그러므로 이에 대응하는 사회복지실천기술 역시 다양하게 변화할 수밖에 없다(김윤나, 2013: 248).

전재일과 이성희(2006)는 "사회복지실천의 지식과 가치, 윤리, 의무에 기초하여 대상자와 관련된 특별한 상황의 변화를 위하여 심리사회적 개입을 할 수 있는 사회복지사의 인지적이고 행동적인 능력"으로 정의하였다. 따라서 대상자 체계(개인, 가족, 집단, 지역사회)와의 관계에서 사회복지실천의 가치와 지식에 기초하여 대상자와 관련된 특별한 상황의 변화를 위하여 개입하는 사회복지사의 능력을 사회복지실천이라 할 수 있으며, 사회복자사가 전문적으로 가지고 있는 가치와 전문적 지식을 바탕으로 한 일련의 행위라고 할 수 있다(김윤나, 2013: 248-249).

연습

연습 1

내담자: 집사람은 늘 돈 걱정인데 저는 생활비를 대려면 두 가지 일을 해야 하거든요. 그러니 오전 7시부터 밤 10시까지 일을 하게 되죠.

안내문: 상황에 대한 내담자의 주관적 관점을 끌어내는 답변을 고르시오.

A형 사회복지사: 무슨 일에 돈이 들어가는데요?
B형 사회복지사: 두 가지 일 하는게 뭐 그리 나쁜데요?
C형 사회복지사: 그것에 대해 어떻게 느끼세요?

- A형 선택의 경우: 주로 사실적 정보만을 끌어내는 개방질문이다. 사람지향적 개방질문(내담자가 본인상황을 어떻게 생각하는지에 초점을 둔)을 고르도록 해야 한다.
- B형 선택의 경우: 상담자의 가치관을 받아들여야 된다고 시사하는 유도질문이다. 또한 자신이 처한 상황에 대해 본인은 어떻게 느끼는지를 생각해 볼 수 있게 이끌지 못하는 반응이다.
- C형 선택의 경우: 내담자 감정에 초점을 둔 개방질문이다. 사람 지향적인 질문이다.

연습 2

내담자: (직장에서 어려움을 이야기 하는) 솔직히 노력은 하는데 되는 일이 없어요. 열심히 일해 보았자 소용이 없는 것 같아요. 여전히 뒤처져 있거든요.

안내문: 내담자 감정을 가장 잘 반영하는 반응을 고르시오.

A형 사회복지사: 절망하고 계신 것 같네요.
B형 사회복지사: 열심히 일해 봐도 되는 일이 없다고 느끼시는 것 같네요.
C형 사회복지사: 맥이 빠지신 것 같네요.

- A형 선택의 경우: 감정의 반영이긴 하지만 너무 과한 표현이다. 맥이 빠졌을 뿐이지 절망하고 있다고는 하지 않았다. 너무 강한 표현은 내담자를 놀라게 하거나 짜증스럽

게 만들 수 있다.
- B형 선택의 경우: 너무 내담자의 말에 심하게 의존하고 있다. 전체 맥락을 고려 않고 상대가 했던 이야기 중 일부만 취해 되풀이하면 때로 그 의미를 바꿀 수 있다.
- C형 선택의 경우: 내담자 말 속의 감정을 파악하여 적절히 반영해 준 정확한 감정반영이다.

출처: Evans, R., Hearn, M. T., Uhlemann, M. R., & Jvey, A. E.(2004). p.64, p.88.

2 사회복지실천기술의 유형

1) 의사소통기술

의사소통이란 면접의 실질적인 내용을 구성하는 것으로 사회복지사와 대상자 간의 면접을 매개한다. 의사소통에는 언어적인 것과 비언어적인 것 두 가지로 대별된다(Sheafor et al., 1998: 188).

(1) 언어적 의사소통기술

먼저 언어적 의사소통의 대표적인 기법에는 경청기법, 촉진기법, 침묵, 질문기법 등을 들 수 있다(김윤나, 2013: 249-251).

① 경청기법

의사소통의 기본은 경청하는 것으로 단순한 듣기가 아닌 상대방의 사고와 감정을 이해하기 위한 적극적인 청취활동이다. 사회복지사는 클라이언트의 말을 들어주는 자세가 중요하다. 적극적인 경청을 위해 사회복지사는 클라이언트의 언어적 · 비언어적 메시지에 모두 주의를 기울여야 한다(박석돈 외, 2008: 168). 경청이 되기 위해서는 대상자가 말한 내용과 감정을 사회복지사가 잘 듣고 이해했다는 것을 대상자에게 다시금 전달하고 증명하여 안도감을 주어야 한다. 대상자 역시 사회복지사가 자기 말을 얼마나 성의 있게 열심히 경청하는가를 평가하며 그 정도에 따라 마음을 열게 된다. 경청의 방법에는 대상자가 한 말을 일부분 또는 전부를 다시 말해 주는 '되풀이 기법', 말하고 싶은 것을 명확하게 언어로서 되돌려 말해 주는 '명료화 기법', 말한 내용의 인과관계를 생각하여 해석하고 되돌려 주는 '요약 기법' 등이 있다. 또한 적극적 경청의 구체적인 기술로는 명확화(clarification), 바꿔 말하기(paraphrase), 반영(reflection), 요약(summarization), 침묵의 탐색(exploring silence) 등이 있다(박석돈 외, 2008: 169).

타인에 대한 수용 척도

다음의 척도를 완성하시오. 이 질문서는 여러분의 타인에 대한 수용을 측정하기 위해 만들어진 것이다. 이것은 검사가 아니며, 따라서 옳거나 틀린 답이 없다. 가능한 신중하고 정확히 각 문항을 읽고 다음 중 하나를 골라 번호로 답해 총합을 구하도록 한다.

1= 거의 항상 그렇다, 2= 대체로 그렇다, 3= 반반이다,
4= 가끔 그렇다, 5= 거의 그렇지 않다

1. 사람들은 너무 줏대가 없다.
2. 나는 내가 알고 있는 사람들을 좋아한다.
3. 요즈음 사람들은 도덕적 기준이 매우 낮다.
4. 대부분의 사람들은 아주 독선적이어서 자신들이 가진 결점에 결코 직면하지 않으려 한다.
5. 나는 거의 모든 종류의 사람과 편안해질 수 있다.
6. 요즈음 사람들의 대화 소재는 영화나 TV와 같은 하찮은 것에 불과하다.
7. 사람들은 자신이 무엇을 알기 때문에 나서는 것이 아니라 남이 그렇게 하도록 하기

때문에 나선다.

8. 내가 일단 사람들에게 호의를 보이기 시작하면 그들은 바로 나를 무시할 것이 뻔하다.
9. 사람들은 너무 자기중심적이다.
10. 사람들은 항상 불만이 많고 그래서 새로운 것을 찾아 나선다.
11. 나는 어떻게 많은 사람들과의 관계를 지탱하는지 모른다.
12. 내가 만약 내 속마음을 털어놓으면 누군가에게 상처를 줄 것이 뻔하다.
13. 사람들은 강력하고 스마트한 지도자를 필요로 한다.
14. 나는 사람들로부터 떨어져 홀로 있을 때 나 자신을 가장 많이 즐긴다.
15. 나는 사람들이 나에게 좀더 정직해졌으면 하고 바란다.
16. 나는 군중과 함께 하는 것을 즐긴다.
17. 내 경험상 사람들은 아주 완고하고 비합리적이다.
18. 나는 내가 가진 가치와 다른 가치를 가진 사람들과 함께 있는 것을 즐긴다.
19. 모든 사람은 자신이 괜찮은 사람인 척한다.
20. 보통 사람은 자기 자신에 대해 많이 만족하지 않는다.

※ 2,5,16,18번 항목은 역으로 점수를 계산한다. 20개 문항 모두에 응답한 수치를 합하면 총점수가 된다. 타인에 대한 나의 수용 점수는?

- 85~100점 사이의 점수를 받은 사람은 일반적으로 자신이 타인을 수용하고, 타인이 그들을 수용한다고 경험하고, 타인에 의해 수용될 수 있는 경향의 사람이다.
- 66~84점은 대다수 사람들이 받게 되는 평균적 점수이다. 약 2/3 정도의 사람들이 중간 범위인 이 범위에 있다. 이 점수의 사람들은 경계와 수용을 동시에 가지고 있음을 보여준다. 이 중간 범위에 있는 사람들은 비록 특정 사람들에 대해 덜 수용적이기는 하나, 타인을 수용할 수 있는 충분한 능력을 가지고 있다.
- 0~65점 사이에 점수를 받은 사람은 타인들에 대해 매우 경계하고 관대하지 못하다고 볼 수 있다. 다른 사람에 대해 이러한 망설임은 과거의 어느 시점에서 타인으로부터 받은 중요한 사회적, 정서적, 신체적 고통의 결과이다.

출처: Cournoyer, B.(2000). pp. 78-79.

② 촉진기법

대상자가 적극적으로 말할 수 있게 하는 기법으로, '끄덕임', '맞장구', '적절한 질문' 등이 있다. 촉진기법은 대상자로 하여금 자신의 말을 진지하게 잘 들어주고 있다는 기분을 갖게 하여 자유롭게 이야기할 수 있도록 한다. 하지만 필요 이상으로 많이 사용하면 대상자로 하여금 자신의 말을 건성으로 넘겨버리는 기분이 들게 하므로 내용에 주의해 가면서 사용해야 한다(김윤나, 2013: 250).

③ 침묵

대상자가 말을 하지 않을 때, 어떤 이유에 의해 말을 멈추었을 때, 다시 시작할 때까지 조용히 기다리는 것이 침묵이다. 침묵을 이어 줌으로써 대상자로 하여금 자신의 생각이나 감정을 정리할 수 있도록 하며, 쉬게 하거나 적절한 표현을 끌어낼 수 있도록 하는 것이다. 대상자는 곤란한 상황이나 일찍이 경험하지 못한 감정에 직면했을 때 쉽사리 그것을 말로 표현하기 힘들 것이다. 이때 사회복지사는 침착히 의도적으로 침묵을 지키며 기다리는 것이 보다 심도 있는 의사소통을 촉진하기에 효과적임을 잘 이해해야 한다(김윤나, 2013: 250).

④ 질문기법

질문은 대상자를 돕기 위해, 필요한 정보를 얻기 위해, 또는 어긋나고 있는 대화의 초점을 바로잡는 데 필요하다. 이러한 질문들은 시의 적절하게 이루어져야 한다. 질문의 유형은 대개 '개방형 질문'과 '폐쇄형 질문'으로 나눈다. 개방형 질문은 포괄적으로 질문하여 대상자의 사고, 생각, 관심을 자유롭게 끌어낼 수 있게 하는 것이다. 반면, '예', '아니오'로 응답하는 것이 폐쇄형 질문이다. 대상자가 간단히 대답할 수 없는 질문이나 적극적으로 자유롭게 대답할 때에는 개방형인 질문을 사용하는 것이 좋다. 클라이언트가 어떤 관심사를 선택할 수도 있고 무시할 수도 있기 때문에 탐색하기 위한 충분한 시간을 가지는 것이 무엇보다 중요하다(박석돈 외, 2008: 168에서 재인용).

한편 의사소통이 곤란하며 별로 말하고 싶어 하지 않는 대상자일 경우는 폐쇄형 질문을 사용하여 중요한 정보를 얻어낼 수 있도록 한다. 사회복지사는 대상자의 상황과 질문사항 등을 고려해 가며 이 두 가지 형태의 질문을 적절히 잘 구별하여 사용해야 한다. 폐쇄형 질문이어도 되도록 피해야 하는 질문들로는 한꺼번에 여러 가지 질문을 복합적으로 묻는 '중첩적인 질문', 대상자의 대답을 사회복지사가 의도한 방향으로 몰아가려는 '유도형 질문', '왜'로 시작되는 질문 등이 있다. '왜'로 시작되는 질문은 간단한 정보를 얻기 위해서 사용하는 것으로 어느 정도 필요하다. 하지만 감정과 행위 등을 묻는 장면에서는 되도록 피하는 것이 좋다. 왜냐하면 상황에 따라서는 책임추궁이나 비난 · 비판의 의미로 느껴지기 때문에 대상자로 하여금 자기 방어적인 입장을 취하게 하여 적절한 의사소통을 방해하기 때문이다(김윤나, 2013: 251에서 재인용).

개방형 질문 연습

다음은 폐쇄질문들을 나열한 것이다. 각 폐쇄질문을 개방질문으로 바꾸어보고 다양한 개방질문을 만들어보려고 노력해 본다. 그 다음 제시된 예제 답과 자신의 답을 비교해 보도록 한다.

1. 부모님이 안 도와줘요?
2. 늘 다투세요?
3. 도와주려고 노력하세요?
4. 분명 남편을 사랑하시죠?
5. 집 나가고 싶다는 게 사실인가요?
6. 그런 사람과 지내는 게 재미있어요?
7. 한 번도 결혼한 적 없으시죠?
8. 부인과 이젠 안 싸우세요?
9. 가족이 생각하는 것을 고려해 봐야 되는 것 아닌가요?

10. 자신의 문제에 대해 뭔가 해볼 의향이 있어요?

〈개방질문〉 개방질문은 내담자로부터 상황 또는 문제에 대한 훨씬 더 상세한 이야기를 끌어내게 될 것이다.

1. 부모님은 본인문제에 어떻게 반응하시는지 말씀해 보시겠어요? 부모님은 어떤 도움을 주고 계시나요?
2. 어떻게 서로 지내는지 좀더 명확하게 설명해 보시겠어요? 이 상황에 어떻게 반응하고 계세요?
3. 어떻게 도와주세요? 뭐가 본인 역할이라고 보고 계세요?
4. 남편에 대해 어떤 느낌을 가지세요? 남편과의 관계에 대해 말씀해 보시겠어요?
5. 집 나가는 것에 대해 어떻게 느끼세요? 어떻게 집을 나가겠다고 고집할 것인지 상세히 설명해 보시겠어요?
6. 그런 사람과 지내는 느낌이 어떠세요? 그런 사람과 지내는 것을 어떻게 생각하세요?
7. 결혼에 대한 생각을 말씀해 보시겠어요? 본인의 현재 상태를 어떻게 느끼세요?
8. 부부간의 현재 상태를 설명해 보시겠어요? 현재 아내와 어떻게 지내고 계세요?
9. 이 상황에서 가족을 어느 정도 고려해 볼 의향이 있으세요? 가족의 반응이 본인에게 얼마나 중요해요?
10. 본인 행동을 바꾸는 데 얼마나 관심이 있으세요? 본인 행동을 바꾸기 위해 어느 정도 노력해 볼 의향이 있으세요?

10개 폐쇄질문 중에서 개방질문을 만들지 못한 것이 3개 이상이면 이에 대한 훈련을 좀 더 해야 한다.

출처: Evans, D.R et al.(2004). 상담의 필수기술

(2) 비언어적 의사소통기술

의사소통은 언어를 통해서 성립되는 것만 아니라 서로의 태도, 시선, 자세 등에 의해서도 성립된다. 원조관계의 기본은 대상자가 그것을 받아들여야만 시작되는 것이기 때문에 비언어적인 것에도 주의와 배려가 필요하다(Sheafor et al., 1998: 188). 비언어적 의사소통은 언어적 의사소통을 보다 더 정확하게 표현해

주는 보완적 의사소통이 되기도 하며, 말로는 표현할 수 없는 클라이언트의 감정을 보다 솔직하게 표현해 주는 수단이 되기도 한다. 따라서 비언어적 의사소통의 관찰을 통해 사회복지사는 클라이언트가 말하는 것이 아닌 그의 사고나 감정과 일치하는지를 확인할 수 있으며 사회복지사 자신이 클라이언트에게 어떻게 인식되고 있는지를 알 수도 있어야 한다(박석돈 외, 2008: 167).

① 태도 및 자세

대상자에게 따뜻하고 수용적인 느낌을 가지게 하는 것이 기본이므로 딱딱하고 권위적인 태도보다는 편안하고 자연스러운 태도와 자세로 대하는 것이 좋다. 대상자의 감정에 반응하며 열심히 들으려는 경청의 태도는 신뢰관계를 촉진시킨다. 하지만 미처 라포가 형성되지 않는 상태에서 친밀한 태도와 스킨십, 우위와 오만이 비치는 자세, 사회복지사가 불안과 긴장을 나타내는 자세 등은 대상자에게 불쾌감과 위화감, 불안감을 조성하므로 주의해야 한다.

② 표정

따뜻하고 온유하며 공감적인 태도를 느낄 수 있는 표정이어야 한다. 얼굴 표정은 일반적으로 그 나름대로의 의미를 가감 없이 전달하게 된다. 따라서 사회복지사는 언어적 표현과 표정이 전달하는 내용과 서로 상반되는 일이 없도록 주의해야 한다.

③ 시선

눈을 맞추는 일은 문화에 따라 차이는 있지만, 대개 시선을 맞추는 것은 적극적인 표현을, 시선을 피하는 것은 소극적인 자세를 나타내게 된다. 특히 두려워하거나 불안할 경우, 또는 솔직하지 못한 의사소통을 할 때에는 시선을 피하게 된다.

2) 계약기술

계약기술은 대상자와 사회복지사가 각자의 역할, 책임, 기대 및 수행할 업무의 목적을 공식화하고 구조화하는 것이다(양옥경 외, 2000). 계약은 대상자의 욕구에 기반하기 때문에 말로써 혹은 문서로써 합의되며 때로는 편지의 형식을 띠기도 한다. 합의사항은 가급적 문서로 보관하는 것이 중요하며 계약서에는 충분한 정보를 담고 있어야 한다. 필요한 경우 계약서가 재작성될 수 있음을 표기하는 것도 좋다. 계약서를 작성하는 데 익숙하지 않은 대상자에게는 계약서가 하나의 사슬처럼 느껴질 수 있기 때문에 계약서 작성과 관련된 대상자의 반응을 잘 살펴볼 필요가 있으며 대상자의 참여를 촉구할 필요가 있다. 계약서에는 상담시간 및 기간, 장소, 기본적인 수칙, 비밀보장 및 사례기록 절차, 상담시간에 누가 참여하는지, 주요 염려나 문제의 요약, 응급 시에 연락해야 할 사람, 업무의 목적과 목표 및 성취방법 그리고 계약 파기 요건 등을 명시할 필요가 있다.

3) 요약기술

요약기술은 대상자가 한 말의 내용과 그 속에 담겨 전해진 감정들을 전체적으로 묶어 정리하는 것을 의미한다. 그것은 단순히 말하는 내용이나 감정을 반영하는 단순한 공감적 기술이 사용되기도 하지만, 종종 결합한 형태의 반응을 취한다. Trevithick(2000)은 요약기술의 유용한 점을 다음과 같이 지적하고 있다.

① 사회복지사는 지난 면담시간 내용을 요약함으로써 새로운 면담기술을 시작할 수 있다.

② 대상자와의 면담에서 방향을 잃었을 때 혹은 주제에서 벗어났을 때 한 주제를 정리하고 새로운 주제로 옮겨 갈 수 있도록 해준다.

③ 이 기술은 이제까지 논의된 핵심적인 내용을 간략하고 정확하게 부분적으

로 혹은 상세하게 정리해 준다.

④ 이 기술은 면담시간을 만족스럽게 마감할 수 있도록 돕는다.

4) 명료화기술

명료화기술은 대상자가 한 말을 사회복지사가 보다 이해하기 쉬운 말과 생각으로 정리를 하는 것으로 특히 대상자가 겪고 있는 가장 중요한 문제나 어려움을 파악하고, 확인하며, 순위를 정할 때 사용된다. 또한 대상자가 표현을 분명하게 할 수 있도록 격려함과 동시에 대상자가 말한 내용을 사회복지사가 잘 이해하고 있는가를 확인하기 위한 질문이다. 명료화기술은 우선 내담자의 말이 모호하고 이해가 잘 되지 않는다는 것을 밝히고, 대상자에게 자신의 말을 재음미하거나 구체적 예를 들어 명확히 해줄 것을 요청하는 것이다. 장점은 사회복지사가 대상자의 이야기를 주의 깊게 경청하고 있으며 한편으로는 이야기에 중요성을 부여하고 있음을 보여 주는 것이다. 하지만 면담의 흐름을 방해할 수도 있다는 점에서 그리고 대상자가 혹시 잘못 설명하고 있을 수 있다는 점을 암시할 수 있다는 측면에서 주의해서 활용해야 할 필요가 있다(김윤나, 2013: 253에서 재인용).

5) 초점유지 및 탐색기술

(1) 초점 및 면담의 목적유지기술

초점(focus)이란 주의나 고려해야 할 어떤 핵심의 선택을 의미한다. 이 기술은 유용한 기술이지만 때로 강압적인 면을 갖고 있다. 초점 및 면담의 목적유지기술은 라포 및 신뢰관계에 방해를 주지 않으면서 주제와 면담의 목적을 유지하는데 활용된다. 또한 이제까지의 논의가 특정문제에 지나치게 초점을 둔 나머지 다른 문제에 대해서는 다루지 못하였을 때, 논의 내용이 반복적이고 주변적이거나 관련성이 없어 핵심에서 벗어났을 때, 어려운 주제에서 벗어나 이 주제에 다시 초점을 맞출 필요가 있을 때, 논의 내용으로 인해 격한 정서적 감정을 불러일으켜서 진정하고 균형을 유지할 필요가 있을 때 사용된다.

(2) 탐색기술

사회복지사는 보다 자세하고 구체적인 정보 혹은 특정정보에 대해 자세하게 알고자 할 때 탐색기술을 활용하며, 특히 의사소통과정에서 종종 주제에서 벗어나는 말을 하는 대상자를 대상으로 정확한 정보를 수집할 때 활용할 수 있다. 탐색기술은 보다 자세한 설명을 위한 명료화 탐색, 빠트리거나 다루지 못한 혹은 지나쳐버린 내용을 탐색하는 완결을 위한 탐색, 대상자의 생각과 감정에 초점을 두면서 대상자의 정서적 깊이를 향상시키기 위한 반응적 탐색으로 구분할 수 있다.

대상자가 자칫 방어적이거나 숨기려는 태도를 보일 수 있으며 이 기술을 잘못 사용하면 마치 대상자를 심문(혹은 반대심문)하는 느낌을 줄 수 있기 때문에 주의를 요한다. 또한 사회복지사는 적극적이지만 대상자는 수동적이 되는 단점도 있다(김윤나, 2013: 254에서 재인용).

(3) 촉구기술

촉구기술은 대상자가 말을 시작하거나 계속하도록 할 때 활용하는 것으로 추가로 설명할 것을 권장하는 방법이다. 한 가지 진술내용과 다른 진술내용을 연결시킴으로써 계속해서 말을 할 수 있도록 하는 방법, 중단된 문장이나 말을 끝맺도록 촉구하는 방법 등이 있다(김윤나, 2013: 255에서 재인용).

6) 지지기술

사회복지사는 대상자의 감정, 내적 강점이나 반응방식, 혹은 의사결정 사항이나 행동, 그리고 관계 등과 같은 다양한 영역으로 어떤 면을 지지할 것인지 결정해야 한다. 지지기술에는 정서적 지지, 격려하기, 인정하기, 재보증하기 기술 등이 있다.

(1) 정서적 지지

심리적 고통이나 스트레스 혹은 위기를 경험할 때 누군가에게 의지하려는 욕구에 반응하는 것이다. 정서적 지지를 제공할 때 사회복지사는 대상자에게 어떠한 도움이 얼마 동안 그리고 어떤 목적으로 제공될 것인지에 대해 분명하게 설명할 필요가 있다. 또한 그러한 지지가 실제로 의도한 바대로 제공받고 있는지 그리고 도움이 되는지 확인할 필요가 있다. 이를 통해 대상자는 문제나 상황에 대처할 수 있다.

(2) 정보제공기술

사회복지사는 대상자가 필요한 정보제공을 위해 이들 정보를 제공하는 기관의 위치와 연락처 그리고 담당자에 대해 알고 있어야 하며, 최신 정보를 갖고 있어야 한다. 정보제공은 사회복지사가 대상자에게 의사결정이나 과업수행에 필요한 정보를 제공하는 것으로 실천의 효과와 업무량의 효율을 증가시키기 위해 다양한 형태의 정보기술이 사용된다. 정보제공은 문제해결과 의사결정과정에서 매우 중요한 기술이다. 타 기관으로 의뢰할 경우, 대상자의 동의하에 의뢰되는 기관과 사전 조율해야 한다. 그리고 사람들의 개인차가 있기 때문에 대상자에게 정확하게 정보를 제공하고 이를 충분히 이해했는지 확인할 필요가 있다. Sheafor 등(1997)은 정보제공에서 다음과 같은 지침을 제공하고 있다.

① 대상자의 현재 심리상태를 주의 깊게 고려해야 한다.
② 정보나 지시를 논리적, 체계적, 단계적으로 제공한다.
③ 복잡하고 다단계적인 지시사항은 서면으로 한다.
④ 대상자의 사용에 조심해야 하며, 분명하고 명확하게 이해할 수 있도록 한다.

(3) 격려기술

격려기술은 초기단계에서는 면담을 활성화하기 위해 사용된다. 대상자가 말을 하도록 격려하기 위해서 사회복지사는 대상자를 수용하는 자세를 보여주고 대상자가 판단되지 않을 것이라는 관점을 나타내야 한다. 이에 비해 중간단계에서 격려기술은 대상자가 특정한 행동이나 경험 혹은 생각으로부터 벗어나도록 하거나 그런 쪽으로 행동을 취할 수 있도록 도움을 주는 것을 의미한다.

이 기술의 장점은 사회복지사로부터 자신의 행동이나 사고, 감정에 대해 인정받으면서 자신감을 가질 뿐 아니라 일부 위험한 행동을 중단하거나 긍정적인 행동을 취하게 하는 것이다. 단점은 대상자의 의존감을 지속하거나 자기결정권을 침해할 것이라는 우려 때문에 사회복지사가 활용을 꺼려할 수도 있다는 점이다.

(4) 해석기술

해석기술은 대상자가 말한 내용을 확인하거나 명료화하거나 부연 설명하는 것과는 달리 사회복지사의 이론적 지식과 직관력, 사고적 유추가 통합되어 대상자의 상황 특히 산재해 있는 행동과 사고, 감정 등의 유형을 대상자에게 설명하는 것으로 충분한 타당성을 확보한 상태에서 이루어져야 한다. 해석기술은 정신역동이론에서 널리 활용되고 있는 기술이다.

사회복지사는 수시로 사회복지실천 현장에서 하나의 사건과 다른 사건을 서로 연관 지으려 한다. 또한 비슷한 유형을 보이는 행동에 대해서도 대상자에 따라서는 그 의미와 경험이 다르기 때문에 똑같은 해석이 내려질 수 없으며, 대상자도 사회복지사의 해석을 자신의 관점에서 독특한 방식으로 받아들이게 된다. 사회복지사는 해석을 제공하기 위한 정보와 이론적 근거를 충분히 검토한 후 언제, 어떤 방법으로 해석을 제공할 것인지 결정하는 것이 중요하다. 이를 위해 대상자의 문제 상황을 임시적인 가설로 설정하고 보다 덜 위협적이거나 불안을 덜 야기한 해석을 먼저 제공함으로써 대상자의 반응을 살펴볼 수 있다.

7) 조언기술

조언은 대상자가 해야 할 것을 추천하거나 제언하는 사회복지사의 진술을 의미한다. Sheafor 등(1997)과 Trevithick(2000)는 조언기술이 초기단계에서 사회복지사가 대상자의 문제와 해결책을 파악할 수 있도록 돕는 데 활용된다고 주장하였다. 나아가 이 기술은 더 이상 다른 선택이나 개입의 여지가 없을 때 최후의 수단으로 활용될 것을 권하고 있다. 특히 단순하게 조언을 해주는 것으로 끝나는 것이 아니라 사회복지사가 조언을 하게 되는 배경이나 논리적 근거를 분명하게 제시할 것을 요구하고 있다.

① 조언하기 전에, 누군가가 당신에게 조언을 해주었을 때 당신이 어떻게 느끼는지를 생각해 봐야 한다.

② 조언이 적절한가의 여부는 대상자와 사회복지사가 상호작용하는 목적에 주로 달려 있다.

③ 대상자가 당신의 조언을 원한다고 판단되지 않으면, 조언을 제공하지 않는다.

④ 당신이 대상자에게 조언을 했고 이후에 당신이 추천한 결과 때문에 대상자가 개인적 · 재정적으로 불리한 고통을 겪게 된다면 법적 책임성의 문제를 고려해야 한다.

⑤ 조언을 해줄 때 “나는 이렇게 했는데” 또는 “다른 사람은 이렇게 했었는데”와 같이 표현한다.
⑥ 일이 잘 되지 않을 때 당신에게 책임을 지우는 조종적인 대상자에게 조언을 하는 경우에 주의를 해야 한다.

조언기술은 많은 한계점을 가지고 있으므로 매우 신중하고 제한적으로 활용할 필요가 있다. 이는 사회복지사의 조언으로 인해 대상자의 행동에 부정적인 결과가 발생했을 때 이에 따른 책임이 사회복지사에게 있을 수 있기 때문이다. 그리고 대상자의 사회복지사에 대한 의존성을 높일 수 있으며 대상자 자신에 대해 비관적이게 된다. 또한 사회복지사도 혹시 잘못된 조언을 하지 않을까 불안해할 수 있기 때문에 대상자에게 알고 있는 것과 알지 못하는 것을 솔직하게 말하고, 특정상황의 구체적인 조언을 위하여 관련법과 규정, 자원을 정확하게 이해하고 활용할 수 있는 전문능력을 갖추어야 한다.

8) 설명기술

설명기술은 대상자에게 특정 사건이나 상황에 대해 분명하게 이해할 수 있도록 돕거나 상황을 해석해 주는 사회복시실천기술의 핵심기술이다. 대상자가 잘 이해할 수 있도록 새로운 시각을 제시해 주지만 사회복지사가 자신의 가치관, 전문지식, 기술에 근거해 대상자의 문제나 상황을 설명하는 것으로 잘못 활용되기 쉬운 기술이기도 하다.

Trevithick(2000)은 설명기술을 예를 들어 설명하는 방법, 실제 시범을 보이는 방법, 말로써 설명하는 방법으로 나누었다. 또한 그는 대상자의 문제 상황에 대한 이해를 돕기 위해 사회복지사는 대상자의 생각과 감정을 민감하게 고려하고, 흥미롭게 그리고 분명하게 잘 구조화된 방식으로 설명하며, 학습과 이해를 최대한 향상할 수 있는 방법으로 설명하는 것이 좋다고 주장한다. 특히 대상자가 이해한 바를 사회복지사에게 다시 설명할 수 있도록 함으로써 이해 여부를 확인하는 것도 좋은 방법이다.

9) 인정기술

인정기술은 대상자가 어떤 행동을 취하거나 벗어난 이후에 이에 대해 긍정적인 평가를 내려주는 것을 의미한다. 이 기술은 대상자가 자신의 결정이나 독자적인 행동을 취하는데 자신감이 결여되어 있을 때 도움이 된다. 사회복지사가 이 기술을 사용할 때는 과장된 표현이 아닌 진실하고 솔직한 표현이 될 수 있도록 해야 한다.

10) 환기기술

환기기술은 대상자의 억압된 감정, 특히 부정적인 감정인 분노, 증오, 슬픔, 죄의식, 불안 등이 문제해결을 방해하거나 감정 자체가 문제가 되는 경우, 이를 표출하도록 함으로써 감정의 강도를 약화시키거나 해소시키는 기술이다. 나아가 해소되어야 할 감정이 표면으로 표출될 수 있도록 하는 방법이며 이러한 감정을 탐색하고 고려해 볼 수 있는 기회를 제공한다.

우리나라 문화적 특성상 감정보다는 행동이 앞서 종종 문제를 악화시키는 경우가 많은데 사회복지사는 대상자가 갖고 있는 특히 억압된 감정이 적절한 언어로 표현될 수 있도록 도움으로써 문제해결능력 및 대처능력을 강화할 수 있도록 도울 필요가 있다.

11) 재보증기술

재보증기술은 자신의 능력이나 자질에 대해 회의적인 대상자들에게 이들의 자신감을 향상시키기 위해 활용하는 기술이다. 또한 사회복지사가 대상자의 불안감이나 불확실한 감정을 줄이고 편안한 감정을 가질 수 있도록 돕기 위해 사용하는 기술이다. 특히 대상자가 자신의 삶에서 경험하는 사건이나 문제들로 인해 자신의 문제를 객관적으로 바라보지 못하거나 판단이 흐려질 때 매우 유용하게 활용될 수 있다. 관계를 형성하기 위하여 또는 사회복지사가 대상자의 불안감을 견딜 수 없기 때문에 재보증을 지나치게 사용하는 것은, 대상자로 하여금 사회복지사가 불안감이나 죄책감의 원인을 제대로 이해하지 못하였거나 도덕적인 분별력이 부족하여 사물을 판단할 능력이 없는 사람이라는 느낌을 갖게 할 뿐이다. 따라서 이 기술은 사회복지사가 대상자의 판단에 확신을 갖고 확인해 주는 것으로 사회복지사가 대상자의 상황 판단에 확신이 없으면 이 기술을 사용해서는 안된다. 나아가 적시에 재보증기술을 사용하면 사회복지사는 대상자가 희망과 지지를 갖도록 도울 수 있다.

12) 재명명기술

재명명기술은 특정 문제에 대해 대상자가 부여하는 의미를 수정해 줌으로써 대상자의 시각을 긍정적인 방향으로 변화시키는 기술이다. 이 기술은 특히 인지행동접근법에서 많이 활용되며 인지 및 사고과정과 행동의 변화에 목표를 두고 있다. 문제상황이나 행동을 보다 긍정적이면서 다른 각도에서 조명해 볼 수 있는 기회를 제공한다는 장점이 있다.

이 기술은 대상자의 자아존중감이 낮거나 자신감이 결여되어 있을 때 혹은 자기 비판적이면서 자책할 때 매우 유용하게 활용될 수 있다. 사용할 때는 매우 구체적인 사실을 가지고 재 명명하되 새로운 시각의 해석이 신뢰성 있고 대상자가 이해할 수 있는 것이어야 한다.

13) 자기주장기술

자기주장이란 자신과 타인의 권리를 동등하게 존중하면서 자신의 사고, 감정, 원하는 것, 성취하고자 하는 것, 의견 등을 단호하게 요구하거나 표현하는 것을 의미한다. 자기주장은 사람들에게 '아니오'라고 말할 수 있고 자신을 방어하며 결과적으로 더 이득이 되고 성공적인 방법으로 불평하는 것을 학습하도록 도와준다. 주장기술과 관련된 일련의 기술과 과제는 다음과 같다.

① 대상자가 주장, 거짓이나 강제적 동조 및 공격 간의 차이를 학습하도록 원조하는 훈련

② 문제의 범위에 대한 이해를 얻기 위한 사정

③ 당황스러운 상황에 대상자를 노출시킴으로써 공포를 제거하도록 원조하는 둔감화 요소

④ 서로 다른 환경에 적합한 주장의 정도를 대상자에게 단계적으로 보여 주고 격려와 확신을 제공하면서 그 기술들을 연습하도록 격려하는 모델링과 연습 요소 확인

⑤ 학습된 기술을 실제상황에 연관시킴으로써 매일 매일의 경험과 문제에 일반화될 수 있도록 보증하는 일반화

사람들이 자신의 생각, 감정, 선택 혹은 욕구를 공개적 · 직접적으로 주장할 수 있는 능력의 중요성은 강조되어 지나침이 없겠지만, 이는 비단 서비스 이용자들에게만 한정되는 것은 아니다. 사회복지사 또한 본인의 견해와 관점, 개인적, 전문적 욕구를 주장하고 대변할 수 있어야 한다.

14) 도전과 직면기술

사회복지사는 종종 대상자의 특정 행동에 직면해야 할 때가 있다. 또한 사회복지사는 때로 기관의 잘못된 정책이나 실천방법에 문제가 있을 때는 이에 대해 도전하고 직면하여 대상자에게 보다 나은 서비스를 제공해 줄 수 있도록 노력해야 한다. 대상자에게서 보이는 불일치나 왜곡, 문제의 부인, 비합리성 등에 대해 사회복지사는 자신의 반응을 먼저 인식하고 다룰 수 있어야 한다. 나아가 이러한 자신의 반응이 전문적 관계에 손상을 주지 않으면서 대상자의 문제 상황을 다룰 수 있어야 한다.

(1) 도전기술

도전기술은 대상자가 자신의 문제해결에 있어 상충되거나 왜곡된 것 혹은 불일치하는 상황을 다룰 때, 대상자가 문제를 부정하거나 회피하고 합리화할 때 활용되는 기술이다. 대상자가 상충되는 상황을 충분히 인식하고 있지 못할 때 이 기술을 사용하면 사회복지사의 개입이 강압적이고 미숙한 개입방법이 되어 전문적 관계를 훼손할 수도 있다. 그러나 적시에 적절한 방법으로 활용되면 사회복지사와 대상자의 전문적 관계는 강화된다. 도전의 사용이 정당화되는 여러 행동들은 다음과 같다.

① 문제를 인정하지 못함

② 문제를 해결 가능한 용어로 정의하지 못함

③ 결정적인 경험, 행동 및 감정에 대한 잘못된 해석

④ 회피, 왜곡 및 게임하기

⑤ 행동의 결과를 확인하거나 이해하지 못함

⑥ 새로운 관점에 따라 행동하는데 대한 주저나 거부

(2) 직면기술

대상자가 방어적이면서 숨기지 않도록 직면하는 것은 고도의 기술을 요하면서 한편으로는 인내와 수용이 필요하다. 사회복지사는 직면기술을 자신의 분노나 화, 초조함을 표현하는 방법으로 사용해서는 안 된다.

직면기술은 다음과 같은 단계를 거쳐 활용될 수 있다.

① 대상자가 직면하고자 하는 문제나 상황을 대상자가 의식할 수 있도록 돕는다.

② 대상자가 문제나 상황에서 어떻게 불일치하거나 일관성이 없는지 사회복지사의 입장에서 설명하도록 한다.

③ 대상자가 왜 이 시점에서 이 문제를 고려해 보아야 하는지 그리고 이것이 대상자의 문제나 상황과 어떤 관련이 있는지 분명하게 설명한다.

④ 사회복지사가 말한 내용에 대해서 대상자가 반응할 수 있는 시간을 충분히 주도록 한다.

⑤ 후속조치를 취한다.

직면은 정서적 부담이 크므로 사회복지사는 상황을 정확히 평가하여 대상자에게 거부되지 않으리라는 확신이 있을 때 이를 사용해야 한다. 그리고 직면했다고 해서 대상자의 행동에 즉각적인 변화가 있을 것이라고 예측하는 것은 잘못된 것이다. 오히려 직면하기는 대상자가 자신의 행동에 변화가 필요하다는 점을 인식하는 계기를 마련해 주며, 자신을 점검해 보는 기회를 제공해 주는 것이다. 직면기술에 대하여 Sheafor 등(1997)은 주로 대상자의 행동이 자기에게도 도움이 되지 않으면서 타인에게 위협이 될 때 이를 재인식하도록 돕기 위해 쓰인다고 하였다. Kadushin과 Kadushin(1997)은 일시적으로 대상자에게 불안정을 유발한다고 지적하였다. Brill(1997)은 상담가와 대상자는 동의하는 문제영역만을 해결하려고 하기 때문에 직면기술은 이러한 합의점을 찾는 데 중요한 기술이라고 지적한다. 또한 양옥경 등(2002)은 변화를 방해하는 부정적인 감정, 생각, 행동들을 대상자가 인식하도록 돕는 매우 직접적인 방법이라고 지적하였다.

15) 모델링기술

모델링기술은 부모나 타인을 관찰하면서 얻어지는 것으로, 특정상황에서 행동에 대해 시범을 보임으로써 다른 성원들이 모방할 수 있게 하는 것을 의미한다. 주로 의도적인 모델링과 우연적인 모델링의 기술로 나눌 수 있는데, 의도적인 모델링은 대상자가 다른 사람을 관찰함으로써 얻어지는 모델링이다. 이에 비해 우연적인 모델링은 특정 문제행동이나 불안감 등을 교정하거나 줄이기 위한 것으로 주로 사회복지사들이 제시하는 것이다. 사회복지사는 특정한 장면을 놓고 모델연기를 보여주거나 대상자에게 모델링을 하도록 할 수 있다. 그리고 비디오를 통해서 성원들이 특정 사회기술을 배우게 할 수도 있다(김혜란 외, 2002).

16) 권익옹호기술

권익옹호활동은 인권침해, 평등을 저해하는 행위, 사회정의를 해치는 일 등에 맞서 대상자의 입장에 서서 이들의 권익을 대변하고, 향상시킬 수 있는 정책과정이나 입법활동 참여를 포함하고 있다. 권익옹호기술은 대상자 자신이 할 수 없는 일에 대해 이들을 대표하여 이들의 관심사를 성취할 수 있도록 돕는 것을 의미한다. 권익옹호는 대상자를 대신하여 말하고 쓰고 행동하거나 입증하는 것을 필요로 하며 사례권익옹호, 원인권익옹호, 자기권익옹호, 동료권익옹호, 시민권익옹호로 나뉠 수 있다. 이 기술의 핵심은 권력의 차이를 인정하는 것에서부터 시작한다. 권익옹호기술은 대상자의 목소리와 관심사를 전달하여 정책 및 서비스 전달에 있어 변화를 초래하는 것을 그 목적으로 하고 있다. 이를 위해서는 대상자가 '자신의 삶을 어떻게 살 것이며 이를 위해서는 무엇을 필요로 하는지' 파악하는 것이 중요하다. 권익옹호기술을 활용하기 위해 사회복지사는 적절한 훈련과 수퍼비전 그리고 지원을 받아야 한다. 대상자를 대신하여 그 사람의 권익을 위해 싸운다는 것은 전문가로서 자신감과 전문지식을 필요로 한다.

17) 권한부여기술

최근 사회복지실천에서 강점관점과 생태체계적 관점에 근거한 권한부여 혹은 임파워먼트 접근방법이 부각되고 있다. 사회복지실천기술에서 권한부여를 논의할 때는 '대상자가 자신의 삶과 상황에 대해 좀 더 많은 통제력을 가질 수 있도록 하기 위해 의미 있는 선택과 가치 있는 선택을 할 수 있도록 돕는 것'을 의미한다. 대상자에게서 이러한 변화가 나타나도록 하기 위해서는 실질적인 도움을 제공하는 것을 포함하여 다음과 같은 다섯 가지 권한부여기술 혹은 개입이 필요하다.

① 대상자 문제점의 수용

② 현존하는 대상자 강점 발견 및 강화

③ 대상자 상황 및 권력구조 분석

④ 구체적인 기술 교육

⑤ 대상자의 권익 옹호

권한부여기술은 특정 목적을 파악하고 이를 어떻게 달성할 것인가를 강조한다. 이를 위해서는 자기효능감 향상, 집단의식 개발, 자기비난 경감, 변화도모에 있어 개인적 책임 인식 등과 같은 네 가지 심리적 변화를 필요로 한다.

18) 네트워크기술

네트워크기술은 네트워크 형성, 문제해결을 위한 네트워크 회의, 네트워크 치료와 같은 세 가지 전략을 필요로 한다. 네트워크 형성은 새로운 네트워크를 구성하는 방법과 기존의 네트워크를 유지 혹은 변화시키는 방법에 관한 것이다. 문제해결을 위한 네트워크 회의는 공식적 · 비공식적 도움을 제공할 수 있는 사람들이 모두 모여서 누가 어떤 역할을 할 것인지 논의하는 것이다. 네트워크 치료는 위기상황에 처한 가족을 돕기 위해 가족의 네트워크가 되는 사람들을 한자리에 모이도록 하여 이들이 '변화 매개체'가 되도록 하는 것이다. 이들 세 가지 모두 사회적 지지와 도움을 필요로 하는 사람과 도움 제공자의 능력을 평가하는 것을 필요로 한다. 특히 도움을 필요로 하는 사람을 위한 지지체계를 형성하기 위해서는 사회망 사정기술이 요구된다(엄명용 외, 2005).

3 대상별 실천기술

1) 개인대상 실천기술

(1) 개인대상 실천기술의 개념

사회복지현장에서 만나는 개인들은 경제적인 어려움, 장애나 질환 등으로 파생되는 문제들, 사회적 부적응, 가족 내에서의 부적응, 집단이나 조직 내에서의 부적응 등 다양한 문제를 가진다(도강조, 2008). 개인대상 사회복지실천은 사회복지사와 대상자가 직접 일대일로 만나서 대상자와 함께 대상자의 문제나 욕구를 분석하고 그 해결책을 모색하며 원조를 실행하는 것을 말한다. 전통적으로 개별사회사업(case work)으로 발전해 왔다.

개인대상 실천기술의 일반적 성격 및 개념은 다음과 같다(장인협, 1993).

① 자기 스스로 해결하기 곤란한 문제를 가진 개인 및 그 가족이 대상이 되며, 문제에 대한 과학적 인식과 이에 대한 전문적 기술을 가진 전문가에 의해서 실시된다.

② 개별적으로 이루어지며 대상에 따라 그 방법이 여러 면으로 달라진다.

③ 환경에의 적응과 인격의 성장발달을 돕기 위한 의식적 노력이 지속적으로 이루어진다.

④ 사회복지사와 대상자의 협동적 활동이므로 사회복지실천가와 대상자와 인간관계가 중요시된다.

⑤ 예방보다는 치료에 중점을 둔다.

⑥ 개인과 개인이 속하는 사회환경과의 상호작용이다. 개인대상 실천기술은 인간의 발달을 여러 가지 요인에 의하여 영향을 받는 것으로 보며 다양한 지식체계를 종합하여 받아들인다. 정신분석이론, 자아심리학이론을 많이 받아들였고 체계이론과 생태체계이론, 의사소통이론, 인지이론, 행동이론, 위기이론 등의 지식을 도입하였다(김기태, 1991).

(2) 개인대상 사회복지실천의 특징

개인대상 사회복지실천의 특징은 첫째, 대상자체계가 1인의 대상자라는 점이다. 개별대상자와의 협력적인 문제해결과정에서 대상자의 선택권을 중요시하면 개인의 개별적인 욕구와 특성, 상황에 맞는 알맞은 방법과 전략을 활용한다. 둘째, 역동심리이론, 자이심리, 행동주의심리학, 역량강화이론, 페미니스트이론, 정신치료 등 개인의 적응과 변화를 위한 다양한 모델과 개입방법을 활용한다. 셋째, 대상자의 문제를 해결하기 위해 사회복지사와의 전문적인 관계를 도구로 활용한다. 넷째, 개별 대상자를 대상으로 한 개입활동은 대상자의 사회적 기능수행 향상 및 문제해결능력 향상을 위한 개인의 변화뿐만 아니라 개인과 환경 사이의 상호작용을 변화시키기 위한 개입노력을 기울인다.

(3) 개인대상 실천기술의 과정

① 초기단계

클라이언트와의 첫 만남으로부터 시작되는 개인대상의 초기단계에서는 클라이언트의 긴장이나 불안을 경감시키고 신뢰감과 희망을 높이며, 클라이언트가 그 문제를 상황적 · 정서적 측면에서 생각하고 표현하도록 도와야 한다. 또한 클라이언트가 추구하는 목적과 기관의 서비스와 관련하여 클라이언트의 여러 가지 욕구에 초점을 맞추도록 돕는 기술들이 필요하다(박석돈 외, 2008: 170-171).

- 문제자각: 대상자는 자신의 문제를 가지고 있으며 그 문제에 대해서 어떤 것을 해야 한다는 스스로의 자각이 있어야 한다. 이러한 경우에 사회복지사는 대상자가 문제를 자각할 수 있도록 원조해야 한다.
- 관계형성: 원조관계의 매개물을 통해서 대상자는 사회복지사에게 문제에 대하여 자신이 생각하고, 알고, 느끼는 것을 의사소통할 수 있다. 철저한 의사소통은 원조관계를 강화하여 곧바로 문제를 해결할 수 있다.
- 동기부여: 상담에서 대상자가 자신의 환경을 개선하고자 결정하는 데 가장 중요한 변수는 개선에 필요한 모든 노력을 다하는 동기부여이다.
- 문제의 개념화: 사회복지사는 효과적인 면접을 위해서 대상자가 극복할 수 없는 문제를 가지고 있는 것이 아니라 변화될 수 있는 구체적인 요소를 가지고 있다는 것을 인식시키는 것이 필요하다.

② 중간단계

중간단계는 개입전략의 탐구, 선택, 집행이다. 중간단계에서는 수집된 자료를 통해 클라이언트와 그가 직면하고 있는 문제상황을 분석하고 문제해결을 위한 계획을 수립하는 과정인 사정이 이루어져야 한다. 또한 문제해결을 위한 접근이 필요한 과정이 필요하다(박석돈 외, 2008: 171). 개입전략의 탐구는 사회복지사와 대상자가 함께 해결전략을 탐구하는 것이고, 개입전략의 선택은 대상자가 자기결정권이 있기 때문에 여러 가지 대안 중에서 하나를 대상자 스스로 선택해야 하는 것이다. 개입전략의 집행은 선택한 대안(개입목표)을 대상자 스스로 해결적 접근을 시도(집행)하도록 하는 것이다.

③ 종결단계

종결의 단계에서는 대상자의 문제가 개선되어 지속적으로 건설적인 변화가 있을 수 있다고 사회복지사와 대상자가 동의했을 때, 개입이 종료되는 것을 의미한다. 이 단계에서는 종결에 따른 클라이언트와 사회복지사의 감정처리 기술이 필요하다. 즉 종결시점에서 클라이언트와 사회복지사는 원조관계의 종결을 바라지 않는 방법으로 상호작용할 수도 있으므로 이 점에 대한 세심한 배려가 필요하다(박석돈 외, 2008: 172).

2) 집단대상 실천기술

(1) 집단대상 실천기술의 개념

집단대상 실천기술은 사회구성원들의 사회적 기능을 촉진시키고 사회적으로 바람직한 목표를 달성하기 위해서 두 사람 이상의 집단 내에 있는 사람과 함께 행하는 전문적 실천방법을 수행하는 사회복지사의 계획된 목표 지향적 활동이다. 집단대상 실천기술은 개인의 사회적 기능을 향상시키기 위해 집단을 그 수단으로 삼고, 과정은 개인과 집단의 욕구와 능력 · 발달단계 등을 기초로 의도적이고 계획적으로 시행하며, 기능상의 문제를 가진 집단구성원을 취급함에 있어 특수한 전문적 지식과 기술을 사용한다(박용순, 2005).

(2) 집단대상 실천기술의 접근모델

① 사회적 목표모델: 사회적 목표모델은 사회적 의식과 사회적 책임감을 강조하여 각 개인은 시민으로서 참여하고 보다 훌륭한 민주적인 사회과정을 습득하도록 추구한다.

② 상호작용모델: 상호작용모델은 집단성원과 사회간에 공생적인 관계를 통해 집단성원들의 요구와 문제를 해결하는 것에 초점을 둔다.

③ 치료모델: 치료모델은 사회적 기능 수행에 뚜렷한 문제가 있거나 문제발생의 위험이 높은 개인에 대한 원조를 강조하는 임상 모델이다.

(3) 집단대상 실천기술의 과정

① 계획단계

계획단계는 두 가지의 특징적 부분으로 나누어진다. 첫째는 집단을 형성하는 것이며 둘째는 지속적인 적응과 집단과정에서의 구성원과 지도자를 배치하는 것이다. 집단실천을 위한 계획모델은 집단의 목적을 설정하고 집단구성원과 잠정적 지원자를 사정하며, 구성원을 훈련시키는 것이다. 그리고 집단을 구성하고 집단구성원에게 오리엔테이션을 시키며 계약하고 집단의 환경을 준비하는 것이다. 사회복지사는 다양성과 공통성 사이에 균형을 이루도록 해야 한다. 즉 집단은 성원들이 편하게 느끼고 서로를 이해할 수 있을 정도로 동질적이어야 하는 동시에 성원들 간에 흥미를 유발할 수 있을 정도로 이질적이어야 한다(박석돈 외, 2008: 174-175).

② 시작단계

시작단계에서 사회복지실천가의 중요한 목적은 구성원들이 협력적이고 생산적인 방법으로 함께 과업을 추진할 수 있도록 구성원을 원조하는 것이다. 시작단계에서는 구성원을 소개하고, 사회복지사 '구성원' 협찬 조직에 인식된 집단의 목적과 기능을 명료화해야 하며 집단 내에서 비밀보장의 제한을 토론하고 집단의 발전을 유도해야 한다. 또한, 집단과정에 대한 과업과 사회 · 정서적 측면의 균형을 유지해야 하고 목표를 설정하며 과업을 계약해야 한다. 그리고 집단 내에서 일어나는 구성원의 동기부여와 능력을 활용하고 개인 및 집단의 목표를 성취하는 데 있어서 장애를 예측해야 한다.

③ 개입단계

이 단계에서는 계획된 변화를 위한 구체적인 개입방법에 초점을 두어야 한다. 개입 방법으로는 개인 내적 개입, 개인 간의 개입, 환경적 개입으로 나눌 수 있다. 개인 내적 개입은 사고, 신념, 가치, 정서, 감각, 감정 등과 같은 구성원의 인지 및 정서에 초점을 두는 것이다. 개인 간의 개입은 구성원이 집단 내 또는 집단 외부에 있는 다른 사람과의 관계에 초점을 두는 것이다. 환경적 개입은 구성원들이 자신의 치료목표를 성취하는데 원조 기능을 하는 심리사회적 및 신체적 영역을 변화 또는 수정하고자 하는 것이다.

④ 종결단계

일반적으로 집단은 다음의 네 가지 상황에서 종결을 맺게 된다.

가. 목적이 달성되어 집단이 더 이상 존재할 이유가 없어질 때 종결된다.

나. 처음부터 집단을 일정 기간 동안만 운영하는 것으로 계획되어 있어 그 기간이 끝난 경우이다.

다. 집단성원 간의 통합력이 결핍되었을 때 종결한다.

라. 집단이 외적으로나 내적으로 어떤 긴장이나 위기에 대처하지 못했을 때 집단이 소멸된다(백은령 외, 2008).

3) 가족대상 실천기술

(1) 가족대상 실천기술의 개념

현대사회에서 개인의 문제는 대부분 가족에서 기인된다고 할 수 있을 정도로 가족은 여러 긍정적인 기능과 구조를 가지고 있는 반면 부정적인 양상을 포함하고 있다. 가족 구조의 변화와 기능 약화로 가족 내 문제를 감당하기 어려운 상황이다. 따라서 현대사회에서는 가족문제에 사회나 국가가 개입하게 되는 것이다. 맞벌이가족, 재혼가족, 동성애가족, 한부모가족, 독신가족, 노인가족, 다문화가족 등 다양한 형태의 가족이 보편적인 가족형태로 자리매김하면서 다양한 가족들의 욕구를 충족시켜 주는 가족복지서비스가 필요하게 되었다(한국임상사회사업학회, 2006).

가족을 대상으로 하는 실천에서는 기본적으로 '한 단위로서의 가족의 전체성'에 주목한다. 즉 가족 자체를 하나의 개입단위 혹은 변화의 주체로 인식한다. 가족을 대상으로 하는 실천은 크게 가족문제 발생을 사전에 예방할 수 있도록 하는 사전적 접근과 가족문제 사후에 치료적 측면에서 접근하는 사후적 접근으로 구분할 수 있다. 가족에 대한 사전적 접근으로 가족생활 교육이 대표적이고, 건강가정 육성과 관련된 다양한 프로그램 접근을 포함한다. 또한 가족에 대한 사후적 접근으로는 가족치료(family therapy)를 들 수 있다(도광조, 2008).

(2) 가족대상 실천기술의 영역

가족대상 실천기술은 1950년대 이후 등장한 용어로 가족을 건강하고 안전하게 유지시키기 위해 다양한 서비스를 가족에게 전달하는 형태로 사용하게 되었다. 대표적인 가족대상 실천기술은 가족지지서비스와 가족보존서비스가 있다. 가족지지서비스는 가족 내 학대나 유기를 예방하고 가족기능을 강화시키는 것을 목적으로 제공되는 모든 프로그램들을 총칭하는 용어이며, 가족보존서비스는 학대나 유기문제를 가진 가족을 원조하기 위해 고안된 것이다.

① 가족치료

가족치료는 가족구성원이 보이는 문제행동을 그 개인의 문제로 보지 않고, 개인을 둘러싼 가족이라는 맥락 속에서 이해하려는 시도이다. 가족치료자는 문제행동 자체보다는 문제행동을 둘러싼 가족 상호작용에 관심을 갖는다. 가족치료적 노력은 가족체계 안에 있는 개인과 개인 간의 관계를 지탱하게 된다. 가족치료는 개인을 둘러싼 환경요소 중에서도 특히 가족을 치료적 매개로 사용하는 기술이라고 할 수 있다(권진숙 외, 2006).

② 가족복지실천

가족대상 실천기술의 초점은 인간, 가족, 환경들 사이의 상호교류이다. 생태학적 관점에서 가족이 환경체계와의 교류에서 경험하는 스트레스와 대처에 초점을 둔다. 가족복지실천의 가정으로는 첫째, 가족은 그들 자신을 가장 잘 도울 수 있다는 점에서 전문가라는 점이다. 둘째, 가족은 전문가에게 없어서는 안 될 중요한 파트너라는 점이다.

(3) 가족대상 실천기술의 과정

가족대상 실천기술의 과정은 일반적인 사회복지실천과정이 그대로 적용된다. 초기면접단계, 자료수집과 사정단계, 개입단계, 평가와 종결단계 등이다.

① 초기단계

가. 초기면접

가족복지실천에 대한 계약을 수립하고 가족의 욕구와 관련된 자료들을 수집하여 사정평가를 한다. 가족구성원이 현재 나타난 문제를 어떻게 인식하고 있는지 파악해야 하며 목표를 설정하고 개입과정을 명확히 해야 한다.

나. 사정평가

'가족사정'이란 가족을 하나의 '단위'로 보고 가족 내부의 요인과 외부의 요인, 그리고 이들 양자 간의 상호작용을 파악하기 위해 자료를 수집, 분석, 종합하여 그 가족에 대한 개입을 계획하는 일련의 과정을 말한다. 사정평가를 위해 활용되는 방법으로는 면접과 관찰 및 여러 가지 도구를 사용할 수 있으며 도구로 활용되는 것은 가계도, 생태도, 가족도, 가족조각, 가족의 생활연대기, 사회적 관계망 등이 있다. 가족사정은 가족이 제시하는 문제, 생태학적 사정, 세대 간 사정, 가족 내부에 대한 사정의 네 가지 차원으로 이루어진다(박석돈 외, 2008: 177에서 재인용).

② 개입단계

가. 가족구성원에 대한 개입

가족구성원 간의 문제는 대부분 관계와 의사소통에서 발생되는데 이를 해결하기 위해 가족치료에서 유용하게 활용되는 개입기법들을 활용할 수 있다(Collins et al., 2001: 245-253).

- 역할연습: 문제를 행동으로 표현하여 인식과 경험을 재확인하는 데 도움을 주고, 가족성원에게 다른 사람의 역할을 수행할 기회를 제공한다.
- 탈삼각화: 하위체계의 경계가 명확하지 않은 경우에 적용하여 두 성원의 감정영역에서 제3의 성원을 분리시킨다.
- 로프기법: 가족 수만큼 줄을 준비하여 서로 묶고 문제해결의 도미노 효과를 경험하게 한다.
- 직면: 정보를 보여 주어 클라이언트가 실패한 부분에 대해 확인함으로써 인식할 수 있게 하는 것이다. 효과적인 직면은 사회복지사가 클라이언트의 말

과 행동 사이의 모순이나 불일치를 지적하는 것이다.

- 빈 의자 기법: 어려움을 겪고 있는 사람 앞에 빈 의자를 두고 그 대상 혹은 상황을 상기하도록 하여 관련된 느낌이나 감정 등을 표현하도록 도움으로써 감정을 환기시키고, 자신을 성찰함과 동시에 상대방의 입장을 경험하게 한다.
- 재구조화: 문제가 되고 있는 특정 사건이나 행동 등을 좀더 긍정적이고 다양하게 인식하는 것이다.
- 재조직: 가족체계를 재구조화하여 상호작용을 활성화하는 것이다.
- 시연: 가족의 갈등을 외부에서가 아니라 지금 여기(here and now)로 가져오는 것이다.

나. 의사소통 및 세대 간의 관계에 대한 개입

가족성원 간의 좋은 관계형성을 위해서는 올바른 의사소통이 우선적으로 요구된다. 성원 간의 갈등이나 문제가 벌어지는 상황에서 비난과 책임을 묻게 되는 You-Massage 대신 주관적인 실망이나 분노, 좌절을 표현할 수 있는 나전달법(I-Massage)이 더 효과적이다.

다. 외부환경에 대한 개입

가족 기능에 영향을 미치는 외부환경에 대해 개입하기 위하여 먼저 가족 기능에 부정적인 영향을 미치는 외부의 환경적 요소에 관심을 기울여야 한다. 구체적인 방법은 다음과 같다.

- 가족을 위한 서비스 전달체계를 개선하여 가족의 서비스의 배제 혹은 중복 문제를 해결할 수 있도록 돕는다.
- 지역사회자원을 활용하여 가족과 지역사회자원 간의 관계를 재규정하고 사회복지사는 대변자의 역할을 수행한다.

- 가족관계망에 대한 개입을 하여 가족, 친구, 이웃, 동료의 관계망 속에 있는 에너지와 자원들을 활용하여 가족이 겪고 있는 곤경을 완화시키는 데 필수적인 지지와 만족 및 통제를 제공하고 지역사회전문가들과 관계망 개입을 위한 팀 접근을 시도한다.
- 가족문제의 복합성 때문에 성원 개개인을 전문가나 기관에 의뢰해야 하는 경우가 발생하므로 지역사회 내의 다른 전문가들과 서비스체계를 인식하고 관계를 형성해 두어야 한다.

③ 평가와 종결단계

일반적으로 가족의 문제가 해결되었을 때 종결하는 것이 가장 바람직하지만, 환경적인 상황이 변하거나 가족이 원하여 종결이 이루어지기도 한다. 가족과 종결하게 되는 경우는 성공적으로 해결되는 경우와 미리 시간제한적인 계약을 한 경우, 가족문제의 해결에서 진전이 나타나지 않아 가족구성원과 사회복지사 간의 협의하에 종결하는 경우, 실천과정에서 가족성원이 비협조적이거나 저항이 심각하여 더 이상의 진행이 어려운 경우, 그리고 사회복지사의 개인적인 사정으로 종결하는 경우로 나누어 볼 수 있다. 어떤 경우로 종결하든지 사회복지사는 가족과 함께 그동안의 과정을 검토하고 초기에 세웠던 목표나 기대가 어느 정도 달성되었는지 목표 및 변화를 평가해야 한다. 또한 가족성원들과 가족의 성장, 변화를 인식할 수 있도록 도와주어 변화를 유지할 수 있도록 한다. 그리고 종결에 따른 정서적 문제를 다루어 주어야 한다(백은령 외, 2008).

4 사회복지실천기록

기록은 효과적이고 책임성 있는 사회복지실천활동을 위한 과정이다. 기록내용은 서비스 탐색단계에서는 기록내용의 요소로서 내담자 특성, 서비스를 개시하는 이유, 현재와 과거의 내담자-상황에 대한 서술(사회력), 자원과 제약이 포함된다. 서비스 형성단계에서는 서비스에 영향을 미치는 결정, 서비스 목적, 서비스 계획, 서비스 특성이 포함된다. 서비스 실행단계에서는 중간 노트, 서비스 재검토가 포함된다. 서비스 종결단계에서는 서비스 종결의 방법과 사유, 서비스 활동과 결과에 대한 요약, 추후지도(follow-up)가 포함된다. 이러한 기록의 형태에는 과정기록, 이야기체기록, 문제중심기록 등이 있다(박석돈 외, 2008: 180).

과정기록은 클라이언트와의 면담에서 일어난 일, 사회복지사가 관찰한 것들을 직접 인용으로 기록하는 것으로써 원조과정이나 클라이언트-사회복지사의 상호작용 과정을 상세하게 연구하기 위한 목적이 있다. 과정기록은 시간이 너무 많이 걸리고 기록 분량이 많으며 면접동안 일어난 일을 완벽하게 재현하지는 못하는 점에서 한계를 가지고 있지만 면담기법과 개입방법에 대한 교육훈련 도구로는 매우 훌륭하다(박석돈 외, 2008: 180).

이야기체기록은 사회복지사가 클라이언트 및 그 상황이나 서비스에 대해 이야기를 풀어가듯이 서술체로 기록하는 방법이다. 면담 내용이 요약되어 서술되므로 사회복지기관에서 가장 많이 사용되고 있는 임상기록으로 간결하며 초점이 분명해 사회력이나 사정과 같은 특정 내용 요소들을 문서화하는 데 효과적이다(박석돈 외, 2008: 181).

문제중심기록은 현재 제시되고 있는 문제를 중심으로 구성되며 문제영역을 규명하고 사정하고 각 문제에 대해 무엇을 할 것인지에 대한 계획을 기록하는 것이다. 문제중심기록은 데이터베이스, 문제목록, 초기계획, 진행노트의 네 부분으로 이루어지는데 먼저 데이터베이스는 클라리언트가 제시하는 문제, 클라이언트의 일상에 대한 서술, 사회심리적 정보, 현재 질병 및 과거력, 주변환경에 대한 검토 등이 포함된다. 문제목록은 각 문제마다 번호가 붙여지고 나중에 새로운 문제가 규명되면 문제목록에 추가된다. 목록은 사례계획과 개입의 초점을 제공하고 서비스 종결시 서비스 효과를 검토하기 위한 근거가 된다. 초기계획은 서비스 제공자들이 독립적으로 혹은 개별적으로 문제목록의 각 문제에 대해 계획을 세우는 것을 말하며 진행노트는 계획이 실행된 이후에 문제 각각에 대해 문제번호에 따라 기록되는 것인데 SOAP방식으로 기록된다(박석돈, 2008: 181-182).

① S(Subjective information): 클라이언트가 자신의 상황과 문제에 대해 스스로 생각하고 느끼고 있는 주관적 정보

② O(Objective information): 클라이언트의 행동과 외모에 대한 사회복지사의 관찰 및 사실적 자료와 같은 객관적 정보

③ A(Assessment): 주관적 정보와 객관적 정보에 기반하여 사정 · 견해 · 해석 · 분석하는 기술

④ P(Plan): 주관적 · 객관적 정보 및 사정을 기반으로 하여 확인된 문제에 대해 무엇을 할 것인지에 대한 계획을 기술

사례에 대한 사회복지사로서의 준비

사례 1

찬드라 사례는 우리 사회의 문화적 둔감성과 전문직 내의 외국인에 대한 인식과 전문지식의 부족에서 오는 무지로 인해 한 외국인이 치명적인 피해를 입은 사례이다. 우리 사회의 외국인에 대한 인권은 어느 정도인지? 일반시민은 물론 지자체나 관련 공무원, 전문직들도 인권에 대한 인식이 매우 낮음으로 이들이 인권침해에 많이 노출되어 있다. 찬드라가 겪은 막대한 고통과 피해, 잃어버린 세월은 누가 어떻게 보상할 것인가? 앞으로 다문화가족이 더욱 증가할 때에 사회복지실천 현장과 실천가들도 문화적으로 적절하게 준비되지 않는다면 이와 같은 피해 사례는 계속될 것이다.

사례 2

이 사례는 멕시코 가정에서 남편과 먼저 상의하지 않고서는 부인 혼자 결정하지 않으며, 남편이 이런 상황에서는 가족을 대표해서 얘기한다는 문화적 차이를 상담교사가 인지하고 있지 못함으로써 오는 갈등이다. 또한 멕시코 대가족에서는 친척이나 대부가 아버지 대신의 역할을 할 수 있다는 것을 상담교사가 이해하지 못하여 이들 가족이 상담에 편하게 임하지 못하게 한다. 이러한 사례는 클라이언트와 원조자 사이에 문화적 차이로 인해 오해와 갈등이 발생되어 결국 상담이 성공적으로 이루어지지 못한 것을 보여 주는 것이다.

introduction to social welfare

CHAPTER 11

사례관리

1. 사례관리의 개념과 목적
2. 사례관리의 등장 배경
3. 사례관리의 가치
4. 사례관리의 모형
5. 사례관리의 과정

Chapter 11

사례관리

1 사례관리의 개념과 목적

1) 개념

사례관리는 1970년대 후반부터 미국에서 사회복지실천의 방법으로 인정받기 시작하였으며, 한국에서는 2000년대 이후부터 주요 사회복지실천방법 중의 하나로 주목받고 있다. 사례관리는 민간과 공공의 다양한 영역에서 사회복지서비스의 주요한 방법으로 인식되고 있는데, 1970년대 미국의 정신보건영역에서 복합적 욕구를 지닌 중증 정신장애인이 탈시설화하여 지역사회에서 살아가기 위한 실천방법의 하나로 시작되었다.

사례관리 용어에 담긴 의미를 살펴보면, 먼저 '사례(case)'란 '어떤 일이 전에 실제로 일어난 예'라는 사전적 의미로 원래 보건 및 의료현장에서 치료의 대상을 지칭하기 위해 사용하던 용어이다. 또한 '관리(management)'란 '어떤 일의 사무를 맡아 처리'한다는 의미로서 '통제하다', '지시하다', '다루다', '취급하다' 등의 의미가 내포되어 있다. 사례관리는 보호관리(care management), 관리보호

(managed care), 보호조정(care coordination), 서비스 조정(service coordination) 등의 다양한 용어로 사용되고 있다(사례관리학회, 2012: 16).

사례관리는 복합적이고 장기적인 욕구가 있는 클라이언트와 가족의 사회적 기능 회복을 위해 서비스 운영체계를 확립하고, 이를 기반으로 체계적 사정과 지역사회의 다양한 자원을 활용하여 지속적이고 효과적인 사회복지서비스를 제공하는 통합적 실천방법이다. Moxley(1989)는 "사례관리는 복합적인 욕구를 가진 사람들이 그 기능을 최대한 발휘하여 건강하게 지낼 수 있게 하는 목적으로, 공식적 및 비공식적 자원과 활동의 네트워크를 지속적으로 조직하고 조정하며 유지하는 활동"이라고 정의하였다. 미국사회복지사협회(NASW, 1984)에서는 "사례관리는 서비스 전달체계 속의 요소들을 조정하고 연결하는 것으로 개인의 욕구를 충족시키는 포괄적 프로그램이 이루어지게 하는 하나의 기제(mechanism)"라고 하였으며, Moore(1990)는 "사례관리란 대상자의 욕구를 충족시키기 위해 비공식적 보호체계 및 공식 보호체계의 활동을 통합하여 대상자가 잠재력을 최대한 발휘할 수 있도록 지원하며, 사회환경 내에서 효과적으로 상호작용할 수 있도록 촉진하는 것"으로 정의하였다(사례관리학회, 2012: 19-20).

표 11-1 사례관리에 대한 외국 학자들의 정의

주요 학자	사례관리 정의
전미사회복지사협회 (NASW, 1984)	서비스들을 연결하고 조정하여 개인의 욕구를 충족시킬 수 있는 포괄적인 프로그램
오커너 (O'Connor, 1988)	클라이언트의 욕구에 맞는 서비스의 제공을 위해 지역 자원을 효과적으로 조직하고 조정하는 행정적, 관리적 특성과 개별사회사업(case work)에서 진보된 실천방법으로 전문적 관계 속에서 지속적 보호와 상담 및 치료를 제공하는 직접적 개입의 특성을 지닌 것
목슬리 (Moxley, 1989)	클라이언트의 복지를 위한 공식적, 비공식적 지원과 함께 관계망을 조직, 조정, 유지하는 활동
베이커와 인탤지어터 (Baker & Intalgiata, 1992)	클라이언트 옹호, 서비스 조정, 자원 통제, 서비스 구매 등을 통합적이고 효율적인 개입을 통해 기관이 클라이언트를 책임지는 활동

벨로와 밍크 (Ballew & Mink, 1996)	한 번에 여러 원조자들의 도움이 필요한 많은 문제로 인해 그들의 삶이 만족스럽지 못하고 생산적이지 못한 사람들을 돕는 과정
커머 (Kumar, 2000)	클라이언트 욕구에 대한 사정, 계획, 조정, 전달, 모니터링을 통해 서비스 통합을 달성하기 위한 전문적 서비스를 제공하는 과정

출처: 권진숙 외(2009). p. 31; 박미은(2015). p. 22에서 재인용.

실천현장에 따라 사례관리의 개념도 약간씩 달라질 수 있는데 그 구체적인 내용을 살펴보면 다음과 같다. 장애인복지 분야에서는 "다양하고 복합적인 문제나 장애를 가진 클라이언트에게 적절한 서비스를 받을 수 있도록 보장하는 서비스 공급방식으로서, 클라이언트에게 다양하고 지속적인 보호를 제공할 수 있는 수요자 중심의 접근방법이다"(신현석, 2004: 209). 아동복지 분야에서는 "복합적인 욕구를 가진 대상층이 그들의 욕구에 맞는 서비스를 제공받을 수 있도록 직접적인 서비스를 제공함과 동시에 지역사회 자원의 공식적 · 비공식적 자원을 제공받을 수 있도록 서비스를 연계 · 조정해 주는 것이다"(공계순 · 서인해, 2009: 160). 공공 영역 분야로 보건복지부에서 정의한 사례관리란 "장기적이고 복합적인 문제를 가진 대상을 사례관리자가 지속적인 책임을 지고 다양한 서비스를 제공, 연결 및 모니터링을 하는 활동이다. 아울러 욕구조사와 체계적인 서비스 제공계획을 바탕으로 지역사회의 공식적 또는 비공식적 자원을 발굴 · 조정 · 연계하거나 직접 제공하고 이를 종합적으로 점검 관리하는 것"이다(안혜영, 2012: 89). 노인복지 분야에서는 "사례관리자와 노인 클라이언트 간의 전문적 관계 속에서 세워 장기적 보호계획에 따라 노인 클라이언트에게 개별화된 조언, 상담, 치료를 실행하고, 동시에 지역사회기관 등의 공식적 체계망 및 가족과 친인척 등의 비공식적인 체계망을 개발하고 연계해서 필요한 서비스와 지지를 노인 클라이언트에게 효과적이고 효율적으로 제공하려는 통합적 실천방법"이다(김미혜, 1999; 박미은, 2015: 25에서 재인용).

표 11-2 개별사회사업과 사례관리의 공통점 및 차이점

구분	개별사회사업(case work)	공통점	사례관리(case management)
개입의 목적	개인의 심리내적 문제의 해결	• 인간과 환경의 상호작용을 강조 • 클라이언트의 사회적 기능 강화 및 삶의 질 향상	개인의 욕구(need) 충족
개입의 초점	문제에 대한 심리사회적 사정과 상담 및 치료에 기초한 개입활동		욕구에 대한 포괄적 사정과 욕구충족에 필요한 자원 연결 활동
환경개입의 특징	사회환경에 대한 개입으로 환경조정(환경개선)을 강조		욕구에 기초한 다양한 지역자원들을 조정하고, 적극적인 자원 발굴
직접, 간접 개입	클라이언트와의 관계성에 기초하여 상담과 치료 위주의 직접적 개입과 전문성 추구		직접적 개입과 함께 지역사회자원을 활용하는 간접적 개입으로 관리적 기능 강조
효과성과 효율성	개입의 효과성 강조		개입의 효과성 및 효율성, 특히 보호비용을 통제하고자 함
아웃리치	개관 내 활동을 우선으로 하되, 부분적인 아웃리치		적극적인 가정방문과 아웃리치
발전방향	최근에는 개인을 대상으로 하는 통합적 실천(social work practice with individuals)으로 확대됨		고유한 사례관리 방법론(case management methodology)으로 발전하면서 다양한 모형 확산

출처: 박미은(2015). p. 28.

2) 목적

사례관리의 목적은 입장에 따라 달라질 수 있는데 클라이언트는 자신의 욕구가 충족되도록 충분하고 시의적절한 서비스를 원할 것이고, 비용부담자의 입장에서는 사례관리의 효율성과 효과성이 중요하며, 서비스 제공자의 입장에서는 클라이언트의 만족과 큰 성과를 기대하며 활용된다.

사례관리의 궁극적 목적은 클라이언트가 사례관리자의 도움 없이도 자신이 원하는 삶을 살 수 있도록 하는 것으로 클라이언트의 역량 강화는 클라이언트가 자신이 원하는 자원을 얻을 수 있는 힘을 갖추는 것으로 강점과 역량을 키우고, 사회관계를 회복하며, 클라이언트가 스스로 자신의 생활을 관리할 수 있는 힘을 키우는 것을 의미한다. 또한, 클라이언트의 욕구충족을 위해 일정한 장소나 기간 동안 서비스를 지속적으로 제공하는 것이며, 복합적이고 변화하는 이용자의 욕구를 해결하기 위해 많은 기관의 서비스와 자원들이 연계되고 조정될 수 있는 통합관리체계를 확보하는 것이다. 또한 정보의 부족, 서비스 제공의 복잡성 등으로 인해 클라이언트가 사례관리서비스에 접근하는 데 장애가 있는 클라이언트에 대해 서비스 접근성을 증진시켜주고, 클라이언트의 욕구에 적합한 효과적인 서비스와 한정된 자원으로 가장 많은 효과를 거둘 수 있는 효율적인 서비스 제공을 목표로 한다.

2 사례관리의 등장 배경

사례관리는 탈시설화의 영향으로 지역사회보호의 중요성이 높아지면서 등장하게 되었는데, 직접적 원인은 1960년대 미국에서 시작된 탈시설화의 영향이었다. 당시에는 정신장애인을 폐쇄적 시설에서 수용, 보호하는 것은 정신장애인의 증상 회복에 도움이 되지 않는다는 비판적 인식이 조되면서 지역사회 안에서 치료와 재활체계를 수립해야 한다는 운동으로 추진되었다. 이렇게 정신장애인들이 탈시설화로 지역사회에 복귀하였으나 그들의 복합적 욕구가 지역사회 내에서 제대로 충족되지 못하는 문제에 봉착하게 되었다. 복잡하게 분산된 지역사회서비스를 통합하고 클라이언트의 욕구에 부응하는 서비스를 연계하거나 개발하여 적절한 시기에 적합한 서비스를 받고 있는가를 점검하고 종합적으로 관리하는 사례관리의 필요성이 제기되었다. 또한 복합적 욕구를 갖는 인구가 증가하는 데 비해 기존의 단편화 · 분절화된 서비스 전달체계로는 대응에 어려움이 생기면서 사례관리의 필요성이 더 높아졌다. 또한 서구 복지국가와 미국에서 신보수주의 정부의 등장으로 사회복지에 대한 공공지출이 삭감되는 가운데 지방분권화와 함께 지역사회보호 강조, 비용효과적인 지역사회보호방법으로 사례관리가 효과적인 것으로 인정되었다(조미숙 외, 2006: 20-23).

한편 우리나라에서는 1980년대부터 개념과 모델이 산발적으로 인식되거나 언급되기 시작하였는데, 초기에는 주로 사회복지관 등에서 진행되는 재가복지사업의 실천방법으로 사례관리를 도입하기 시작하였고, 1990년대에 정신보건전문요원 양성을 위한 인턴십 과정에서 사례관리가 구체적으로 명시되었으며 2000년대 이후가 되어 공공과 민간부문의 다양한 영역에서 사례관리 적용이 확대되고 있다(사례관리학회, 2012: 56-57).

3 사례관리의 가치

사례관리는 사회복지실천의 고유한 지식과 기술, 가치에 기반을 둔 방법으로 사회복지실천의 가치와 윤리는 그대로 준용하며, 자기결정과 인간의 존엄성, 의사결정의 상호 책임성이 중시되어야 함을 강조한다. 사례관리에서 서비스 제공은 개별적 욕구에 기반을 두어야 하며, 클라이언트 및 보호자는 사례 개입계획 수립에 참여해야 하며, 클라이언트 스스로가 자신이 사용하는 서비스를 선택하고, 서비스 제공자를 선택할 수 있는 기회를 제공받아야 한다. 또한, 서비스 제공 계획은 객관성과 책임성하에 세분화되어야 하고, 계약에 입각하여 진행하여야 하며, 개인이 요구한 서비스는 서비스 제공자에 의해 특별한 요구에 부응하는 방식으로 제공되어야 한다. 사례관리에서 사례관리자는 제공되는 서비스를 점검하고, 비공식적인 자원과 공식적인 서비스에 기반을 두어 돈이 가장 가치 있게 사용될 수 있도록 서비스 패키지를 제공해야 할 의무가 있다. 또한, 서비스 제공은 클라이언트의 요구와 서비스 계약의 성과와 관련된 보호의 연속성을 보장하는 타임테이블(시간을 축으로 한 계획)을 명확하게 해야 하며, 클라이언트와 서비스체계와 일함으로써 얻게 되는 지식은 개인적이고 체계적인 수준에서 변화를 옹호하는 데 사용되어야 한다.

일반 사회복지실천에서 가치와 실천원리가 전문적 활동의 지침이 되듯이 사례관리에서도 인간의 존엄성, 개별화에 대한 존중, 자기결정권에 대한 존중, 이용자의 비밀보장, 서비스의 사회적 책임성 지향은 중요하다(이기연 · 유서구, 2014: 15).

4 사례관리의 모형

사례관리의 모형은 여러 학자에 따라 다양한 유형으로 분류될 수 있다. 박미은(2015)은 사례관리의 주요 모형을 사례관리 기능에 따른 분류, 사례관리 서비스 제공기관에 따른 분류, 사례관리 환경에 따른 분류, 사례관리 서비스의 수준에 따른 분류로 구분하여 설명하였다.

1) 사례관리 기능에 따른 분류

Rose(1980)는 사례관리 실천의 포괄성 정도에 따라 최소모형, 조정모형, 포괄모형을 제시하였다.

- 최소모형: 사례를 발굴하여 사정을 하고 개입계획을 수립한 후, 적합한 서비스 제공자에게 의뢰하는 최소한의 서비스를 제공하는 것
- 조정모형: 최소모형에서 제공하는 서비스 외에 클라이언트 옹호, 직접적 개입, 지지체계 개발, 재사정 등의 서비스 포함
- 포괄모형: 조정모형에서 제공하는 서비스 외에 자원개발을 위한 옹호, 모니

터링, 대중교육, 위기개입 등을 포함

표 11-3 사례관리 서비스의 포괄성에 따른 모형

구분	최소모형	조정모형	포괄모형
서비스 제공 내용	• 출장원조 • 클라이언트의 사정 • 사례기획 • 서비스 제공자에게 의뢰	• 출장원조 • 클라이언트의 사정 • 사례기획 • 서비스 제공자에게 의뢰 • 클라이언트에 대한 옹호 • 직접적 개별사회사업 • 자연지원체계의 개발 • 재사정	• 출장원조 • 클라이언트의 사정 • 사례기획 • 서비스 제공자에게 의뢰 • 직접적 개별사회사업 • 자연지원체계의 개발 • 재사정 • 자원개발에 대한 옹호 • 서비스의 질적 점검 • 공공교육 • 위기개입

출처: Rose(1980); 박미은(2015), p. 103에서 재인용.

또한 Moore(1992)는 지역 자원의 풍부한 정도와 서비스 전달체계의 통합 정도를 고려하여 네 가지(배분모형, 마케팅모형, 중개모형, 개발모형)로 제시하였다.

- 배분모형(rationing model): 서비스 전달체계의 자원은 희소하지만 서비스의 통합 정도가 높을 때 사례관리는 주로 배분 혹은 분배의 기능을 수행하는 것이 효과적
- 마케팅모형(marketing model): 서비스 전달체계 내의 자원도 많고 서비스의 통합이 높을 때는 사례관리가 마케팅의 기능을 수행하는데, 이는 여러 서비스 중 욕구에 맞는 서비스를 선택한다는 의미
- 중개모형(brokering model): 서비스 전달체계 내에 자원은 충분하나 서비스의 통합 정도가 낮을 때는 사례관리에서 중개(brokering) 기능이 강조
- 개발모형(developing model): 서비스 전달체계 내 자원이 부족하고 서비스의 통합 정도가 낮은 경우에 사례관리는 자원을 개발해서 조정하는 기능

그림 11-1 Moore의 사례관리모형

출처 : Moore(1992); 양정남 외(2009), p. 49에서 재인용.

2) 사례관리서비스 제공기관에 따른 분류

사례관리서비스 제공기관의 특성에 따라 독자기관모형, 직접서비스기관 내의 특수단위모형, 특수단위시설 또는 복합기능기관모형, 조합모형의 네 가지 모형으로 분류된다. 먼저 독자기관모형은 자율적 관리 조직체를 구축하고 있는 기관에서 사례관리서비스를 제공하는 모형으로 사례관리만을 유일하게 제공하는 모형이다. 서비스 협정을 통해 재정적인 권리에 관여하지 않기 때문에 보호계획과정에서 객관성을 유지하는 특징이 있다. 직접서비스기관 내의 특수단위모형은 사례관리 서비스로 가족상담, 가족건강 보조, 안내와 의뢰 서비스 등이 제공된다. 그러나 기관에서 직접서비스만을 제공해야 하는 한계가 있다. 특수단위시설 또는 복합기능기관모형은 사례관리가 병원, 노인 홈, 또는 다목적 노인센터와 같은 복합적인 시설에서 실시되는 것이기 때문에 사례관리의 단위가 하나의 구성요소로 간주될 수 있도록 다른 시설 서비스로부터 분리되어 주체성을 갖는 것을 강조하는 모형이다. 조합모형은 다양한 기관들이 분배된 관리방식으로 협동적으로 일하는 것으로 사례관리 프로그램은 조합서비스 제공자망을 통하여 클라이언트에게 원조를 제공하는 기능을 수행하는 모형이다(이기연 · 유서구, 2014: 20-21).

3) 사례관리 환경에 따른 분류

M. R. Woodside와 T. McClam(2006)은 사례관리기관이나 사례관리자가 처한 여건과 상황에 따라 세 가지 모형으로 분류하였다.

첫째, 역할기반 사례관리모형은 사례관리자에게 기대하는 역할에 초점을 두는 것이다. 어떤 사례관리자는 주로 중개자 역할 수행을 기대하는 반면, 다른 사례관리자는 치료자 역할을 하면서 때로 중개자와 조정자의 역할 수행을 기대한다. 이 모형은 사례관리자의 특성에 따라 역할이 부여되고, 한 사람이 다양한 역할을 수행할 수 있는 장점이 있다. 단점은 지역사회 전반에 개입하는 데 어려움이 있고, 클라이언트의 욕구보다는 표준화된 서비스를 제공하는 한계가 있다.

둘째, 조직기반 사례관리모형은 복합적인 문제를 갖고 있는 클라이언트의 욕구를 충족시키기 위해 포괄적인 서비스를 제공하는데 초점을 둔다. 이 모형은 종합복지센터나 학제 간 팀 접근을 하는 상황에 잘 적용되는 모형이다. 또한 이 모형은 한 곳에서 다양한 서비스가 제공되고 개별화된 보호계획에 따라 개입이 이루어지는 장점이 있다. 단점은 해당 조직에서 서비스를 제공할 수 없을 경우 기관 외부의 서비스를 받는 데는 한계가 있다.

셋째, 책임기반 사례관리모형은 사례관리의 기능이 가족성원, 지지적인 보호망, 자원봉사자 또는 클라이언트 등에 의해서 수행되는 모형이다. 기관에서 클라이언트는 상당한 책임을 갖고 있어 자활에 필요한 역량이 강화된다. 이 모형은 비전문가형으로 다양한 사람들이 책임을 분담하여 개입하는 특징이 있다. 단점은 이러한 비전문성으로 인해 개입 결과가 비효과적이고, 주변인에 대한 교육과 슈퍼비전에 많은 비용이 드는 한계가 있다.

4) 사례관리 서비스의 수준에 따른 분류

황성철(1995)은 사례관리의 다양한 기능과 조직구조적인 차원을 고려하여 단순형, 기본형, 종합형, 전문관리형으로 분류하였다.

첫째, 단순형 사례관리모형은 사례관리의 근본적인 목적을 클라이언트와 지역사회의 자원 및 서비스와 연계시키는 데 초점을 둔다. 따라서 사례관리자는 주로 중재자의 역할을 수행한다. 이때 사례관리자는 최소한 클라이언트 욕구의 인식 및 사정, 사례계획 및 서비스 연계 그리고 전달한 서비스의 효과성을 점검하는 세 가지 기능을 수행한다. 이러한 가장 기초적인 업무는 준전문가나 비전문가에 의해서도 수행되어질 수 있다. 그러므로 기관에서 단순형 사례관리를 적용시킬 경우 조직구조의 측면에서 별도의 독립부서를 설치할 필요는 없으나 전문가에 의한 엄격한 슈퍼비전은 반드시 필요할 것이다.

현재 사례관리자가 담당하는 사례의 수는 5에서 300까지 천차만별이지만 보편적으로 100개 사례 미만을 담당하는 것이 관례이다. 단순형을 따르는 사례관리자의 담당 사례 수는 다른 모형의 사례관리자의 담당 사례 수보다 비교적 많아도 무방하다. 주로 준전문가와 비전문가에 의해 수행되는 단순형에서는 전문가집단과 팀을 형성하여 여타 전문가와 공동으로 사례관리를 하는 것도 효과적일 수 있지만 비용효율적인 서비스를 강조하는 차원에서 이 모형이 도입된다면 팀 접근보다는 개별적 접근이 일반적인 서비스 전달형태로 자리 잡을 수 있다. 그리고 이 정도의 자격을 갖춘 사례관리자는 스스로 어떤 형태의 서비스를 어떻게 전달할 것인가에 관한 독자적인 판단능력과 소양이 부족하므로 사례관리자의 권위는 자율성이 부여되어 있지 않다고 보는 것이 타당하고 전문가의 엄격한 슈퍼비전도 반드시 필요하다.

둘째, 기본적으로 사례관리자는 공식적 또는 비공식적인 지역사회기관과의 원조관계의 형성으로 클라이언트와 서비스 연계기능을 수행하고 아울러 개별화된 조언 및 상담 등 직접적인 서비스를 제공한다. 이러한 관점에서 기본형 사례관리의 근본목적은 클라이언트와 서비스의 연계를 도모할 뿐만 아니라 클라이언트의 동기부여 및 자조능력의 배양을 포함한 상담서비스를 제공하는 것이다. 이러한 기본형에서 강조되는 것은 사례관리자가 단순히 서비스의 중재자에만 만족할 수 없고 클라이언트의 일차적인 상담가가 되어야 한다는 점이다. 그러나 기본형에서는 때로는 준전문가가 사례관리자로 선임될 수 있고 전문가라도 충분한 훈련과 경험을 갖지 않은 사회사업가가 그 업무를 담당하는 경우가 있으므로 문제행동을 분석하고 치료하는 심층적인 상담을 전개하는 데에는 어려움이 많다.

기본형은 사례관리의 핵심적인 기능을 포함하므로 적극적 클라이언트 발굴, 개별 사회사업에 필요한 사정 및 사례 계획, 서비스 제공, 서비스 점검의 기능과 클라이언트의 기술습득을 위한 정보 제공 및 교육의 기능도 수행한다. 따라서 사례관리자는 중재자, 교육자, 지지자 그리고 클라이언트에게 제공된 서비스를 점검하는 본연의 역할도 수행한다. 이러한 사례관리자는 주로 준전문가나 전문가에 의해 수행되지만 경험이 많은 사회사업가의 슈퍼비전을 받는 것이 바람직하다. 그러나 제공되는 서비스 유형과 전달방식에 관한 결정권은 어느 정도 보장되어 사례관리자의 자율성이 확보된다고 본다. 사례관리는 기본적으로 한 사람의 사회사업가가 중요한 클라이언트를 대상을 종합적으로 서비스를 관리하는 체계이므로 기본형에서는 팀 접근보다는 개별적 접근이 선호된다. 기본형 사례관리자는 30개 사례 정도를 맡는 것이 적당하다. 특히 기본형 사례관리자는 기관 내에서의 상담 및 조언뿐 아니라 가정 및 현장 방문서비스를 제공할 수 있어야 한다.

셋째, 종합형 사례관리모형의 근본적인 목적은 클라이언트와 서비스의 연계를 도모하기도 하지만 클라이언트의 문제 상황과 행동 치료에 강조점을 둔다. 따라서 사례관리자는 전술한 Rothman의 다양한 기능과 역할을 수행할 수 있다. 이러한 서비스는 전문가에 의해 수행되는 것이 보편적이고 바람직하여 기존의 전통적인 서비스 전달체계와는 별도의 독립된 부서를 공식화하여 사업을 전개하는 것이 전문가의 책임과 권위가 인정되고 개별적 접근을 가능하게 할 것이다. 담당사례의 수가 많으면 많을수록 행정적인 업무에 많은 시간을 보내야 하기 때문에 전문적인 서비스를 위해서는 담당사례의 수를 10~20개 내외로 한정하는 것이 바람직하다.

사례관리의 효과성에 관해서 기존의 연구결과를 종합해 보면 사례관리 접근이 전통적 접근보다 클라이언트의 삶의 질 향상, 스트레스와 고독감 감소, 재입원률 감소, 지역사회서비스 이용률 증가, 클라이언트의 행동변화 등의 차원에서 긍정적인 결과가 우세한 것으로 나타났다. 그러나 이러한 연구결과에 의문을 갖게 하는 증거도 드물지 않게 제시되고 있다. 특히 Borland와 그의 동료들이 조사연구에서 사례관리에 의한 정신질환자의 입원비용의 감소는 지역사회보호 서비스의 비용증대로 인해 원래의 긍정적인 효과가 상실되어 거의 나타나지 않는 것으로 밝혀졌다. 이러한 사실은 사례관리가 기존의 전통적인 접근법보다 훨씬 광범위하고 포괄적으로 서비스를 제공하고 있으므로 실제로 비용절약적이 아니라는 것을 말해준다. 따라서 단순형과 기본형보다 포괄적인 서비스를 제공하는 종합형에서는 많은 양의 서비스와 자원이 투입되는 데 비하여 상대적으로 효과가 크지 않을 수 있다는 사실을 명심해야 한다.

넷째, 사례관리자는 일반적으로 간접적 서비스로 분류되는 클라이언트의 가족과 지역사회를 대상으로 하는 활동뿐만이 아니라 상담 또는 치료의 직접적인 서비스를 제공한다. 아울러 사례관리자는 관리자로서의 과업과 책무를 수행하기도 한다. 일반적으로 관리자는 조직에서 계획, 의사결정, 점검, 조정, 자원배분, 통솔의 역할을 담당하는데 사례관리자도 클라이언트에 대한 직접적인 서비스 제공과 간접적인 가족 및 지역사회를 대상으로 하는 활동에서 이러한 역할을 수행한다. 관리자란 조직의 위계서열상 상층부에 위치하는 것이 상례인데 조직의 말단에 위치하여 일선업무를 수행하는 사례관리자에게 관리자 지위를 부여할 수 있는가에 관해서는 의문이 제기되지만, 관리자란 조직이 위계서열상의 위치에서 판별되는 것이 아니라 그가 수행하는 기능에 따라 식별될 수 있다는 점에서 사례관리자를 관리자로 파악할 수 있다.

그러나 모든 사례관리자가 위에서 열거된 관리적 기능을 수행하는 것은 아니다. 대부분의 사례관리자는 서비스계획, 조정, 점검의 기능을 수행하지만 의사결정, 자원배분, 또는 통솔의 기능은 어느 정도 관리자적인 책임과 전문적인 권위 및 능력이 수반될 때 수행된다. 이러한 관점에서 전문관리형은 조직 내에서 전문가로서의 위치와 권위를 갖고 사례관리의 직접적인 목적과 간접적인 목표를 동시에 추구하는 과정에서 관리자적인 기능도 수행한다. 따라서 전문관리형은 특수하고 전문적인 영역에서보다 잘 적용될 수 있을 것이다.

사례관리실천은 개별적 접근보다는 팀 접근이 보다 효과적이라는 사실이 조사연구에서 입증되고 있다. 이러한 관점에서 전문관리형은 개별적인 접근보다 간호사, 정신과의사, 직업훈련사, 심리학자 등 다른 전문직원과 팀을 형성하여 개입하는 것이 바람직하다. 팀을 형성하여 클라이언트에 대한 서비스와 지원계획을 수립하고 의사결정을 내릴 때 각 전문직의 자율성은 보장된다. 그러나 이와 같은 공동노력에 의한 서비스의 극대화를 추구하고자 할 때는 공동의 의사결정과정이 반드시 필요하다. 끝으로 공동의 팀 접근에 의한 전문관리형 사례관리는 비교적 적은 수의 사례를 담당할 수밖에 없을 것이다.

황성철(1995)의 사례관리모형이 갖는 특징은 첫째, 단순형으로 갈수록 준전문가에 의해 수행되는 과업들로 구성되어 있고, 자율적 결정권이 없으며, 전문가의 슈퍼비전이 강화되어 사례관리자의 담당 사례수도 많아진다. 둘째, 전문관리형의 경우 사례관리자 개인에 의한 활동보다는 사례관리팀에 의한 접근이 필수적이다. 각 모형에 따라 제시된 각 차원의 특성은 절대적일 수 없으므로 현실적 적용에는 상당한 융통성이 부여될 수 있다.

5 사례관리의 과정

사례관리과정은 초기과정, 사정과정, 계획과정, 실행과정, 평가와 종결로 이루어지는데 각 과정별 특징은 다음과 같다(한국사례관리학회편, 2014).

1) 초기면접

(1) 초기면접의 개념

초기면접은 사례관리의 최초 과정으로서 인테이크(intake)라고도 하며, 사례관리자가 클라이언트를 발견하여 새로운 도움 환경에 적응하고 문제해결을 위한 파트너십을 형성할 수 있도록 돕는 초기 접촉단계라고 할 수 있다(사례관리학회편, 2014).

초기면접의 핵심 과업은 서비스 요청에 대한 정보를 수집하여 기관의 사례관리서비스 대상으로의 적합성을 판정하여 수급자를 '선정(screening)'하는 것이다. 즉, 해당 기관이 본연의 사업범위나 서비스 역량으로 서비스를 제공할 수 있는 수급자인가에 대한 판단이 이루어지는 과정으로, 수급자의 이용자격이나 조건을 파악하여 확정하는 과정으로 이해할 수 있다. 이를 위해 초기면접과정에서 사례관리자는 수급자에 대한 기본 정보를 수집하고 필요한 서류를 기록하는 한편, 기관에 대해서도 기본 정보와 서비스 상황에 대한 전반적인 안내를 함께 제공하여야 한다. 초기면접과정에서 이루어지는 정보수집활동이나 신뢰관계(라포) 형성은 수급자 선정을 원활하게 수행하기 위한 과정으로, 그 자체가 목적이 아님에 유의하여야 한다. 초기면접과정에서 수급자로 적합하지 않다고 판단되었을 경우는 즉시 관련 정보를 제공하거나 신속하게 외부자원으로 의뢰를 실시하는 것이 보다 바람직하다.

(2) 초기면접의 경로

사례관리자가 수급자를 만나게 되는 경로는 다양하다. 현장에서 사례관리자는 수급자를 자신의 기관 혹은 가정방문, 전화면접 등을 통하여 처음 접하게 된다. 사례관리자가 수급자 초기면접을 하게 되는 접촉방법과 경로를 유형화해보면, 자기의뢰, 의뢰, 발굴(아웃리치)로 구분해 볼 수 있다.

첫째, 자기의뢰는 수급자의 직접 요청에 의한 접촉으로, 수급자 스스로 사례관리자를 찾아와 서비스를 의뢰하는 경우를 의미한다. 수급자 신청을 통한 사업(예, 복지관 여가프로그램, 노인일자리사업 등) 참여 시 나타날 수 있는 형태이나 흔하지 않은 방법으로, 특히 장기요양현장에서 초기면접을 위해 수급자가 단독으로 장기요양기관을 찾아오는 경우를 상정하기는 곤란한 측면이 있다. 자기의뢰 방식으로 찾아오는 수급자는 일반적으로 서비스에 대한 참여의지가 크기 때문에 사례관리자의 개입과 변화 유도가 상대적으로 용이할 수 있다는 장점이 있지만, 반면 과도한 요구나 기대를 하는 경우도 있으므로 초기면접과정에서 선정기준과 기관에 대한 정보를 명확히 전달하는 것이 필요하다.

둘째, 의뢰(외부의뢰, 내부의뢰)는 외부인 또는 외부기관에 의한 접촉으로, 수급자의 가족이나 이웃, 지역사회 조직과 관련 기관으로부터 지원이 필요한 수급자를 의뢰받는 경우를 의미한다. 가장 빈번한 형태의 접촉방법으로, 다시 외부의뢰와 내부의뢰로 나누어볼 수 있다. 외부의뢰는 사례관리자가 외부로부터 수급자를 연결받거나 반대로 의뢰자가 되어 수급자를 외부 자원으로 연결하는 형태이다. 내부의뢰는 사례관리자가 속한 조직 내에서 이루어지는 형태로, 기관 내부에서 담당 부서나 팀 간에 이루어지는 의뢰를 의미한다. 셋째, 발굴(아웃리치, outreach)로 지역사회에서 사례관리자가 잠재적 수급자를 직접 발굴하여 접촉하는 방식으로, 욕구를 가지고 있으나 기관을 찾지 않는 수급자에게 서비스의 접근성을 높이기 위한 적극적인 방법을 의미한다. 효과적인 아웃리치의 수행을 위해서는 잠재적 수급자 발견을 위한 지역사회 정보를 충분히 파악하고 있어야 하며, 발굴한 수급자가 서비스 제공체계 안으로 들어올 수 있도록 격려와 지지가 필요하다. 아웃리치 활동은 비정기적인 것보다는 정기적으로 수행하는 것이 바람직하다.

(3) 초기면접의 기본원칙

사례관리자가 초기면접을 수행할 때 수급자와 사례관리자의 신뢰관계 구축을 위해 지켜야 할 기본 원칙들이 있다. 바이스텍의 원칙(The Biestek's Principles, 1957)은 초기면접단계에서 사례관리자가 숙지해야 할 원칙으로 수급자나 그 가족에게 상담 지원을 할 때 매우 유용하게 활용할 수 있다.

첫째, 개별화(Individualization, 수급자를 개인으로 파악)는 클라이언트의 생활 욕구나 생활 과제 등이 다른 이용자와 같다 하더라도 그 욕구가 나타나게 된 배경이나 생활환경 등은 각각 다르기 때문에 그와 관련된 배경과 생활환경 등을 분석하고 이해해야 한다. 둘째, 의도적 감정 표현(Purposeful Expression of Feelings, 클라이언트의 감정 표현을 존중)으로 클라이언트가 상담을 받을 때 다양한 감정이 생긴다는 것을 잘 이해해야 한다. 그리고 감정을 쉽게 표현할 수 있는 분위기를 만들어서 클라이언트의 감정을 정확하게 파악해야 한다. 사례관리자 앞에서 다양한 감정을 표현할 수 있다는 것은 두 사람 사이에 서서히 신뢰관계가 구축되고 있음을 의미한다. 셋째, 통제된 정서적 관여(Controlled Emotional Involvement, 자신의 감정을 자각 · 조절)로 클라이언트의 이야기를 들으면서 여러 가지 감정이 생기게 된다. 이때 사례관리자는 자신의 감정이 어떻게 변화되는지 올바로 파악하고 적절히 조절하면서 클라이언트의 이야기에 귀를 기울여야 한다. 사례관리자가 자기반성을 하거나 슈퍼비전(supervision)을 받는 것은 매우 중요하다. 사례관리자는 수급자 자신 또는 타인에게 해를 주지 않는다면 수급자의 생각이나 행동에 대한 편견을 버리고 먼저 받아들여야 한다. 또한 왜 그런 생각이나 행동을 했는지에 대해 깊이 이해하도록 한다. 넷째, 수용(Acceptance, 클라이언트의 있는 그대로의 모습을 받아들임)으로 클라이언트의 장점과 단점, 잠재력과 제한, 바람직한 행동이나 바람직하지 않은 행동, 긍정적 감정과 부정적 감정 등을 가진 실제로 있는 그대로의 모습을 받아들여야 한다. 다섯째, 비심판적 태도(The Nonjudgmental Attitude, 수급자를 일방적으로 비난 금지)로, 클라이언트는 어떤 일에 실패하거나 간혹 부적절한 말과 행동을 하는 경우가 있다. 이때 사례관리자는 그로 인해 클라이언트의 인격이나 가능성 등을 부정적으로 판단하거나 일방적으로 질책해서는 안 된다. 여섯째, 이용자의 자기결정(Client Self-Determination, 수급자의 자기 결정을 돕고 존중)으로, 클라이언트가 결정한 내용이 자신 또는 타인에게 해를 주지 않고 공공복지에 위반되지 않는다면 사례관리자는 클라이언트의 능력이나 내용의 타당성을 판단하여 결정하는 데 필요한 정보를 제공한다. 그 결과 어떤 일이 생길 수 있는지 예상하여 클라이언트의 결정을 돕고 그 결과를 존중하며 지켜본다. 사례관리자는 클라이언트가 중요한 문제를 스스로 결정했을 때 그 결과를 존중해야 한다. 일곱 번째, 비밀 유지(Confidentiality, 비밀유지 및 신뢰획득)로, 상담을 통해 알게 된 내용을 클라이언트의 허락 없이 제3자에게 공개하지 않겠다는 약속이다. 그리고 이를 지킴으로써 사례관리자와 클라이언트 사이에 기본적인 신뢰관계가 형성될 수 있다. 여기서 '비밀'이란 클라이언트의 개인정보(생년월일, 주소, 출신지, 연락처, 가족 구성, 병명 등), 클라이언트가 말한 내용, 사례관리자가 기록한 내용 등이다.

2) 사정

(1) 사정의 개념

사정(assessment)은 사례관리자가 클라이언트의 복합적 욕구를 파악하여 구체화하고, 이후 합의과정을 통해 계획 및 실행단계로 연결하는데 기본적인 목적이 있다. 사정단계의 핵심 과업은 계획수립을 위한 사전단계로서 클라이언트의 욕구를 체계적으로 파악하는 것이다. 사례관리자는 사정단계에서 초기면접단계에서 수집한 자료와 함께 기관이나 사례관리자의 특성에 따라 전문적인 사정도구를 활용하게 된다. 이때 사정도구들은 모든 클라이언트에게 공통적으로 활용하는 기본적인 것이 될 수도 있으며, 또는 개별 욕구에 대응하여 선택적으로 적용하는 내용이 될 수도 있다. 또한 사정은 초기면접과 계획수립단계의 중간에 기본적으로 위치한 활동이나 실행과정에서 클라이언트의 신체, 정신, 사회적 측면 등 상태 변화가 있다면 이를 재사정하여 계획의 변경과 수립에 반영할 수 있도록 하는 역할을 가지고 있기도 하다(한국사례관리학회편, 2014: 169-170).

(2) 사정단계의 내용

일반적으로 사정과정은 욕구사정 또는 욕구조사로 불릴 만큼 욕구를 중심으로 한 활동이지만, 이는 사정 대상(영역)의 일부로 클라이언트가 가진 자원과 문제, 장애물에 대한 다차원적인 사정과 이를 종합하는 활동이 필수적이다. 이를 통해 사례관리자는 클라이언트의 욕구에 대응하는 한편, 자원을 최대한 활용하고 장애물을 제거하는 등의 활동을 계획에 반영하여 실행할 수 있게 된다. 이렇듯 사정은 클라이언트의 욕구사정, 자원사정, 장애물사정의 3가지 영역으로 구분할 수 있으며, 이들을 종합한 다차원적인 접근이 중요하다.

(3) 사정의 기본원칙

사정을 할 때는 기본적인 원칙을 염두에 두고 진행하는 것이 중요하다. 그렇지 않으면 제공자 중심의 획일적이고 추상적인 내용이 될 가능성이 높다. 첫째, 클라이언트의 욕구에 기초하여 실시한다. 이는 사례관리의 목적이 클라이언트 본인의 입장에서 다양한 사회자원 등을 연계하여 최대한 이득을 주는 데 있음에 기인한다. 따라서 클라이언트의 입장에서 욕구를 관찰해야 하며, 이러한 관찰된 욕구의 뒤편에 또 다른 욕구나 숨겨진 욕구, 잠재적 욕구까지도 사정해야 한다.

둘째, 클라이언트 욕구에 대하여 종합적이고 포괄적이며 과학적 근거나 논리에 입각하여야 한다. 이는 클라이언트의 욕구는 앞에서 설명한 것처럼 매우 다양하고 복잡하기 때문에 단편적이거나 단락적인 사항이 아닌 심신의 기능과 사회적 환경까지 종합적이고 포괄적으로 파악하는 것이 중요하다. 셋째, 여러 관련 전문가가 상호제휴하고 연계하여 클라이언트의 상황을 종합적이고 포괄적으로 사정하여야 한다. 직접적으로 참여가 어려운 전문분야에 대해서는 관련 전문가와 긴밀한 연계를 통하여 정보와 조언 등을 얻어야 한다. 넷째, 임파워먼트의 관점에서 클라이언트와 전문가가 적극적으로 참여하여야 한다. 클라이언트의 부정적인 것만이 아닌 아직 남아 있는 능력이나 기능을 최대한 활용하고 클라이언트 개개인의 자존감을 높이기 위하여 임파워먼트의 시점에서 사정을 진행할 필요가 있다. 또한 사례관리자의 가치와 철학, 처지와 역량, 기회비용, 클라이언트와의 관계를 생각하여 잘 도울 수 있는 요구를 선정하는 것도 고려한다. 다섯째, 내용이 구체적이어야 하는데, 사정이 구체적이지 못하면 돌봄 계획도 구체적일 수 없고 실행도 추상적이 되어 효과성 있고 실현가능한 지원을 할 수 없다.

3) 계획수립

(1) 계획수립의 이해

사정단계의 결과를 기초로 달성하고자 하는 변화 목표를 명확히 제시하고, 이를 달성하는 데 필요한 전략과 방법으로 서비스를 구성하는 데 기본적인 목적이 있다. 즉, 계획수립의 핵심과업은 변화목표를 설정하는 것으로, 하위의 세부목표 간 우선순위를 설정하고 실현하기 위해 투입되어야 할 서비스들을 체계적으로 연결하는 과정이라고 할 수 있다. 특히, 계획수립을 통해 만들어진 계획을 개별 서비스 계획이라고도 하는데, 그만큼 사례관리에서 계획수립활동이 클라이언트의 개별성을 중시하고 이에 기초하고 있기 때문이다(한국사례관리학회편, 2014:

198-199).

계획수립단계에서는 각 서비스들을 담당할 제공자를 설정하여 각자의 역할을 명확히 인식할 수 있도록 하며, 이들이 공통된 변화목표를 향하여 개입활동을 수행할 수 있도록 방향을 제시할 수 있어야 한다. 또한 계획수립단계에서 제시한 변화목표와 그 하위 세부목표들은 실행과정을 거쳐 그 달성도의 평가까지 연결된다는 점에서 중요성을 가지고 있다. 따라서 계획수립단계는 전체를 조망하는 보다 폭넓은 관점에서 접근하는 것이 바람직하다.

(2) 계획수립의 기본 원칙

첫째, 계획수립은 수급자의 욕구에 기초한 개별화에 중심을 둔 것으로 계획수립의 제반과정에 수급자의 의견을 참고하여야 한다. 둘째, 다양한 자원을 계획에 포함하여 가용한 자원들로서 각 서비스들 간의 적정성을 확보하는 것이 매우 중요하다. 특히 클라이언트는 복합적 욕구를 가지고 있는 만큼, 단일 서비스가 아니라 다양한 서비스로 대응할 수 있어야 한다. 셋째, 달성하고자 하는 목표를 명확히 하고 계획수립을 통해 도출하는 목표는 변화목표로 현재의 의존적 상황을 극복하고 새로운 변화를 유도할 수 있는 것이어야 한다. 넷째, 클라이언트의 장점을 최대한 활용하여 클라이언트의 제한점이나 문제보다도 그들이 가진 장점에 주목하여야 한다. 특히 일상생활 수행이 어려운 기능장애가 있는 경우는 평소의 생활패턴을 고려하되 그들이 가진 잔존기능을 최대한 발휘하여 제한적이나 자립을 지원할 수 있는 내용으로 구성하는 것이 바람직하다. 다섯째, 개입과정에서 인권을 반드시 확보하여 계획수립의 결과물이 지나치게 실적 중심이 되지 않도록 하고, 궁극적인 목적이라고 할 수 있는 클라이언트의 인격을 존중하고 자기다운 생활을 유지할 수 있도록 윤리적으로 배려하였는지를 살펴보아야 한다.

4) 실행

(1) 실행의 이해

수립된 계획에 따라 클라이언트의 욕구에 대응한 개별화된 서비스가 적정하게 제공되도록 지원하는 데 기본적인 목적이 있다. 실행 및 점검단계를 클라이언트에게 단순히 서비스를 전달하는 과정으로 파악해서는 곤란하며, 사례관리자와 클라이언트, 실행 담당자 간에 상호 관계성 속에서 이해해야 한다. 실행을 통해 클라이언트가 자신의 욕구를 충족시킴은 물론 이를 가능한 자신의 능력으로 지속할 수 있도록 지원하고 강화하는 활동을 의미하기 때문이다. 사례관리자는 수립된 계획에 기초한 실행과정에서 제공되는 다양한 개입활동의 양적, 질적 적정성을 점검하여 필요할 경우, 조정을 실시하여야 한다. 또한 클라이언트의 욕구 및 상태변화가 파악되었을 경우는 신속히 필요한 조치를 제공하도록 한다(한국사례관리학회편, 2014: 219-220).

(2) 실행의 내용

사례관리의 실행단계에서는 사례관리자와 클라이언트, 서비스 제공자(자원) 등 참여주체 간에 다양한 상호작용이 일어나게 된다. 계획수립단계에서 제시된 변화목표 달성을 위해 이들 주체들은 각자의 역할과 기능을 담당하게 된다. 실행단계에서 직접실천은 사례관리자와 클라이언트와 면대면(Face to Face) 관계를 기본으로 사례관리자가 실시하는 직접 개입활동을 의미한다. 클라이언트에 대한 상담, 교육, 협력 및 정보제공, 위기개입 등의 활동이 여기에 속한다고 할 수 있다. 한편, 실행단계에서 간접실천은 사례관리자와 클라이언트 사이에 이루어지는 직접 접촉을 통한 활동은 아니나 제공자(자원)나 외부 지지체계에 대해 실시하는 간접 개입활동을 의미한다.

5) 평가

(1) 평가 및 종결의 개념

수립한 계획을 기준으로 서비스의 과정과 성과를 평가하여 계획수립에 환류하거나 종결하는 데 기본적인 목적이 있다. '평가'는 사례관리자가 사정결과에 기반하여 계획한 변화목표가 적정한 실행과정을 통해 실제로 달성되었는지를 확인하는 활동이라고 할 수 있다(한국사례관리학회편, 2014: 251-252).

주의할 점은 평가가 종결 직전에 이루어지는 일시적인 단계가 아니라, 초기면접단계에서부터 사정과 계획수립, 실행단계에 이르기까지 지속적으로 이루어지는 하나의 과정으로 이해해야 한다. 즉, 평가는 '계획(Plan) - 실행(Do) - 평가(See)'의 전체적인 흐름에서 파악하여야 하며, 이는 계획수립단계에서 설정한 변화목표와 실행과정에서의 관련 개입활동이 가장 중요한 평가의 대상이 되기 때문이다. '종결'은 사례관리자가 그동안의 사례관리 활동을 마무리하는 과정이라고 할 수 있다. 사례관리는 다양한 이유로 종결될 수 있다. 사례관리 클라이언트의 상태가 개선되어 더 이상 서비스가 필요하지 않게 되거나, 반대로 악화되어 다른 외부 기관으로 의뢰가 이루어질 수도 있다. 또는 클라이언트의 거주지가 바뀌거나 사망하는 경우도 종결의 사유가 될 수 있다. 그 외에도 클라이언트가 사례관리를 더 이상 받기를 원하지 않거나 사례관리자가 소속된 기관의 사유로 서비스가 중단되는 경우도 있다. 종결이 모든 사례관리활동의 완전한 끝을 의미하는 것은 아니라는 점에 유의하여야 하는데, 종결 시 수급자의 상태에 따라 타 서비스로의 의뢰나 사후관리 절차로 연결된다.

사례관리자는 성과를 변화, 결과, 영향의 차원으로 구분하여 접근하는 것이 사례 관리의 성과를 보다 체계적으로 평가할 수 있는 방법이 된다. 보통 변화와 결과는 객관적인 지표로 계량화하여 측정하며, 영향은 주관적인 사례에 대해 질적으로 기술하는 방식을 취하는 것이 일반적이다.

(2) 평가 및 종결단계의 기술

평가는 특정한 시기를 기준으로 정기적으로 실시하는 것이 원칙이다. 보통 최소 1년에 1회 이상을 실시하는 것이 기본으로, 반기 또는 분기별로 실시할 수도 있다. 평가결과는 재사정단계를 거쳐 새로운 계획수립에 환류하여 반영되거나 종결과 사후관리활동으로 연결되기도 한다. 평가의 가장 핵심적인 대상은 계획수립단계에서 제시한 변화목표의 달성도이다. 우선순위에 따른 목표의 달성 여부와 정도를 기록하고 해당 목표 달성 관련한 서비스를 연장할 것인지, 아니면 변경할 것인지를 결정하여야 한다. 그밖에 사례관리의 평가단계에서 이용자에 대한 만족도 조사, 사례관리자에 대한 업무만족도나 직무능력감, 지역사회 자원 담당자에 대한 사례관리 만족도 등을 평가해 볼 수 있다.

다음으로 사례관리자는 종결을 결정한 사유를 명확히 기술하여야 한다. 그동안의 제공과정에서 실시한 서비스의 내용과 성과와 함께, 초기 시점의 클라이언트 욕구와 문제의 상황과 종결 시점의 상황에 대한 변화내용을 간략히 정리한다. 종결에 따른 사례관리자의 의견을 총평형식으로 작성하고 사후관리 계획을 명확히 작성한다. 종결과정에서 클라이언트에게는 사례관리과정에서 체득한 변화와 성취의 동력을 계속 유지하고 강화하도록 지지하는 한편, 이용자가 필요시 다시 만날 수 있음을 알리고 허락받도록 한다. 또한 반드시 사례관리에 따라 서비스를 제공한 인력과 외부자원으로 참여한 담당자에게도 종결과정과 그 내용을 알리고 공유하는 것도 잊어서는 안 된다. 마지막으로 그동안의 사례관리와 서비스 제공과정에 작성한 자료와 양식에 대해 정리하여 보관한다.

그리고 사후관리는 관찰기간과 빈도를 정하고 실시하도록 하며, 사후관리과정에서 파악한 정보와 이에 따른 조치사항에 대한 정보를 중심으로 정리한다. 정기적인 사후관리활동을 통해 사례관리자는 종결시점에서 기대한 변화가 지속되고 있는지, 어떠한 욕구나 문제가 발생하였는지를 살펴보고, 필요시 의뢰나 재개입활동을 실시하게 된다. 사후관리의 기록에는 사후관리를 실시한 시기와 접촉대상(수급자, 가족, 기타 등), 현재 상황에 대해 파악한 내용이 포함되어야 하며, 사후관리의 조치사항을 재개입, 타 기관 의뢰, 종결 확정, 기타 등으로 구분하여 표기하여야 한다.

CHAPTER

12

사회복지 프로그램은 어떠한 과정과 절차로 개발되고 평가되나요?

1. 사회복지 프로그램의 이해
2. 사회복지 프로그램의 기획
3. 사회복지 프로그램 설계
4. 프로그램 개발과정
5. 비대면 사회복지 프로그램

Chapter 12

사회복지 프로그램은 어떠한 과정과 절차로 개발되고 평가되나요?

사회복지 프로그램이 어떠한 과정과 절차를 통해 개발되고 평가되는지를 알기 위해서는 먼저 사회복지 프로그램이 무엇인지에 대한 기본적인 관련 개념에 관한 이해와 더불어 사회복지 프로그램의 유형, 사회복지 프로그램의 기획, 사회복지 프로그램의 설계, 평가 등에 대해 잘 파악해야 한다.

1 사회복지 프로그램의 이해

1) 사회복지 프로그램 개발의 중요성

사회복지실천 현장에서 프로그램 개발과 평가가 중요한 과업으로 등장하고 사회복지사의 역할 가운데 기획의 역할이 강조되기 시작한 배경에는 책무성의 위기(crisis of accountability)라는 역사적 현상에 기인한다(김상곤 · 최승희 · 안정선, 2014: 19). 1997년 IMF 이후 사회복지 공급 주체가 다원화되면서 종교기관, 시민단체의 사회복지 참여가 확대되었고 이에 따라 사회복지실천 현장도 함께 사회복지 공급 조직에 대한 민간 위탁이 증가하여 서비스 공급 주체들 간의 경쟁이 가속화되었다. 또한 사회복지 관련 단체나 기관이 위탁받은 시설이 평가를 받게 되면서 책무성을 입증하도록 제도화하여 사회복지 관련 조직의 투명성과 전문성, 효과성 강화 노력이 중요한 관심사로 등장하였다(김상곤 외, 2014: 23). 사회복지 프로그램은 대부분 외부의 자원제공자(정부 · 후원자 등)들과 클라이언트들에게 프로그램 운영을 위한 비용을 의존하고 있기 때문에 사회복지전문직은 이러한 외부 자원에 대한 프로그램의 효율성을 프로그램의 효과성과 더불어 가시화해야 할 책임을 이행해야만 하는 도전에 직면하고 있다.

프로그램 개발과 평가를 학습하면서 책무성의 영역을 어떻게 활용할 것인가는 중요한 이슈이다(김상곤 외, 2014: 19). 이러한 책무성의 종류에는 영향 책무성, 대상자 책무성, 서비스 전달 책무성, 효율성 책무성, 재정 책무성, 법적 책무성 등이 있다. 먼저 영향 책무성은 프로그램이 성취하고자 하는 목적과 목표를 어느 정도 달성했는지, 프로그램 실행을 통해서 지역사회에 얼마나 긍정적인 영향을 미치고 있는지를 보여 줌으로써 실천해 나갈 수 있다는 책무성을 의미한다. 따라서 사회복지사는 프로그램을 기획할 때, 사회문제와 욕구를 잘 분석하고 성취하고자 하는 목적과 목표를 명확하게 규명해야 한다. 그리고 최상의 대안을 개발 · 운영함으로써 목적과 목표를 성취하고, 체계적인 평가를 통해 목적과 목표 달성은 물론 사회적으로 기여한 영향까지 증명할 수 있어야 한다.

대상자 책무성은 프로그램의 기획과정에서 합리적인 과정을 통해 적합한 대상자를 선정하고 적절한 규모의 대상자들에게 서비스를 제공함으로써 실천할 수 있다. 이를 위해 사회복지사는 프로그램을 통해 문제나 욕구를 해결하고자 하는 표적집단의 특성과 규모 파악, 명확한 대상자 선정기준과 과정의 마련, 클라이언트의 접근성을 높이기 위한 노력 등을 통해서 적합하고 적절한 규모의 대상에게 서비스를 제공할 수 있어야 한다.

서비스 전달 책무성은 프로그램과 관련된 전문인력이 계획된 서비스를 충분하게 제공함으로써 실천할 수 있다. 사회복지사는 프로그램과 관련된 분야 내외부의 전문인력을 활용하여야 하며, 계획한 세부활동이 충분하게 이루어질 수 있도록 하여야 한다. 그리고 목표한 서비스 산출목표를 충실하게 달성할 수 있도록 노력해야 한다.

효율성 책무성은 서비스 단가와 관련된 것으로서 적정한 투입으로 최적의 산출 및 성과를 올림으로써 실천하게 된다. 사회복지사는 동일한 비용을 투입해서 산출과 성과를 높이거나 동일한 산출과 성과를 유지하면서 투입 비용을 절감하기 위한 노력을 해 나가야 한다.

재정 책무성은 프로그램 운영의 투명성과 신뢰성과 관련된 것으로 적법한 절차에 따라 적절하게 예산을 집행함으로써 실천하게 된다. 사회복지사는 예산 및 회계 규칙에 따라 투명하게 예산을 집행하도록 해야 한다.

법적 책무성은 프로그램과 관련된 법적인 기준이나 지침을 준수함으로써 실천하게 된다. 이를 위해 사회복지사는 자신이 속한 조직이나 프로그램 관련의 법적 기준이나 지침을 숙지하고 있어야 하며 법적 · 윤리적 책임을 다해야 한다.

표 12-1 책무성의 영역

영역	정의	관련 질문
영향 책무성	프로그램 관리자가 내부적으로 프로그램을 운영하기 위하여 또는 외부적으로 프로그램 실천의 정당성을 확보하기 위하여 프로그램의 영향에 대해 입증해야 할 책임	• 프로그램은 의도한 목적과 목표를 달성하고 있는가? • 프로그램은 지역사회에 대해 영향을 미치고 있는가?
대상자 책무성	프로그램 관리자가 표적집단의 수와 특성, 잠재적인 표적집단 중 서비스를 받은 비율, 중도탈락률 등에 관해 지는 책임	• 표적집단으로 계획된 사람들을 돕고 있는가? • 서비스를 받지 말아야 하는 사람들이 서비스를 받고 있는가?
서비스 전달 책무성	계획된 프로그램이 숙련된 전문가에 의해 적절하게 제공되고 있는가에 대한 책임	• 프로그램에서 제공하기로 계획된 내용이 제공되고 있는가? • 적절한 양의 산출물이 제공되고 있는가?

효율성 책무성	다른 프로그램 구성요소나 경쟁하는 자원의 비용에 비해 객관적으로 이익이나 효과성이 있는가를 입증해야 할 책임	• 다른 프로그램 구성요소에 비해 효율적인가? • 다른 경쟁하는 자원에 비해 효율적인가?
재정 책무성	재정보고서를 통해서 재정의 사용을 설명해야 할 책임	• 예산집행 기준에 따라 적정하게 예산을 집행하고 있는가? • 예산집행을 투명하게 하고 있는가?
법적 책무성	공공이나 민간의 모든 프로그램 법률이나 기준을 준수해야 할 책임	• 법에서 제공하는 기준을 준수하고 있는가? • 고지된 동의를 실시하고 있는가? • 비밀보장을 준수하고 있는가?

출처: 김상곤 · 최승희 · 안정선(2014). p. 21.

사회복지 프로그램이 그 효과를 평가해 내기 어렵다는 논의는 프로그램이 실제로 효과가 없기 때문이 아니라 프로그램 자체에 평가를 위한 기제를 내포하고 있지 못하거나, 부족하기 때문이라는 주장이 상당한 설득력을 가진다. 즉 사회복지 프로그램은 설계단계에서부터 실행, 안정화되는 단계에 이르기까지 평가를 전제로 운영할 필요가 있다. 이러한 주장에 근거하여 최근의 사회복지 프로그램은 과학적인 설계기법과 평가기법들을 도입하여 프로그램의 효율성과 효과성 등을 증명해 내려는 노력을 하고 있다.

2) 사회복지 프로그램의 개념

사회복지 프로그램이란 용어는 사회복지와 프로그램의 합성어이다. 여기에서 사회복지는 목적이나 정책을 의미하고 프로그램은 그것을 실현하는 수단을 의미한다(김영종, 2013: 16). 먼저 프로그램(program)이란 일반적으로 진행이나 절차의 구성을 나타내는 용어로 사전적 의미는 '진행 계획이나 순서, 계획표' 혹은 '어떤 절차로 무엇을 처리할 것인가를 지시하는 것'이다(김영종, 2013: 15-16). York(1983)는 특정한 상황에서 "목표를 달성하기 위한 일련의 상호 의존적인 활동"으로, Smith(1989)는 "특정 목표를 달성하기 위하여 만들어진 조직적인 활동"으로, Rapp와 Poertner(1992)는 "특정한 목표를 달성하기 위한 집합체"로, Weinbach(2003)은 "목적, 목표, 정책, 절차, 규칙, 예산 등을 포함하는 조직의 구성요소"로 사회복지 프로그램을 개념 정의하였다(김종명 외, 2014에서 재인용). 김상곤 외(2014)는 사회복지 프로그램을 "특정한 목적과 목표를 성취하기 위해 설계된 조직적인 활동으로서 사회복지사와 사회복지조직의 사명을 실현하는 수단"으로 정의하였다.

이러한 개념정의에 의하면 사회복지 프로그램은 다음과 같은 속성을 지녀야 한다(김상곤 외, 2014). 첫째, 희망하는 성과와 진술된 목적, 목표를 가지고 있어야 한다. 둘째, 프로그램을 실행하기 전에 고안되고 설계되어야 한다. 셋째, 목표를 달성하기 위한 조직적인 활동이어야 한다. 넷째, 사회복지 조직의 사명을 실현하는 수단이 되어야 한다.

이와 같은 학자들의 개념정의와 특성들을 고려해 볼 때, 사회복지 프로그램은 사회문제를 해결하기 위한 목적으로 국가나 사회단체, 사회복지조직의 구체적인 활동 등을 의미하며 사회복지 프로그램 개발은 새로운 프로그램을 기획하거나 기존의 프로그램을 수정 또는 보완하여 더욱 효과적이고 체계적인 프로그램으로 개선시키는 노력의 과정으로 정의내릴 수 있다. 이러한 측면에서 사회복지 프로그램은 전문성 있는 사회복지사들이 이루어야 할 사회적 책무를 실현하는 중요한 수단이 되는 것이다.

사회복지 프로그램은 개발보다는 실행이 중요하기 때문에 프로그램을 개발할 때에는 다음과 같은 사항을 고려해야 한다(김상곤 외, 2014).

- 가치: 사회적으로 받아들일 수 있는 가치인지의 여부
- 실현 가능성: 정치적 · 경제적인 능력, 클라이언트 확보 가능성의 여부
- 준비성: 기관 내부적으로 인력, 시설, 장비 등이 가능한지의 여부
- 합리성: 문제의 심각성, 문제의 포괄성을 고려하여 프로그램을 실시해야 하

는 객관적인 근거가 있는지의 여부

3) 사회복지 프로그램과 유사 개념

사회복지실천 현장에서는 프로그램이란 용어 이외에도 정책, 프로젝트, 서비스 등과 같은 용어를 사용하고 있다(김상곤 외, 2014: 27-28). 황성철(2005)은 프로그램과 정책, 실천, 서비스, 프로젝트를 비교하면서 개념설명하고 있는데, 먼저 정책은 정부나 공공기관의 목적 달성을 위한 주요 행동 계획과 원칙을 말하며 이런 의미에서 정책은 상위 개념 또는 포괄적 성격을 지니고 프로그램 실현을 위한 선행 요건이 되기도 한다. 다음으로 서비스는 프로그램 활동의 주요 내용을 구성하는 요소로서 프로그램은 서비스를 포괄하는 개념이다. 프로그램은 내용적 측면에서 서비스 제공 활동을 포함하지만 다른 행정적 활동이나 지역사회 활동 등도 포함한다.

한편, 프로젝트는 조직이나 지역사회에서 특정한 문제, 욕구, 이슈, 조건 등에 대해 직간접적으로 대응하기 위해 진행하는 구체적이고 단기적이며 결과 중심적인 활동을 말한다(김상곤 외, 2014: 28에서 재인용). 따라서 프로그램이 지속적이고 일정한 구조를 갖추고 진행되는 것이 비해, 프로젝트는 한시적이거나 실험적인 형태로 단기간에 수행되는 특정한 과업이나 활동을 의미한다. 그리고 사업은 '비영리적인 일정한 목적을 가지고 지속하는 조직적인 사회활동'을 의미하며 프로그램보다 상위의 개념으로 이해하는 것이 적절하다. 즉 사업은 프로그램으로 구성되며 프로그램은 세부 프로그램 또는 활동으로 구성된다고 볼 수 있다.

표 12-2 프로그램 관련 유사 용어 정리

구분		내용
프로그램-정책	프로그램	• 일선 기관에서 제공하는 구체적인 활동 • 하위 개념 또는 부분적 성격 • 정책을 기반으로 실시
	정책	• 정부나 공공기관의 목적 달성을 위한 주요 행동 계획과 원칙 • 상위 개념 또는 포괄적 성격 • 프로그램의 선행 요건
프로그램-서비스	프로그램	• 서비스를 포괄하는 개념 • 행정적 활동이나 지역사회 활동 포함
	서비스	• 프로그램 활동의 주요 내용 • 권리적 의미 포함
프로그램-프로젝트	프로그램	• 지속적 • 일정한 안정적 구조
	프로젝트	• 한시적, 단기적 • 실험적인 형태
프로그램-사업	프로그램	• 사업을 이루는 하위 요소
	사업	• 프로그램의 합으로 상위 개념

출처: 김영종(2013). p. 29.

2 사회복지 프로그램의 기획

1) 기획과 계획

사회복지 프로그램을 기획하기에 앞서 기획(Planning)과 계획(Plan)에 관한 명확한 개념을 아는 것이 중요하다. 먼저 '기획'이란 '구체적인 행동을 실행함에 앞서 그에 대한 일련의 계획을 수립해 나가는 과정으로, 목적이나 행동을 생각하는 특정한 방법'을 의미한다(김상곤 외, 2014: 31). 즉 계획을 세워가는 활동과 과정을 말하며 초점을 두는 계속적인 행동으로서의 의미가 강하다. 따라서 기획은 미래지향적, 계속적인 과정, 의사결정과 연결, 목표 지향적, 목표를 위한 수단이라는 특징을 지니게 되며, 항상 그런 것은 아니지만 기획 활동의 결과로 '계획' 문서를 생산하게 된다(김상곤 외, 2014: 31에서 재인용). 반면에 계획은 어떤 구체적인 사업에 대한 연속적인 의사결정이라는 의미가 있으나 기획에서 도출된 결론, 이미 결정된 행동노선을 가리키는 경우가 많다(김종명, 2014).

사회복지 분야 외의 다양한 분야에서도 기획활동이 일어나게 된다. 정무성(2005)은 사회복지 프로그램을 다음과 같이 10가지 특성을 종합적으로 정리하여 제시하고 있다.

첫째, 기획은 일회적으로 종결하는 것이 아닌 계속적인 활동으로 지속적인 과정이다.

둘째, 기획은 무엇을 해결할 것인지, 개선 목표는 물론 목표를 명확하게 제시하여 인증받을 가능성에 대한 지향점을 가져야 한다.

셋째, 기획은 목표를 달성하기 위한 수단을 분명히 하는 것으로 목표 지향적이다.

넷째, 기획은 미리 정해진 목표를 달성하기 위해 사용하는 과정으로서 미래지향적이다.

다섯째, 기획은 서비스 이용자와 전문사회복지사와의 상호작용으로서 현장을 중심으로 이루어져야 한다.

여섯째, 기획은 프로그램이 수행되는 과정 속에서 역동성과 가변성을 갖춘 제반 활동으로서 개방성을 지녀야 한다.

일곱째, 기획은 다양한 대안들을 탐색하는 과정으로서 프로그램의 목적과 목표를 어떻게 정하고 예측할 것인지, 동일한 목표일 경우 어떻게 해결해 나가야 할 것인지에 대한 다양한 방법들을 고려한다.

여덟째, 기획은 의사결정과정으로서 정책결정에 초점을 두고 정책결정과정을 용이하게 합리적인 방법과 체계적인 절차를 부여하여 정책이나 사업을 결정하는 것이다.

아홉째, 기획은 인증의 조건은 타당성, 예산과 자원, 재원을 지원하는 기관과 정부로부터의 특성과 가치를 부여 받은 프로그램 실현 가능성을 인증받아야 한다.

열번째, 기획은 지역사회 문제를 검토하고 해결하고 기존 사업의 개선을 검토하는 것은 물론 프로그램 실행을 통하여 전문성 향상과 같은 학습과 성장을 지향해야 한다.

표갑수 등(2016)은 사회복지 프로그램 기획은 사회현실을 반영한 사회문제와 클라이언트의 욕구를 주제로 한다는 점에서 일반적 기획의 정의와 다소 차이가 있기 때문에 클라이언트의 참여를 강조하고 다양한 이해관계자들의 의견을 반영하며 프로그램과 관련한 이해관계자는 누구인지를 고려해야 한다고 강조한다.

표 12-3 기획과 계획

	기획(planning)	계획(plan)
주요 과업	• 무엇을 할 것인가? • 무엇을 만들 것인가? • 무엇이 될 것인가? • 왜 해야 하는가?	• 어떻게 할 것인가? • 어떻게 만들 것인가? • 어떠한 방법이 가능한가?
고려 요건	창조성, 현실성, 논리성	현실성, 논리성

출처: 표갑수 외(2013).

2) 사회복지 프로그램의 기획과정

넓은 의미에서 프로그램 기획은 프로그램 계획을 만드는 과정에 국한되지 않고 실행과 평가까지를 포괄해야 한다(김영종, 2013: 74). 이는 프로그램 기획의 가장 큰 특징이 일련의 지속적인 과정이기 때문이다. 기획의 과정에 대한 주요 학자들의 견해를 정리해 보면, 기획의 범주는 일반적으로 프로그램을 설계하는 것까지로 보는 것이 타당하다(김상곤 외, 2014: 34-35).

표 12-4 기획의 과정에 대한 주요 학자의 견해

학자	York(1984)	Skidmore(1995)	Kettner, Moroney & Martin(2008)	김상곤 외
단계	① 행동범위의 설정 ② 문제의 분석 ③ 욕구의 사정 ④ 목적 및 효과목표 ⑤ 우선순위 수립 ⑥ 대안의 확인 ⑦ 대안의 선택 ⑧ 자원요구의 확인 및 결과목표의 정의 ⑨ 집행평가	① 구체적 목표의 설정 ② 관련 정보 수집 및 가용 자원 검토 ③ 목표 달성을 위한 대안적 방법 모색 ④ 대안의 실시조건 및 기대효과 평가 ⑤ 최종안의 선택 ⑥ 구체적인 실행계획 수립	① 문제분석과 욕구사정 ② 적절한 개입전략 선별 ③ 목적과 목표 선정 ④ 프로그램의 설계 ⑤ 경영정보체계 구축 ⑥ 예산 수립 ⑦ 프로그램 효과성 평가	① 문제와 욕구 확인 및 분석 ② 목적과 목표 수립 ③ 프로그램 개발을 위한 자원의 확보와 규모 확인 ④ 최적의 개입전략과 실행방법 결정 ⑤ 프로그램 평가계획 수립 ⑥ 프로그램 환류계획 수립

출처: 김상곤 외(2014). p. 35의 기획의 과정에 대한 주요 학자의 견해 재정리.

김미자 외(2013)에 의하면 프로그램의 기획은 전체 과정으로서의 프로그램 기획과 부분 과정으로서의 프로그램 기획 두 가지로 나누어 살펴볼 수 있다. 먼저 전체 과정으로서의 프로그램 기획을 살펴보면 문제를 파악하고 확인하며 프로그램을 설계하고 프로그램을 실행, 평가하는 과정이 전반적으로 이루어지는데 이러한 과정들이 상황 유기적으로 지속된다는 것이다.

부분 과정으로서의 프로그램 기획과정을 살펴보면, 크게 4단계로 설명될 수 있다. 먼저 준비단계에서는 문제에 대한 정확한 이해를 위해 문제를 확인하고 분석하게 된다. 프로그램이 개발이 왜 필요한지, 사회문제에 대한 이해를 통해, 문제에 대한 사정을 실시하고 문제의 원인이 무엇인지, 사회문제를 분석하거나 욕구조사를 실시하게 되는 것이다. 이때의 사회복지사의 역할은 프로그램 기획

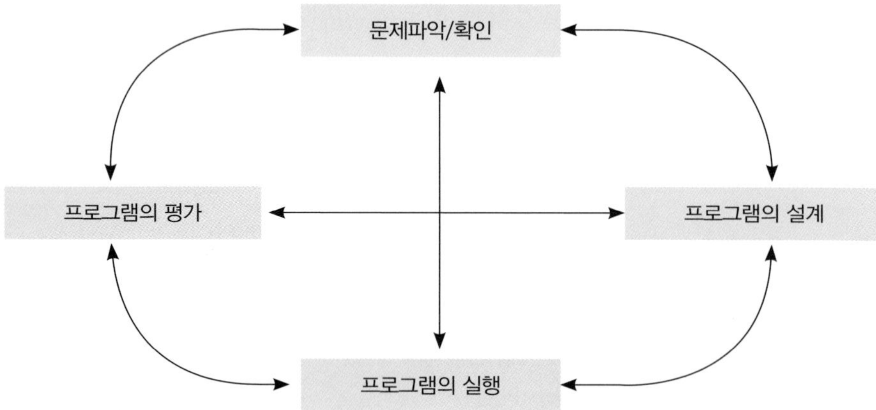

그림 12-1 프로그램 기획과정

출처: 이봉주 · 김기덕(2010). p. 50.

자라 할 수 있다. 계획 및 수립단계에서는 단계별 목표를 설정하게 되는데 이 때 사회복지사의 역할은 프로그램 준비단계와 마찬가지로 프로그램 기획자의 역할을 수행한다. 세 번째 단계인 프로그램 실행단계에서는 프로그램을 구체적으로 실현하는 단계로서 사회복지사는 실천가의 역할을 수행한다. 이때 자원/투입(Input), 활동/과정(Process), 산출(Output), 성과/결과(Outcome) 과정이 이루어진다. 투입에서는 프로그램이 의도하는 과업을 수행하기 위하여 필요한 인적, 물적, 지역사회 자원 등을 잘 활용해야 한다. 활동/과정에서는 프로그램과 관련된, 도구, 행사, 개입방법, 프로그램 수행을 위해 해야 하는 과업, 즉 의도하는 프로그램의 성과를 도출하기 위하여 행해지는 과업들을 수행한다. 산출에서는 프로그램 활동에 따라 직접적으로 생산되는 것들로 프로그램에 의하여 전달되는 서비스 유형, 서비스 수와 양, 서비스 참여인원 등을 포함하여 총 서비스를 산출하도록 한다. 성과에서는 클라이언트의 태도, 지식, 기술, 지위 혹은 기능 수준의 긍정적인 방향으로의 변화를 확인하게 되는데 이때 이루어지는 단기성과로는 클라이언트의 태도, 지식, 기술 등의 변화를 살펴보고, 중기성과로는 행동상의 변화, 실천과 의사결정의 변화 등을 살펴볼 수 있으며 장기성과로는 클라이언트의 지위나 기능 수준의 향상, 생활여건 및 조직, 공동체, 지역사회 변화 등을 살펴볼 수 있다. 마지막으로 평가단계에서 사회복지사는 평가 전문가로 프로그램이 의도된 목적을 충실히 달성하였는지를 점검하고 평가지표, 방법, 평가시기 등을 확인하는 과업을 달성하게 된다. 평가는 흔히 프로그램 종료 후 하는 것으로 잘못 알고 있는데 종료 후가 아닌 프로그램 기획단계에서 평가에 대한 고려가 이루어져야 한다. 즉 투입은 기획한 대로 또는 의도한 대로 이루어졌는가? 활동은 기획한 대로 또는 의도한 대로 이루어졌는가? 산출은 기획한 대로 또는 의도한 대로 이루어졌는가? 결과는 기획한 대로 또는 의도한 대로 이루어졌는가?를 지속적으로 확인해야 하는 것이다(김미자 외, 2014; 김상곤 외, 2014: 46; 이봉주 외, 2010: 30).

표 12-5 프로그램의 기획과정

단계	구성요소	단계별 주요 과업	실행인력
1	준비단계	문제 확인 및 문제 분석	프로그램 기획자
2	계획수립단계	단계별 목표 설정	프로그램 기획자
3	프로그램 실행단계	구체적 실현	프로그램 실천가
4	평가단계	평가지표, 방법 평가시기	평가 전문가

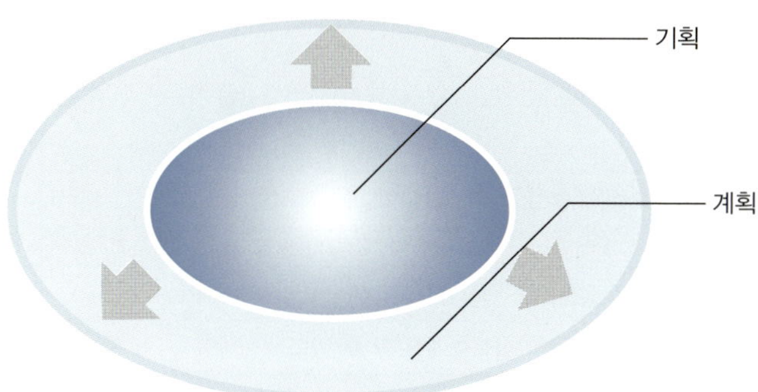

그림 12-2 기획과 계획

이러한 이유로 사회복지사들의 기획력은 매우 중요한 능력이다. 따라서 사회복지사는 기획자로서의 스스로의 역량을 평가해볼 필요가 있다. 〈표 12-6〉에 제시한 프로그램 기획자의 역량 체크리스트를 통해 프로그램 기획을 위한 준비, 사업 주제 및 대안의 개발, 논리모형에 따른 단계별 기획력, 사업제안서 발표 능력 등 다차원적인 능력을 스스로 평가해보자. 프로그램 기획가로서 각 항목에 대해 스스로 사정해보고 개선 계획을 수립함으로써 기획가로서의 역량을 발전시켜 나갈 수 있을 것이다(김상곤 외, 2014: 19).

표 12-6 프로그램 기획자의 역량 체크리스트

	문항	전혀 그렇지 않다	다소 그렇지 않다	다소 그렇다	매우 그렇다	개선 계획
1	나는 프로그램 기획의 의미와 필요성을 말할 수 있다.					
2	나는 프로그램 기획의 전반적인 단계를 알고 있다.					
3	나는 기획에 필요한 선행 연구를 탐색할 수 있다.					
4	나는 선행 연구 결과를 읽고 정리할 수 있다.					
5	나는 논리모형을 이해하고 적용할 수 있다.					
6	나는 문제 · 상황 분석을 할 수 있다.					
7	나는 욕구를 파악 · 조사할 수 있다.					
8	나는 프로그램의 목표를 적절히 수립할 수 있다.					
9	나는 프로그램 목표를 평가할 수 있는 평가방법을 제시할 수 있다.					
10	나는 프로그램 목표를 성취할 수 있는 전략적 활동들을 구성할 수 있다.					
11	나는 참여자와 프로그램을 홍보할 수 있는 방법을 제시할 수 있다.					
12	나는 프로그램 수행에 적절한 예산안을 작성할 수 있다.					
13	나는 집단의 효과성 평가를 위한 실험설계를 할 수 있다.					
14	나는 프로그램 만족도 평가를 할 수 있다.					

15	나는 개별 청소년의 변화를 평가할 수 있다.					
16	나는 질적 방법을 활용하여 평가할 수 있다.					
17	나는 과정평가를 할 수 있다.					
18	나는 평가를 위한 평가척도를 선정하고 활용할 수 있다.					
19	나는 각 프로그램의 실행과 결과를 구체적으로 기록할 수 있다.					
20	나는 제안서를 타인들이 잘 이해할 수 있게 작성할 수 있다.					
21	나는 프로그램 논리와 전략 등을 간략한 도식화(표, 그림)를 통해 잘 표현할 수 있다.					
22	나는 프로그램 평가 지표와 목표치, 평가도구, 평가방법 등을 선정 · 제시할 수 있다.					
23	나는 질 높은 프로그램 개발과 평가를 위해 프로그램 관련 이론을 적용할 수 있다.					
24	나는 담당사업의 프로그램 기반 및 근거 이론과 전략을 명확히 제시할 수 있다.					
25	나는 제안서를 효과적으로 발표할 수 있다.					

자신의 획득 점수		동료의 획득 점수		더 개발해야 하는 영역은?	

출처: 김상곤 외(2014). p. 18.

3 사회복지 프로그램 설계

사회복지 프로그램 설계는 프로그램을 만들기 위한 계획을 수립하는 과정으로, 프로그램 개발과정에서 하나의 성과인 동시에 방법이다. 서비스 이용자들을 포함하여 복지대상자들을 위하여 보다 나은 삶을 영위 할 수 있도록 지원하는 대책을 마련하는 것을 의미한다. 사회복지 프로그램 설계에서는 누구를 위해서 설계할 것인가? 어떻게 프로그램을 실행할 것인가? 프로그램을 실행하는 데 따르는 제반 비용은 얼마의 재원을 필요하고 재정은 누구를 위해 제공할 것인가를 고려해야 한다(김종명 외, 2014).

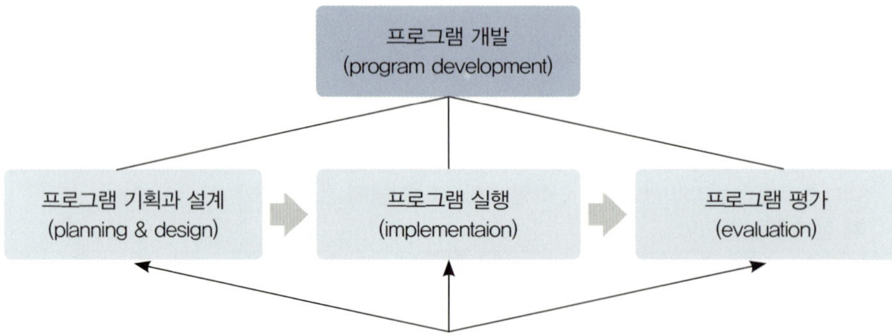

그림 12-3 사회복지 프로그램 개발의 개념적 모형

출처: 김통원(2005). p. 31.

1) 프로그램 설계의 구성요소

사회복지 프로그램은 특정한 욕구를 가진 사람들의 욕구를 충족시키고 변화시키기 위한 것으로서 특별한 문제를 다루게 되며, 서비스 이용자들의 삶의 질을 향상시키는 데 목적을 둔다. 경제적인 사회보장은 물론 가족 내에 발생하게 되는 다양한 문제에 개입하는 것으로서 5W1H 외에 욕구조사와 예산을 포함한 다음과 같은 구성요소가 이에 해당된다(김종명 외, 2014).

첫째, 주체가 누구(who)인가? 주체를 강조한다.

둘째, 대상자(whom: 서비스 이용자 또는 수혜자, 참여자)를 분명히 밝히는 것으로 수혜자가 누구인지, 참여자는 누구인가를 명확히 하는 것을 중요하게 생각한다.

셋째, 왜(why) 이런 목적과 목표를 세웠는지에 대한 명확성을 알아야 한다.

넷째, 무슨(what) 활동 내용을 기대할 것인가를 알아야 한다.

다섯째, 어떻게(how) 실행할 것인지에 대한 방법 및 공학 매체를 분명히 해야 한다(김영숙 외, 2003).

여섯째, 평가 활동(evaluation activity)을 어떻게 할 것인가를 수립해야 한다.

일곱째, 프로그램을 실행할 장소(where, places)와 프로그램 진행 시 필요한 시설, 설비는 어떠한 것들이 있는가를 예상해야 한다.

여덟째, 욕구조사 및 분석이 마친 이후 실행시기와 기간은 얼마가 적당한가를 구체화해야 한다.

아홉째, 프로그램을 실행하기 위한 예산의 확보이다.

2) 프로그램 구성요소의 체계적 접근방법

프로그램 구성요소의 체계적 접근방법으로는 첫째, 프로그램에 무엇을 투자할 것인가? 둘째, 프로그램 실행을 통하여 전환할 수 있는 변화는 무엇인가? 셋째, 프로그램을 실행함으로써 얻을 수 있는 실행과정은 무엇인가? 마지막으로 프로그램 설계자와 실행자가 기대하는 결과와 프로그램 참여자가 기대하는 결과는 무엇인가? 등의 체계성으로 접근해 볼 수 있다(김종명 외, 2014).

먼저 프로그램 실행을 위해 필요한 것은 무엇이고, 무엇을 투입(Input) 활용할 것인가의 질문에 답하기 위해서는 ① 서비스 이용자(원재료), ② 직원, ③ 인적 · 물적 자원, ④ 시설, ⑤ 장비 등의 프로그램 투입의 5대 요소를 살펴봐야 한다. 서비스 이용자와 관련된 요소로는 우선적으로 대상자로서 적격성 여부, 인구통계학적(연령, 수입, 교육 정도 등) 요소 및 기술적 요인, 사회적 경험, 서비스 이용자의 문제의 유형과 심각성 등이 해당된다. 투입하는 과정에서 전문사회복지사와 프로그램 개발자와의 상호작용은 물론 전문가로서의 자격 여부, 자원봉사자로서의 가능성 여부도 포함된다. 물적 자원으로는 이용 가능한 시설, 설비, 장소 등 기타 재원이 필요하다. 따라서 사회복지사는 이러한 과정을 통하여 이 프로그램의 가설과 관련하여 어떤 서비스 이용자들이 무슨 혜택을 보게 되는가? 기대되는 서비스를 제공하기 위해 어떤 전문사회복지사들이 담당할 것인가? 필요한 자원이 무엇인가를 충분히 고려해야 한다.

둘째, 무엇을 전환(Throughput) 또는 변화(change)시킬 것인가는 개입이나 프로그램 실시를 의미하는데, 투입된 자원을 사용함으로써 서비스 이용자가 서비스과정을 완료(산출)하고, 궁극적으로 자신의 문제를 해결(결과)하게 하는 중간단계로 변화 매개체의 개입이 중요함을 의미한다. 전환을 구체화시키는 것은 행동으로 옮기는 단계로서 어떠한 활동을 준비하고 있는가? 어떤 프로그램의 서비스, 방법론을 구성하는 전략과 기법을 활용할 것인가? 치료 기법은 무엇을 활용할 것인가 등을 점검하는 것이다. 여기에는 명확한 기술이 요구되어지는데 간단명료한 문장으로 서비스를 명확하게 규정하고 진행해야 할 과업과 관련하여 제공되는 서비스의 활동을 규정하고 이론적 근거를 토대로 개입방법을 제시하도록 해야 한다. 담당 사회복지사는 프로그램 실행 및 활동과정 중 프로그램 기획에서 규정한 구체적인 내용을 서비스 이용자와 그 문제에 적합한 서비스 종류를 논의하고 그 서비스의 업무내용 및 개입방법이 무엇인가를 충분히 설명해야 한다.

셋째, 활동을 통하여 어떠한 산출과정(Output process)을 기대하는가이다. 산출은 서비스의 중간단계와 종료단계에 프로그램 활동의 직접적인 결과물로 담당 사회복지사가 서비스 이용자의 문제에 개입하여 전환 과정을 거쳐 변화 결과를 나타내는 것을 의미한다. 산출의 목적은 서비스 이용자가 실제로 제공받은 서비스가 얼마이며, 프로그램 설계에 명시된 것처럼 서비스를 종료하였는가를 측정하는 것이다. '얼마나'인가라는 질문에는 '서비스 단위'로 답하며, 이는 '중간산출'로 정의한다. '서비스 종료'라는 질문에는 '종료의 유무'로 답하며, 이는 '최종산출'로 정의한다. 이때 제공된 서비스의 질(quality)도 고려 대상이다. 서비스 단위는 서비스 산출에서 어떤 단위로 표시할 것인가를 결정하는 것을 의미한다. 상황 내지 접촉단위는 사회복지사와 서비스 이용자의 접촉건수로 정의된다. 이때 접촉이 이루어지는 실질적인 시간은 고려되지 않는다. 물적 단위는 서비스 이용자에게 제공된 뚜렷한 하나의 자원이다. 예를 들면 음식 · 의복 · 현금 · 처방 등이 여기에 해당되는데 이는 다른 서비스 단위 중 가장 정확성이 낮은 단위이다. 시간단위는 개별 서비스의 필요에 따라 시간 · 일 · 주 · 월 등으로 나타내는데 가장 정확성이 높은 단위이다.

서비스 종료(산출)는 서비스 이용자가 서비스를 종료하는 시점을 기준으로 한다. 프로그램 활동의 직접적인 생산물은 완성된 업무량이 된다. 사회복지 현장에서는 실적이 이에 해당되는데 예를 들면 교육한 강의 수, 실시한 상담 회기 수, 나누어준 교육 자료의 수, 서비스를 받은 서비스 이용자 수 등이 해당된다. 한편 양적 측면에 치중된 관심은 서비스 질에 대해 간과하는 결과를 가져올 수 있다. 서비스 질의 평가는 매우 모호하며, 특히 사회복지서비스의 경우 서비스 이용자의 관심뿐만 아니라 기금제공자 및 의사결정자들도 질 구성의 결정에 관여하게 된다. 때문에 프로그램에 사용될 서비스 질(Quality)의 척도는 반드시 현실적으로 정의하고 서비스 질의 정도를 확인해야 한다.

마지막으로 최종적으로 기대하는 결과(Outcome)는 무엇인가에서는 프로그램에 참여하는 동안 혹은 그 이후 개인 혹은 인구집단에게 일어난 결과나 변화의 결과를 살펴봐야 한다. 결과는 중간결과와 최종결과를 구분하기도 하는데, 중간결과는 서비스 이용자가 프로그램이나 서비스를 종료한 시점에 할 수 있는 것과 성취해냈어야 할 것을 규명하고, 최종결과는 규정된 서비스 제공 후 규정된 경과시간이 지난 후에 서비스 이용자에게 기대되는 결과를 규명하는 것으로 예를 들면 행동, 기술, 지식, 가치, 상황, 외부요인 등이 이에 해당된다.

3) 프로그램 설계의 구성요소

프로그램 설계의 구성요소로는 참가자, 실시주체, 활동내용, 실시방법, 장비/

도구, 실시기간, 환경/장소, 프로그램 담당자, 경비/예산, 프로그램의 평가 등이 있다. 그 구체적인 내용을 살펴보면 다음과 같다(김종명 외, 2014).

(1) 참가자

프로그램 대상자로서 직접적인 서비스 대상을 의미한다. 세 가지 측면에서 참가자를 세분화 할 수 있는데 첫째는 개체의 성별, 발달 단계별 등과 유사한 성질이나 면을 강조하는 측면이고, 둘째는 가족, 직업, 시민 등과 같은 생활의 장과 공간적인 면을 강조하는 것이다. 셋째는 경험 유무, 참가 유무, 활동 수준 등과 같은 프로그램 참가의 경험적인 면을 구분하여 강조하여 참가자를 세분화할 수 있다.

(2) 실시주체

사회복지 프로그램을 실시하는 주체는 과연 누구인가, 어떠한 의도를 가지고 무슨 프로그램을 진행하는 것일까에 관한 내용으로 프로그램을 진행하는 주체는 전문사회복지사들이 종사하는 사회복지 기관이나 조직 및 국가 기관이 해당된다.

(3) 활동내용

사회복지전문가에 의해 수행되는 활동으로서 프로그램 활동내용 구성 기준과 중복되는 부분으로 계획된 프로그램의 실질적인 설계를 통하여 계획된 기간 내에 프로그램의 실행을 위한 행동을 계획하고 목표에 도달하기 위한 중심과정이다.

(4) 실시방법

프로그램 기획 시 설계된 진행방법에 따라 실시하며 여러 가지 교육적인 효과를 고려하여 효과적인 방법을 선택하도록 한다.

첫째, 프로그램 목표 달성의 효과성을 고려한다.

둘째, 프로그램에 의해 제공되는 내용의 질과 양에 대한 적절성을 고려한다.

셋째, 사회복지전문가 및 참가자의 경험 능력에 대한 적합성을 고려한다.

넷째, 적절한 장비와 도구의 이용 가능성 고려한다.

다섯째, 참여를 높이기 위한 활동 전략을 세워야 한다.

여섯째, 프로그램 지도방법을 고려한다.

(5) 장비 및 도구

사회복지 프로그램의 목적을 적절하고 효과적으로 달성하기 위하여 장비 및 도구가 필요하다. 따라서 사회복지사는 서비스 이용자들의 욕구조사를 토대로 이들에게 실제적으로 필요한 장비와 도구를 준비해야 한다. 참가자들의 경험 유무에 따라 준비물이 달라질 수 있겠지만 참가자들의 일상생활을 수행하는 데 필요한 것들을 고려하여 준비하고 방법에 대한 적절성도 고려해야 한다.

(6) 실시기간

프로그램 기획 시 진행하는 시간을 분명히 고려할 필요가 있다. 프로그램 실행의 시기, 시간대, 총 진행할 수 있는 횟수 등 프로그램이 실시되는 기간은 서비스 이용자들과의 계약 조건에 따라 달라질 수 있다. 프로그램의 내용 및 방법에 따라 필요한 기간을 정하고 쌍방 간의 계약을 통하여 정할 수 있어야 한다. 서비스 이용자들이 가능한 시간대에 프로그램을 편성하고 실시하는 기간이 지나치게 길거나 짧게 된다면 참가자의 참여 및 활동 의욕에 지장을 초래할 수 있으므로 적절하게 배분하는 것이 중요하다.

(7) 환경 및 장소

사회복지 프로그램을 진행할 수 있는 적합한 주변 환경이나 장소를 고려하여 실시한다. 실시하는 장소가 프로그램 내용과 방법 그리고 목적에 부합하는 적절한 장소인가를 고려하면서 서비스 이용자들이 이용할 교통수단을 고려하여 정하도록 한다. 이용자들이 근접한 장소를 활용하는 것이 효과적이다.

(8) 프로그램 담당자 또는 제공자

모든 프로그램은 프로그램 진행자 또는 제공자에 따라 프로그램의 성패가 좌우되기 때문에 중요한 요소라 할 수 있다. 프로그램 담당자의 전문적인 교육, 자격, 실무적 성향을 고루 갖춘 전문사회복지사들이 프로그램을 담당한다. 기본적으로 프로그램을 진행한 경험이 있는 전문사회복지사들을 활용하되 그들의 특징이 무엇인가를 파악하고 분석하여 그들의 전공분야에 맞게 임무를 수행하도록 하는 것이 바람직하다.

(9) 경비 예산

프로그램을 개발을 담당하는 전문사회복지사는 프로그램 실행에 필요한 비용에 대해 상세하게 기술해야 한다. 프로그램을 진행하기 위한 비용은 어디서 어떻게 확보 할 것인가에 해당하는 지원방식, 지원주체, 지원내용 등을 명확하게 조사하여 언급할 필요가 있다(김통원, 2003: 19). 프로그램은 어떠한 방식으로 어디로부터 지원을 받을 것인가, 공공기관, 민간기관, 중앙정부기관 및 지방정부로부터 지원 받을 수 있는지의 여부 등도 고려해야 한다. 진행하게 될 비용 전체 금액을 명확하게 하여 사회복지공동모금회와 같은 기관에 사업계획서를 제출하여 지원받는 등 다양한 방법을 활용하여 지원금을 확보해야 한다.

(10) 프로그램 평가계획

프로그램 평가계획은 프로그램의 효과를 평가하는 것으로 각 단계 유의사항 및 평가의 대상을 정해야 한다. 주체, 시기, 방법 등 프로그램 편성 시 미리 구성하고 평가의 정확성과 운영의 효율성을 강조하도록 한다.

프로그램 평가체계를 위한 체크리스트

〈요구되는 문서〉

- 행정, 경영, 관리 상의 기록과 직원 모임에서의 의사기록 □
- 프로그램 평가체계의 기술 □
- 프로그램 평가 운영 보고서 □
- 조직에 관한 소책자, 광고 등 □
- 대상자, 구매자, 공헌자, 지지자 등을 포함하는 정부 및 지자체, 직원, 조직 내 다양한 사람들에게 제공하는 프로그램 평가 결과보고서 □

이상의 문서를 바탕으로 다음의 내용들을 예/아니오로 확인하도록 한다.

1. 당신의 조직은 클라이언트의 욕구를 매년 재조사하여 조직이 제공한 서비스와 클라이언트가 받아들인 서비스를 비교하는가?
   - 프로그램 대상자는 매년 이러한 재조사에 참여하는가?
2. 당신의 프로그램 평가체계는
   - 프로그램 및 서비스의 성과를 측정하는가?
   - 신뢰할 만한 모든 프로그램들을 포함하는가?
   - 모든 클라이언트 또는 대표적인 표본을 포함하는가?
   - 프로그램은 클라이언트의 경과를 정기적으로 측정하는가?
   - 성과를 평가하는가?
3. 당신의 프로그램 평가체계는 각각의 프로그램에 대하여 다음의 구성요소들을 포함하는가?
   - 승인기준
   - 제공된 서비스 목록 작성
   - 측정 가능한 목표
   - 목표를 측정하기 위해 규정된 시간

- 목표에 대한 우선 순위 또는 가중치
- 효율성 측정
- 효과성 측정
- 클라이언트의 만족도 측정

4. 당신의 프로그램 평가체계는 각 프로그램에 대하여 다음의 정보를 확인하는가?
   - 대상자의 측성
   - 제공한 서비스
   - 서비스 기한
5. 프로그램 평가 운영 보고서는 각 프로그램에 대하여 다음의 정보를 반영하는가?
   - 효과성 측정(클라이언트에 의해 성취된 이익)
   - 효율성 측정(시간, 비용, 유용성 등)
   - 클라이언트 만족도 측정
   - 클라이언트의 특성
   - 결과 해석
6. 다음 사항들을 수행하여 프로그램의 지속, 종결, 확대 등의 여부를 결정하는데 프로그램 평가체계를 활용하는가?
   - 프로그램 목적이 충족될 때를 결정
   - 프로그램 수행이 전혀 수용되지 않을 때를 결정
   - 프로그램 수행을 확대하기 위한 정보 활용
   - 사후처리 및 수정활동 검토 촉진
   - 채택된 수정활동에 대한 문서 조사 촉진
7. 프로그램 평가 정보는 다음의 각 부분에서 활용되는가?
   - 자원할당
   - 정책결정
   - 단기, 중기, 장기 계획
   - 마케팅
   - 프로그램의 기능(승인, 서비스 전달 등)
8. 전문가나 관리자들은 클라이언트의 특성을 매년 재조사하기 위한 체계적인 절차를 가지고 있는가?
   - 그 절차를 설명하라.
   - 마지막으로 재조사한 날짜
9. 당신의 프로그램 평가 정보는 다음의 이해당사자들에게 정기적으로 전달되는가?
   - 관리당국(정부 및 지방자치단체)

- 전직원
- 클라이언트
- 가족

10. 프로그램 평가체계가 재조사되고 갱신되는 과정을 설명하라.
    - 공식적인 재조사는 일년 기준으로 수행되는가?
    - 프로그램 담당 직원을 추천하거나 교체할 수 있는 기회가 있는가?
    - 다음과 관련하여 체계를 사정하는가?
    - 클라이언트로 인하여 프로그램의 이익이 증대하는가?
    - 프로그램 비용을 통제하는가?
    - 지역사회의 지지를 지속 또는 증가시키는가?
    - 체계의 효과성은 평가되는가?
11. 프로그램 평가체계가 획득한 성과는 어떠한 방식으로 클라이언트 중심적인 계획과정과 통합되는지를 설명하라.

출처: 김통원(2005). pp. 154-157.

4 프로그램 개발과정

프로그램 개발과정은 문제 및 욕구분석, 목적 및 목표 설정, 프로그램 설계, 프로그램 자원 확보와 예산 수립, 프로그램 실행과 관리, 프로그램 평가의 6단계로 이루어진다(김상곤 외, 2014: 77-226; 김영종, 2013: 75-79).

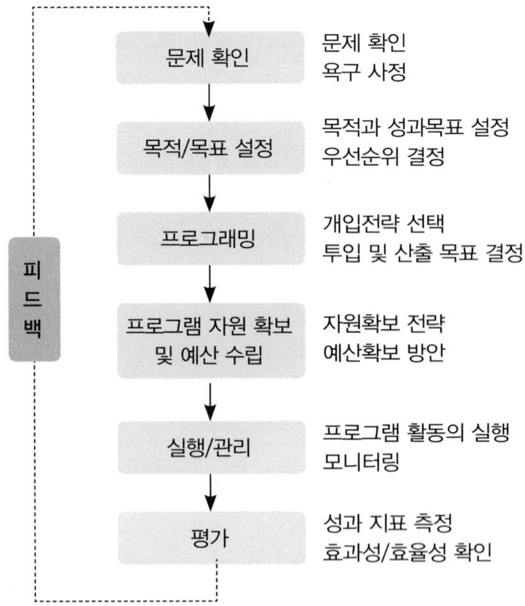

그림 12-4 프로그램 기획의 단계별 과업

출처: 김영종(2013). p. 75.

1) 프로그램 개발단계

(1) 문제 및 욕구분석

프로그램 기획과정의 첫 단계로 프로그램이 지향해야 할 사회적 조건의 변화가 무엇인지를 찾아내는 것이다. '왜' 그것이 중요한 문제이며 '어떤 근거'에서 그렇다는 것인지를 설명한다. 문제 확인을 위해 사회문제의 분석과 욕구사정, SWOT 분석 등이 활용된다.

(2) 목적 및 목표 설정

앞 단계에서 확인된 사회문제에 대해 현재 기획하는 프로그램이 '무엇을 추구할지'를 규정한다. 목적(Goal)은 프로그램이 성취하려는 것, 목표(Objectives)는 목적을 보다 구체화한 것으로 성취가능하고 측정할 수 있는 것이다(김통원, 2005: 87). 하나의 목적은 다양한 목표들로 이루어진다. 목적 성취와 관련된 결과의 구체적인 모습을 제시하는 것이 영향목표(impact objective)이다.

(3) 프로그램 설계

프로그램 계획이 이루어지는 단계로서 무엇을 투입해서, 어떤 활동을 하고, 그 결과 어떤 생산 결과가 나타날지 프로그래밍하는 단계이다(김영종, 2013: 76). 투입은 기관이 서비스를 제공하기 위하여 사용한 자원이다. 투입은 인적자원, 재정, 시설, 물질 등을 포함한다(김통원, 2005: 87). 활동은 산출을 효과적 · 효율적으로 달성하기 위해 어떤 활동(activity)을 수행하는 것이 가장 적합할지를 고려하는 것이다(김영종, 2013: 77). 산출은 기관이 제공하는 재화 및 서비스이다(김통원, 2005: 87).

(4) 프로그램 자원 확보와 예산 수립(김상곤 외, 2014: 155-169)

프로그램 자원 결정과 재정 원천, 자원확보 전략 수립, 프로그램 홍보와 의사소통, 프로그램 예산 수립 등이 이루어지는 단계이다. 프로그램 자원으로는 첫째, 인적자원(직원, 수퍼바이저, 자문가, 자원봉사자, 실습생, 인턴생 등), 둘째, 물적자원(재원, 예산액, 시설, 장비, 비품 등), 셋째, 공공기관 및 비공식조직(시청, 군청, 경찰서, 소방서, 교육기관 등의 공공기관과 문화, 체육, 종교, 시민단체, 지역사회 주민조직 등), 넷째, 정보자원(주민생활과 밀접한 법률의 제정 및 개정 사항, 문화 공연, 보건이나 의료 및 복지서비스, 자원봉사 참여에 관한 사항 등)이 해당된다.

프로그램 재정 원천으로는 보조금 및 지원금, 서비스 이용료 및 회비, 자선기금 및 특별모금 등이 해당된다. 일반적인 자원확보 방법에는 우편발송, 이벤트 개최, 대중매체 광고, 자동응답시스템(ARS), 인터넷, 명분 지향 마케팅(cause-related marketing: CRM), 제안서 공모참여 및 기업 프로젝트 제안, DM(direct mail), 신문, 안내지, 소식지, 벽보, 게시물 전시, 메일, 홈페이지 게시, SNS 등이 전략적으로 활용될 수 있다.

예산의 유형으로는 품목별, 성과주의, 기획, 영기준 예산으로 분류된다. 품목별 예산은 가장 보편적인 예산체계로 구입하거나 지출하고자 하는 품목별로 수입과 지출을 기재하는 방법이다. 성과주의 예산은 조직이 달성하고자 하는 목표를 세부 프로그램과 활동으로 나누어 각 프로그램이나 활동의 단위 원가와 업무량을 고려하여 예산을 정하는 방법이다. 기획예산은 조직의 장기적 발전계획 또는 사업계획하에 연도별 목표 달성을 위해서 예산을 조직목표에 통합시켜 작성하는 예산의 유형이다. 영기준예산은 조직이 지금까지 추진한 사업을 처음부터 영(zero)의 상태에서 다시 시작한다는 전제하에 전년도 예산에서 항목별로 배정된 예산에 전혀 구애받지 않고 새로운 조직목표와 우선순위에 따라 예산을 수립하는 개혁적 예산제도이다. 일반적으로 품목별 예산이 활용되며 성과주의 예산과 병행하여 프로그램이나 활동의 단위 원가를 계산하여 예산을 수립하고 있다.

(5) 프로그램 실행과 관리

프로그램 실행은 프로그램 목표들이 확실하게 실현되도록 기능하는 것이다. 실행과 기획은 얽혀져 있어 기획의 결과가 실행으로 나타나고 실행은 다시 기획을 위한 근거가 되며 실행의 경험은 평가과정을 통해 적절성이 판단되어 기획으로 과정으로 다시 반영된다. 실행도 계획이 필요한데, 실행 계획에 포함될 사항들은 다음과 같다.

- 내용 및 주요 활동: 프로그래밍 단계에서 선택된 방법을 실행하는 데 필요한 주요 활동들은 무엇인가?
- 책임자 및 책임 소재: 각 활동들을 수행하는 데 있어서 누가 책임을 지는가?
- 시간 및 활동 기한: 주요 활동들의 시작과 종료 시점은 언제인가?

• 자원: 각 활동들의 수행에 필요한 기초 자원은 어떤 것들인가?

이러한 계획들은 예기치 못한 상황에 대비하기 위해 어느 정도 유연해야 하며 실행 계획과 관련해서 사용할 수 있는 합리적인 도구로는 간트(Gant)나 프로그램 평가검토 기법(Program Evaluation and Review Technique: PERT), 일정표(time-line), 총괄진행표(flow chart) 등이 활용된다(김영종, 2013: 78).

간트 차트는 하나의 프로그램을 완성하기 위해 일정 기간 동안 행해질 의도적인 활동들을 일목요연하게 정리하는 것으로 ① 한 프로그램 혹은 프로젝트를 구성하는 개별 활동들의 규정, ② 각 활동을 끝내는 데 필요한 시간의 결정, ③ 도표 위에 그 활동들의 진행 일정표 제시 등의 내용이 포함된다. 타임라인은 프로그램 실행을 조직화하기 위한 효과적인 도구로 해당 월, 프로젝트 목적, 프로젝트 목표, 활동, 기대되는 실행 완료 날짜, 책임 담당자 등으로 구성된다.

프로그램 평가검토 기법은 프로그램의 목적과 목표가 설정되고 이를 달성하기 위한 활동들이 조직화되어 실행계획에 따라 재원과 인력이 투입되어 프로그램 진행상황을 추적하여 모니터링하는 데 매우 유익한 기법이다(황성철, 2005; 김상곤 외, 2014: 195). 목표달성을 위한 기한을 정해 놓고 그것을 위한 세부목표 또는

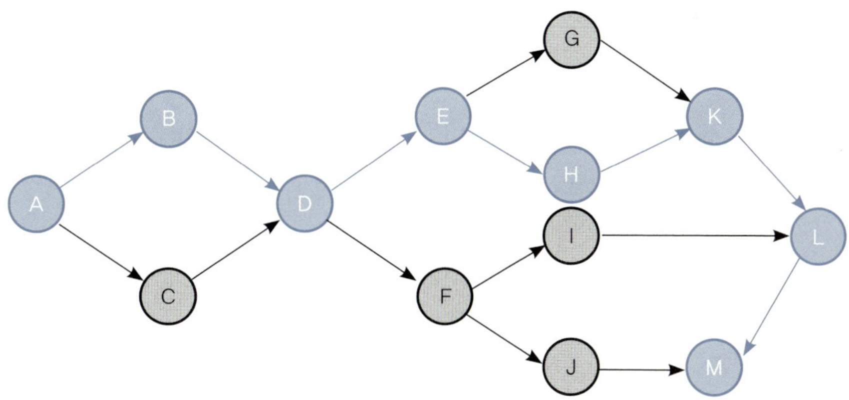

그림 12-5 간트 차트를 이용한 프로젝트 일정 계획표

출처: 김치수(2015). 쉽게 배우는 소프트웨어 공학.

주요활동의 상호관계와 시간을 연결하여 하나의 도표로 나타내는 프로그램 평가 검토 기법이다.

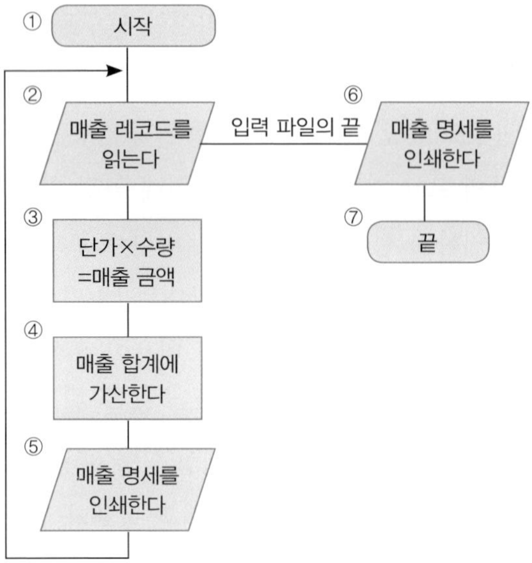

그림 12-6 CPM 네트워크와 임계 경로

출처: 김치수(2015).

총괄진행표는 흐름을 나타내는 그림차트로서 프로그램 논리 순서, 작업 제조 공정, 조직도, 비슷한 형식을 갖춘 구조 등을 그래픽으로 표현한 것이다. 단순히 활동의 흐름을 보여 주기보다 전체적인 조직도와 활동 및 서비스 구성도를 함께 보여 주는 것이 좋은 방법이다.

(6) 프로그램 평가

프로그램 평가(evaluation)는 목표들이 얼마나 잘 성취되었는지를 확인하고 성공과 실패에 대한 이유를 찾아내는 과정이다. 프로그램 평가는 프로그램의 효과를 평가할지, 각 단계 유의사항 및 평가의 대상, 주체, 시기, 방법 등 프로그램

편성 시 미리 구성해야 하며 평가의 정확성과 운영의 효율성 강조하도록 계획해야 한다. 따라서 평가는 프로그램 종료 후에 하는 것이 아닌 프로그램 기획에서부터 출발한다.

- 투입은 기획한 대로 또는 의도한 대로 이루어졌는가?
- 활동은 기획한 대로 또는 의도한 대로 이루어졌는가?
- 산출은 기획한 대로 또는 의도한 대로 이루어졌는가?
- 결과는 기획한 대로 또는 의도한 대로 이루어졌는가?

자원/투입 (input)	→	활동 (process)	→	산출 (output)	→	성과/결과 (outcome)
프로그램이 의도하는 과업을 수행하기 위하여 필요한 인적, 물적, 지역사회 자원 포함		프로그램 과정, 도구, 행사, 개입방법, 프로그램 수행을 위해 해야 하는 과업. 즉, 의도하는 프로그램의 성과를 도출하기 위하여 행해지는 과업		프로그램 활동에 따라 직접적으로 생산되는 것들로 프로그램에 의하여 전달되는 서비스 유형, 서비스 수와 양, 서비스 참여 인원 등을 포함		클라이언트의 태도, 지식, 기술, 지위 혹은 기능 수준의 긍정적인 방향으로의 변화 • 단기성과: 태도, 지식, 기술 등의 변화 • 장기성과: 클라이언트의 지위나 기능 수준의 향상이 주를 이룸

그림 12-7 프로그램 평가

출처: 이봉주, 김기덕(2010). p. 30.

평가의 결과는 프로그램의 방법이나 목표들을 재규정하는데 사용되고 추가적인 조사연구가 필요한 부분을 인지시켜준다(김영종, 2013: 79). 평가의 종류에는 공식적 평가와 비공식적 평가, 질적평가와 양적평가, 형성평가와 총괄평가, 과정평가와 성과(outcomes)평가, 실적(outputs)평가, 내부평가와 외부평가, '무엇이 성취되었으며(효과성), 이를 위해 얼마의 비용이 들었나(효율성)' 등이 있다(김통원, 2005: 103-111). 공동모금회에서 제시하고 있는 평가 양식은 〈표 12-7〉과 같다.

표 12-7 사회복지공동모금회 평가 양식

※ 목표 및 평가

1) 성과평가

성과목표	평가 도구 및 방법	측정 시기

- **(성과목표)** 3년 뒤 핵심참여자의 어떤 부분을 어느 수준까지 변화시킬 목표를 가지고 있습니까?
  - 성과목표가 "사람"이 아닌 경우에는 그와 관련되는 성과목표를 제사하여 주십시오.
  - (성과라고 강조하고 싶은데) 양적으로 드러내기(수치화하기) 어려운 성과목표가 있다면 무엇입니까?
  - 앞서 기술하신 사업내용과 성과목표를 논리적으로 연결하여 작성해 주십시오.
- **(평가 도구 및 방법 / 측정 시기)** 성과목표 달성 여부와 정도를 어떻게 평가하실 건가요?
  - 성과목표 달성 여부와 정도를 판단하기 위해 어떤 성과지표를 설정하실 건가요?
  - 제시된 성과목표에 대한 평가계획(자료수집방법 등을 포함)은 어떠한가요?
  - 달성된 성과가 사업참여자에게 (나아가서는 지역사회)에 주는 의미를 어떻게 드러내실 계획입니까?

2) 과정평가(선택)

평가대상 내용	평가 방법	측정 시기

- '어떤 과정을 통해 성과를 거두게 되었는지'에 대한 내용을 어떻게 보여주시겠습니까?

※ 사업종료 후 지향점

1) 사업 수행으로 인한 기대 효과

- 이 사업이 성공적으로 수행된다면 기대되는 효과는 무엇입니까?

2) 사업 결과의 활용 계획

- 사업의 효과로 나타난 결과를 어떻게 활용할 계획입니까?
- 사업 결과를 통해 유사기관이나 지역사회에 꼭 알리고 싶은 이야기가 있다면 무엇입니까?

3) 사업 지속 유지 전략

- 모금회로부터 이 사업 소요예산에 대한 지원이 종료된 후 후속적인 사업추진을 위한 재원 마련 등의 전략은 무엇입니까?
- 후속 사업 추진을 구현하기 위한 노력을 각 연도별로 어떻게 반영하였습니까?

5 비대면 사회복지 프로그램

1) 비대면 프로그램 개발 모델

프로그램 개발에 고려할 수 있는 주요 이론으로 전통적 이론, 상호작용 이론, 체제 이론, 정치적 이론 등이 있다. 전통적 이론으로 프로그램 개발의 순차적 과정과 관련된 지식을 제공하는 데 초점을 둔 Tyler(1949)의 프로그램 개발모형이, 체제 이론으로는 개인, 조직, 환경 요소들의 투입, 과정, 산출을 기본으로 하는 Kowalski(1988)의 프로그램 개발 모형이 있다. 또한 프로그램 개발과정에 개입되는 인적 요소 간의 힘과 협상과정에 초점을 둔 정치적 이론은 Freire(1970)의 모형이 대표적이라 할 수 있다(김형래 외, 2021: 48-49 재인용).

그러나 코로나 19와 같은 예기치 못한 상황에서 공공영역 분야의 프로그램 개발을 위해서는 다양한 요인들을 종합적으로 알아보기 위한 비선형 상호작용모델을 활용할 수 있다. Caffarella의 상호작용이론(interaction theory)은 프로그램 기획과 개발의 아이디어 도출을 위하여 주요 이해관계자, 조직 및 상황 요인에 대한 파악을 중요시한다. 이를 위하여 다양한 요구분석방법 등을 활용하며 잠재적 학습집단을 포함하여 프로그램의 기획, 실행 시 관계될 사람들과 지지기반을 구축하면서 기획 아이디어를 도출하고 우선순위를 선정하는 것을 중요시 한다. 즉, 프로그램 개발과정에서 12가지 요소를 단계성을 두지 않고, 동시에 종합적으로 고려한다는 것이다. 또한 다양성을 근간으로 결과가 현장에서 실용적으로 실행할 수 있게 하려고 예산 상황이나 자문의 청취, 마케팅 방안, 교육장의 장비나 공간 조율 등을 동시 다발적으로 고려하여 프로그램의 현실적인 효용성을 높인다(그림 12-8 참조).

노정란(2010)은 청년층 경력개발역량 강화 프로그램 개발과정에 대한 연구에서 Caffarella의 상호작용모형을 적용한 결과로 상호작용모형의 비선형적 성격이 프로그램함을 밝혔다. 한편 김지영, 박윤희(2020)는 상호작용모형을 활용한 로펌 리셉셔니스트 교육 프로그램 개발 연구에서 Caffarella의 상호작용모형은 개발된 교육 프로그램이 현장에서 실제로 실행할 수 있도록 프로그램 기획 및 개발을 위한 구성요소를 유연하고 동시다발적으로 고려할 수 있는 강점이 있다고 밝혔다. 김형래와 김경이(2021)는 Caffarella 프로그램 개발 상호작용이론을 기반으로 한 코로나 19 상황에서 청소년 대상 비대면 프로그램 개발에 대한 청소년지도자의 경험 탐색 연구에서 12요소별 고려사항, 직면한 어려움과 극복과정, 필요한 지원에 대한 인식 등의 핵심 요소들을 도출하였다.

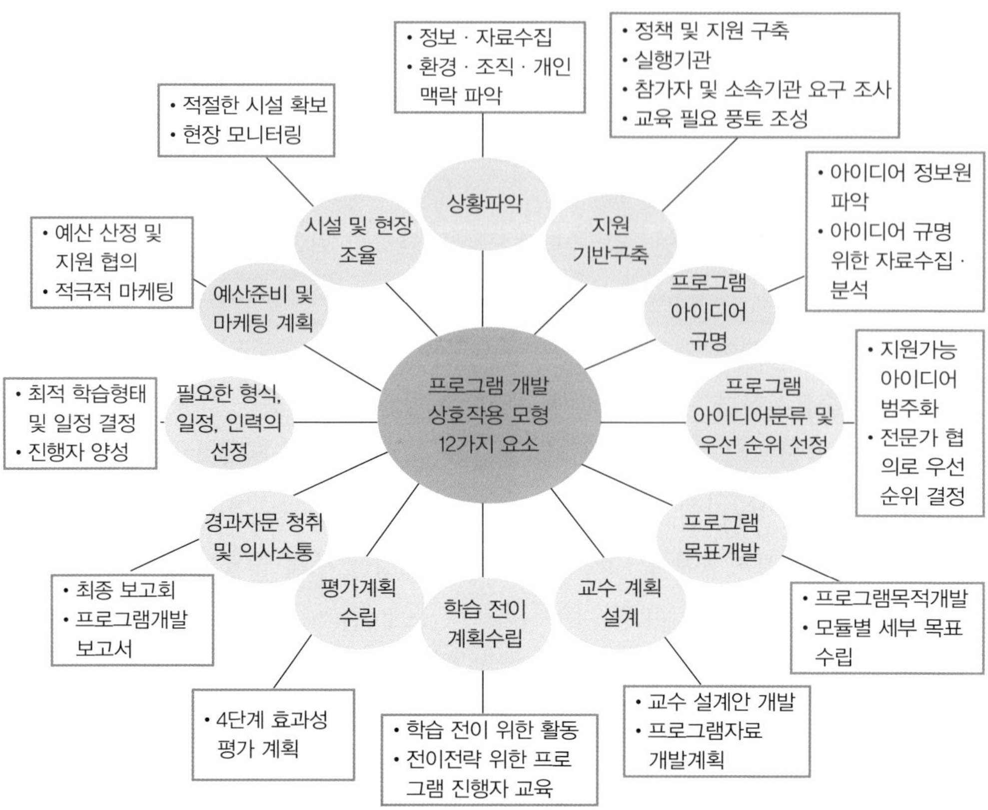

[그림 12-8] Caffarella의 프로그램 개발 상호작용 모형 12가지 요소

한편 고양시청소년재단에서는 온라인 활동 TOOL의 장단점을 분석하여 프로그램별로 적용시켜 그 효과성을 검증해 보려 노력하고 있다. 다양한 온라인 활동 TOOL의 장단점에 관한 내용은 〈표 12-8〉에 제시되어 있다.

표 12-8 온라인 활동 TOOL의 장단점 분석

번호	툴 명칭	구 분			장단점 분석	
1	Notion	□유료 영상/사진 온라인 문서 □조사 도구 □로그	□무료 □비대면 회의 □프레젠테이션 교환 플랫폼 □데이터	유무료 □커뮤니티 운영 □메신저 □학습/강좌 □기타	장점	• 무궁무진한 툴(엑셀, 동영상, 과제 등)로 함께 작업하기가 가능함 • 용량에 구애받지 않고 작업이 가능한 메모 툴임
					단점	• 한글과는 연동이 안 되는 단점 • 그리고 공부가 어느 정도 필요한 툴임
2	Padlet	□유료 □영상/사진 온라인 문서 조사 도구 □로그	□무료 비대면 회의 □프레젠테이션 교환 플랫폼 □데이터	□유무료 □커뮤니티 운영 □메신저 □학습/강좌 □기타	장점	• 손쉽게 사용이 가능하며, 줌을 이용하다가 토론 거리가 나오면 연결해서 스티커 작업하기 편함 • 스티커뿐만 아니라 영상 공유, 파일 공유 시스템도 잘 되어 있음
					단점	• 틀이 정해져 있어, 엄청 자유성이 높은 프로그램은 아님. 스티커 작업 외에는 생각하기가 어려운 점이 있음
3	슬랙	□유료 □영상/사진 온라인 문서 □조사 도구 □로그	무료 □비대면 회의 □프레젠테이션 교환 플랫폼 □데이터	□유무료 커뮤니티 운영 메신저 □학습/강좌 □기타	장점	• 요즘 외국기업, 대기업들이 메신저 대신 많이 쓰는 프로그램 • 효율적이고 집중할 수 있는 대화에 집중이 잘 됨
					단점	• 익숙해질 때까지 시간이 필요함. 생각보다 적응하기 어려움
4	goosechase	□유료 □영상/사진 온라인 문서 □조사 도구 □로그	무료 □비대면 회의 □프레젠테이션 □교환 플랫폼 □데이터	유무료 커뮤니티 운영 □메신저 □학습/강좌 □기타	장점	• 미션 수행하는 게임을 만들 수 있으며, 미션을 직접 만들거나 만들어져 있는 미션 사용 가능
					단점	• 모든 페이지가 영어로 되어 있어서 사용하기가 까다롭고 어려움

번호	툴 명칭	구 분			장단점 분석	
5	채티	□유료 □영상/사진 □온라인 문서 □조사 도구 □로그	□무료 □비대면 회의 □프레젠테이션 교환 플랫폼 □데이터	유무료 커뮤니티 운영 메신저 □학습/강좌 □기타	장점	• 요즘 10대들에게 인기 있는 소설 만들기 어플, 휴대성과 편리성 높음 • 댓글문화 및 누구나 손쉽게 콘텐츠를 제작할 수 있음 • 청소년들의 온라인 상담소 등 운영 가능함
					단점	• 청소년 소설로 유행을 타고 있음 • 종이책 줄글을 읽는데 익숙하지 않을 수 있음 • (청소년 의견) 방탄소년단 빙의 글이 너무 많아서 짜증난다고 함
6	소모임 어플	□유료 □영상/사진 □온라인 문서 □조사 도구 □로그	□무료 □비대면 회의 □프레젠테이션 교환 플랫폼 □데이터	유무료 커뮤니티 운영 메신저 □학습/강좌 □기타	장점	• 다양한 계층을 유입할 수 있는 소모임 어플로 유입하는데 도움이 될 수 있음
					단점	• 청소년들 보다는 청 · 장년층이 주요 타깃임
7	카카오 프로젝트 100	□유료 □영상/사진 □온라인 문서 □조사 도구 □로그	□무료 □비대면 회의 프레젠테이션 교환 플랫폼 □데이터	유무료 커뮤니티 운영 메신저 □학습/강좌 □기타	장점	• 100일 동안 프로젝트를 비대면으로 할 수 있는 장치로 카카오톡으로 접근성이 좋음
					단점	• 청소년활동에 접목 가능한지 테스트가 필요함. 아직 사례가 없으며 100일 제한이 있음
8	Mentimeter	□유료 □영상/사진 □온라인 문서 □조사 도구 □로그	□무료 □비대면 회의 □프레젠테이션 교환 플랫폼 □데이터	유무료 커뮤니티 운영 메신저 학습/강좌 기타	장점	• 즉석 온라인 설문에 참여하고 그 결과를 실시간으로 시각화하여 볼 수 있음
					단점	• 대면 강좌 시에도 유용한데, 스마트폰 미소지자는 참여할 수 없음
9	VR CHAT	□유료 □영상/사진 □온라인 문서 조사 도구 □로그	□무료 비대면 회의 프레젠테이션 □교환 플랫폼 데이터	유무료 □커뮤니티 운영 □메신저 학습/강좌 □기타	장점	• 무료 프로그램 • 아바타를 이용한 실시간 채팅 • 가상공간 제작 및 체험 가능
					단점	• 접근성이 매우 불편. 중상위의 성능의 데스크톱 필요. VR기기 유무에 대한 차이가 큼 • 담당자의 프로그래밍 능력 필요

번호	툴 명칭	구 분			장단점 분석	
10	멸치	□유료 □영상/사진 □온라인 문서 □조사 도구 □로그	무료 □비대면 회의 □프레젠테이션 □교환 플랫폼 □데이터	□유무료 커뮤니티 운영 메신저 □학습/강좌 기타	장점	• 오프닝/클로징 영상 간단 제작
					단점	• 정해진 툴을 사용하는 시스템으로 선택하여 없애거나 첨부하지 못함 (예: 기관 로고 첨부 불가)
11	VLLO	□유료 영상/사진 □온라인 문서 □조사 도구 □로그	무료 □비대면 회의 □프레젠테이션 □교환 플랫폼 데이터□	□유무료 □커뮤니티 운영 □메신저 □학습/강좌 □기타	장점	• 간편한 핸드폰 동영상 편집 가능
					단점	• PC 프로그램과 비교해 세분된 효과 부족
12	Class101	□유료 영상/사진 □온라인 문서 □조사 도구 □로그	□무료 □비대면 회의 □프레젠테이션 □교환 플랫폼 □데이터	유무료 □커뮤니티 운영 □메신저 학습/강좌 □기타	장점	• 다양한 취미활동 강좌 영상 학습 가능
					단점	• 강좌 신청 시 유료

한편 청소년복지 분야에서 데이터 플랫폼을 구축하여 일반시민 및 청소년을 대상으로 안내하고 있는데 그 분야와 내용은 다음과 같다.

① IT · 과학기술 분야

- 팹랩 제주(Fab Lab Jeju Island): 3D프린터, 레이저커터, C.N.C 라우터 등의 디지털 제작 장비를 갖춘 메이커 공간으로 매월 장비를 다루는 워크숍과 메이커아카데미, 메이커톤 등의 프로그램도 분기별로 진행하며 2018년부터 청소년 교육 프로그램도 별도로 꾸려 현재 다양한 워크숍도 무료로 진행되고 있다.
- 10월의 하늘: 전국 중소도시의 도서관에서 해당 지역의 청소년들을 대상으로 개최하는 과학자들의 금전적 대가 없이 진행하는 재능기부 행사이자, 무료 과학 강연 행사를 진행한다.

② 공동체 · 지역분야

- 서울 용산구의 달꽃창작소: 동네 청소년들이 다양한 경험과 상상과 만들어가는 청소년 대안공간이자 커뮤니티공간으로 교육예술 프로그램을 개발하고, 학교 및 기관과의 협력 및 지원을 통해 수많은 청소년들을 만나고 있으며 14~19세 청소년이면 누구나 참여할 수 있고 달꽃주민인 청소년들이 운영위와 전체 주민회의 등을 통해 달꽃을 운영하고 있다.
- 서울 강동구 문화놀이터 와플: 2013년 지역주민들이 함께 세운 청소년의 마을 배움터이다. 마을교육 공동체 공간을 꿈꾸며 사회적 협동조합으로 전환한 '꿈'을 운영하고 있으며, 정기적으로 청소년이 참여할 수 있는 다양한 프로그램인 해봄 클래스가 무료로 열리며 수공예, 드론, 청소년카페 기획, 버스킹 기획, 시민사회 탐방 등의 프로그램이 진행되고 있다.
- 서울 성동구 유쓰망고: 청소년 본인이 속한 커뮤니티에 존재하는 사회문제를 고민하고 해결방안을 마련하는 경험 중심의 프로젝트 활동이다.

③ 놀이 · 활동분야

- 서울 강남 미래꿈희망창작소: 국립어린이청소년도서관의 메이커스페이스로서, 어린이와 청소년의 융합적인 사고능력을 향상시킬 수 있는 '독서와 메이킹 활동'을 접목한 새로운 형태의 창작소이다. '만들고, 배우고, 공유하다'라는 〈만.배.공〉 슬로건 아래 다양한 장비와 메이킹 프로그램으로 흥미롭고 창의적인 메이커 경험을 제공하고 있다.
- 광주광역시 바이크런: 마을의 오래되고 전통 있는 작업장 장인이 청소년을 만나 기술을 전수하는 자전거 작업장이다. 자전거에 관심 있는 학교 밖 청소년을 위해 자전거 기초 교육, 이론, 정비, 구조 및 기능 교육을 정기적으로 제공하고 있으며 나눔과 연대, 공유와 협업, 지속가능한 삶의 기술을 자전거를 통해 배우고 나누고 싶은 이들이 모여 활동하고 있다.

- 서울 중랑구 딩가동: 청소년 커뮤니티공간으로 2020년 7월 개소로 게임존, 자율존, 오두막존 등 청소년의 공부와 삶의 균형에 초점을 두고 운영하고 있으며 청소년들이 랜선으로 소통이 가능하며 매달 요리, 보드 등 취미활동을 공유하고 노래 및 댄스, 장기자랑 등 일상을 공유하고 있다.

④ 문화활동분야

- 충남 천안 클로버 청소년 오케스트라: 악기 초보자, 유경험자 모두 참여 가능하다. 악기도 무상으로 대여해 주고, 교육 역시 무료이며 연습은 천안시립교향악단 연습실에서 진행되고, 종종 여름 캠프도 진행하고 있다.
- 서울 도봉구 플랫폼61: 공연, 교육, 전시 등이 한데 어우러진 복합문화공간으로 매년 정기적으로 청소년을 위한 크리에이티브 스쿨을 열고 있으며 웹소설, 영상, 공연기획, 제작, 패션, 뮤지컬, 작가 등 매년 문화예술 관련 진로와 직업을 탐색해볼 수 있는 프로그램이다.
- 광주광역시 광주 청소년 라디오 방송: 2017년부터 광주 지역 청소년이 직접 기획하고 제작하는 정규 라디오 방송 프로그램이다. 매 계절별로 편성이 조금씩 달라지며 2021년 봄에는 기후행동을 실천하는 청소년 작업장 네트워크의 '잡고행동하고', 청소년 음악교실 '청음교실', 잔잔하게 털어내는 학교 밖 청소년의 '잔털라' 등 다양한 주제를 가지고 라디오 프로그램을 진행하고 있다.

⑤ 사회 · 안전분야

- 커뮤니티 알: 청소년, 청년 HIV 감염인들이 서로의 고민과 상처를 나누며 HIV 감염인 인권증진을 위해 고민하고 활동하는 단체이다. 사회의 낙인에 홀로 외롭지 않게 정기 모임, 서로의 편이 되어주는 옹호 프로그램, 여름 인권 캠프, 온라인 커뮤니티 등을 운영하며 서로에게 힘이 되어주고 있다.

- 띵동: 청소년 성소수자들이 서로를 환대하고 욕구를 알아보며 함께 채워나가는 공간을 꿈꾸며 셰프가 준비한 식사 모임인 띵동식당 토 · 토 · 밥 (토요일 토요일은 밥먹자), 거리이동상담인 띵동포차, 자립을 응원하는 레인보우키트 나눔, HIV감염 청소년 지원 및 상시적인 상담 프로그램 등을 진행하고 있으며 도움이 필요한 청소년 성소수자라면 오픈룸, 주방, 샤워실도 언제든 이용할 수 있다.

⑥ 생태 · 환경

- 청기행(청년기후행동): 기후위기의 당사자인 청소년, 청년의 목소리와 행동으로 기후 문제 해결을 위해 유의미한 변화를 만드는 기후 운동 단체이다.
- 탐험대학: 과학, 공학, 생태, 탐험에 관심이 있는 12~16세 청소년들이 각 분야의 전문가와 함께 관심사를 깊이 탐구할 수 있는 기회를 제공한다. 몰입과 자율성을 중요하게 생각하는 탐험대학은 집중 탐험을 통해 탐험멘토들로부터 탐험가의 관점부터 과학 지식까지 탐험가로서 갖춰야 할 기본기를 배우며, 이를 바탕으로 자신만의 탐험(스스로 탐험)을 디자인해 진행하고 기록해 탐험 페스티벌에서 공유하는 과정으로 이루어져 있다.

introduction to social welfare

CHAPTER

13

사회복지조사는 무엇인가요?

1. 사회복지조사의 개념
2. 사회복지조사의 목적
3. 사회복지조사의 윤리적 문제
4. 사회복지조사 용어에 대한 이해
5. 사회복지 욕구조사
6. 사회복지조사과정 및 보고서 작성

Chapter 13

사회복지조사는 무엇인가요?

1 사회복지조사의 개념

사회복지조사의 개념 정의에 앞서, 조사(research)의 개념부터 살펴볼 수 있다. '조사'란 '과학적 절차를 통해서 질문에 대한 해답을 구하는 표준화된 절차'이다(박석돈 외, 2008: 118). Greenwood(1957)는 조사란 "지식탐구를 위한 표준화된 절차의 이용"이라고 정의하였으며, Polansky(1960)는 조사를 "기존의 지식에 첨가하려는 의도에서 전달될 수 있고 입증될 수 있는 방식으로 체계적 발견을 하는 것"이라고 언급하였다(박석돈 외, 2008: 118). 이런 개념하에 '사회복지조사(social welfare research)'란 "과학적 조사방법을 사용하여 사회사업에서의 계획과 시행에 따르는 여러 가지 문제점들의 원인과 해결방안을 찾아 이를 토대로 사회사업의 지식과 개념을 확대하고 일반화하기 위하여 행해지는 체계적이고 평가적인 조사"로 정의 내릴 수 있다(유공순 외, 2007: 199에서 재인용). 따라서 사회조사방법은 조사라는 실증적인 자료수집 과정을 통하여 사회현상에 대한 사실, 지식이나 이론을 논리적, 체계적으로 밝혀내는 방법이다. 그러므로 사회조사방법은 실증적 자료수집과 논리적 · 체계적 과정이라는 두 가지 중요한 요소를 가지고 있다.

학문이 발달되기 위해서는 학문하는 방법이 발달되어야 하며, 특히 실증적인 자료에 의해 체계적으로 사회현상을 연구하는 조사방법이 발달되어야 한다. 즉 사회복지조사는 사회복지와 관련된 문제와 방안을 조사 · 연구하는 활동이기 때문에 사회복지 조사활동을 하기 위해서는 과학적인 방법이 필요한 것이다(남일재 외, 2008: 147). 사회복지학 등 응용사회과학은 현실사회에 직접 적용되는 정책을 개발하고 집행하는 것을 다루는 학문이기 때문에 현실을 실증적으로 연구하는 방법인 사회조사방법이 더욱더 필요하며, 이에 대한 지식이 절실히 요구되어진다. 따라서 사회복지전문직이 실천현장에서 필요한 이론을 만들어 낼 때 이러한 이론들이 최대한 논리를 갖추어야 하며, 경험적인 검증을 거칠 수 있는 기회를 가질 수 있어야 한다. 그러므로 사회복지조사는 이러한 목적을 수행할 수 사회복지조사방법이 필요한 것이다. 이러한 의미에서 '사회복지조상방법'은 "사회복지 실천의 토대가 되는 지식을 확대하고 체계화하며 사회복지 학문을 보다 과학화하는 기능을 수행하는 방법"이라고 정의할 수 있다(박석돈 외, 2008: 119).

2 사회복지조사의 목적

사회복지조사의 목적은 과학적 전문지식 및 이론형성, 사회복지전문직의 책임성 검증, 욕구 및 문제 파악, 개입방법의 연구, 효과성 평가 등의 5가지로 정리될 수 있다(박석돈 외, 2008: 120-121).

- 과학적 전문지식 및 이론형성: 사회복지조사방법은 사회복지실천에서 필요한 이론들을 경험적 검증과정을 거쳐 과학적으로 개발되도록 돕는 역할을 수행하며, 이러한 것들이 궁극적으로 사회복지지식의 확대 및 발전을 가져오게 한다.

- 사회복지전문직의 책임성 검증: 전문직 활동에 대한 사회적 책임성을 입증하기 위해서는 객관적이고 과학적인 방법을 통한 서비스의 실행과 검증이 필수적이다. 과학적 방법으로서의 사회복지조사방법은 사회복지활동에 대한 이론과 실제, 동기와 결과를 경험적으로 연결시켜 사회복지전문직의 책임성을 제고시키는 목적을 수행하게 된다.
- 욕구 및 문제 파악: 사회복지실천의 첫 번째 임무는 욕구 및 문제를 발견하고 이해하는 것이다. 사회복지조사는 이를 위해 활용되는 중요한 과학적 방법이다.
- 개입방법의 연구: 사회복지실천의 개입은 복합적인 성격을 지니고 있기 때문에 개입 자체에 대한 체계적인 조사연구를 통해서 개입의 정확한 모습이 시험되어야 하고 서로 다른 개입 간에 결과적으로 어떤 상관관계를 초래하게 되는가를 밝혀야 한다.
- 효과성 평가: 사회복지정책이나 프로그램을 수행한 결과에 대한 효과를 측정하는 것은 그 정책이나 프로그램의 성패를 가늠할 뿐만 아니라 정책의 계속 여부와 수정방향을 결정해 준다. 사회복지의 효과는 정책이나 프로그램의 수행결과 얼마나 많은 사람에게 어느 정도의 만족감 · 행복감을 주었는가에 관심을 갖는다. 사회복지조사를 통한 효과성 평가나 측정이 사회복지 사업에서 수시로 이행된다면 재원이나 우선순위 및 선택 등 다방면의 목적달성에 크게 이바지할 수 있다.

3 사회복지조사의 윤리적 문제

사회복지조사가 과학적인 지식의 축적을 지향하며 합리적인 논리를 바탕으로 경험적으로 입증된 더 나은 서비스를 개발한다는 점에서 매우 중요한 의미가 있더라도 사회복지는 사회과학의 한 분야로 연구조사과정에 있어 사람을 대상으로 실시하는 연구이므로 개인적인 권리와 비밀을 반드시 보장하여야 하며 연구내용 및 주제, 연구대상 및 과정, 연구결과와 관련한 문제의 세 가지 측면에서의 윤리적 문제를 고려해 볼 수 있다(박석돈 외, 2008: 122-123; 채구묵, 2007: 50-55).

1) 연구내용 및 주제

연구내용 및 주제와 관련된 윤리적인 문제(ethical problem)란, 연구내용이 사회적 윤리에 어긋나지 않아야 한다는 것이다. 너무도 당연하게 연구내용이 인간에게 해를 주는 것을 목적으로 해서는 안 된다는 것이다. 연구의 내용에 대한 윤리적인 기준과 관련하여 또 하나 생각해 볼 수 있는 것은 정부의 규제인데, 정도의 차이는 있지만 대다수의 국가에서 체제를 유지한다는 명목하에 연구내용에 대한 정부의 규제가 인정되고 있다.

2) 연구대상 및 과정

(1) 연구대상을 수단으로 이용하는 문제

인간을 실험대상으로 사용해서는 안 되지만 너무 엄격하게 규제하는 경우 사회과학에 대한 연구 자체가 어렵거나, 사회현상에 대한 정확한 결과를 얻어 내지 못할 수 있다. 정확한 결과를 얻어 내기 위해서는 어느 정도 인간을 수단으로 이용할, 즉 통제, 조작할 필요가 있으며 이런 경우 어느 정도까지 통제, 조작하는 것을 인정해야 할 것인가에 대해서는 적절한 사회적 합의점을 찾아야 할 것이다.

(2) 연구참여자의 피해 방지

연구자는 연구참여자들이 연구에 참여함으로써 어떠한 신체적 · 정신적 · 심리적 · 물질적 · 법적 피해를 받지 않도록 보장하여야 한다. 연구대상자에게 피해를 주는 조사를 해서는 안 되지만 이를 너무 엄격하게 규제하면 사회현상에 대한 연구 자체가 어려울 수 있다. 따라서 어느 정도 융통성이 인정되어야 하며, 이를 인정하는 기준은 그러한 조사를 통해 연구참여자가 얻을 수 있는 혜택 또는 사회적 이익이 조사로 말미암아 생길 불이익보다 작지 않아야 한다. 이런 기준에 의해 조사가 인정되는 경우에도 연구자는 연구로 발생할 모든 형태의 피해를 미리 인지해야 하며, 그러한 피해를 최소화하도록 노력해야 한다.

(3) 연구참여자의 승낙

① 자발적 참여

사회조사의 경우 또 다른 윤리적인 원칙은 연구참여자의 승낙을 얻어야 한다는 것이다. 연구자는 연구참여자에게 조사대상이 되는 것을 강요할 수 없다. 연구자는 연구참여자에게 연구의 목적이 무엇이고 연구에의 참여가 어떤 결과를 가져오리라는 것을 이해하도록 도와줄 필요가 있으며 이러한 정보를 제공한 다음 연구참여자가 아무런 강요도 받지 않고 조사연구에 참여하기로 동의해야 한다. 연구참여자들이 연구에 참여하지 않거나 연구 진행 중에 참여를 그만둔다 할지라도 어떠한 불이익도 당하지 않도록 보장하여야 한다. 자발적인 참여가 아닌 경우에 수집된 정보는 신뢰성을 얻을 수 없다.

② 고지된 동의(Informed consent)

연구참여자들이 자발적으로 연구에 참여하는 것을 최대한 보장하기 위해 연구자는 연구의 목적과 연구방법, 연구의 효과성 등에 관한 충분한 정보(sufficient information)를 연구참여자들에게 제공하여야 한다.

3) 연구결과와 관련한 문제

(1) 연구참여자에 대한 익명성 보장

연구자는 원칙적으로 연구참여자의 개인적인 신상정보를 보호해야 할 의무가 있으며 외부로 개인정보를 누출하지 않아야 한다. 연구결과에서 얻은 자료는 개인의 사생활이 침해되지 않도록 비밀이 보장되어야 하는 것이 원칙이다. 그래서 보통 질문지에 첨부되는 인사말에서 본 연구 외의 어떠한 다른 용도에도 쓰이지 않을 것을 밝히기도 한다. 그러나 공개토론 등 공개적인 상황에서 자료를 얻었을 경우에나 본인의 승낙을 받았을 때에는 연구참여자의 신분을 밝힐 수 있다.

통계응답자의 의무 및 보호에 관한 법률

제33조(비밀의 보호) ① 통계의 작성과정에서 알려진 사항으로 개인이나 법인 또는 단체 등의 비밀에 속하는 사항은 보호되어야 한다. ② 통계의 작성을 위하여 수립된 개인이나 법인 또는 단체 등의 비밀에 속하는 자료는 통계작성 이외 목적으로 사용되어서는 아니된다.

(2) 자료원에 대한 비밀보장

자료원에 대한 비밀보장이란 연구참여자의 익명성과 어느 정도 연관이 있는 것으로 어디에서 그런 자료를 얻었는가에 대해 연구자는 비밀을 지킬 의무가 있다는 것이다.

(3) 연구결과의 사용 권한

① 정확하고 정직한 분석과 보고

조사연구의 목적이 과학적인 지식의 창출에 있다고 볼 때, 연구자는 정확하게 자료를 분석하여야 하며 연구결과가 연구자가 예측한 것과 정반대의 결과가 나오더라도 이를 조작하지 말고 솔직하게 보고하여야 한다.

② 기만행위의 배제

연구자는 연구참여자를 기만하여 오도된 응답이 나오도록 해서는 안 되며 의도했던 결과가 나오지 않을 경우 자료를 조작함으로써 응답자 전체의 인격을 모독하는 기만행위를 해서는 안 된다.

③ 표절의 문제

타인의 연구결과를 인용 없이 자신의 것처럼 사용하는 경우가 있는데 이를 표절(plagiarism)이라 하며, 표절은 엄격히 규제되어 있다. 또한 타인의 연구결과를 인용해서 사용하는 경우에도 연구결과의 대부분을 수정 없이 그대로 사용하는 것은 문제이며, 많은 부분을 수정 없이 그대로 사용해야 하는 경우에는 연구자의 사전허가를 얻어야 한다.

4 사회복지조사 용어에 대한 이해

실천현장에서 사회복지조사를 실시하기 위해 먼저 조사의 성격과 종류를 정해야 하는데, 이는 자료형태, 조사목적, 시점에 따라 정해질 수 있다. 먼저 자료형태에 따라서는 양적연구(quantitative research)와 질적연구(qualitative research)가 있다. 양적연구는 연구하려는 연구대상의 속성을 양적으로 표현하고 그들의 관계를 통계분석을 통하여 밝히는 조사를 말한다. 사회현상의 사실과 원인을 탐구하는 논리실증주의의 방법으로 개인의 주관적 상태에는 관심이 없고 강제적이고 통제된 측정을 한다.

표 13-1 양적연구와 질적연구의 비교

양적연구	특성	질적연구
양	**연구의 초점**	질(본성, 본질)
논리실증주의, 행동주의	**이론적 근거**	현상학, 해석학, 자연주의
객관적 실재 기계론적 관점, 외부자적 관점	**기본 가정**	구성된 실재 인간의 의도 중시, 내부자적 관점
이론검증, 객관적 실체 규명	**목적**	이론 개발, 실상의 구성
사전 결정, 미시적, 명세적, 구조화	**연구설계**	즉각적, 점진적, 거시적, 융통성
인간행동의 규칙성, 안정성 중시	**주안점**	인간행동의 가변성, 역동성 중시
연역법	**연구방법**	귀납법
큼	**표본**	작음
확률표집	**표집**	비확률표집
실험적, 상관적 가설과 이론이 선행	**절차**	분석적, 문화기술적 가설과 기초 이론의 발견
측정, 설문지, 척도, 검사 구조화된 면접과 관찰	**도구 · 자료원**	현장기록, 문서, 테이프, 사진 문화기술적 면접과 관찰
가능	**조사결과의 일반화**	곤란
양적, 수량화, 가설검증	**자료분석**	기술적, 언어화, 패턴 탐색
객관적, 통계적 보고서	**결과보고**	해석적, 이야기체 보고서

출처: 강종수(2020). p. 298.

한편 질적연구는 주관적 · 해석적 조류와 인식론적 방법론에 걸맞은 대안적 기법의 마련이 필요함에 따라 등장하였다. 인간의 상호 주관적 이해를 바탕으로 하여 인간의 행위를 그 행위자가 부여하는 의미와 파악을 통해 이해하는 방법이다. 이러한 질적연구방법에는 근거이론(grounded theory, 현실기반이론), 문화기술지(ethnography), 내러티브(narrative) 연구, 현상학(phenomenology: 세상에 대한 사람들의 주관적인 경험과 해석에 대해 초점을 두고 연구하는 발견주의적 탐구), 사례연구(case study research), 실행연구(action reseach: 집단구성원을 연구과정에 참여시켜 사회집단의 변화를 유도하는 연구) 등이 있다(김동기 외, 2014: 306-307).

표 13-2 5가지 질적연구접근의 특성 비교

특성	근거이론	문화기술지	내러티브 연구	현상학	사례연구
초점	현장에서 나온 자료를 근거로 이론을 개발	문화공유집단을 기술하고 해석	개인의 인생을 탐색	경험의 본질을 이해	단일사례나 여러 사례에 대한 심층 기술과 분석 전개
설계에 가장 적합한 문제 유형	연구참여자의 관점에서 근거이론을 개발하고자 할 때	문화의 공유된 패턴을 기술하고 해석하고자 할 때	개인적인 경험에 대한 이야기를 하고자 할 때	체험한 현상의 본질을 기술하고자 할 때	단일사례나 여러 사례에 대한 깊은 이해를 제공하고자 할 때
학문 배경	사회학	인류학, 사회학	인류학, 문헌정보학, 역사학, 심리학, 사회학을 포함한 인문학	철학, 심리학, 교육학	심리학, 법학, 정치학, 의학
분석 단위	많은 개인들이 관여하는 과정, 행동, 상호작용을 연구	같은 문화를 공유하는 집단을 연구	한 명 이상의 개인들을 연구	경험을 공유해 온 여러 개인을 연구	사건, 프로그램, 활동, 한 명 이상의 개인을 연구
자료수집 형태	주로 20~60명 정도의 개인들과 면접	주로 관찰과 면접을 활용하지만 현장에서 오랜 시간을 보내면서 다른 자료원들을 수집	주로 면접과 문서 활용	주로 개별면접이지만 문서와 관찰, 예술작품도 활용될 수 있음	면접, 관찰, 문서, 인공물 등 다양한 자료원을 활용

자료분석 전략	개방코딩, 축코딩, 선택코딩	문화공유집단에 대한 기술, 집단에 대한 주제	이야기, '재구성한' 이야기, 주제 전개, 종종 연대기 사용	의미 있는 진술, 의미 단위, 텍스트에 근거한 기술, 구조적 기술, '본질'에 대한 기술	사례에 대한 기술, 사례에 대한 주제, 사례 간 주제
보고서	하나의 도형으로 설명되는 이론을 창출	문화공유집단이 생활하는 방식을 기술	개인의 인생 이야기에 대한 내러티브 전개	경험의 '본질'을 기술	하나 이상의 사례에 대한 상세한 분석을 전개

출처: 강종수(2020). p. 303.

조사목적에 따른 종류로는 탐색적 조사, 기술적 조사, 설명적 조사가 있다(강종수, 2020: 29-35).

① 탐색적 조사(exploratory research): 연구문제의 발견이나 변수의 규명, 가설의 도출을 위해 실시하는 조사로서 주로 본조사를 위한 예비적 조사로서 실시한다.

② 기술적 조사(descriptive research): 조사대상의 현황을 전체적으로 나타내고, 영향요인 간에 어떠한 관계가 있을지를 파악하기 위해 실시하는 조사이다. 주로 현상이나 모집단의 특성에 대한 분포, 발생빈도, 크기나 비율 등의 특성파악을 위해 행하는 조사이다.

③ 설명적 조사(explanatory research): 기술적 조사연구의 결과 축적된 자료를 통해 어떠한 사실 간의 인과관계를 파악하거나 규명결과를 토대로 미래를 예측하는 조사이다.

표 13-3 탐색적 · 기술적 · 설명적 조사 비교

구분	탐색적 조사	기술적 조사	설명적 조사
목적	통찰력과 이해 제공	모집단의 특성 파악	원인과 영향 관계 결정
가설	불명확	추론적이나 명확	구체적이고 인과적

특징	• 과정이 유연하고 융통적임 • 예비적 성격의 조사연구 • 표본이 작고 대표성 없음	• 과정이 공식적이고 구조화 • 자료분석이 정량적임 • 표본이 크고 대표성 있음	• 둘 이상 변수 간의 인과관계 • 표본이 크고 대표성 있음
결과	시험적	기술적	확인적
방법	• 문헌조사 • 전문가 의견조사 • 사례조사 • 초점집단면접	• 설문조사 • 관찰조사	• 순수실험설계 • 유사실험설계

조사시점에 따라서는 횡단적 조사와 종단적 조사가 있다. 횡단적 조사(cross-sectional approach)란 일정 시점을 기준으로 모든 관련 변수에 대한 자료를 수집하는 연구방법으로 연구대상이 지리적으로 넓게 분포되어 있고 연구대상의 수가 많으며 많은 변수에 대한 자료를 수집할 때 주로 사용된다. 종단적 조사(lougitudinal approach)는 한 연구기간 동안 관찰하여 그 대상의 변화를 파악하는 데 초점을 두고 둘 이상의 시점에서 동일한 분석 단위를 연구하는 방식이다. 종단적 조사의 방법으로는 인구센서스, 물가동향 등 시간의 흐름에 따라 일반적인 대상집단의 변화를 관찰하는 추세연구(trend study), 특정경험을 같이하는 사람들이 갖는 특성들에 대하여 두 번 이상의 다른 시기에 걸쳐서 비교 · 연구하는 코호트연구(Cohort study), 패널이라 불리는 특정응답자 집단을 정해 놓고 상당히 긴 시간 동안 반복하여 자료를 수집하는 패널연구(panel study) 방법이 있다.

조사에 관한 목적, 성격 등이 정해지면 다음으로 구체적으로 측정하고자 하는 변수(variable)들을 정해야 한다. 변수는 연구자가 연구하고자 하는 구성개념이나 속성이 실제로 측정가능하도록 숫자가 기회를 부여한 것이다. 독립변수(independent variable)는 인과적 조사연구에서 일정하게 전제된 원인을 가져다주는 기능을 하는 변수를 말하며 종속변수(dependent variable)는 독립변수의 원인을 받아 일정하게 전제된 결과를 나타내는 기능을 하는 변수를 말한다. 매개변수(mediating or intervening variable)는 독립변수와 종속변수의 관계를 설명하는 데 개입되는 제3의 변수로서, 독립변수의 결과인 동시에 종속변수의 원인이 되는 변수이다. 즉, 어떤 변수의 영향을 받아 다른 변수에 그 영향을 전달하는 매개역할을 하는 변수를 말한다. 조절변수(moderating variable)는 독립변수와 종속변수 간의 관계를 강화시키거나 약화시키는 등 관계의 크기를 조절하는 제3의 변수를 말한다. 즉 조절변수의 값에 따라 독립변수와 종속변수 간의 관계가 달라진다. 독립변수가 없으면 매개변수도 존재하지 않지만, 독립변수가 없어도 조절변수는 존재할 수 있다(강종수, 2020: 63-65).

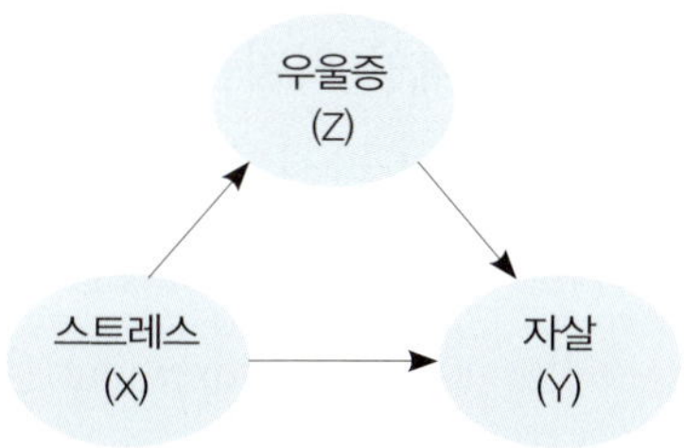

그림 13-1 매개변수

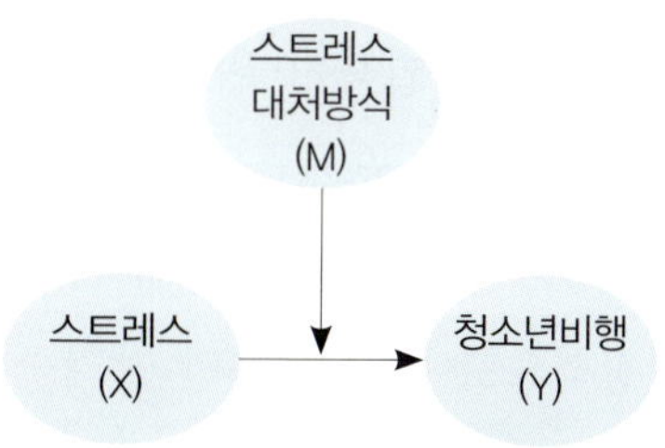

그림 13-2 조절변수

변수가 정해졌으면 다음으로 구체적인 조사설계(research design)를 계획하게 된다. 이때 각 변수들에 대한 타당도와 신뢰도를 고려하게 된다. 타당도(validity)란 측정하고자 하는 개념이나 속성을 얼마나 실제에 가깝게 정확히 측정했는가의 정도이다. 이중 내적타당도(internal validity)는 종속변수에서 나타나는 변화의 차이가 독립변수에 의한 것임을 확신할 수 있는 정도를 말한다. 즉 어떤 결과가 추정된 원인에 의한 것인지 또는 다른 원인에 의한 것인지를 판단하는 것이 내적타당도이다. 외적타당도(external validity)는 표본에서 얻어진 연구의 결과를 두고 연구조건을 넘어선 환경이나 다른 집단들에까지 확대해석 혹은 일반화할 수 있는 정도를 말한다. 내적타당도가 표본자료에 한정시켜 결과를 해석하는 것이라면, 외적타당도는 표본자료의 결과가 얼마만큼 일반화될 수 있는지를 다룬다(강종수, 2020: 97, 102).

신뢰도(reliability)란 동일한 개념을 반복측정했을 때 동일한 값을 얻을 가능성을 의미한다. 신뢰도를 높이려면 문항의 모호성을 제거하고 측정자의 태도와 측정방식의 일관성을 유지하며 유사한 여러 문항을 사용해 신뢰도를 떨어뜨리는 문항을 제거한다(강종수, 2020: 180).

타당도와 신뢰도를 잘 확보되기 위해서는 잘 측정하는 것이 중요하다. 잘 측정하기 위해서는 측정수준을 정해야 하는데 측정수준에는 명목측정, 서열측정, 등간측정, 비율측정으로 구분된다. 명목측정(nominal measurement)은 측정대상의 속성을 단순히 분류하거나 확인할 목적으로 수치를 부여하는 것이다. 여기서 숫자는 단지 구별하기 위한 것으로 숫자가 가지는 수량적인 의미는 전혀 없다. 서열측정(ordinal measurement)은 측정대상을 그 속성에 따라서 서열이나 순위를 매길 수 있도록 수치를 부여하는 것이다. 수치는 속성 간의 상대적인 순위, 즉 상징적으로 높고 낮음만 알려줄 뿐이다. 등간측정(interval measurement)은 측정대상을 속성에 따라 서열화함은 물론 서열 간의 간격이 동일하도록 수치를 부여하는 것이다. 측정치는 측정대상이 갖는 속성의 양적 정도의 차이를 나타내주며 해당 속성이 전혀 없는 상태인 절대 0은 존재하지 않는다. 비율측정(ratio measurement)은 측정대상의 속성에 절대적인 영(zero) 또는 자연적인 0을 가진 척도를 가지고 수치를 부여하는 것이다. 정리하면 명목측정은 단순히 분류 내지는 확인 기능만 있고, 서열측정은 순위의 기능이 있으며 등각측정은 서열간격이 동일하고 비율측정은 측정대상의 속성에 절대적인 0의 값을 가지는 것이다(강종수, 2020: 141-144, 165).

측정수준이 정해지면 서로 연관된 여러 문항으로 이루어진 복합적 측정도구, 즉 척도를 정하게 된다. 평정척도(rating scale)는 측정대상의 어떤 속성을 단일연속선상에 배열하고 일정 기준에 따라 대상의 속성에 일정수치를 부여하거나 또는 몇 개의 범주로 구별하여 만든 척도이다. 평정척도는 등급척도라고도 하며 서열측정에 해당한다. 리커트척도(Likert scale)는 여러 문항으로 응답자의 태도를 측정하고 해당 항목에 대한 측정치를 합산하여 평가대상자의 태도점수를 얻어내는 척도이다. 여러 문항을 합산하거나 평균을 구해 사용하므로 총화평정척도(summated rating scale)라고도 한다. 평정척도의 변형된 한 형태이나 평정척도는 하나의 문항으로만 측정하는 것에 비해 리커트척도는 하나의 개념을 측정하기 위해 다수의 문항을 사용한다는 차이가 있다. 서스톤척도(Thurstone scale)는 어떤 사실에 대해 가장 우호적인 태도부터 비우호적인 태도까지 양극단을 등간격으로 구분해 여기에 수치를 부여하는 방식이다. 등간격척도(equal appearing intervals scale)라고도 한다. 측정방식은 해당 문항에 동의하면 해당 문항의 척도값을 얻게 되고 반대하면 0점으로 처리되어 결국 동의한 문항에 대한 척도값을 합산하고 평균하여 해당 개념에 대한 측정값을 얻게 되는 것이다. 서스톤척도의 응답범주가 리커트척도에서는 한 문항에 해당된다. 거트만척도(Guttman scale)는 척도구성에서 문항들의 단일차원성이 경험적으로 입증되도록 설계된 척도로서, 문항과 개인의 총 평점 간의 누적관계가 성립되어 누적척도(cumulative scale)라고도 한다. 단일차원이란 문항들이 하나의 잠재적인 차원에 일차원적으로 배열하는 것을 말하고, 누적적이란 강한 태도에 찬성하면 약한 태도에도 찬성한다는 의미이다(강종수, 2020: 148-153).

5 사회복지 욕구조사

1) 욕구조사의 필요성

욕구조사(needs assessment)는 사회복지 분야에서 많이 활용되고 있는 조사방법으로, 특정 지역사회 또는 특정 집단의 사회문제를 해소하기 위한 서비스의 개발이나 기존 서비스의 보완을 위한 작업에 앞서 대상 집단의 욕구를 정확히 파악하기 위해 실시하는 조사이다. Gates(1980)의 욕구조사 목적은 다음과 같다.

① 욕구조사는 주민들이 필요로 하는 각종 서비스 또는 프로그램을 식별해서 우선순위를 정하는 데 도움을 준다.

② 프로그램 운영에 필요한 예산할당 기준을 마련해 준다.

③ 현재 수행 중인 사업의 운영상태를 평가한다.

④ 프로그램을 수행하는 지역사회 내 기관들 간의 상호의존 및 협동상황을 파악한다.

한편 강영걸 외(2008)는 욕구조사의 주요 목적을 첫째, 지역사회 주민이 원하는 것이 무엇이며, 그것을 충족시킬 수 있는 서비스는 무엇인가? 둘째, 주민이 원하는 서비스를 시행하고 있는 경우, 서비스는 올바르게 시행되고 있는가? 셋째, 시행과정에 문제가 있다면 어떻게 할 것인가? 넷째, 지역사회 내에 사회문제를 야기하거나 기존의 문제를 악화시키는 요인이 존재하는가? 등으로 정리하고 있다. 따라서 욕구조사 시 다음과 같은 사항을 잘 고려해야 한다(강영걸 외, 2008: 402-403).

첫째, 욕구조사를 통하여 지역사회 주민이 원하는 서비스와 프로그램을 적시에 개발 시행하고, 주변환경의 변화에 보다 적극적으로 대처하여 기관을 체계적이고 전문적으로 융통성 있게 운영하도록 한다.

둘째, 지역사회 주민의 욕구를 정확하게 파악하고, 욕구충족에 필요한 서비스와 프로그램이 어떤 것인지를 파악한다. 그리고 이러한 욕구조사를 바탕으로 시행하는 서비스와 프로그램이 지역사회 주민의 욕구를 잘 충족시키고 있는지를 평가한다.

셋째, 욕구조사를 실시한 후, 지역사회 주민이 원하는 서비스와 프로그램의 상대적 우선순위를 정하고, 이 우선순위에 따라 인력과 예산을 배정하고 조직을 구성함으로써 자원을 효율적으로 관리해야 한다.

넷째, 욕구조사 결과를 분석하여 서비스와 프로그램을 추진, 시행해야 하는 당위성을 입증하고 지역사회와 행정기관의 자원을 확보할 수 있는 근거를 마련한다.

다섯째, 욕구조사의 결과 분석을 통해, 조사기관이 시행하는 여러 서비스와 프로그램이 상호연계 되도록 하며 그 결과를 지역사회와 공유함으로써 지역 내 여러 기관이 인적 · 물적 자원을 공동 활용할 수 있는 협력체계를 구축하도록 한다. 이를 통해 해당 기관의 서비스와 프로그램을 지역사회에 적극적으로 홍보할 수 있다.

여섯째, 욕구조사 및 결과 분석과정을 거치면서 기관이 추진 · 수행해야 하는 사업이 무엇인가를 정확히 파악하여 기관의 정체성을 확보하고 존립 근거와 확대개편의 필요성도 주장할 수 있게 된다.

2) 욕구조사에 포함되어야 할 내용

욕구조사에 포함되어야 할 내용으로는 첫째, 지역사회의 일반적 특징에 관한 기초 자료, 둘째, 욕구파악을 위한 자료, 셋째, 활용가능한 지역사회 자원에 관한 자료의 세 가지 차원으로 정리해 볼 수 있다(강영걸 외, 2008: 411-413; 김기원, 2001: 394-397; 황성동, 2006: 188-189).

(1) 기초자료: 지역사회의 일반적 특징에 관한 자료

① 조사내용

연령분포, 가족 수, 가구주 연령, 결혼 상태, 거주기간, 직업 구성, 소득 수준, 빈곤인구율, 주택보급률, 범죄율, 공공부조 수혜자 수

② 사용목적

① 대상지역의 특징에 대한 개략적인 정보를 제공해 준다.

② 이 자료의 많은 부분은 후에 자료분석 시 독립변수 및 통제변수로 사용될 수 있다.

③ 잠재적 서비스 수혜자가 높은 비율로 살고 있는 지역의 특성을 식별하는 데 사용될 수 있다.

④ 대상지역 내 여러 하부지역의 인구학적 · 구조적 특징을 파악할 수 있도록 해준다.

3) 욕구파악을 위한 자료

(1) 생활영역에 관한 현재 상태 파악을 위한 자료

① 조사내용

- 경제: 소득 수준, 소비형태, 신용상태, 자금관리 등
- 고용: 직업종류, 직업경력, 직업에 대한 열망 정도, 직업교육의 필요성, 실업 상태 등
- 가정생활: 부모-자녀관계, 아동의 적응성 문제, 부부관계에 대한 문제, 이혼 여부 등
- 주거: 밀집도, 주택의 상태, 인구과잉 상태 등
- 신체적 · 정신적 건강: 만성적 신체장애, 사망원인, 질병발생률, 건강을 이유로 한 장기결근 등
- 가정관리: 살림에 따른 문제, 영양, 주택관리, 아동양육 및 보호 등
- 여가: 여가활동, 운동, 문화적 활동 등
- 생활에 대한 만족도: 지역사회 결속력, 자아평가 정도 등

• 범죄 및 사법: 성인 범죄율, 청소년 비행률, 범죄에 대한 공포, 사법기관과의 관계 등

② 사용목적

• 해당 지역주민들의 여러 생활영역에서의 실제 상태를 확인하고, 현재 상태와 바람직한 상태 간의 차이, 즉 욕구 또는 문제를 파악하는 데 이용된다.
• 새로운 서비스 개발 및 기존 서비스 보완을 위한 기초자료를 활용할 수 있다.
• 사전 · 사후조사를 통해 개선된 상태 또는 격차해소에 관한 정보를 얻을 수 있으며, 이는 기존 프로그램에 대한 평가자료로 활용될 수 있다.

(2) 기존 서비스 평가를 위한 자료

① 조사내용

가. 서비스 인지 및 활용

• 서비스는 욕구가 있는 사람들에게 알려져 있는가?
• 서비스는 욕구가 있는 사람들에 의해 잘 활용되고 있는가?
• 서비스의 확대 또는 축소가 요구되는가?

나. 서비스 인지 및 활용에 대한 구체적인 장애요인

• 서비스 존재에 대한 홍보부족 여부
• 서비스를 찾거나 이용하는 데 장애를 주는 요인들의 존재 여부
• 물리적 장애, 즉 표적집단으로부터 기관이 멀리 떨어져 있거나 교통수단의 불편성 여부 또는 시설의 낙후성 여부 등
• 직원에 대한 문제, 즉 클라이언트나 잠재적 클라이언트가 직원에 대해 부정

적 태도를 가지고 있는지 여부, 워커의 전문성의 부족 등
- 적절한 프로그램의 부족
- 서비스 이용으로 인해 사회적으로 불명예스러운 오명을 받게 될 두려움
- 표적집단에 과중한 이용비용 부담
- 자격기준 제한으로 인한 이용 불가능

② 사용목적

기존 서비스 인지 및 활용에 관한 정보나 장애에 관한 정보는 적절한 보정 프로그램을 만드는 데 필요한 중요한 자료를 제공해 준다.

(3) 새로운 서비스 개발에 필요한 자료

① 조사내용
- 대상지역에서 심각하다고 생각되는 문제들
- 현재 필요한 서비스의 종류 및 우선순위
- 장기적으로 필요한 서비스
- 대상지역의 하위집단별, 즉 아동, 청소년, 노인, 장애인, 여성 등에게 필요한 서비스

② 사용목적

대상 지역사회의 문제나 필요로 하는 서비스가 서비스를 제공하는 사람들의 입장보다 서비스를 받는 지역주민들의 입장에서 파악되어 수혜자들이 원하는 서비스를 개발하는 데 좋은 자료를 제공해 줄 수 있다.

4) 활용자원에 관한 자료

(1) 지역사회 정보체제

① 생활정보지 종류 및 활용
② 언론매체의 종류 및 활용
③ 전단지 활용
④ 아파트 단지별 소식지 활용
⑤ 인터넷 등 정보통신 매체 활용

(2) 지역사회 서비스 자원

① 특별한 문제의 해결을 위해 동원될 수 있는 공 · 사적 자금
② 기존 직원들의 전문성을 제고시키거나 새로운 직원들을 개발, 훈련하는 데 필요한 인적 · 물적 자원
③ 새로운 프로그램이나 확장된 프로그램을 실행할 수 있는 시설물
④ 자원봉사 활용자원

(3) 정치적 자원

① 지역사회 주민의 여론
② 시 · 도지사 및 시 · 군 · 구청장 및 관련 행정부서의 지원
③ 시 · 도 및 시 · 군 · 구 지방의회 의원의 지원
④ 종교지도자, 교육지도자 등 지역사회 지도자들의 지원
⑤ 지역사회 언론기관의 지원
⑥ 지역사회 시민단체의 지원

5) 욕구조사의 종류

욕구조사는 '누구를 위한 조사'이며 '누가' 조사를 수행하는가 등의 기준에 따라 수혜자 중심의 욕구조사, 서비스 중심의 욕구조사, 지역사회 중심의 욕구조사의 세 가지로 나눠 살펴볼 수 있다(강영걸 외, 2008: 413-414; 김기원, 2001: 397-398).

(1) 수혜자 중심(client-oriented)의 욕구조사

수혜자 중심의 욕구조사는 특정집단이 원하는 것이 무엇인가를 알아내기 위한 조사로서, 조사대상 인구집단을 정한 다음 그 집단 내에서 흔히 발생하는 문제를 파악하여 이 문제를 해결하는 데 필요한 서비스나 프로그램을 경정하는 조사이다.

(2) 서비스 중심(service-oriented)의 욕구조사

서비스 중심의 욕구조사는 전문적인 서비스를 제공하는 기관이 실시하는 조사로서, 특정집단의 문제를 해결할 수 있는 시설과 기술력을 가진 기관이 먼저 조사대상 집단을 정하고, 그들이 원하는 것, 그들에게 부족한 것, 그들에게 문제가 되는 것을 조사한 후 그 결과를 바탕으로 제공할 서비스의 종류와 수준을 결정하는 조사이다. 예를 들어 대학교의 장애학생지원센터에서 장애학생의 직업재활과 취업에 대한 욕구조사를 실시하고 그 결과를 바탕으로 직업재활과 취업에 관한 프로그램을 구상하는 것이다.

(3) 지역사회 중심(community based)의 욕구조사

지역사회 중심의 욕구조사는 수혜자 중심의 조사와 서비스 중심의 조사를 통합한 것으로 이 조사를 통해 사회복지기관은 지역주민이 원하는 욕구와 문제점을 파악할 수 있고, 이 조사결과를 바탕으로 '원하는 것'의 상대적인 우선순위를 결정할 수 있다. 단, 이 조사를 통해 많은 정보를 얻을 수는 있지만 지역사회 주민 전체를 대상으로 하는 전수조사는 조사 실시에 어려움이 있으므로 모집단을 대표하는 표본을 선정하여 조사하고 이를 토대로 지역사회 전체 주민의 욕구를 파악해야 한다.

6) 욕구조사의 자료수집 방법

사회복지 욕구조사의 자료수집 방법에는 기존 자료를 활용하는 방법, 전문가를 대상으로 하는 방법, 지역사회 주민에게서 직접 자료를 수집하는 방법 등의 세 가지가 있다(강영걸 외, 2008: 414-419).

(1) 기존 자료를 활용하는 방법

기존 자료를 활용하는 방법은 자료를 쉽게 구할 수 있고 이용하기 편하다는 장점을 가지고 있지만, 자료가 너무 오래되었거나 믿을 수 없는 때는 문제가 생길 수도 있다. 따라서 불완전한 기존 자료에 너무 의존하게 되면 지역주민의 욕구를 과다 혹은 과소평가할 수도 있다. 특히 수혜자의 서비스 이용 자료만 활용하여 분석하게 되면 문제의 심각성을 과소평가할 가능성도 있다(강영걸 외, 2008: 415에서 재인용). 이러한 기존 자료를 활용하는 방법에는 사회지표 조사와 이차적 자료분석의 두 가지 방법이 있다.

① 사회지표조사(Social Indicator Analysis)

사회지표는 지역사회의 특징을 나타내는 수치적 지표로서, 조사자들은 대체로 지역사회의 인구통계학적 특성을 잘 보여주는 사회지표를 잘 파악해야 한다. 지역주민의 연령 분포, 가구당 가족수, 평균 거주기간, 주민의 직업구성, 지역 평균소득, 빈곤인구 비율 등 해당 지역사회의 특성을 잘 파악하고 표적으로 삼는 대상집단의 특성을 잘 파악하도록 해야 한다. 욕구조사에 쓰이는 사회지표는 해당 지역 시, 군, 구, 행정기관 등의 홈페이지에서 쉽게 구할 수 있지만, 공개되지 않은 자료라도 공공기관에 요청하여 활용할 수 있다.

② 이차적 자료분석

이차적 자료분석은 지역사회 내의 다른 복지기관이나 연구소 등에서 행정 및 관리를 위해 수집한 서비스 수혜자에 관한 정보를 검토하여 수혜자의 욕구를 파악하는 기법이다(강영걸 외, 200: 415에서 재인용). 특히 수혜자가 이용한 서비스에 대한 자료는 중요한 표출된 욕구이기 때문에 이 자료를 잘 활용하면 어떤 서비스에 문제가 있는지, 수혜자가 많이 이용하거나 적게 이용하는 서비스에는 어떤 것이 있는지를 효과적으로 파악할 수 있다. 또한 이 자료를 통해 보다 심도 깊은 의미있는 문항을 구성하거나 중복된 문항을 제거할 수 있다.

(2) 전문가를 대상으로 하는 방법

사회지표 같은 기초자료를 통해서 지역사회가 지니고 있는 욕구와 문제의 범위와 심각성을 확인한 후에는 서비스 제공자나 인접 직종의 전문직 종사자, 지역 내 사회복지단체 대표자, 공직자 등 지역사회 문제에 대해 잘 알고 있는 주요정보제공자와 같은 전문가의 의견을 직접 들음으로써 더 구체적이고 생생한 자료를 얻을 수 있다(강영걸 외, 2008: 415에서 재인용). 이러한 전문가를 대상으로 하는 방법에는 서비스 운영자 또는 제공자를 조사하는 방법, 주요정보제공자 조사, 델파이법, 명목집단 기법(Nominal Group Technique) 등이 해당된다.

① 서비스 운영자 또는 제공자를 조사하는 방법

서비스 운영자 또는 제공자를 조사하는 방법은 사회적으로 드러내기 어려운 대상집단의 욕구나 문제에 관한 정보를 얻을 수 있으며, 대상집단의 욕구나 문제를 현장경험이 있는 전문가의 판단을 바탕으로 파악하게 된다(강영걸 외, 2008: 416에서 재인용). 이 방법은 비용이 적게 들고 합당한 표본을 구하기 쉬우며 조사대상이 많지 않기 때문에 신축적인 조사방법을 활용하여 다양한 정보를 얻을 수 있다는 장점을 가지고 있다. 그러나 조사대상자 선정방법이 주관적이고 인위적이기 때문에 표본이 편향될 수 있고 조사대상자가 관심을 가지고 있는 문제만 제기될 가능성이 있기 때문에 많은 주민들이 관심을 가지고 있는 문제는 제외될 수 있다는 단점이 있다. 또한 대상 집단의 사생활과 비밀보장의 한계 때문에 자료 접근에 있어 문제가 생길 수 있고, 자료접근이 가능하더라도 기관의 기록양식이 통일되어 있지 않다면 좋은 자료를 구하기가 어려울 수도 있다는 한계점이 있다.

② 주요정보제공자 조사

주요정보제공자 조사는 지역사회의 다른 사회복지기관이나 관련분야에서 일하고 있거나 지역사회에서 오래 살거나 활동하고 있어서 그 지역 사정을 잘 알고 있고 지역사회 주민의 욕구와 문제를 잘 파악하고 있는 사람을 대상으로 욕구를 조사하는 방법이다. 이 방법의 장점은 비용이 적게 들고 표본을 쉽게 선정할 수 있으며 전반적인 문제를 쉽게 파악할 수 있다는 것이다. 그러나 서비스 제공자 조사와 같이 조사대상의 선정과정이 주관적 · 인위적이기 때문에 표본의 대표성에 문제가 있을 수 있고 조사에서 드러난 문제가 일반주민의 욕구와는 다른 정치적인 이해관계가 걸려 있는 특수집단의 욕구만 제기될 가능성도 있다. 즉 조사대상자의 가치, 정치적 신념, 선호도 등에 따라 조사결과가 지역주민의 실제 욕구와 다른 것을 반영할 수도 있기 때문이다.

③ 델파이법

델파이법은 지역사회 주요인사나 전문가로 패널을 구성하여 이들에게 지역사회 문제에 대한 설문지를 배부하여 전문적인 의견을 취합하는 방법이다. 이 방법은 모든 패널이 한 자리에 모이지 않고 익명으로 자신의 의견, 제안, 해결책, 아이디어 등을 제출하며 패널끼리 의견이 일치하지 않는 분야에서 1차 응답을 기초로 두 번째 또는 세 번째 설문지를 배부하여 의견을 종합하는 방식으로 패널의 의견이 일치될 때까지 같은 과정을 계속적으로 반복, 시행하는 것이다. 델파이법의 장점은 다음과 같다.

- 참가자들은 무기명으로 아이디어를 제시하기 때문에 자신의 입장을 변호할 때 자신을 굳이 내세울 필요가 없으며 동조압력도 받지 않는다.
- 참가자들이 집단 내에서의 신분, 권력, 인정 등에 연연해하지 않고 문제해결에만 초점을 맞출 수 있다.
- 참가자들이 다양한 대안을 개발할 수 있게 해준다.
- 한 장소에 집결할 수 없는 많은 전문가들의 참여를 가능케 한다.
- 문제에 대한 답을 서면으로 작성하는 과정에서 참가자들은 문제를 세심하게 생각할 수 있으며, 구체적이면서도 양질의 아이디어를 창출할 수 있다.

한편 델파이법의 단점은 다음과 같다.

- 아무런 사회적 보상을 받지 못하기 때문에 패널들은 혼자라는 느낌을 받을 수 있고 흥미 없고 쉬운 문제에 대해 흥미를 잃기 쉽다.
- 패널들이 창출해 낸 아이디어에 대해 구두로 설명할 기회가 없기 때문에 의사소통에 문제를 야기할 수 있다.
- 패널들이 제시한 의견이 상충적일 때는 직접 대면해서 해결할 수 없으므로 상충적인 아이디어가 완전히 해소되기보다는 합성되거나 투표로 적당히 해결되는 경향이 있다.

④ 명목집단기법

명목집단기법은 소수의 그룹이 공동의 문제나 질문에 대해 각자 나름대로 제언이나 해결책을 제시하고 나중에 그들의 제안을 공유하는 기법으로 델파이법과는 다음과 같은 차이를 갖는다.

- 델파이법에서는 참가자들끼리 서로 전혀 모르지만, 명목집단기법에서는 참가자들이 서로 누구인지 알 수 있다.
- 델파이법에서는 참가자들이 물리적으로 떨어져 있어 직접 대면이 없지만, 명목집단기법에서는 참가자들이 책상에 둘러 앉아 모임을 갖는다.
- 델파이법에서는 참가자 사이의 의사전달은 설문지나 모니터 요원을 통해 피드백을 전달받지만, 명목집단기법에서는 참가자들끼리 직접 의사전달을 할 수 있다.

명목집단기법은 다음과 같은 절차를 거친다.

- 참가자는 문제에 대한 자신의 의견을 독립적으로 만들어 써낸다.
- 토론 없이 참가자 각자는 자신의 의견을 발표한다. 이 아이디어들을 칠판이나 차트에 기록해 두고 특정 아이디어가 누구의 것인지 모르게 한다.
- 애매한 부분을 명확히 하고 또 평가를 하기 위해 기록된 아이디어에 대한 장 · 단점을 토의한다.
- 순위책정법이나 점수기입법 등의 방법을 통해 참가자들은 각각의 아이디어의 우선순위에 대한 투표를 한다.

(3) 지역사회 주민에게서 직접 자료를 수집하는 방법

지역사회 주민에게서 직접 자료를 수집하는 방법에는 지역사회 서베이와 지역사회포럼(공개토론회)이 있다.

① 지역사회 서베이

지역사회 서베이는 지역사회 내의 일반주민집단 또는 표적집단을 대상으로 욕구조사를 직접 실시하는 방법이다. 이 방법을 효과적으로 활용하려면 확률표집방법으로 모집단을 대표하는 표본을 선정하고 설문지법이나 면접법 같은 서베이를 실시해야 한다. 일반적인 서베이법과 같은 이 방법은 단시일 내에 많지 않은 비용으로 다양한 사람의 의견을 한꺼번에 수집할 수 있다는 장점을 가지고 있다. 그러나 표본조사 결과를 분석하여 모집단 전체의 욕구를 추정하는 이 방법은 전수조사가 아닌 표본조사이기 때문에 표본의 대표성에 문제가 있거나 측정도구가 타당하고 믿을 수 없을 때는 상당한 문제를 야기할 수도 있다.

② 지역사회포럼(공개토론회)

지역사회포럼은 조사자가 지역사회에 거주 또는 활동하는 사람을 대상으로 공개토론회 형식의 포럼을 개최하고 이 모임에서 여러 사람이 제기하는 지역사회 욕구와 문제를 파악하는 자료수집 방법이다. 이 방법은 지역에서 거주 · 활동하는 사람이 자신이 원하는 것이 무엇이며, 무엇이 문제인가를 잘 알고 있기 때문에 지역주민들의 의견을 공개적이 자리에서 직접 들어본다는 데 그 뜻이 있다. 이 방법 역시 매우 짧은 시간에 적은 비용으로 여러 집단의 다양한 의견을 수집할 수 있다는 장점이 있기는 하지만, 포럼과 같은 공개토론회에는 지역사회문제에 적극적인 관심을 표명하는 시민단체 · 행정기관 · 연구소 직원과 같은 일부 사람만이 참여하는 경향이 있기 때문에 표본의 대표성에 문제가 발생할 수 있다. 설사 확률표집 방법에 따라 표본을 타당하게 추출한다고 하더라도 참석자 가운데 일부만이 자신의 의견을 제시하므로 지역주민 가운데 극소수의 입장만을 대변한다는 한계가 있다.

7) 욕구조사의 과정

욕구조사는 연구주제 선정→ 개념형성→ 연구설계→ 자료수집→ 자료분석→ 자료해석 및 보고서 작성의 6단계를 거치게 되어 있지만, 연구목적과 연구주제가 분명하기 때문에 연구주제 선장이나 개념형성 등의 절차는 생략해도 문제가 없다는 점에서 일반적 조사연구과정과 좀 다르다고 할 수 있다. 이런 점을 감안하여 욕구조사의 과정을 구체적으로 살펴보면 다음과 같다(채구묵, 2008: 410; 황성동, 2006: 188).

① 욕구조사를 실시하는 목적을 명확하게 알고 조사에서 배정된 예산과 같은 이용 가능한 자원과 조사에 필요한 시간적인 한계를 분명히 이해하며 욕구조사를 누구를 위해서 왜 하는지 올바르게 인식한다.

② 욕구조사를 수행하는 데 필요한 구체적인 정보를 어디에서 얻을 수 있는지 알아본다. 특히 기존의 조사자료 가운데 욕구 관련 자료가 있는지를 파악하면 불필요하고 중복되는 욕구조사과정을 상당 부분 줄일 수 있다.

③ 욕구조사를 실행하는 방법과 절차, 조사도구 등 욕구조사에 대한 전반적인 설계와 실행계획을 수립한다.

④ 욕구조사에 필요한 자료를 수집 · 분석한다.

⑤ 욕구조사 결과를 분석하여 조사결과 보고서를 작성하며, 그 속에 조사의 모든 과정과 결과를 상세하게 기록하고 결과를 지역사회에 널리 홍보한다. 이때 조사발표회, 포럼, 세미나 등의 형태로 지역사회 주민의 참여와 토론을 이끌어내는 것이 좋다.

6 사회복지조사과정 및 보고서 작성

사회복지조사과정 및 보고서 작성과정은 ① 연구주제의 설정, ② 가설의 구성 및 조작화, ③ 조사설계, ④자료수집, ⑤ 자료분석 및 해석, ⑥ 보고서 작성의 6단계로 이루어진다. 이 중 연구주제의 설정과 가설의 구성 및 조작화는 기존 이론 및 연구의 검토를 통해 이루어지고 조사설계와 자료수집과정은 사회복지 조사방법론에 해당되는 분야이며 자료분석 및 해석은 통계학에 관한 내용으로 사회복지조사를 하기 위해서는 이와 관련된 개념 및 내용, 지식체계가 형성되어야 한다.

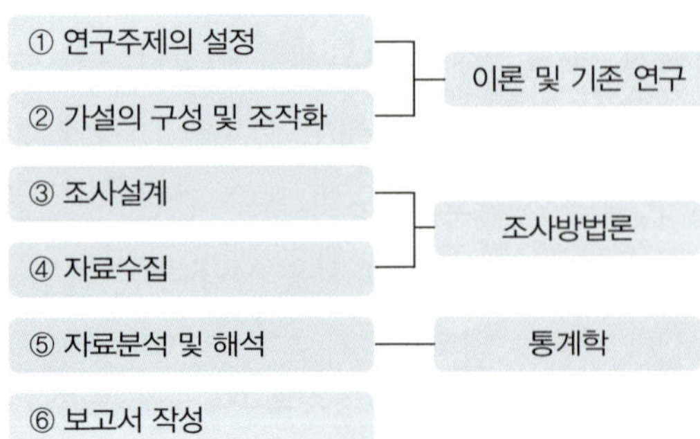

1) 연구주제의 선정

이 단계에서는 무엇을 조사할 것인지 고민하여 정리하는 단계로 문제를 선택하고 구체화하여 문제를 제기하는 과정이 이루어져야 한다. 각종 문헌이나 현상에 대해 면밀하게 파악하고 창조적으로 사유해 나가는 능력이 필요하다(남일재 외, 2008: 155). 연구를 시작할 때 연구자는 우선 어떤 주제를 연구대상으로 할 것인가를 결정해야 한다. 즉, 연구자는 그 연구에서 다루고자 하는 주제, 그 주제를 다루는 목적, 중요성 및 기여도 등을 논리적으로 정립해야 한다. 이 주제를 연구하는 것이 어떤 의의가 있는지 또는 왜 이 연구를 하려는지를 밝혀야 한다(박석돈 외, 2008: 125). 연구주제를 선정하기 위해서는 관련 분야의 논문이나 서적을 많이 읽어야 할 것이며 나름대로의 독창적인 통찰력이 있어야 한다.

연구주제를 설정할 때 고려할 몇 가지 사항은 다음과 같다. 첫째, 현재까지의 연구결과들로는 알고자 하는 사항을 충분히 파악하기 어려운 경우, 둘째, 기존의 연구결과들이 일치하지 않는 경우, 셋째, 현존하고 있는 현상이 기존의 이론으로 설명하기 어려운 경우 등을 연구주제로 선정하는 것이 좋다.

이러한 고려를 하면서 연구대상 즉 분석단위를 결정해야 가설, 변수 및 변수들에 대한 조작적 정의 등을 구체화하는 다음 단계로 나아갈 수 있다(유공순 외, 2007: 201).

2) 가설의 구성 및 조작화

(1) 가설의 구성

'가설'이란 '주제에 대해 어떤 결론을 이끌어 내기 위해 조사 가능한 구체적인 변수 간의 관계로 나타낸 것'이다. 많은 경우 선정된 주제들이 너무 일반적이거나 추상적이어서 실제 조사가 불가능하거나 어려운 경우가 많다. 이런 경우 주제를 조사 가능한 구체적인 가설로 세분할 필요가 있는데, 이와 같이 가설을 작성하는 것을 가설의 구성이라 한다.

(2) 조작화(Operationalization)

조작화는 가설을 설정한 후 가설의 독립변수와 종속변수를 조사해야 하는데, 이들 변수들이 추상적이어서 직접 조사하기가 불가능한 경우에는 조사 가능한 대체 개념(indicator)을 찾아야 한다.

3) 조사설계

조사설계 단계는 조사연구의 청사진 역할을 하는 단계로 필요한 자료를 수집 · 분석하기 위해 작성하는 설계과정이다. 이 단계에서 연구자는 다음을 결정해야 한다.

① 자료수집 방법
② 연구모집단, 표본 수 및 표본추출방법 등
③ 질문지 작성
④ 질문지의 신뢰도, 타당도 검증
⑤ 분석 시 사용해야 할 통계기법

또한, 논리전개를 연역적으로 할 것인지, 귀납적으로 할 것인지, 자료수집을 양적 연구방법(실험, 설문조사)으로 할 것인지, 질적 연구방법(근거이론, 사례연구, 민속지학 연구 등)으로 할 것인지 고려해야 한다. 연구문제가 정해지면 문제설정과 연구설계는 거의 진행된다(유공순 외, 2007: 201).

이 경우 조사설계는 가설을 잘 검증할 수 있도록 마련되어야 한다. 특히 질문지의 내용이 가설을 적절히 검증할 수 있도록 구성되어야 하며, 이에 대한 신뢰도 및 타당도가 검증되어야 한다.

4) 자료수집

자료수집은 연구자가 조사설계에 의해 자료를 수집하는 단계이다. 자료수집을 위해서는 먼저 조사설계에 따라 표본을 추출하고, 선정된 자료수집 방법에 의해 자료를 수집해야 한다. 방법에는 설문조사, 면접조사, 우편, 전화, 실험, 관찰, 2차 자료수집 등 여러 가지가 있으며, 논리전개가 가설을 검증하는 연역법 논리나 정확성과 객관성을 중시하는 기술적, 설명적 연구는 보다 엄격한 자료수집방법을 요구한다(유공순 외, 2007: 201). 조사원을 고용할 경우에는 연구현장(field-work)에서 발생할 수 있는 상황에 대한 충분한 교육과 훈련이 반드시 이루어져야 한다(박석돈 외, 2008: 125).

(1) 설문지 작성법

설문지를 구성할 때는 인사말 및 응답자에 대한 협조 요청, 식별자료, 본 설문, 인적사항 등의 내용으로 구성해야 한다. 인사말 및 응답자에 대한 협조 요청 시에는 조사자나 조사기관의 소개, 조사의 취지를 설명하는데 응답률을 높일 수 있도록 가능한 자세하고 호소력 있는 인사말을 쓰도록 해야 하며 개인적인 응답 항목에 대한 비밀보장의 내용도 명시하여 연구참여자를 안심시키도록 해야 한다, 식별자료에는 각 설문지를 구분하기 위한 일련번호와 추후의 확인조사를 위한 응답자의 이름이나 주소, 조사 실시한 면접자의 이름과 면접 일시 등이 해당된다. 연구자는 이러한 식별자료를 잘 기록해 두는 것이 편리하다. 본 설문은 설문지 작성의 가장 중요한 부분으로 첫 번째 질문은 가능한 한 응답자가 쉽게 응답할 수 있고 흥미를 유발할 수 있는 것으로 선정하도록 한다. 응답자의 인적사항은 먼저 묻게 되면 본 설문에 대하여 응답자들이 솔직한 의견을 말하지 않는 경향이 있을 수 있기 때문에 마지막 부분에서 묻는 것이 좋다(박석돈, 2008: 127-128).

(2) 설문 구성시 유의사항

① 일반적인 질문에서 특수한 질문으로, 객관적 사실을 묻는 질문에서 태도나 의견, 동의 등을 묻는 질문으로 옮겨가는 것이 바람직하다.

② 용어는 뜻이 분명한 용어를 사용하도록 하며 개념이 분명치 않은 것은 개념을 정의해 주도록 한다.

③ 가능한 한 쉽고 의미가 명확하게 구분되는 단어를 사용한다.
④ 응답항목들 간의 내용이 중복되지 않도록 하며 하나의 항목에 2가지 내용이 포함되지 않도록 한다.
⑤ 다지선다형 응답에서는 가능한 응답을 모두 제시해 주도록 한다. 이를 위해서는 관련 문항에 대한 면접이나 사전테스트를 실시해 보는 것이 좋다.
⑥ 연구자 임의로 응답자들에 대한 가정을 하여서는 안 된다.
⑦ 대답을 유도하는 질문을 하여서는 안 된다.
⑧ 법에 위배되거나 사회적으로 민감한 것은 특별히 유의해야 한다.
⑨ 응답자들이 정확한 대답을 모르는 경우, 중간 값을 선택하는 경향이 있음을 알아두어야 한다.

응답의 신뢰성을 확보하기 위해 응답 경향이 비슷한 문항을 간격을 두고 배치할 수도 있다.

5) 자료분석 및 해석

자료분석 및 해석단계는 부실한 응답지나 오류가 난 질문지 등을 분류한 후, 수집된 자료를 정리하여 적절한 통계적 기법을 통해 분석하고 그 결과를 통해 의미를 찾아내는 단계이다. 실제 통계분석은 이 단계에서 실행되지만 사실상 어떤 통계기법을 어떻게 사용할 것인가는 가설설정과 조작화 및 조사설계 단계에서 이미 결정된다. 수집된 자료의 형태(양적 자료, 질적 자료)에 관계없이 자료해석이 용이한 상태로 전환하기 위해 자료들을 분류하고 코딩하여 입력해야 한다(유공순 외, 2007: 201). 양적 연구의 통계처리는 SPSS, SAS 등의 컴퓨터 프로그램을 주로 사용한다(박석돈 외, 2008: 125). 자료분석과정에서 종종 전혀 예상치 못한 결과가 나와 문제설정 단계부터 다시 생각해야 하는 경우가 발생되기도 한다. 그러나 이것은 새로운 연구의 계기가 되기도 한다(유공순 외, 2007: 202).

자료해석은 분석결과가 어떤 의미를 가지는가에 대해 연구자가 판단하는 과정이다. 가설검증, 일반화 가능성 모색, 선행연구와의 공통점 및 차이점 논의, 분석결과를 다르게 해석할 가능성, 분석결과의 타당성을 저해할 방법론상의 제한점, 분석결과에 내포된 이론적 · 실천적 · 정책적 함의 및 후속연구에 주는 함의 등을 제시해야 한다. 이 과정에서는 연구자가 특히 어떤 연구목적을 가졌는가에 따라 해석에 있어 상당한 차이를 주므로 유의해야 한다(유공순 외, 2007: 202).

6) 연구보고서 작성

최종 단계는 연구자가 연구결과를 알리기 위해 조사의 전 과정을 담아내는 보고서를 작성하는 단계이다. 아무리 훌륭한 설계에 의해 좋은 결과를 얻었다 하더라도 그것을 다른 사람들에게 효과적으로 전달하지 못한다면 조사 자체가 무의미한 것으로 끝나 버릴 수 있기 때문에 독자들의 연령, 성별, 교육 수준 등을 고려하여 그들이 쉽게 이해할 수 있도록 보고서를 작성할 필요가 있다.

일반적으로 서론에서 연구배경 및 연구의 필요성과 중요성, 관련 이론 및 선행연구에 대한 고찰, 분석단위, 변수, 가설, 조작적 정의 등에 대한 논의가 이루어진다. 본론에서는 표집 및 자료수집방법, 측정방법, 이에 입각한 분석결과가 제시된다. 이어서 자료해석에서 다른 내용을 서술하고 결론에서 주요 연구결과의 요약 및 제언을 서술한다(유공순 외, 2007: 202). 이 단계가 끝나면 이를 바탕으로 프로그램이나 사업계획 등이 수립될 수 있도록 하는 환류(Feedback)과정이 중요하다(박석돈 외, 2008: 125).

- 제목
- 목차
- 요약

I. 서론

　　–조사목적

　　–연구문제와 연구가설

II. 본론

　　–조사방법

　　　(조사 개시일 및 조사 종료일)

　　　(자료 수집방법)

　　　(조사 모집단과 표본을 설명: 표본 추출방법, 표본 크기, 표본의 대표성 등)

　　　(자료 분석방법)

　　–자료 분석결과

III. 결론 및 제언

※ 부록

　　–설문지 및 기타 조사도구

　　–본문에 포함되지 않은 도표

　　–색인 및 참고문헌

보고서 작성시 주요지침

① 가장 핵심이 되는 결과부터 제시하고 나서 좀 더 주변적인 것을 보고하며 각 소주제 안에서도 기본적인 결과를 먼저 서술한 다음 필요에 따라 더욱 정교화시키든가 조건부 서술을 하도록 한다.

② 이론적 · 개념적 연구문제를 한 번 더 상기시켜 준다.

③ 연구문제에 대한 대답을 결과에 두고 간명하게 밝힌 다음에 도표나 그림, 측정치의 통계적 유의도 같은 것을 설명한다.

④ 실제로 실시한 방법적 절차, 조작, 측정 등을 있는 그대로 상세히 제시한다.

⑤ 독자가 필요하다고 생각할 때면 언제나 확인 가능하도록 자료들을 제시해 주어야 한다(예: 통계적 수치).

⑥ 어떤 연구이든지 문제제기와 연구목적, 자료, 분석, 해석을 보고서 안에 통합시킬 수 있도록 해야 한다.

⑦ 결론을 내릴 때는 더욱 정교화가 필요한 부분들을 자세히 제시하여 누구나 그 결론을 평가하고 인정할 수 있도록 해야 할 것이다. 특히 제언을 작성할 경우에는 선행연구 혹은 실천적, 정책적 현황을 잘 파악하여 구체적이고 대안적인 제언을 제시하도록 한다.

출처: 박석돈 외(2008). p. 129.

■ 참고문헌

감정기, 최원규, 진재문 (2004). 사회복지의 역사. 파주: 나남출판.

강영걸, 박성복 (2008). 사회복지조사론. 파주: 학현사.

강욱모 외 (2002). 21세기 사회복지정책. 서울: 청목출판사.

강종수 (2020). 사회복지조사방법론. 파주: 양서원.

고명석 (2011). 인권과 사회복지. 강원: 문왕사.

고수현 (2007). 지역사회복지-이론과 실천. 파주: 교육과학사.

고수현 (2012). 지역사회복지론. 파주: 양서원.

고수현 (2015). 지역사회복지론(제3판). 파주: 양서원.

공계순, 서인해 (2009). 지역아동센터에서의 사례관리실천 방안에 관한 연구. 한국가족복지학, 14(4), 158-178.

구인회, 손병돈, 안상훈 (2010). 사회복지정책론. 파주: 나남출판.

국가인권위원회 (2004). 유엔인권해설집: 국제인원장전.

권오균 외 (2009). 사회복지개론. 파주: 공동체.

권중돈 (2012). 인권과 노인복지실천. 서울: 학지사.

권중돈 외 (2011). 사회복지개론. 서울: 학지사.

권진숙, 박지영 (2008). 사례관리의 이론과 실제. 서울: 학지사.

권진숙, 김상곤, 김성경, 김성천, 김혜성 (2012). 사례관리론. 한국사례관리학회 편. 서울: 학지사.

권진숙, 박지영 (2009). 사례관리의 이론과 실제. 서울: 학지사.

권진숙, 신혜령, 김정진, 김성경, 박지영 (2006). 가족복지론. 고양: 공동체.

김경혜 (2015). 지속가능한 복지를 위한 서울시 복지정책 개선방안. 정책리포트, 195, 1-22.

김경호 (2011). 사회복지실천론. 파주: 양서원.

김광희 (2015). 지역사회복지론(제3판). 고양: 공동체.

김기덕 (2008). 사회복지윤리학. 서울: 나눔의 집.
김기덕, 최소연, 권자영 (2015). 사회복지윤리와 철학. 파주: 양서원.
김기원 (2001). 사회복지조사론. 서울: 나눔의 집.
김기태 외 (2007). 사회복지실천론. 고양: 공동체.
김기태, 박병현, 최송식 (2004). 사회복지의 이해. 서울: 박영사.
김동기, 조춘범, 엄태영, 장용언, 온이는, 이민홍, 임진섭, 손인봉, 최권호, 공정석, 김태형 (2014). 사회복지조사론. 서울: 학지사.
김만두 (1993). 현대사회복지개론. 서울: 홍익제.
김미옥, 정진경, 김희성, 최영식, 윤덕찬 (2006). 장애인생활시설 인권교육 교재 및 프로그램 개발. 서울: 국가인권위원회.
김미자, 전남련, 윤기종, 정현숙, 오주, 박정란 (2014). 사회복지 프로그램 개발과 평가. 파주: 양서원.
김미혜 (1999). 새로운 노인 이미지 정립을 위한 노인광고: 신문매체를 중심으로, 한국노년학, 19(2), 193-214.
김보영 (2019). 구호뿐인 공공성? 문재인 정부의 사회서비스 정책 평가와 대안 모색. 비판사회복지정책, 64, 7-52.
김상균 외 (2011). 사회복지개론(3판). 파주: 나남출판.
김상균, 오정수, 유채영 (2002). 사회복지 윤리와 철학. 파주: 나눔출판.
김상균, 최일섭, 최성재, 조흥식, 김혜란 (2004). 사회복지개론. 파주: 나남출판.
김성천, 강욱모, 김영란, 김혜성, 박경숙, 박능후, 박수경, 송미영, 안치민, 엄명용, 윤혜미, 이성기, 최경구, 최현숙, 한동우 (2018). 사회복지학개론. 서울: 학지사.
김수영 (2004). 사회복지법제 적용과 사회복지서비스의 이해. 사회복지협의회 교육자료집.
김승훈 (2010). 사회복지발달사. 서울: 나눔의 집.
김영모 (2000). 사회복지학. 서울: 고헌출판사.
김영모 (2001). 지역사회복지론. 서울: 고헌출판부.
김영종 (2010). 사회복지행정. 서울: 학지사.
김영종 (2013). 사회복지 프로그램 개발과 평가. 서울: 학지사.
김영화 외 (2008). 사회정의 실현을 위한 사회복지정책론. 고양: 공동체.
김영화, 박태정, 장경은 (2008). 사회정의실현을 위한 사회복지정책론. 고양: 공동체.
김영화, 박태정, 장경은 (2015). 사회복지정책론. 고양: 공동체.
김윤나 (2013). e-사회복지개론. 서울: 신정.

김융일 (1986). 사회복지개념의 정의에 관한 연구. 사회과학연구. 부천: 성심여자대학 인간 및 사회복지연구소.
김융일 외 (2003). 사회복지학개론. 서울: 동인.
김융일, 조홍식, 김연옥 (2000). 사회복지실천론. 파주: 나남출판.
김종명 외 (2014). 사회복지 프로그램 개발과 평가. 파주: 양서원.
김종일 (2006). 지역사회복지론. 서울: 현학사.
김종일 (2009). 사회복지정책론. 파주: 학현사.
김진수 (2001). 사회보장론. 서울: 청목출판사.
김태진 (2008). 사회복지의 역사와 사상. 경북: 대구대학교출판부.
김학만 외 (2005). 사회복지정책론. 서울: 대왕사.
김형래, 김경이 (2021). Covid 19 상황에서 청소년 대상 비대면 프로그램 개발에 대한 청소년지도자의 경험 탐색- Caffarella 프로그램 개발 상호작용이론을 기반으로 -. 한국청소년활동연구, 7(4), 49-50.
김형용 (2016). 복지와 마을, 접합시도에 대한 시론: 개념적 그리고 실천적 쟁점을 중심으로. 비판사회정책, 50, 38-75.
김혜란 (2002). 사회복지실천기술. 파주: 양서원.
김혜란, 홍선미, 공계순 (2010). 사회복지실천기술론. 파주: 나남출판.
김희년 (2015). 사회복지발달사. 경남: 인제대학교출판부.
나카조노 (1996). 노말라이제이션원리의 연구─서구의 이론과 실천. 서울: 해성사.
남기민 (2001). 현대사회복지학의 이해. 파주: 양서원.
남기민 (2010). 사회복지정책론. 서울: 학지사.
남세진, 조홍식 (1999). 한국사회복지론. 파주: 나남출판.
남일재 외 (2004). 사회복지행정론. 서울: 현학사.
남일재 외 (2006). 사회복지개론. 고양: 공동체.
남일재, 박형준, 손정일, 신혁석, 양정하, 오종희 외 (2007). 사회복지개론. 서울: 현학사.
남진열, 강세현, 전영록, 유용식 (2009). 지역사회복지론. 고양: 공동체.
노시평 외 (2002). 사회복지정책론. 서울: 대경.
니시무라 외 (2016). 사회복지개론. 서울: 중앙법규.
더불어민주당공약집 (2017). 제19대 대통령선거 더불어민주당정책공약집.
도광조 (2006). 사회복지개론. 파주: 양서원.
두산동아 (1997). 두산세계대백과사전. 서울: 두산동아.

류종훈 (2004). 쉽게 쓴 사회복지실천론. 서울: 동인.
문진영 (2013). 인권과 사회복지: 쟁점 분석. 비판사회정책 39. 비판과 대안을 위한 사회복지학회.
미국사회복지사협회(NASW) (1999). 사회복지실천이론의 토대. 이팔환 외 공역. 서울: 나눔의 집.
박경일 (2009). 사회복지정책론. 고양: 공동체.
박경일 외 (2002). 사회복지학강의. 파주: 양서원.
박경일 외 (2004). 사회복지개론. 파주: 양서원.
박광준 (2013). 사회복지의 사상과 역사. 파주: 양서원.
박명규, 이재열 (2020). 사회적 가치와 사회혁신. 서울: 한울아카데미.
박미은 (2015). 사회복지사를 위한 사례관리. 파주: 양서원.
박병현 (2003). 사회복지정책론. 서울: 학지사.
박병현 (2004). 사회복지정책론: 이론과 분석. 서울: 현학사.
박병현 (2017). 복지국가의 비교: 영국, 미국, 스웨덴, 독일의 사회복지역사와 변천. 고양: 공동체.
박상하 외 (2003). 사회복지개론. 파주: 양서원.
박석돈 (2009). 사회복지개론. 파주: 양서원.
박영숙, 김주연, 황희숙, 김수정 (2008). 사회복지실천기술론. 서울: 대왕사.
박용순 (2006). 사회복지개론. 서울: 학지사.
박정호 (2006). 사회복지정책론. 서울: 학지사.
박종삼 외 (2007). 사회복지학개론. 서울: 학지사.
박종연 (1993). 한국의사의 전문직업성 추이에 관한 연구. 연세대학교박사학위논문.
박차상 외 (2001). 현대사회복지학. 파주: 양서원.
박차상 외 (2005). 사회복지학개론. 파주: 학현사.
박태룡 (2006). 사회복지행정론. 서울: 홍익출판사.
박태영 (2000). 사회복지시설론. 파주: 양서원.
박태영 (2003). 지역사회복지론. 서울: 현학사.
박태영 (2008). 개정 지역사회복지론. 파주: 학현사.
박태영 (2008). 지역사회복지론. 서울: 학현사.
박태영, 채현탁 (2014). 지역사회복지론. 파주: 정민사.
박태정 (2014). 사회복지역사 탐구. 서울: 학지사.
박태정 (2020), 사회복지역사, 공동체

백은령, 김선아, 양숙미, 엄미선, 윤철수 (2008). 사회복지실천론. 서울: 대왕사.

백종만 (1994). 사회복지서비스에서 국가와 민간간의 역할분담유형 개발과 적용에 관한 연구. 서울대학교 대학원 박사학위논문.

백종만 외 (2001). 사회와 복지. 서울: 나눔의 집.

배종석, 문정빈, 이동섭, 이재혁, 김대수, 박찬수, 이재남, 이우찬, 한승수 (2022). ESG 시대의 사회적 가치와 지속가능경영. 서울: 클라우드나인.

보건복지가족부 (2009). 2009년도 사회복지관 운영관련 업무처리 요령 안내.

보건복지부 (2021). 2020년도 사회복지관 사업안내.

보건복지부 (2022). 노인돌봄 전달체계 개편 시범사업 안내, pp. 1-146.

사회복지교육연구센터 (2014). 사회복지정책론. 서울: 나눔의 집.

사회복지교육연구센터 편저 (2014). 지역사회복지론. 서울: 나눔의 집.

사회복지교육연구센터 (2016). 2017년 15회 대비 사회복지실천론. 서울: 나눔의 집.

사회복지교육연구센터 (2016). 사회복지정책론. 서울: 나눔의 집.

사회복지교육연구센터 편 (2014). 1급 사회복지사기본서 지역사회복지론. 서울: 나눔의 집.

생각의 마을 (2017). 지역사회복지론. 고양: 공동체.

생각의 마을 (2018). 지역사회복지론. 고양: 공동체.

서상철 (2004). 사회복지개론. 서울: 홍익출판사.

서상철 (2006). 신 · 사회복지협의회 기본요강. 사회복지 126. 한국사회복지협의회.

설진화 (2009). 사례관리론. 파주: 양서원.

성민선 외 (2007). 사회복지개론. 서울: EM 커뮤니티.

손병일 (2016). 사회서비스 전달체계의 개선방안 연구. 한국사회복지행정학회 학술대회자료집, 297-315.

손병철 (2016). 사회서비스 전달체계의 개선방안 연구. 한국사회복지행정학회 학술대회 자료집, 297-315.

송근원 (2004). 사회복지정책학. 서울: 학지사.

송근원 외 (1995). 사회복지정책론. 파주: 나남출판.

송근원, 김태성 (2005). 사회복지정책론. 파주: 나남출판.

송정부 (1985). 지방화시대에 있어 지방사회복지의 활성화 방안. 사회복지, 봄호, 한국사회복지협의회.

신복기, 박경일, 이명현 (2011). 사회복지행정론. 고양: 공동체.

신현석 (2004). 종사자 임파워먼트와 서비스 질의 분석적 고 - 장애인생활시설을 중심으로. 사회복지연구, 25, 225-256.
심선경, 김윤나, 이서영 (2018). 사회복지개론. 서울: 신정.
아미티아 센. (2013). 자유로서의 발전. 김원기 역. 서울: 갈라파고스.
아키야마 토모히사 (2007). 사회복지전문직의 연구. 동경: 미네르바서방.
안산훈, 정해식 (2010). 복지지위와 사회의 질(SQ). 한국사회정책, 17(3), 93-121.
안혜영 (2012). 공공부문의 사례관리 실천 현황과 과제, 사례관리연구, 3(1), 81-102.
안홍순 (2007). 사회복지정책: 실천이론과 제도. 고양: 서현사.
양옥경 외 (2002). 사회복지실천론. 파주: 나남출판.
양옥경 외 (2004). 사회복지윤리와 철학. 서울: 나눔의 집.
양옥경, 김정진, 서미경, 김미옥, 김소희 (2018). 사회복지실천론. 파주: 나남출판.
양정남, 권구영, 김화선, 최은정, 한혜경 (2009). 사례관리. 파주: 양서원.
양정하 외 (2005). 사회복지정책론. 파주: 양서원.
엄명용, 노충래, 김용석 (2005). 사회복지실천기술의 이해. 서울: 학지사.
엄명용, 김성천, 오혜경, 윤혜미 (2018). 사회복지실천의 이해. 서울: 학지사.
여유진 외 (2004). 공공부조의 가치기반과 제도적 반영 국민기초생활보장제도 형성과정을 중심으로. 한국보건사회연구원.
오다 (1993). 현대 영국의 사회복지연구. 카와시마 서점.
오오하시 켄사쿠 (2000). 지역복지와 복지교육. 한일지역복지비교연구회 역. 서울: 아시아미디어리서치.
오오하시 켄사쿠 (1995). 지역복지론. 방송대학교육진흥회.
오정수, 류진석 (2006). 지역사회복지론. 서울: 학지사.
오정수, 류진석 (2016). 지역사회복지론(제5판). 서울: 학지사.
오혜경 (2005). 사회복지윤리와 철학. 서울: 창지사.
원석조 (2004). 사회복지정책론. 파주: 양서원.
원석조 (2008). 사회복지개론. 파주: 양서원.
원석조 (2016). 사회복지정책론. 고양: 공동체.
원요한 (2007). 사회복지실천기술론. 경기: 학현사.
유공순 외 (2007). 사회복지개론. 파주: 양서원.
윤영진, 양기용, 이인재, 이재원 (2011). 사회서비스정책론. 서울: 나눔의집.
윤찬영 (2005). 사회복지법제론. 파주: 나남출판.
윤철수 (2008). 사회복지개론. 서울: 학지사.

윤홍식 (2019). 한국복지국가의 기권과 궤적. 서울: 사회평론아카데미.
이경남 외 (2008). 사회복지실천론. 서울: 학지사.
이경은, 정송화, 하나영 (2022). 지역사회복지론. 파주: 양성원.
이근홍 (2006). 사회복지실천 개별관리. 고양: 공동체.
이근홍 (2015). 사례관리. 파주: 양서원.
이기연, 유서구 (2014). 사례관리 이해와 적용. 경기: 공동체.
이영실 외 (2014). 사회복지실천기술론. 파주: 양서원.
이영철 (1996). 지역복지. 서울: 홍익재.
이영철 (2003). 사회복지실천론. 파주: 양서원.
이영철 외 (2003). 사회복지학. 파주: 양서원.
이인재 (2004). 한국지역사회복지실천론. 서울: 나눔의 집.
이인재 (2006). 한국지역복지실천론. 서울: 나눔의 집.
이인재, 류진석, 권문일, 김진구 (2002). 사회보장론. 파주: 나남출판.
이정우 (2002). 사회복지정책. 서울: 학지사.
이택룡, 노무지 (2002). 지역사회복지론. 파주: 양서원.
이해영 외 (2006). 사회복지개론. 서울: 유풍출판사.
이화여대 사회복지학과 편 (1993). 집단사회사업 실천방법론. 서울: 동인.
장동일 외 (1996). 한국공적부조론. 서울: 대학출판사.
장수미 외 (2015). 사회복지실천기술론. 서울: 학지사.
장인협 (1993). 사회복지개론. 서울: 서울대학교출판부.
장인협 (1995). 케이스워어크. 파주: 수문사.
장인협, 문인숙 (1986). 사회복지의 원리와 방법. 서울: 집문당.
장인협, 우국희 (2001). 케어 · 케이스 매니지먼트. 서울: 서울대학교출판부.
장인협, 이혜경, 오정수 (2001). 사회복지학. 서울: 서울대학교출판부.
전광석 (2002). 한국사회보장법론. 파주: 법문사.
전남진 (1987). 사회정책학 강론. 서울: 서울대학교출판부.
전병재, 안계춘, 박종연 (1995). 한국사회의 전문직업성 연구.
전재일, 이성희 (2006). 사회복지실천기술. 파주: 양서원.
전제일, 이준상 (2008). 사례관리실천론. 서울: 사회복지개발연구원
정경배 외 (1998). 사회보장개혁과 사회안전망. 국정개혁공동모임 편. 국정개혁대토론회 자료집.

정무성 (2004). 사회복지실천현장. 2004 춘계 한국사회복지학회 자료집.

정무성 (2006). 사회복지프로그램개발론. 파주: 학현사.

정무성, 정진모 (2002). 사회복지프로그램 기획과 평가. 파주: 양서원.

정순둘 (2005). 사례관리 실천의 이해. 서울: 학지사.

조미숙 외 (2006). 사례관리. 서울: 창지사.

조추용 외 (2009). 사회복지개론. 서울: 창지사.

조휘일, 이윤로 (1999). 사회복지실천론. 서울: 학지사.

조흥식 외 (2015). 사회복지개론. 파주: 나남출판.

조흥식, 권기창, 이태수, 박경수, 이용표 (2008). 사회복지개론. 서울: 창지사.

지은구 (2006). 자본주의와 사회복지. 서울: 청목출판사.

지은구 (2010). 사회복지재정 연구. 서울: 집문당.

지은구 외 (2021). 지역사회복지론. 서울: 사회평론아카데미.

진재문 (2003). 지방정부 사회복지행정의 로컬 거버넌스: 그 가능성과 한계. 한국사회복지행정학회 춘계학술대회 자료집.

채구묵 (2007). 사회복지조사방법론. 파주: 양서원.

최명순 (1994). 한국 사회복지 이념의 사적 연구. 서울: 백산 출판사.

최성재, 남기민 (2006). 사회복지행정론. 파주: 나남출판.

최옥채 (2001). 지역사회주민 조직화 모형에 관한 소고. 2001년 한국사회복지학회추계학술대회자료집.

최일섭 (1990). 지역공동모금제에 관한 국제비교연구. 사회보장연구, 6, 123.

최일섭, 류진석 (2003). 지역사회복지론. 서울: 서울대학교출판부.

최혜지, 김경미, 정순돌, 박선영, 장수미, 박형원, 배진형, 박화옥, 안준희 (2014). 사회복지실천론. 서울: 학지사.

표갑수 (2003). 지역사회복지론. 파주: 나남출판.

표갑수, 이재완, 유옥현, 이화정, 김현진 (2013). 사회복지 프로그램 개발과 평가. 파주: 양서원.

하상락 편 (1989). 한국사회복지사론. 서울: 박영사.

한국사례관리학회편 (2012). 사례관리론. 서울: 학지사.

한국사회복지실천학회 (2005). 사회복지개론. 서울: 유풍출판사.

한국사회적기업진흥원 (2021). 2021년 한국사회적기업진흥원 홍보책자. 연차보고서.

한국임상사회사업학회 (2006). 사회복지개론. 서울: 신정.

한인영, 장수미, 최정숙, 박형원 (2006). **사회복지실천론-일반주의관점(제8판)**. 서울: 하나의학사.

행정안전부 (2021). 2021마을기업 육성사업시행지침.

허철행 (2015). 한국 사회복지서비스 전달체계의 혁신. **사회과학연구, 34(1)**, 1-33.

현외성 (2009). **한국사회복지법제론**. 파주: 양서원.

홍봉수 외 (2022). **지역사회복지론 3판**. 경기: 공동체.

홍숙자, 김경숙, 박용권, 조재숙, 조현상 (2015). **사회복지발달사**. 파주: 양서원.

홍현미라 외 (2014). **사회복지행정론**. 고양: 공동체.

황설철 외 (2009). **사회복지행정론**. 서울: 현학사.

황성동 (2006). **알기 쉬운 사회복지조사방법론**. 서울: 학지사.

후쿠카와 코준 (2005). **사회복지학**. 성신서방.

Ballew, J. R., & Mink, G. (1996). *Case management in social work: developing the professional skills needed for work with multiproblem clients*. Springfield, IL: Charles C. Thomas Publisher, Ltd.

Bank-Mikkelen, N. E. (1976). The Principle of Normalization, *FLASH*, 39. Denmark.

Barker, R. L. (2003). T*he Social Work Dictionary* (5th ed.). NASW.

Bradshaw, J. (1972). *The Concept of Need*. *New Socity*, *30*, 640-643.

Brill, N. I. (1997). *Working with people: The Helping Process*(6th ed). New York: Longman.

Congress, E. P. (1999). *Social Work Values and Ethics*. Chicago: Nelson-Hall Publishers.

Cournoyer, B. (2000). **사회복지 실천기술연습**. 김인숙, 김용석 공역. 서울: 나남출판.

Dobelstein, A. W. (2003). *Social Welfare: Policy and Analysis* (3rd ed.). Pacific Grove, CA: Brooks/Cole.

Dolgoff & Feldstein (2003). Understanding Social Welfare, ch 7'Examing a Social Welfare program.

Dolgoff, R., Feildstein, D., & Skolnik, L. (1997). *Understanding Social Welfare*. NY: Longman.

Dunham, A. (1970). *The New Community Organization*. New York: Crowell.

Evans, D. R., Hearn, M. T., Uhlemann, M. R., & Jvey, A. E. (2000). **상담의 필수기술:**

효과적 의사소통을 위한 사례중심 접근법. 성숙진 역. 서울: 나남출판.

Ferge, Z. (1989). "*Social Policy and the Economy*", M. Buimer et al. the Goals of Social Policy.

Flexner, A. (1988). '*Is Social Work a Profession?' in Proceeding of the National Conference of Charities and Correlation*. Chicago: Hilelman Printing Co.

Freidson, E. (1970). *Professional Dominance: The Social Structure of Medical Care*. New York: John Wiley.

Friedlander, W. A., & Apte, R. Z. (1980). *Introduction to Social Welfare*. Englwood Cliffs, N.J.: Prentice-Hall.

Gates, B. L. (1980). *Social Program Adminstration: The Implementation of Social Policy*. Englewood Cliffs, NJ: Prentice-Hall.

George, V. & Wilding, P. (2003). **복지와 이데올로기**. 김영화 · 이옥희 역. 서울: 한울아카데미.

George, V., & Wilding, P. (2008). **이데올로기와 사회복지**. 남찬섭 역. 서울: 한울아카데미.

Gilbert, N, & Terrell, P. (2002). *Dimensions of Social Welfare Policy* (5th ed). Boston: Allyn & Bacon.

Gilbert, N. & Terrell, P. (2010). **사회복지정책론: 분석틀과 선택의 차원**. 남찬섭 · 유태균 공역. 서울: 나눔의집.

Gilbert, N., Specht, H., & Terrell, P. (1993). *Dimensions of Social Welfare Policy*. Englewood Cliffs, NJ: Prentice-Hall.

Glennerster, H. (1985). *Paying for Welfare*. Oxford: Basil Blackwell.

Goode, W. J. (1960). Encroachment, Charlatanism and the Emerging Profession: Psychology, Sociology, and Medicin, *American Sociological Review, 25*(6), 902-913.

Gordon, W. E. (1976). "knowledge and Value: Their Distinction and Relationship in Clarifying Social Work Practice". *Social Work, 10*(3), 32-39.

Greenwood, E. (1957). *Attributes of a Profession. Social work, 2*(3), 45-55.

Hall, R. H. (1977). *Organization: Structure and process*. 2nd ed. Englewood Cliffs, N.J.: Prentice-Hall.

Hansenfeld, Y. (1983). *Human Service Organizations*. University of Michigan.

Hartman, A., & Laird, J. (1983). *Family-centered social work practice*. NY: Free.

Hillery, G. A. (1955). "Definition of Commmunity : Areas of Agreement", *Rural Sociology, 20*.

Johnson, L. C. (1995). *Social Work Practice: A Generalist Approach* (5th ed.). Boston: Allyn and Bacon.

Johnson, L. C., Schwartz, C. L., & Tate, D. S. (1997). *Social Welfare: A response to human need*. Boston: Allyn and Bacon.

Kadushin, A., & Kadushin, G. (1997). *The Social Work Interview* (4th ed.). New York: Columbia University Press.

Kahn, A. (1973). *Shaping the New Social Work*. New York: Columbia University Press.

Kahn, A. (1979). *Social Policy and Social Services*. New York: Rondom house.

Kuhn, T. S. (1996). *The Structure of Scientific Revolutions*, 3rd Ed. Chicago and London: Univ. of Chicago Press.

Levy, H. (1976). *Social Work Ethics*. New York: Human Science Press.

Loewenberg, F., & Dolgoff, R. (1996). Ethical Decision for Social Work Practice. Peacock.

Marianne R. Woodside & Tricia McClam (2006). *Generalist case management: A method of human services delivery*(3rd ed). Brooks-Cole, publisher.

McNil, C. F. (1954). "*Community Organization for Socail Welfare*," Social Work: Year Book. New York :American Association of social Workers.

Mehr, J., & Kanwischer, R. (2004). *Human Services:Concepts and Intervention strategies*. New York: person Education.

Midgley, J. (1995). Social Development: *The Developmental Perspective in Social Welfare*. Thousand Oaks, CA: Sage.

Midgley, J., & Livermore, M. (1997). "The Developmental Perspective in Social Work: Educational Implications for a New Century." *Journal of Social Work Education, 33*(3), 573-585.

Moore, S. T. (1992). Case management and the Integration of services: How service delivery systems shape case management. *Social Work, 37* (5), 418-423.

Morales, A., & Sheafer, B. W. (1989). *Social Work: A Profession of Many Faces* (5th ed.). Needham Heights, MA: Alyn and Bacon.

Moxley, D. P. (1989). *The Practice of Case Management*, CA: Sage Publications.

NASW (1973). Social Casework: Generic and Specific, (A Report of the Miliford Conference of 1929). reprinted in National Association of Social Workers Classics Series, Washington, D.C.: NASW.

NASW (1983). *Standards for Social Service Manpower*. New York: NASW.

NASW (1995). *Encyclopedia of Social Work* (19th ed.).

NASW (1996). *Code of Ethics*. Washington, D.C.: author.

Patti, R. (2000). Social welfare management. International Educational and Professional Publicer. Sage Publications, Inc.

Popple, K. (1996). "community Work : british Models", *Journal of communiy Practice*, *3*(3).

Popple, P. R., & Leighninger, L. (1999). *Social Work, Social Welfare, and American Society* (4th ed.). Bostion: Allyn & Bacon.

Pumphrey, M. (1959). *Teaching of Values and Ethics in Social Work Education*. New York: Council of Social Work Education.

Rapp, C., & Poertner, J. (1992). *Social Administration: A Client-Centered Approach*. New York: Longman.

Reamer, F. (1994). "Social Work Value and Ethics: In F. Reamer (Ed.) *The Foundations of Social Work Knowledge*. New York: Columbia Univ. Press.

Reamer, F. G. (1995). *Social work values and ethics*. N.Y.: Columbia univ. press.

Reamer, F. G. (2005). **사회복지실천의 가치와 윤리**. 장인혁 · 고미영 · 최경원 · 황숙연 역. 서울: 사회복지실천연구소.

Reichert, E. (2008). **사회복지와 인권**. 국가인권위원회 사회복지연구회 역. 서울: 인간과 복지.

Rhodes, M. (1986). *Ethical Dilemmas in Social Work Practice*. Boston, Mass: Routledge & Kegan Paul.

Rhodes, M. (1999). *The Nature of Human Value*. New York: Fee Press.

Romanyshyn, J. M. (1971). *Social Welfare: Charity to Justice*. New York: Random House.

Rose, H. (1979, March). Volunteers for services to older persons. Paper presented at the conference on the Evaluation of Case management Programs, Los Angeles.

Rose, H. (1980). *Proceedings of the conference on the Evaluation of Case management Programs* (March 5-6, 1979), Los Angeles: Volunteers for services to Older Persons.

Ross, M. G. (1967). *Community OrganizationL Theory, Principles and Practice*(2nd ed.). New York: Haper&Bow.

Ross, M. G. (2001). *Community Organization: Theory and Principles*. Harper & Brother.

Rothman, J. (1974). "*Three Models of Community Organization Practice*", in Fred M. Cox, etal (eds). Stategies of Community Organization: A Book of Readings (Itasca, Ill.: F.E. Peacock Publishers.

Rothman, J. C. (1991). A model of case management : Toward empirically based practice. *Social Work, 36*(*6*). 520-528.

Royse, D., Thyer, B. A., Padgett, D. K., & Logan, T. K. (2001). *Program Evaluation*. Brooks/Cole.

Salamon, L. M. (1995). "Partners in Public Service : Government-Nonprofit Relations in the Modern Welfare Start." Baltimore: The Johns Hopkins University Press.

Salamon, L., & Anheier, H. K. (1992). In search of the non-profit sector Ⅱ: The problem of classification. Voluntas.

Sheafor, B., Horejsi, C., & Horejsi, H. (1998). 사회복지실천기법과 지침. 김혜란 역. 파주: 나남출판.

Smith, M. F. (1989). *Evaluability Assessment A Practical Approach*. Norwell: MA Kluwer.

Swiss, J. (1991). *Public Management Systems, Englewood Cliffs*. NJ: Prentice Hall.

Timuss, R. M. (1969). *Commitment to Welfare*. New York: Pantheon Books.

Titmuss, R. M. (1974). *Social Policy*. London: George Allen and Unwin.

Trecker, H. B. (1977). *Social work Adminitration: principle and Practice*. New York: Association Press.

Trevithick, P. (2000). *Social Work Skills: A Practice Handbook*. Philadelphia, PA: Open University Press.

Van der Maesen, L. & Walker, A. (2005). Indicators of social quality: outcomes of the European scientific network. *European Journal of Social Quality, 5*, 8–24.

Warren, R. L. (1963). *The Community in America*, Chicago: Rand McNally & Co.

Weil, M., & Gamble, D. (1995). Community Practice, Models. *Encyclopedia of Social Work*, 1. Washington D. C.: NASW Press.

Weil, M., & Karls, J. M. et al. (1985). *Case Management in Human Service Practice*, San Francisco, CA: Jossey–Bass, Inc., Publishers.

Weil, M., & Gamble, D. (1995). '*Community Practice. Models. Encyclopedia of Social Work*, 1, Washington D.C.: NASW Press.

Whittaker, J. K. (1974). *Social Treatment: An Approch to Interpersonal Helping*. New York: Aldine.

Wienbach, R. W. (1990). *The Social Worker as Manager: Theory and Practice*. New York: Longman.

Wilensky, H. L. (1964). The Professionalization of Everyone?, *The American Journal of Sociology*, *70*, 137–158.

Wilensky, H., & Lebeaux. C. N. (1958). *Industrial Society and Social Welfare*. New York: Free Press.

Woodard, C. (1962). Reality and Social Reform : The Transition from Laissez–Faire to the Welfare State. *Yale Law Journanl*, *72*(2).

Woods, M. E., & Hollis, F. (1990). *Casework: A psychosocial therapy* (4th ed). New York: McGraw Hill.

Woodside, M., & McClam, T. (2006). *Generalist case management: A method of human services delivery* (3rd ed.). Belmont, CA: Brooks–Cole.

York, R. O. (1983). *Human service planning: Concepts, Tools & Methods*, Chapel Hill: The University North Carolna Press.

Zastrow, C. (2000). *Introduction to Social work and Social welfare*, 7th ed., Belmont, CA: Wadsworth.

Zastrow, C. (2007). *Introduction to Social Work and Social Welfare*, 9th ed.,

Belmont, CA: Wadsworth.
Zastrow, C. (2004). **사회복지개론**. 백종만 외 역. 서울: 센게이지러닝코리아.
Zastrow, C. (2010). **사회복지개론**(제8판). 백종만 외 역. 서울: 센게이지러닝코리아.
Zeithami, V. A. (1972). "Morality and the Politics of Practice". *Social Casework*, *5*(3) 404-417.
Zeithami, V. A. (1984). "Ethics Assessment". *Social Casework*, *65*(4), 203-211.
Zeithami, V. A. (1985). "How Consumers Evaluation Processes Differ Between Goods and Services." *Journal of Marketing*, *Fall*, 186-190.
Zeithami, V. A. (1994). *The rise of nonprofit sector*. Foreign Affairs.
Zeithami, V. A. (1998). "The Evolution of Social Work Ethics". *Social Work*, *43*, 448-500.
Zeithami, V. A. (1999). *Social Work Value and Ethics*. New York: Columbia Univ. Press.

미국사회복지사협회(NASW) 홈페이지(www. naswdc.org).
보건복지부 홈페이지(www.mohw.go.kr).
이원재 (2021). 2021년 2차 경기복지재단 복지콜로키움, ESG와 사회적 가치 그리고 미래사회의 복지(www.youtube.com/watch?v=0yqVEdyIslI)
지속가능발전 포럼 홈페이지(www.ncsd.go.kr) (2022.10.18. 인출).
한국사회복지사협회 홈페이지(www.welfare.net).
한국행정학회 행정학 전자사전(www.kapa21.or.kr).

■ 찾아보기

저/자/약/력

김윤나

현) 서울사이버대학교 사회복지대학 교수

중앙대학교 사회복지학 박사

KAIST 문화기술대학원 creative techno leaders program for CEO

고려대학교 정책대학원 최고위정책과정

현) 한국시민청소년학회장, 한국아동권리학회 연구이사, 국제사회복지학회 총무이사

- 전공분야 청소년복지, 사회복지실천

심선경

현) 서울사이버대학교 사회복지대학 교수

이화여자대학교 문학박사

현) 잠실종합복지관 운영위원, 마포고용복지센터 행복한 돌봄이사, 청년허브 인사위원, 다문화복지학회학술위원, 한국사회보장정보원 사회서비스 보육사업 자문위원

- 전공분야: 사회복지행정, 지역사회복지

이서영

현) 서울사이버대학교 사회복지대학 교수

일본 東洋(동양)대학원 박사후기과정 졸업(사회복지학 박사)

현) 한국노년학회, 한국지역사회복지학회 이사

서울남부노인보호전문기관 사례판정위원, 동명노인복지센터, 응암노인복지관, 해피안, 강북실버종합복지센터 등 운영위원

- 전공분야: 노인복지, 지역복지

사회복지학개론

초판발행 2022년 12월 30일 **1판 1쇄 발행** | 2023년 3월 10일 **1판 2쇄 발행**
2024년 3월 10일 **1판 3쇄 발행**

지은이 김윤나 심선경 이서영
펴낸이 최용구 | **펴낸곳** 도서출판 **신정**
주소 (04316) 서울시 용산구 원효로 89길 19 (원효로1가)
전화 02)3211-4782, 0266(영업부), 3211-4783(편집부), 3211-4784(팩스)
이메일 sjbook2002@naver.com | **홈페이지** www.sjbook.co.kr
등록 2001년 5월 11일 제13-702호
기획마케팅 최용구 장만동 최충구 송대용 | **책임편집** 석기은 황가연

ISBN 978-89-5912-831-0 93330
정가 23,000원